Klaus Feldmann

Soziologie kompakt

WV studium Band 188

Klaus Feldmann

Soziologie kompakt

Eine Einführung

2., durchgesehene Auflage

Westdeutscher Verlag

Die Deutsche Bibliothek – CIP-Einheitsaufnahme
Ein Titeldatensatz für diese Publikation ist bei
Der Deutschen Bibliothek erhältlich.

1. Auflage Juni 2000
2., durchgesehene Auflage Juli 2001

Lektorat: Monika Mülhausen

Der Westdeutsche Verlag ist ein Unternehmen der
Fachverlagsgruppe BertelsmannSpringer.

www.westdeutschervlg.de

Gedruckt auf säurefreiem und chlorfrei gebleichtem Papier.

Umschlaggestaltung: Horst Dieter Bürkle, Darmstadt
Druck und buchbinderische Verarbeitung: Langelüddecke, Braunschweig

Printed in Germany

ISBN 3-531-23188-X

Inhalt

Danksagung

Tausende haben bei der Erstellung dieses Überblicks über die Soziologie mitgewirkt, ohne dass sie sich dessen bewusst waren. Als professioneller Soziologe beschäftigt man sich in der Regel kaum mit Einführungen, sondern mit Spezialliteratur aus Forschungsgebieten. Im Rahmen meiner Hochschullehre habe ich mich jedoch dieses wenig prestigeträchtigen Gebietes angenommen und durch die Studierenden einen fremden Blick auf die Soziologie gewonnen. Um dieses Buch gut zu schreiben, habe ich viele Einführungen studiert und mich in dieses Spezialgebiet eingearbeitet. Viel gelernt habe ich von Soziologen, wie Günter Wiswede, Anthony Giddens oder Rodney Stark, die hervorragende Lehrbücher geschrieben haben. Doch auch lebendige Kommunikation mit Kollegen und Kolleginnen, vor allem mit Gerhard Fröhlich, haben zur Verbesserung des Textes beigetragen. Für Hilfen bei der Erstellung des druckfertigen Manuskripts danke ich Sonja Janßen und Elisabeth Wendebourg. Auch möchte ich mich an dieser Stelle für die Unterstützung durch Herrn Gerd Nollmann, Frau Annette Kirsch und andere Damen vom Westdeutschen Verlag bedanken.

1 Einführung

Was ist Soziologie? Was tun Soziologen? Sie betrachten das Handeln von Menschen. Kinder spielen Mutter, Vater, Arzt[1], Soldat usw. Jungen spielen andere Spiele als Mädchen. Kinder wohnen mit den Eltern oder nur mit der Mutter oder dem Vater zusammen. Wenn die Kinder Erwachsene geworden sind, verlassen sie die Wohnung der Eltern, ziehen in eine andere Wohnung. Viele heiraten früher oder später, andere heiraten nie. Frauen gebären Kinder. Immer mehr deutsche Frauen werden ihr ganzes Leben lang kinderlos bleiben. Die Liste der Beobachtungen und statistischen Tatsachen kann man endlos weiterführen, doch das ist noch nicht Soziologie. Wenn man jedoch fragt: Warum spielen Mädchen andere Spiele als Jungen? dann nähert man sich der Soziologie. Soziologie ist ein Prozess. Alle Menschen gehen soziologische Wege, sie fragen nach den Ursachen menschlichen Handelns, doch Soziologen machen dies professionell, ständig, jahrelang und sie verwenden für die Lösung der Probleme bestimmte Begriffe und Verfahrensweisen. Solche soziologischen Begriffe lauten: Macht, Gruppe, Klasse, Kapital, Institution, Organisation, Rolle, Struktur, Gesellschaft. Die meisten Begriffe sind den gebildeten Menschen bereits vertraut. Soziologie knüpft also an das Alltagswissen an – und das heutige Alltagswissen wurde von der Soziologie mitgeprägt. Soziologie ist – wie gesagt – ein Prozess. Historisch ist die Soziologie im 19. Jahrhundert entstanden, hat sich aus anderen Prozessen herausgeschält: aus philosophischen, theologischen, wirtschaftlichen, literarischen und politischen Diskussionen. Soziologen nennen das Differenzierung, wenn in menschlichen Gruppen aus Altem Neues entsteht. Wenn in einer Gruppe zuerst nur eine Person für Religion und Heilung von Krankheiten zuständig ist und schließlich die Aufgaben getrennt werden und es nun für die folgenden Generationen zwei Positionen gibt, den Priester und den Arzt, dann bezeichnet man diese Vorgänge als Arbeitsteilung und Differenzierung. Ist ein Soziologe vielleicht eine Art Arzt oder Priester, der nicht den Körper eines Menschen, sondern den der Gesellschaft betrachtet? Eine solche Frage wird bei vielen Soziologen Unbehagen hervorrufen, doch sie zeigt zumindest, dass es einfacher ist, die Arbeit eines Arztes zu beschreiben, als die eines Soziologen. Das liegt unter anderem daran, dass das Arbeitsfeld des Soziologen weiträumig ist. Er

---

[1] Die männliche Form (Arzt, Lehrer etc.) bezieht sich, soweit sich aus dem Kontext nicht eindeutig eine eingeschränkte Bedeutung ergibt, auf beide Geschlechter.

beobachtet Ärzte, Priester und andere Menschen, die ganz unterschiedliche Handlungen durchführen, zu verschiedenen Zeiten und in verschiedenen Räumen. Bei jeder Beobachtung sollte man sich der Perspektive oder Sichtweise, die man einnimmt, bewusst sein, bzw. eine auswählen. Soziologie ist eine Perspektivenwissenschaft, d.h. sie stellt ein Repertoire von erprobten Sichtweisen und Theorien zur Verfügung. In modernen Demokratien sind die meisten stolz auf die Vielfalt der Meinungen und Weltanschauungen, die zugelassen sind und sich entwickeln konnten. Soziologie als Perspektivenwissenschaft kann sich nur in einer modernen Demokratie entfalten. Soziologie hat zum Wachstum der Sichtweisen selbst einen Beitrag geleistet. Dass wir perspektivisch und selektiv wahrnehmen, denken und handeln, fällt uns häufig erst auf, wenn wir mit anderen zusammen sind, die anders wahrnehmen, denken oder handeln. Inzwischen werden rigide Vorschriften zur Einnahme einer Perspektive von den meisten nur mehr in Notsituationen anerkannt, z.B. bei schweren Unfällen für die professionellen Retter und Ärzte. In vielen Situationen in modernen Gesellschaften liegt die Last der Konstruktion der Sichtweise auf den einzelnen. Und mehrere Perspektiven zur Verfügung zu haben und virtuos zwischen ihnen wechseln zu können, verschafft in einer modernen Gesellschaft Vorteile. Perspektivismus bedeutet nicht Relativismus (anything goes), im Gegenteil, ist es eine Chance, sich im Dschungel der Medien und Kommunikation zurechtzufinden und einen fundierten Standpunkt zu finden.

Beim Schreiben des vorliegenden Textes ergab sich die Schwierigkeit, dass es eine Reihe von konkurrierenden Ansätzen und Theorien innerhalb der Soziologie gibt, teilweise personalisierter Natur: Marx, Freud, Max Weber, Bourdieu, Elias, Habermas, Luhmann usw., teilweise als Mastertheorien (z.B. rational-choice-Ansatz). Es musste eine Auswahl getroffen werden, doch dem Leser und der Leserin sollte auch nicht ein allzu enges Korsett der soziologischen Weltsicht geboten werden. Nach reiflicher Überlegung wurden drei Ansätze als Schwerpunkte der Erklärung ausgewählt:

- *Funktionalismus*: Welche gesellschaftlichen Aufgaben erfüllen die Familie, die Religion und andere soziale Gebilde?
- *Konfliktansatz*: Welche Gruppen stehen sich gegenüber und welche Interessenkonflikte bestehen?

- *Symbolischer Interaktionismus*: Wie zeigt Romeo Julia, dass er sie liebt? Verstehen alle beteiligten Personen das Gleiche unter „Liebe"? Spielen wir alle Theater?

Die drei hier gewählten Ansätze sind anerkannte solide Dauerbrenner, vor allem im internationalen Lehrbetrieb der Soziologie und verwandter Wissenschaften, und sie stehen den Alltagsdenkstrukturen näher als viele spezielle sozialwissenschaftliche Theorien. Sie können angereichert werden, d.h. Theoriebausteine können jederzeit hinzugefügt werden. Im Gegensatz zu personbezogenen Ansätzen sind sie nicht geschlossen und sie werden kontinuierlich verbessert, weil viele Gruppen an ihnen arbeiten. Neben diesen Leitansätzen wird jedoch auch auf andere Theorien aus der Soziologie, Psychologie und Ökonomie und auf personale Ansätze (z.B. Bourdieu) Bezug genommen.
Das Buch stellt aber nicht nur theoretische Perspektiven vor, sondern informiert auch über die wichtigen Formen menschlichen Zusammenlebens: Familie, Geschlechterbeziehungen, Alter, soziale Herkunft und soziale Ungleichheit, Politik, Wirtschaft, Religion, Erziehung, Gesundheit und Massenmedien.
Die hier ausgewählten soziologischen Informationen bieten Orientierung im Dschungel des sozialen Wandels. Sie können helfen,

- soziale Situationen zu verstehen und zu kontrollieren,
- kulturelle Unterschiede und Konflikte zu erklären und somit rationales Konfliktmanagement zu ermöglichen,
- politische, ökonomische oder andere soziale Handlungen zu bewerten[2],
- die Informationsflut zu bewältigen und die Vernetzung zu fördern,
- die Selbsterkenntnis[3] zu verbessern und
- die Widerstandsfähigkeit gegenüber Ideologien zu erhöhen.

Soziologie ist ein soziales Heilmittel, durch das Rationalität, Humanität, Konfliktlösungskompetenz und vorausschauendes Verhalten gefördert werden (können). Missbrauch und Pfusch können freilich zu Magen- und Hirnbeschwerden führen. Folglich sind professionelle Einführungen und kritisches Verarbeiten empfehlenswert.

---

[2] Hier sind nicht moralische Bewertungen gemeint, sondern die Konsequenzen für verschiedene Menschen und Gruppen sollen aufgezeigt und mit Alternativen verglichen werden.

[3] Verbesserung der Selbsterkenntnis wird häufig nur als psychologische Aufgabe gesehen, doch Menschen sind auch soziale Wesen.

Die Aufgabe der Soziologie besteht also in der Vermittlung brauchbaren Wissens für viele gesellschaftliche Situationen. Diese Brauchbarkeit kann sich vor allem in Fällen bewähren, in denen „selbstverständliche Sichtweisen" vorherrschen.

- Wenn ein Arzt Krebs diagnostiziert, wird die medizinische Perspektive „selbstverständlich" und dominant.
- Wenn jemand unter Anklage steht, ein Verbrechen begangen zu haben, wird die juristische Perspektive „unvermeidlich".
- Wenn der Euro gegenüber dem Dollar an Wert verliert, werden wirtschaftliche Perspektiven dominant.
- Wenn Krieg geführt wird, wird die militärische Perspektive dominant.
- Wenn mehrere Leute zum Essen eingeladen werden, tritt die Kochperspektive ins Zentrum.

In Extremsituationen kann eine „selbstverständliche" verengte Perspektive, häufig von einer Gruppe gestützt, katastrophale Konsequenzen haben: die Diktatoren Hitler, Stalin und Ceausescu sind Beispiele. Doch hier soll nur der Normalfall mit seinen kleinen alltäglichen Fehlern thematisiert werden. Eine soziologische Perspektive kann eine Verengung der Sicht, eine Scheuklappenwelt verhindern. Nicht dass die soziologische Sicht den Arzt, Juristen, Wirtschaftsfachmann oder Koch ersetzen könnte oder sollte, sondern die Einschätzung der sozialen Situation und die eigenen Entscheidungen in dem jeweiligen Problembereich werden durch eine kluge Anwendung sozialwissenschaftlicher Kenntnisse qualifizierter und für den Anwender erhöht sich der Nutzen.

2 Natur und Kultur

2.1 Biologische und anthropologische Grundlagen

Evolution ist ein Zufallsprozess. Der Ausdruck Zufall wird und wurde von vielen als Gegensatzbegriff zu göttlicher Wille oder menschlicher Absicht aufgefasst. Die Erkenntnis von Darwin wurde im 19. Jahrhundert von vielen Hochkulturpositionsträgern, die sich in ihrer Kultur und Religion als in einem Sinn- und Zweckkosmos eingeordnet meinten, als eine schwerwiegende Kränkung empfunden oder hat auf sie schockierend gewirkt.[4]

Menschen als Säugetiere sind Produkte der Evolution und folglich können durch biologische und medizinische Forschung über sie, d.h. nicht nur über das Herz-Kreislauf-System sondern auch über das Bewusstsein neue Erkenntnisse gewonnen werden. Damit sind auch Aussagen über „die Natur des Menschen" abhängig vom jeweiligen naturwissenschaftlichen Erkenntnisstand. Homo sapiens ist in vieler Hinsicht durch seine genetische Ausstattung und „natürliche" Umweltbedingungen bestimmt. Auch menschliche Kollektive sind „biologisch" beschreibbar, wobei für Sozialwissenschaftler weniger die genetischen Ausstattungen als die vorherrschende Gehirnprogrammierung von Interesse sein dürfte, die vor allem durch das Erlernen einer Sprache, den Umgang mit der Schrift und anderen Kulturtechniken hergestellt wird. Soziologie wird häufig in Abgrenzung von biologischen und naturwissenschaftlichen Erkenntnissen und Theorien bestimmt. Doch es gibt einen modernen Kombinationsansatz, der von der „stabilen Natur des Menschen", von den Genen, ausgeht: die *Soziobiologie*. Sie untersucht tierisches und menschliches Sozialverhalten gemäß evolutionsbiologischen Annahmen. Soziobiologen versuchen z.B. die unterschiedlichen Reproduktionsstrategien von Frauen und Männern zu erklären. Eine Frau kann nur wenige Kinder aufziehen, sie braucht Schutz und Stabilität, unter einfachen bzw. traditionalen kulturellen Verhältnissen benötigt sie mindestens einen Mann als Beschützer; daraus wird geschlossen, dass den Reproduktionsinteressen der Frauen die Monogamie entspricht. Ein Mann kann viele Kinder zeugen, er erhöht durch häufigen Geschlechtsverkehr mit verschiedenen Frauen die Chancen, dass seine Gene überleben;

[4] In den USA kämpfen nach wie vor mächtige fundamentalistische Gruppen dafür, dass den Kindern die wörtlich genommene Schöpfungsgeschichte der Bibel und nicht die Evolutionstheorie als Wahrheit vermittelt wird.

folglich entsprechen Promiskuität und Polygamie eher den Interessen von Männern.
Doch die Soziobiologie kann die vielfältigen kulturellen Normierungen der Polygamie oder Monogamie nicht zureichend erklären.
In der abendländischen Kultur wurde bekanntlich die Monogamie als Norm durchgesetzt. Sie wurde durch eine zu ihrer Entstehungszeit sehr moderne Religion, das Christentum, legitimiert. Allerdings wurde diese gesellschaftliche Monogamie-Normierung von den mächtigen Männern meist nicht eingehalten. In den letzten Jahrzehnten wurde die serielle Monogamie immer häufiger, d.h. viele Menschen wechseln im Laufe ihres Lebens mehrmals die Partner, legen jedoch während der jeweiligen Partnerphase auf Treue und intensive Zuwendung hohen Wert. Frauen werden von ihrer Monogamie-Abhängigkeit entlastet, wenn der Staat beim Ausfall des Mannes als Quasi-Beschützer sie und die Kinder versorgt. Die Männer werden in modernen Gesellschaften ökonomisch bestraft, wenn sie ihre soziobiologisch vorgegebenen Reproduktionsinteressen „exzessiv“ verfolgen, also mehrere Kinder zeugen. Außerdem können Frauen auf Grund der Perfektionierung der Empfängnisverhütung ihre von Männern unterschiedenen Interessen in den hochindustrialisierten Gesellschaften eher durchsetzen. Die gesellschaftliche Situation hat sich somit in den letzten 100 Jahren zu Gunsten der Frauen verändert. Sind folglich die soziobiologisch behaupteten und/oder traditionell verfestigten Verhaltensnormierungen für Frauen und Männern in modernen westlichen Gesellschaften „gelöscht“?
Untersuchungen von Bekanntschafts- und Heiratsanzeigen ergaben, dass Männer in stärkerem Maße an sexuellen Erlebnissen interessiert sind, die Attraktivität der Frau als zentrales Auswahlkriterium angeben, finanzielle Ressourcen und Sicherheit anbieten, während Frauen eher an den finanziellen Ressourcen der Männer interessiert waren und ihren Körper anpriesen (Willis/Carlson 1993; Gern 1992).

Bekanntschafts-anzeigen	*Bieten*	*Suchen*
Frauen	Attraktivität	Finanzielle Sicherheit
Männer	Finanzielle Sicherheit	Attraktivität

Abb. 1: Geschlechtsspezifische Auswahlkriterien

Diese Ergebnisse entsprechen den soziobiologischen Annahmen. Solche Ergebnisse reichen freilich als Bestätigung von soziobiologischen Hypothesen oder Theorien nicht aus, doch sie regen zum Nachdenken an.

Wie stark ist die „Natur“, wenn die „Kultur“ gegen sie arbeitet?

Soziobiologisch interessante Quasi-Experimente wurde in China durchgeführt. Eltern entschieden für ihre Kinder schon in den ersten Lebensjahren, mit wem sie verheiratet werden sollten. Sie adoptierten dann die künftige Ehefrau ihres Sohnes. Die beiden Kinder wuchsen zusammen auf und mussten später heiraten. Diese Ehen erwiesen sich als überdurchschnittlich störanfällig, d.h. sie hatten weniger Nachwuchs, es kam häufiger zu Trennungen und die Partner waren häufiger unglücklich in ihrer Ehe (Wolf 1995). Soziobiologen erklären dies mit der Hypothese, dass es genetisch bedingt sei, dass Kinder, die zusammen aufwachsen, sich als Geschwister identifizieren und dass damit ein angeborenes Inzesttabu in Aktion trete. Wenn nun durch die Kultur gegen diese genetisch bedingte Regelung gehandelt werde, dann komme es zu Störungen im sexuellen und emotionalen Bereich.

Man kann die These aufstellen: Wenn im kulturellen Rahmen langfristig gegen genetisch begünstigte Verhaltensweisen gehandelt wird, ergeben sich kumulative negative Effekte und die Normen werden sich nicht weiter verbreiten.

Doch eine umfassende Prüfung der These ist derzeit nicht möglich, da weder die Genetik noch die Sozial- und Humanwissenschaften bisher auf dem dafür notwendigen Forschungsstand angelangt sind.
Ist es nicht eine Widerlegung soziobiologischer Grundannahmen, dass ein steigender Anteil der Frauen in Deutschland kinderlos bleibt? Die gesellschaftlichen Belohnungen übertreffen also in diesen Fällen die genetisch und biologisch begünstigten Verhaltensweisen. Manche meinen, dass die kumulativen negativen Effekte langfristig solche Gesellschaften oder Populationen in den Untergang führen oder zur Umkehr zwingen werden.
Die Soziobiologie ist eine neue Position in einem alten und auch in Zukunft bedeutsamen Streit um Welterklärung. Wichtige und oft zur Beschwörung verwendete Worte in diesem Streit sind: genetisch, biologisch, angeboren, und vor allem: Natur und natürlich.

2.2 Natur und Natürlichkeit

Warum essen die Amazonas-Indianer Insekten, die Europäer jedoch nicht?

„Je größer die Kleinlebewesen sind und je zahlreicher und konzentrierter sie vorkommen, umso wahrscheinlicher ist, dass sie als zum Verzehr geeignet gelten, vorausgesetzt, dass gleichzeitig größere Tiere selten und schwer zu fangen sind." (Harris 1991, 150)[5]

Natürliche Gegebenheiten bestimmen die Menschen, wobei die Industriekultur diese Abhängigkeit verringert und modifiziert hat.

Lebten Menschen früher mehr im Einklang mit der Natur als heute in den Industrieländern?

In agrarischen Kulturen waren die meisten von natürlichen Gegebenheiten abhängiger als heute. Missernten führten häufig zu Hungersnot. Gegen Seuchen gab es keine Medikamente. Die Menschen starben wie die Fliegen. Wenn es dunkel wurde, gingen viele schlafen, da es kaum künstliches Licht gab. Doch die Abhängigkeit von den natürlichen Gegebenheiten ist auch heute gegeben. Denn Benzin, elektrischer Strom, Medikamente, Maschinen, also alle neuen technischen und kulturellen Produkte sind aus Naturteilen zusammengesetzt. Knappheit von natürlichen Gütern gibt es nach wie vor. Nur hat es ein Teil der Menschheit geschafft, die Grundbedürfnisse ständig ohne Knappheitsgefahren befriedigen zu können. Außerdem wird der Begriff Natur teilweise in eingeschränkter Weise verwendet, als wäre Erdöl Natur und Benzin nicht. Bleiben vom Menschen veränderte Naturteile Natur – auch wenn sie zu Kulturwerken erklärt werden? Doch auch die natürliche Natur, z.B. klimatisch bestimmte Zonen, gewinnt für Menschen je nach kultureller Situation unterschiedliche Bedeutung. Jahrtausendelang mussten sich die in Nordeuropa Lebenden mit ihrem Klima abfinden. Seit Mitte des 20. Jahrhunderts können immer mehr immer länger in klimatisch begünstigten Regionen verweilen – Interaktion Kultur – Natur. Diese Regionen, Beispiel Mallorca, werden durch die Invasion – und die generelle Modernisierung – zwar nicht klimatisch, doch ansonsten sowohl in ihrer „Natürlichkeit" als auch in ihrer kulturellen Gegebenheit stark verändert. Natürlichkeit kommt auch durch medizinische Technologie immer mehr in Bewegung. Immer gezieltere Eingriffe in die inneren Systeme führen zu Veränderungen der natürlich vorgegebenen Lebenschancen.
Natur und Natürlichkeit wurden in gesellschaftlichen Kämpfen und Ideologien immer unterschiedlich definiert und eingesetzt, z.B. als Naturrecht oder „Natur des Menschen".

[5] Das Buch von Harris (1991) „Menschen" ist sehr amüsant zu lesen. Ein anerkannter amerikanischer Anthropologe klärt anhand vieler Beispiele über die Zusammenhänge von Natur und Kultur auf.

Doch die Vorstellungen vom Naturzustand wichen stark voneinander ab. Hobbes († 1679) beschreibt ihn als bellum omnium contra omnes (Krieg aller gegen alle), um damit eine Rechtfertigung für einen Gesellschaftsvertrag und die Unterwerfung unter eine zentrale Staatsgewalt zu gewinnen.
Nach Rousseau († 1778) ist der natürliche Zustand der menschlichen Gemeinschaft durch Freiheit und Gleichheit gekennzeichnet, erst die weitere gesellschaftliche Entwicklung führt dann zu sozialer Ungleichheit.
„Die Rede von natürlicher Moral, natürlicher Religion, natürlicher Erziehung, natürlicher Vernunft, natürlichem Gefühl und natürlichem Recht“ (Huyssen 1981, 3) wurde im Kampf des aufsteigenden Bürgertums gegen die feudale Gesellschaftstruktur eingesetzt. Jedoch auch Teile des europäischen Adels verwendeten diese Ideologien, um ihre Interessen zu legitimieren.
Im 19. und 20. Jahrhundert schrieben verschiedene Gruppen sich selbst „Natürlichkeit“ zu und den Gegnern Dekadenz, Perversion und rassische Minderwertigkeit.
Im modernen ökologischen Diskurs und im Naturschutz werden ebenfalls normative Naturbegriffe als politische Kampfmittel eingesetzt. Der Weg über die „Natur“ dient dem Zugriff auf Menschen, er kann als Konkurrenz zum Weg über die „Gesellschaft“ oder die „Kultur“ auftreten.
Durch die moderne Genetik und die Biotechnologie ergeben sich für Sozial- und Erziehungswissenschaftler neue Problemlagen. Wie soll man mit Aussagen folgender Art umgehen: „Intelligenz ist zu 50 % angeboren“? Wie soll man das verstehen? Der Wert, den ein Erwachsener in einem Intelligenztest erreicht, ist durch eine genetische Analyse dieser Person mehr oder minder gut vorhersagbar? Wenn solche genetische Analysen und entsprechende verlässliche Vorhersagen wissenschaftlich abgesichert sein werden, dann entstehen auch neue Strategien der Rechtfertigung für Handlungen und soziale Maßnahmen. Vielleicht sollte man sich fragen, wofür es relevant ist, zu wissen, in welchem Ausmaß ein bestimmtes Verhalten oder eine psychische Eigenschaft „natürlich“ (biologisch, genetisch) oder sozial produziert ist. Das Interesse daran ist sicher sozial bedingt. Eine brauchbare Schätzung der sozialen und genetischen Bestimmungsanteile könnte in Zukunft relevant werden, wenn man die Kosten von Maßnahmen vergleicht: Gentechnik oder soziale Manipulation (Erziehung)? Soll man die schulischen Versuche, Intelligenz zu fördern, „um 50 % reduzieren“ (z.B. den Bildungsetat), falls die oben genannte Behauptung wissenschaftlich gesi-

chert ist? Die Entscheidung bleibt in jedem Fall im Kern sozial: Denn die Entscheidungskriterien, z.B. finanzielle Kosten, moralische oder andere Normen, Interessen von Gruppen etc., sind alle sozialer Art. Die biologische Tatsache wird zumindest über ihre Bewertung und Anwendung immer zu einer sozialen Tatsache. Aus naturwissenschaftlichen „Tatsachen" lassen sich soziale Maßnahmen weder logisch noch sonst wie ableiten. Das Misstrauen gegenüber einer naturwissenschaftlichen Legitimation sozialer oder politischer Maßnahmen kann man historisch begründen: Bisher beruhten alle rechtlichen Regelungen, die sich auf biologistische Ideologien stützten (z.B. Sterilisationsgesetze), nicht nur auf sozialwissenschaftlicher Dummheit sondern auch auf biologischem Halbwissen.

2.3 Kultur

Kultur und Natur wurden häufig als Gegensätze konstruiert. Doch Kulturen bauen auf natürlichen Gegebenheiten auf: Menschen werden geboren, paaren sich, sterben, leben in Steppen, Wüsten, tropischen Urwäldern etc. All dies formt Kulturen. Die japanische Kultur hätte wahrscheinlich nicht überlebt, wenn sie statt im Pazifik in der Karibik lokalisiert wäre.

Was ist also Kultur?

Menschen haben nicht fest gefügte Verhaltensprogramme wie andere Säugetiere. Menschen schufen sich eigene Ordnungsmuster, die oft für viele Generationen gültig waren. Die kulturellen und sozialen Systeme entwickeln sich in Gruppen, die über Generationen erhalten bleiben, und somit ändert sich auch die jeweilige „Natur" des Menschen.
Menschen sind folglich von Natur aus Kulturwesen. Es ist also unnatürlich, wenn es Menschen geben sollte, die kulturlos leben. Da ein Mensch, der ohne Kultur heranwächst, in der Regel nicht nur sozial sondern auch physisch stirbt, gibt es nur wenig Anschauungsmaterial („Wolfsmenschen") für den reinen „Naturmenschen".
Die Mitglieder von Kulturen sind in der Regel ethnozentrisch und fremdenfeindlich eingestellt. Die spanischen Analphabeten[6] des 16. Jahrhunderts, die die altamerikanischen Kulturen verwüsteten, hielten ihre eigene Kultur für die einzig wahre und die Altamerikaner für Wil-

[6] Die spanischen Analphabeten kamen aus einer hochentwickelten Schriftkultur, was ihnen einen großen strategischen Vorteil gegenüber den altamerikanischen Analphabeten verschaffte.

de. Inzwischen wissen wir, dass alle Bewertungen von Kulturen kulturabhängig sind.
Wer produziert Kultur? Gruppen, die über einen langen Zeitraum Stabilität und Dauerhaftigkeit aufweisen. In Gruppen wird gearbeitet, kommuniziert, geliebt; Gruppen entwickeln Verhaltensregeln und Ordnungssysteme. Kultur bietet den Gruppenmitgliedern das erforderliche kollektive Wissen (Wie baue ich ein Haus? Wie kann ich vermeiden, dass Gott mich straft? Wen soll ich heiraten?). Kultur soll normative Stabilität, Sicherheit und Schutz gewährleisten, also muss sie hart und schmerzhaft sein: Sprachregeln, Pyramiden, Blutopfer, Verstümmelungen, Masken, Rituale. Ist Kultur ein „Barbareiverschonungssystem" (Hans Blumenberg) oder ein „Barbareiveredelungssystem" oder ein „Barbareikonstruktionssystem" (Barbaren waren für die alten Griechen die anderen kulturell geringwertigen Völker)? Kultur verfeinert die Menschen, ihre Liebe und ihre Grausamkeit, ihre handwerklichen Fähigkeiten, ihre Fremdenfeindlichkeit und ihre Tötungsmaschinen.

Was sind die wesentlichen Kennzeichen einer Kultur?

- Symbolgebrauch, vor allem Sprache und Schrift

Symbole, z.B. die Nationalflagge oder das Hakenkreuz aktivieren eine Reihe von Vorstellungen über einen kulturellen Zusammenhang.
Die Erfindung des Alphabets durch die Phönizier hat den Europäern entscheidende Vorteile gegenüber den Chinesen verschafft.

- Werte: oberste Grundsätze, Prinzipien der meisten Gesellschaftsmitglieder (z.B. Gerechtigkeit, Freiheit)

Die Kultivierung der Werte Freiheit und Individualismus hat der europäischen Kultur gegenüber anderen Kulturen Innovationsvorteile gebracht.

- Normen: allgemeine Verhaltensregeln für Gruppen und für Menschen in verschiedenen Positionen und Lebenslagen

Das römische Recht war eine bedeutsame Grundlage für die Entwicklung der europäischen Staaten.

- Kulturgegenstände: Bauwerke, Kunstwerke, Gebrauchsgegenstände, Landschaftsgestaltung usw.

Die Größe und Stabilität von Bauwerken war schon in der Antike ein Zeichen von Hochkultur.

Kulturentwicklung lässt sich an folgenden wichtigen Innovationen studieren:

- Erfindung der Schrift
- Erfindung von Techniken (z.B. Schusswaffen, Computer)
- Formung von Gebrauchs- und Kunstgegenständen
- Entwicklung komplexer symbolischer und ritueller Institutionen oder Systeme (Religion, Recht).

Es gibt viele *Kulturtypologien*, doch die folgende Einteilung findet breite Anerkennung. Die Einteilung spiegelt einerseits die Entwicklung der Menschheit, d.h. Hochkulturen und Industriegesellschaften traten später auf als kleine Gruppen von Jägern und Sammlern, andererseits waren alle im Folgenden genannten Formen im 20. Jahrhundert noch live anzutreffen.

- Jäger und Sammler: In solchen einfachen Kulturen herrscht soziale Gleichheit, d.h. nach unseren modernen Vorstellungen sind alle arm. Rollen- und Arbeitsteilung erfolgt meist nur nach Geschlecht und Alter.
- Weidegesellschaften oder Nomaden: Meist handelt es sich um kleine Völker in kargen Gebieten, die auf Grund der klimatischen und anderen Umweltbedingungen mit ihren Herden wandern müssen.
- Agrarische Gesellschaften: In Kulturen sesshafter Bauern wächst der Wohlstand, Überschüsse werden angehäuft, die soziale Ungleichheit nimmt zu.
- Hochkulturen oder traditionale Gesellschaften: Die Arbeitsteilung breitet sich aus (Handwerker, Händler). Es entstehen Klassen (Adel, Krieger, Priesterschaft usw.).
- Industriegesellschaften: Neue Produktionsformen breiten sich aus (Fabriken), die Arbeitsteilung wird immer differenzierter, Technik und Wissenschaft gewinnen an Bedeutung, die sozialen Verhältnisse ändern sich schneller, es gibt immer mehr gebildete Menschen.
- Zukunft? Postindustrielle Gesellschaft? Informationsgesellschaft? Jedenfalls beschleunigt sich der kulturelle Wandel, in Zukunft werden viele Kulturformen parallel existieren, alte und ganz neue.

Kulturen werden oft nur von ihren bekannten Merkmalen her beurteilt, z.B. das alte Ägypten von den Pyramiden und dem Totenkult, doch sie sind komplexe Lebenssysteme.
Kulturen lassen sich durch die unterschiedliche Verwendung von kulturellen Universalien charakterisieren, das sind grundlegende Institutionen oder Verhaltens-Einstellungs-Systeme:

- Verwandtschaft, Familie, Heirat

In einer Kultur kann Monogamie oder Polygamie vorgeschrieben sein. Verheiratete Paare können bei der Sippe des Mannes, der Frau oder bei beiden Sippen getrennt leben. Bei den Kipsigis in Kenia ist es normal, dass die Frau und das Kind getrennt vom Vater in einem eigenen Haus leben. Nicht der Vater, sondern der Bruder der Mutter ist in manchen Kulturen dem Kind nahe stehender.

- Sprache

Die Eskimos der Aleuten haben 33 Worte für Schnee und im Arabischen gibt es 6000 Worte, die sich auf das Kamel beziehen. Das Farbenspektrum wird je nach Sprache unterschiedlich zerlegt. In manchen Sprachen wird grün und blau oder rot und gelb durch das gleiche Wort bezeichnet. Wer japanisch spricht, denkt und handelt unter ansonsten gleichen oder ähnlichen sozialen Bedingungen anders, als wer deutsch oder englisch spricht. Dies haben Untersuchungen an zweisprachigen Personen ergeben (vgl. Ervin-Tripp 1964).

- Religion

Die Religion hat in Indien auch im 20. Jahrhundert wahrscheinlich einen bedeutsameren Einfluss ausgeübt als die Politik.

- Eigentum

Die westliche Kultur hat eine in der Geschichte der Menschheit einmalige gigantische Anhäufung von individuellem und vererbtem Eigentum gefördert. Eigentum anzuhäufen ist einer der obersten Werte. In einfachen Jäger- und Sammlerkulturen war so eine Wertung und Einstellung unbekannt oder befremdlich.

- Technologie

Die technologischen Unterschiede zwischen verschiedenen Menschengruppen waren noch nie so krass wie in unserer Zeit. In den USA gibt es religiöse Volksgruppen, die ihren Mitgliedern den Gebrauch moderner Technologien, z.B. des Autos, verbieten, um ihre Kultur zu bewahren.

Kulturen sind Verbundsysteme von Religionen, Werten, Normen, Ritualen, der Herstellung von Kultgegenständen und dem Gebrauch der Sprache. Vor allem einfache Kulturen strukturierten ihr Leben nach Verwandtschaftsbeziehungen, z.B. die australischen Ureinwohner. Moderne Gesellschaften sind nicht auf Grund von Verwandtschaftsbeziehungen, sondern durch Technologien, politische Systeme, Staatsbildung und durch das Wirtschaftssystem zu charakterisieren. Der wirt-

schaftliche Erfolg ist zum Spitzenwert geworden. Vor allem sind moderne Gesellschaften kulturell vielfältig, sie bestehen aus vielen Teilkulturen. Doch auch diese Thesen gelten nur mit Einschränkung. Man betrachte Japan, zweifellos eine moderne Gesellschaft, doch kulturell relativ homogen, verglichen mit den USA oder Europa. Verwandtschafts- und Gruppenbeziehungen sind in Japan auch für das Wirtschaftsleben bedeutsamer als in den europäischen Staaten.
Wo beginnt oder endet eine Kultur – territorial, ethnisch? Wird durch Überformung aus einer Kultur eine andere? Kann man entscheiden, ob eine Kultur durch Veränderungen geschädigt oder erneuert wird? In den letzten beiden Jahrhunderten gab es umfassende Durchmischungen von Kulturen, Hunderte Millionen haben ihre Heimat verlassen oder verloren, sind ausgewandert oder vertrieben worden. Kulturelle Brüche treffen nicht nur Familien, die aus Kasachstan oder Anatolien eingewandert sind. Wer aus einer Landarbeiterfamilie eines bayrischen Dorfes kommt, ist in einer etwas anderen Kultur aufgewachsen, als jemand aus einer Kaufmannsfamilie aus Hamburg.
Kulturelle Praktiken sind einerseits verbindend für alle Mitglieder der betreffenden Kultur. Doch sie trennen sie auch. Denn die herrschenden Gruppen bestimmen die Hochkultur. In der westlichen Welt gibt es kultivierte und unkultivierte Menschen. Volks- oder Arbeiterkultur oder alternative Subkulturen gelten (in Schulen, bei Eliten) als minderwertig. Die meisten Mitglieder moderner Gesellschaften sind nicht auf der Höhe der Kultur, entsprechen nicht „dem Stand der Technik". Intellektuelle und Meinungsmacher überwachen die Öffentlichkeit und strafen Personen, die die Regeln verletzen (Rechtschreibung, Stil, Manieren, political correctness) oder in unerwünschter Weise zur Hochkultur Stellung nehmen.

„Was mich bei meinen empirischen Arbeiten überrascht hat, ist das enorme Ausmaß, in dem die herrschende Kultur von denen anerkannt wird, die nicht über sie verfügen. Man nimmt gemeinhin an, daß die kulturelle Enteignung Gleichgültigkeit gegen die Kultur im Gefolge hat, daß die Leute, die nichts von klassischer Musik verstehen, von der Malerei, wie man sie in Museen findet usw., gegenüber alledem gleichgültig eingestellt sind. In Wirklichkeit ist, zunächst einmal beim Kleinbürgertum, die der Kultur entgegengebrachte Anerkennung geradezu phantastisch..." (Bourdieu 1989, 17).

Die Hochkultur war in früheren Jahrhunderten in Europa auf kleine Minderheiten beschränkt. Heutzutage wird sie zwar nach wie vor nur von einer Minderheit verwaltet und beherrscht, doch von vielen angestrebt.

Kulturen entstehen, blühen, wandeln sich, sterben, werden zerstört, Teile werden wiederbelebt usw. Dies ist eine metaphorische Sprechweise, da Kulturen keine Organismen sind.
Sieferle (1984, 25 f) weist darauf hin, dass analog zu der Ausrottung von Arten auch die Ausrottung von Kulturen durch das Industriesystem bzw. durch die abendländische Kultur betrieben wird. Damit wird die kulturelle Vielfalt reduziert und ein einmaliger Bestand an Informationen geht sowohl im Natur- als auch im Kulturbereich verloren. Die Anfälligkeit von Monokulturen ist bekannt. Allerdings wird der Kulturbegriff damit zum Problem, da wahrscheinlich das Industriesystem bzw. die westliche Kultur von anderer Art ist als alle bisherigen Kulturen. Außerdem hat die europäische Kultur und Wissenschaft inzwischen ein Fremdkulturkonservierungsprogramm eingebaut. Doch es ist schwieriger, Kulturschutzgebiete zu errichten als Naturschutzparks.
Das Buch von Huntington (1996) „Kampf der Kulturen“ wurde zum Bestseller. Der Autor prophezeit einen Kampf zwischen der westlichen (abendländischen) Kultur, dem Islam, dem Konfuzianismus (China), der Hindu-Kultur (Indien) und eigentümlicherweise der südamerikanischen Kultur. Doch die Verflechtung der Eliten dieser Kulturen schreitet weltweit voran. Die Kämpfe und Kriege finden meist um Ressourcen statt und Kultur wird oft als Kampfmittel oder Ideologie eingesetzt. An der Quantität der Bevölkerung gemessen wird der westliche Kulturbereich in Zukunft an Bedeutung verlieren. Doch die Waffen, die ja wichtige Kulturgegenstände sind, stammen fast ausschließlich aus der westlichen Kultur, und die Weltwirtschaft und das Mediensystem (das Medium ist die Botschaft!) sind ebenfalls dem Westen zuzuordnen. Also kein Grund zur Beunruhigung für die Bewahrer des Abendlandes? Die neue westlich und US-amerikanisch orientierte Globalkultur frisst vielleicht ihre Eltern oder Urgroßeltern, aber sie wird kaum von einer anderen Kultur aufgefressen werden.

2.4 Kultur in Aktion

An einem Beispiel soll die Analyse von kulturellen Wirkungen vorgestellt werden.
Juden, die seit dem Ende des 19. Jahrhunderts vor allem aus Russland und anderen europäischen Ostgebieten in die Vereinigten Staaten emigrierten, waren sozial erfolgreicher als andere Einwanderergruppen aus Europa, z.B. Italiener. Man kann dies durch kulturelle Unterschiede er-

klären. Juden durften in Russland kein Land besitzen und mussten in überfüllten Ghettos in Städten leben. Da sie in großer Enge und von der übrigen Bevölkerung getrennt lebten, war Solidarität und Gemeinschaft hoch entwickelt. Die Rolle des religiösen Gelehrten wurde hoch geschätzt. In jüdischen Gemeinden wurde ständig in den heiligen Schriften gelesen. Folglich wurde auf Lesen und Lernen hoher Wert gelegt. Im Gegensatz zur übrigen russischen Bevölkerung hatten diese Gemeinden eigene Schulen.
Die Juden waren vor allem Händler und Handwerker, also eher unternehmerisch und selbständig orientiert, während die italienischen Einwanderer hauptsächlich aus armen Bauernfamilien in Süditalien stammten. Die Schulen wurden als feindlich (von der norditalienischen Kultur gesteuert) und unnütz für ein bäuerliches Leben angesehen, weshalb die Kinder nur unregelmäßig zur Schule gingen. Außerdem kamen viele junge italienische Männer im Gegensatz zu den jüdischen Einwanderern in die Vereinigten Staaten mit dem Wunsch, Geld zu verdienen und dann in ihre Heimat zurückzukehren.
Zusätzlich zu den kulturellen und sozialen Startvorteilen der Juden muss noch die spezielle gesellschaftliche und kulturelle Situation in den Vereinigten Staaten einbezogen werden. Es war eine Zeit der rasanten Entwicklung der Wirtschaft und des Erziehungssystems. Für beides waren die jüdischen Familien viel besser gerüstet als die Italiener. Die jüdischen Kinder und jungen Menschen waren in den Schulen und Hochschulen viel erfolgreicher als die Italiener, ja sogar als die meisten bereits seit Generationen in den USA lebenden Familien (siehe Literaturangaben bei Stark 1998, 30 ff).
Die Moral von der Geschichte: Sowohl kulturelle Unterschiede (Religion, Werte) als auch gesellschaftliche Faktoren (soziale Schicht, Institutionen, z.B. Schule) der ethnischen Gruppen sind einzubeziehen und mit den kulturellen und sozialen Gegebenheiten des aufnehmenden Landes in Verbindung zu bringen, um Verhalten, sozialen Erfolg und Integration der Gruppen zu erklären.

3 Soziologische Theorien

Im Folgenden wird eine theoretische Grundlage erarbeitet, die die Leserin und den Leser durch den weiteren Text begleitet.
Wie in den meisten amerikanischen Soziologie-Lehrbüchern werden auch hier drei Theorierichtungen (man kann sie auch Perspektiven, Paradigmen oder Ansätze nennen) favorisiert:

- Funktionalismus
- Symbolischer Interaktionismus
- Konfliktansatz (Marxismus etc.).

Diese pragmatische Haltung, mit dem Theorieproblem umzugehen, ist für eine Orientierung in dem komplexen Feld sehr hilfreich. Sie ist nicht zu eingeschränkt, wie z.B. die Beschränkung auf einen Ansatz, und sie ist nicht verwirrend, wie eine Darstellung der differierenden Positionen vieler Soziologen. Sie ist nicht provinzialistisch, weil sie in allen Staaten, in denen Soziologie betrieben wird, verstanden wird.
Zur Einstimmung eine Einstiegshilfe zur Unterscheidung der drei Ansätze:

	Metapher/Bild	Ein Baustein	Werte/Ziele
Funktionalismus	Körper Ameisenhaufen	Wirtschaft dient der Existenzsicherung	Fortschritt Wachstum
Konfliktansatz	Krieg Streik	Unternehmer werden reicher, Arbeitslosigkeit nimmt zu	Systemänderung Konfliktsteuerung
Symbolischer Interaktionismus	Liebespaar (Romeo und Julia)	Wir alle spielen Theater	Verbesserung der Kommunikationskompetenz

Abb. 2: Die drei Master-Theorien

Funktionalismus: Ein Körper besteht aus Zellen, Organen und anderen Teilen. Die Zellen arbeiten für den Körper. Die Ameisen arbeiten für den Ameisenstaat. Körper und Ameisenhaufen sind komplexe Gebilde, Systeme, die aus vielen Teilen bestehen, die zusammenarbeiten. Funktionalistisches Denken benötigt Modelle, z.B. das Modell einer Zelle oder einer Gesellschaft. Durch ein Modell kann man verstehen, wie ein System funktioniert, z.B. ein Flohmarkt oder das Recht.

Konfliktansatz: In einem Krieg stehen sich zwei oder mehr Gruppen feindlich gegenüber, die um Ressourcen und Macht kämpfen. Doch nicht nur im Krieg, sondern auch in friedlichen Zeiten stehen sich Gruppen gegenüber, die unterschiedliche Interessen haben: Arbeitgeber und Arbeitnehmer, junge Menschen und alte Menschen, Frauen und Männer, Mitglieder der Partei A und Mitglieder der Partei B, Christen und Moslems. Durch Gruppenunterschiede lassen sich viele Verhaltensweisen und soziale Ereignisse erklären. Statt Konfliktansatz könnte man neutral Gruppenbezug sagen, doch der Ausdruck „Konflikt" deutet auf die Dynamik, die immer zwischen Gruppen stattfindet, auf die Kategorisierung „meine Gruppe" und „fremde Gruppe", auf Abgrenzung und auf Konkurrenz.

Symbolischer Interaktionismus: Romeo und Julia gehörten verfeindeten Clans an. Funktionalistisch gesehen ist ihre Liebe dadurch begründet, dass Reproduktion erforderlich ist, die gestorbenen Menschen müssen ersetzt werden. Doch ich werde Romeo und Julia nur verstehen, wenn ich den Text von Shakespeare genau lese, Romeo mit den Augen von Julia sehe und Julia mit den Augen von Romeo. Ihr tragischer Tod ist durch einen Konflikt zwischen zwei verfeindeten Gruppen erklärbar, doch die faszinierende Darstellung von Schauspielern und die Tränen der Leser oder Zuhörer gehören ins Feld des Symbolischen Interaktionismus. Der Symbolische Interaktionismus macht den Funktionalisten oder den Konflikttheoretiker aufmerksam, dass Strukturmodelle nie ausreichen, um zu erklären, was in einem Menschen vorgeht, dass man die Gedanken und Gefühle der Menschen und die Bewegungen ihrer Körper nicht vernachlässigen sollte, will man einzelne Menschen und auch die Gesellschaft begreifen.

Die drei Ansätze bieten Teillösungen eines Grundproblems der Soziologie, der Verbindung zwischen *Handeln* und *Struktur*.

Jeder weiß, dass seine Stimme bei einer politischen Wahl die Regierungsbildung nicht beeinflusst. Doch die Regierungsbildung in einer Demokratie erfolgt auf Grund einer Zählung der Wahlstimmen. Der Einzelne ist nichtig, doch viele Nullen ergeben eine kritische Menge. Die Politik ist dann das unvorhersehbare Ergebnis vieler einzelnen Handlungen. Die politischen Ereignisse geschehen innerhalb einer Institution, eines Regelsystems, aus dem sie allerdings nicht ableitbar sind. Schließlich erfolgt eine Rückkoppelung: Politik beeinflusst das Verhalten einzelner Menschen – auch wieder in einer kaum vorhersehbaren Weise.

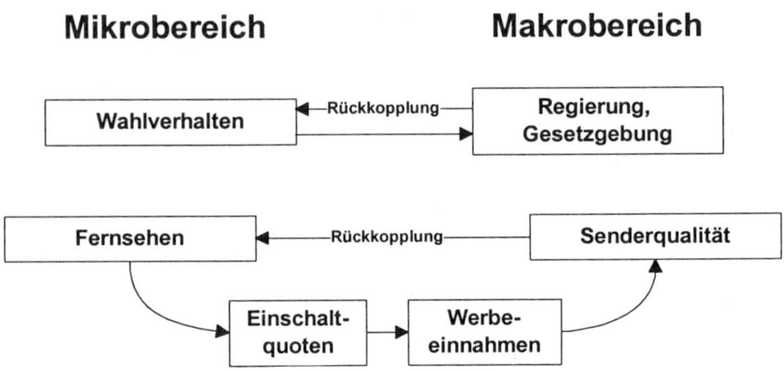

Abb. 3: Verbindung zwischen Mikro- und Makrobereich

Die geheimnisvolle Mikro-Makro-Verlinkung kann auch im Medienbereich studiert werden.
Der einzelne Fernsehzuschauer verändert nicht das Programm. Doch die Einschaltquoten haben vor allem über die Werbeeinnahmen einen bedeutsamen Einfluss auf den Sender und die Senderqualität. Wenn die Qualität nach Meinung des Betrachters gut ist, dann wird er sich die Sendung ansehen (Rückkoppelung).

Verbindung von Handeln und Struktur

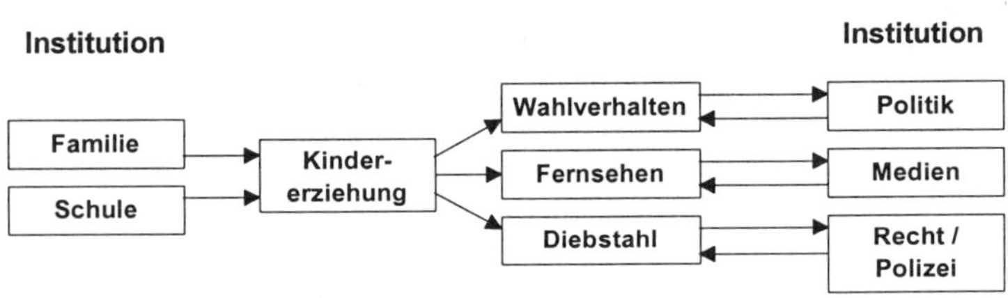

Abb. 4: Verbindung von Handeln und Struktur

Dass es schwierig, aber auch sehr wichtig ist, Modelle der Verbindung zwischen Handeln (Mikroperspektive) und Struktur (Makroperspektive) zu finden, wird durch das folgende Beispiel verdeutlicht. Die Erziehung eines Kindes ist das Werk der Mutter und weniger anderer Personen. Doch die Mutter ist Teil der Struktur: Familienbild, tradierte Regeln der Kindererziehung usw. Das Kind wählt später eine Partei, sieht

fern und stiehlt. Diese Handlungen führen zu institutionell abgesicherten, aber trotzdem im Einzelfall nicht festgelegten Reaktionen von zentralen Organen der Struktur. Diese Reaktionen verändern das Handeln dieses Menschen usw.
Soziologische Theorien versuchen, diese Vorgänge zu erklären, wobei Funktionalismus und Konfliktansätze mehr die Grobstrukturen und Interaktionismus die Feinstrukturen zu erfassen suchen.

Bereich	*Perspektive*	*Theorieansatz*	*Soziales Gebilde*
Mikro Handeln	Frosch- perspektive	Symbolischer Interaktionis- mus	Familie Individuum
Makro Struktur	Vogel- perspektive	Funktionalis- mus Konfliktansatz	Gesellschaft, Wirtschaft etc.

Abb. 5: Theorieansätze für Mikro- und Makrobereiche

3.1 Funktionalismus

Die Basisfrage: Wozu dient X? Genauer: Welche Aufgaben oder Funktionen haben soziale Gebilde, vor allem Institutionen (Familie, Wirtschaft, Religion usw.)? Warum wird in manchen afrikanischen Ländern Frauen die Klitoris herausgeschnitten? Kleine Kinder, die Erwachsene mit ihren Warum-Fragen nerven, sind Funktionalisten.
Ein naiver Alltags-Funktionalismus nimmt an, dass Juden oder Moslems bestimmte Speiseverbote einhalten (z.B. kein Schweinefleisch zu essen), weil dies in ihren (ursprünglichen) Gebieten eine hygienisch oder gesundheitlich rationale Regelung gewesen sei oder dass Menschen auf die Idee kamen, ihre Toten zu begraben, weil diese zu stinken beginnen und gesundheitliche Gefahren von Leichen ausgehen. Plausible Annahmen sind häufig falsch oder nur teilweise richtig.
Wenn Steinzeitmenschen der Leichengestank gestört hat, dann hätten sie ja die Leichen nur ein paar Meter wegschleppen müssen. Bestattungen hatten in den meisten einfachen Kulturen nicht mit Gestank oder Gesundheit eine Verbindung, sondern dienten anderen Aufgaben: die Toten an der Wiederkehr zu hindern, den Toten den Weg in ein jenseitiges Reich zu erleichtern usw. Das Verbot im Judentum, Schweinefleisch zu essen, hatte nichts mit Gesundheit zu tun, sondern diente als Abgrenzungsmittel gegenüber benachbarten Völkern, Kulturen und gesellschaftlichen Systemen.

Doch auch in der traditionalen Wissenschaft des 19. und frühen 20. Jahrhunderts trifft man auf naive funktionalistische Annahmen. Auguste Comte († 1857) und Herbert Spencer († 1903) verglichen eine Gesellschaft mit einem Organismus. Wie ein Organismus sei eine Gesellschaft aus kleinen Einheiten aufgebaut, sie benötige Ressourcen zum Überleben und ihre Teile müssen geordnet zusammenarbeiten. Das Organismusbeispiel ist zur Einführung geeignet, kann jedoch in die Irre führen. Organismen bleiben gleich, es kommen keine neuen Organe hinzu, in Kulturen und Gesellschaften jedoch verkümmern Organe (z.B. Religionen), neue werden geschaffen (z.B. Wissenschaft) usw.

Wenn etwas für eine Gesellschaft oder eine Institution funktional ist, dann muss es nicht für die betroffenen Menschen von Vorteil sein. In vielen Kulturen gab und gibt es Regelungen, die für viele Menschen unangenehm waren und einen frühen Tod begünstigten, z.B. die Blutrache oder der Krieg. Trotzdem waren diese Regelungen funktional, d.h. sie dienten dem Erhalt der Kultur und der Gesellschaft – jedenfalls war dies meist die Meinung der herrschenden Gruppen.

Also geht es um folgende Frage:

Welche notwendigen Aufgaben in einer Gesellschaft sollen von Individuen, Institutionen und anderen sozialen Gebilden erfüllt werden? Der Hauptzweck dieser Aufgabenerledigung ist die Erhaltung des sozialen Systems und der Struktur.[7]

Verschiedene Sozialwissenschaftler haben Vorschläge gemacht und Aufgabenlisten entworfen (vgl. z.B. Schaefer/Lamm 1995, 130 ff):

1. *Ersatz für personelle Verluste*: Primärgruppen (Familien, Sippen etc.) dienen der Reproduktion. Es werden Regeln geschaffen, wie Menschen produziert werden sollen und wie wichtige Positionen mit geeigneten Personen zu besetzen sind. Institution: Familie.
2. *Sozialisation und Erziehung*: Eltern und Lehrer versuchen, den Kindern die zentralen Normen, Werte und Kompetenzen beizubringen. Institution: Schule.
3. *Sicherung des physischen Überlebens* durch Herstellung und Verteilung von Gütern. Institution: Wirtschaft.
4. *Schutz vor Aggression* und Zerstörung der Gesellschaft: Es werden Sicherheitsorganisationen geschaffen. Institution: Militär.
5. Festlegung und *Erhaltung von Werten* und Zielen: Durch Religion, Politik, Recht, Bildung, Medien etc. werden die für alle oder viele

[7] In der soziologischen Literatur wird diese Betrachtungsweise teilweise strukturell-funktionale Theorie genannt.

oder auch nur für Gruppen verbindlichen Wertsysteme geschaffen und verstärkt. Institutionen: Religion, Politik etc.

Der amerikanische Funktionalist Talcott Parsons stellte folgende Frage: Wie entsteht bei so vielen Handelnden eine gesellschaftliche Ordnung? Das Ordnungsmodell ähnelt den fünf oben genannten Aufgabenbereichen. Damit Ordnung und Stabilität in einer Gesellschaft gewährleistet sind, müssen nach Parsons folgende zentrale Aufgaben erfüllt werden:

- Ziele müssen gesetzt und erreicht werden.

Das zentrale Ziel betrifft das Überleben des Kollektivs. Doch solche Setzungen können durch Ideologien und kulturelle Maskierung paradoxe Konsequenzen haben. „Wollt ihr den totalen Krieg?" rief Göbbels. Deutschland war durch den Wahn der Naziclique in einen – unnötigen – Überlebenskampf hineingetrieben worden.

- Die Gesellschaft muss sich an ihre Umwelt anpassen.

Mit Umwelt ist mehr als Ökosystem gemeint. Man kann eine „objektive" Umwelt (z.B. Bodenfruchtbarkeit, Wassermangel, kriegerische Nachbarvölker) und eine „subjektive" Umwelt (z.B. Götter, Geister, Vorurteile über die Nachbarvölker) unterscheiden. Wissenschaft und Technik dienen der Umweltanpassung, doch sie erzeugen auch Umweltschäden, welche die Anpassung erschweren.

- Die Systemteile müssen integriert werden.

Integration ist notwendig; systemgefährdend sind Desintegration oder Überintegration. Desintegration: Bürgerkrieg, sich bekämpfende politische oder religiöse Gruppen. Überintegration: Uniformierung, Zensur, politische Gegner des herrschenden Regimes werden verfolgt.

- Es muss gemeinsame Werte geben. Abweichung muss durch soziale Kontrolle vermieden oder korrigiert werden.

Eine Schwächung des Wertkonsenses muss aber nicht zur Gesellschaftskrise führen. Die europäischen Fürsten und Meinungsführer hatten erst nach schrecklichen Kriegen begriffen, dass auch innerhalb eines Staates Katholiken, Protestanten und andere Religionsgemeinschaften zusammenleben können, ohne dass die Gesellschaft gefährdet ist.

Grundfunktionen (Parsons)	*Teilsysteme*
Zielsetzung	Politik, Religion
Umweltanpassung	Wirtschaft, Technik, Wissenschaft
Integration der Systemteile	Bildung, Massenmedien
Strukturerhaltung	Wertsystem

Abb. 6: Gesellschaftliche Grundfunktionen nach Parsons

Es gibt Kulturen und Gesellschaften, die nach dem System von Parsons stärker geordnet und integriert sind als andere.
Japan, die meiste Zeit seiner Geschichte relativ isoliert, ist eine homogene und trotz Modernisierung von traditionellen Werten bestimmte Gesellschaft. Ordnung und Konsens werden hoch geschätzt. Die Systemteile sind stärker integriert und aufeinander abgestimmt als in der EU. Konformität (Einhalten der Verhaltensregeln) ist genauso wichtig wie Leistung (Durchführung der vorgeschriebenen Arbeiten), während in den USA und in Europa zunehmend Leistung wichtiger wurde als Konformität.

Soziale Systeme[8]

Der Funktionalismus ist ein Systemansatz. Wenn man nach den Funktionen oder Aufgaben eines Teils für das Ganze fragt, setzt man einen Systemzusammenhang voraus.
Systeme sind allgegenwärtig: ein Virus, ein Affe, ein multinationales Unternehmen, der Staat, die moderne Gesellschaft.
Zuerst zwei Bemerkungen, die die Tugenden Bescheidenheit und Humor stärken sollen:

A. Die Umwelt eines Menschen oder einer Gesellschaft ist ungeheuer vielfältig (Komplexität).
B. Auch bzw. gerade bei bester Planung geschieht in einem komplexen Systemzusammenhang völlig Unerwartetes (Kontingenz).

Ein einzelner Mensch nimmt an verschiedenen Systemen teil. Ein einfaches Modell geht von der Dreiteilung des Menschen aus: physischer, psychischer und sozialer Teil. Sein Körper (physischer Teil) ist ein komplexes Lebenssystem, das an dem Superlebenssystem der Gene beteiligt ist. Außerdem „hat" und ist er ein psychisches System (Ich, per-

[8] Vgl. Wiswede 1998, 254 ff; Willke 1993.

sonale Identität, Selbstbewusstsein), das sowohl vom Körper als auch vom sozialen System abhängig ist. Das soziologische Interesse richtet sich primär auf den Sozialteil (Positionen, Rollen, soziale Identität, Vorurteile etc.). Von Geburt an entwickeln sich alle drei Teile interaktiv. Wenn ein Kind sozial isoliert wird, dann kümmern auch Körper und Psyche vor sich hin. Wenn eine Person ihre Stelle kündigt und sich als Einsiedler in die kanadischen Wälder zurückzieht, dann haben wahrscheinlich der Körper und der psychische Teil über den Sozialteil gesiegt. Wenn ein Mensch stirbt, dann sterben seine drei Teile in der Regel nicht synchron (vgl. Feldmann 1997, 1998b).

Grundlagen von Systemtheorien:

1. Ein System besteht aus Teilen, Elementen, die vernetzt sind.

Aus welchen Elementen oder Teilen besteht eine Gesellschaft? Aus Menschen? Der Vorschlag des Soziologen Luhmann (1984) lautet: sie besteht aus Handlungen oder Kommunikationen. Andere Soziologen würden sagen, sie besteht aus vielen materiellen und immateriellen Bestandteilen, die durch Kommunikation und andere Austauschmedien aktiviert und verbunden werden.

2. Ein System existiert in einer Umwelt, es grenzt sich von ihr ab und es muss sich dieser Umwelt anpassen, um zu überleben.

Sind konkrete Menschen Umwelt oder Teile des Systems? Wenn der Mensch als Polizist tätig ist, ist er als Positionsinhaber und Rollenspieler Teil des sozialen Systems, wenn er bei der Heimfahrt einen Unfall verursacht, so ist er auch Umwelt für die anderen am Unfall Beteiligten.

3. Systeme sind strukturiert, sie haben einen Bauplan.

Der Bauplan eines Organismus ist in seinem Genom enthalten, doch wo ist der Bauplan einer Gesellschaft? Sind es die Werte und Normen oder die Mythen? Es gibt viele gesellschaftliche Baupläne: das Recht, die Organisationen und ihre Regelsysteme, die Fahrpläne, Prüfungsordnungen usw. Gemäß diesen Bauplänen werden ständig soziale Gebilde hergestellt, erhalten, umgebaut und zerstört.

4. Systeme befinden sich meist in einem dynamischen Gleichgewicht.[9]

Das Körpergewicht eines Menschen, wie viele Stunden er schläft und die Selbstmordrate einer Nation oder eines Staates bleiben häufig innerhalb gewisser Schwankungsbreiten konstant.

---

[9] Bei der Bestimmung des „Gleichgewichts" eines sozialen Systems können konservative Wertungen einfließen. So kann der Eindruck erweckt werden, als wären Innovationen nicht funktional oder schädlich für das System.

Wenn bestimmte Bevölkerungsteile zu stark ab- oder zunehmen, z.B. alte oder junge Menschen, Ausländer, Arbeitslose, dann kann das Gleichgewicht gefährdet werden, wobei sich die Frage stellt, ob es eine Objektivierung dieser Gefährdung oder nur Einschätzungen durch Gruppen gibt.

5. *Systeme importieren Energie aus der Umwelt.*

Man sollte nicht nur an Erdöl, sondern auch an qualifizierte Arbeitskraft oder an Informationsbeschaffung denken.

6. *Sie wandeln die Energie in Produkte* (Autos, Fettzellen, Publikationen usw.).
7. *Durch die Energieumwandlung und die Herstellung und Verwendung der Produkte verändern Systeme die Umwelt* (Betonierung, Luftverschmutzung, Bildung usw.).
8. *Durch gezielte (oder auch unbeabsichtigte) Veränderung der Umwelt erwirtschaften Systeme Energie- und Produktüberschüsse* (Butterberg, Sparbuch, Lebensdauer).
9. *Soziale Systeme können kurz oder sehr lange leben* (studentische Arbeitsgruppe, der Nationalsozialismus, die DDR, die katholische Kirche).

Beispiel Universität als System:

Die Universität als Organisation besteht aus Positionen (Stellen), Instituten und Fachbereichen.

Die Universität grenzt sich von ihrer Umwelt ab: durch Gebäude, die nur von der Universität genutzt werden, dadurch, dass nur bestimmte ausgewählte Personen an Lehrveranstaltungen teilnehmen dürfen usw.

Die Universität hat einen Bauplan: Hochschulgesetz, Beamtenrecht, andere Vorschriften, Prüfungsordnungen usw.

Die Universität befindet sich in einem Gleichgewicht. Die Studentenzahlen dürfen nicht zu sehr zu- oder abnehmen. Es dürfen nicht zu viele Stellen gestrichen werden. Studierende sollen ihr Studium erfolgreich abschließen, dürfen nicht „ewig" studieren.

Die Universität importiert Energie. Sie erhält jährlich Geld aus dem Landeshaushalt. Sie bekommt neue Positionsinhaber und neue Studierende.

Sie wandelt die Energie in Produkte. Produkte sind Qualifikationsnachweise, Abschlüsse, Forschungsergebnisse usw.

Sie verändert die Umwelt. Studierende, die einen Universitätsabschluss erhalten haben, gehen auf den Arbeitsmarkt, erhalten Stellen, erwirtschaften Überschüsse, zahlen Steuern usw.

Universitäten können aufgelöst oder in andere Organisationen integriert werden.

Soziale Systeme führen Selektion durch: es werden aus der Unzahl möglicher Ereignisse geeignete, erwünschte gewählt; die Komplexität wird reduziert, damit das System sich erhalten und entwickeln kann. Solche Aussagen machen stutzig: Man erinnert sich an Personen, die behaupteten, die Vorsehung hätte sie auserwählt. Nun wählt „das soziale System", selektiert. In Europa bzw. in der EU wurden Demokratie, Marktwirtschaft und Arbeitslosigkeit „ausgewählt".
In einem sozialen System entstehen Erwartungen und Regeln, Normen. Dadurch ergibt sich eine Stabilisierung des Systems. Eine moderne Gesellschaft differenziert sich in Subsysteme (Wirtschaft, Politik, Kunst, Bildung), eigene Codes[10] und Kommunikations- oder Austauschmedien (z.B. Geld, Macht und Wahrheit) entstehen.

Subsystem	*Kommunikationsmedium*
Wirtschaft	Geld
Politik	Macht
Wissenschaft	Wahrheit

Abb. 7: Kommunikationsmedien

Luhmann spricht im Anschluss an Parsons von „symbolisch generalisierten Kommunikationsmedien". Geld ist generalisiert, da es für den Tausch allgemeiner verwendbar ist als Menschen, Kühe oder Felle, symbolisch, da die materielle Grundlage, Münzen oder Scheine, nur sicht- und fühlbare Zeichen für eine abstrakte Maßeinheit sind.
Macht ist neben Geld der Treibstoff im Subsystem Politik.[11] Macht wurde in der EU inzwischen so institutionalisiert, dass Totschlag, Versklavung, Raub und Monopolbildung – nicht nur durch einzelne, sondern auch durch staatliche Instanzen – minimiert werden. Kommunikationsmedien sind Errungenschaften, sie verschaffen den sozialen Systemen Entwicklungschancen und sie entlasten die Einzelnen in ihren Handlungsvollzügen. Sie bedürfen freilich einer ständigen Kontrolle, gerade weil sie so wirksam sind.

Systemdenken hat sich in der Wissenschaft und im technischen Bereich weit verbreitet. Viele Soziologen bezeichnen sich zwar nicht als Sys-

[10]Codes: Zentrale zweiwertige Bewertungs- und Tauschdimensionen in Wirtschaft (zahlen – nicht zahlen), Wissenschaft (wahr – nicht wahr) und anderen Subsystemen.
[11]Das Konzept der Macht wird im Kapitel „Politik" behandelt.

temtheoretiker, doch sie wenden grundlegende systemtheoretische Überlegungen an, z.B. Bourdieu und Giddens. Soziale Bereiche, z.B. Essen, Sport, Kunst, Politik und Wirtschaft sind vernetzt. Wenn man jemandem beim Essen zuschaut, dann kann man auf seine sportlichen und künstlerischen Aktivitäten und auf seinen Beruf schließen und umgekehrt – und wird bei entsprechendem Geschick häufig aber nicht immer Treffer erzielen.
Systemdenken wird in modernen Gesellschaften immer mehr erforderlich auf Grund steigender Komplexität, auf Grund der zunehmenden Bedeutung von Informations- und Kommunikationstechnologien und auf Grund der gravierenden Fehlermöglichkeiten (Kernkraftwerke, Flugzeuge etc.). Psychologische Experimente zeigen, wie schwer sich die meisten damit tun, dynamische, vernetzte, nichtlineare und komplexe Systeme (z.B. Städte oder Staaten) zu verstehen und zu beeinflussen (Dörner 1992). Computersimulationen ermöglichen ein relativ gefahrloses Lernen von Systemdenken. Das Systemlernen findet nicht hauptsächlich durch Schulungen statt, sondern durch das Aufwachsen in einer modernen Gesellschaft, durch den Gebrauch des Internets, durch Reisen in andere Länder, durch die Nutzung von Computerspielen und durch die Arbeit in komplexen Organisationen.

3.2 Konfliktansätze

Konflikte zwischen Göttern oder Mächten spielen in Mythen und Religionen entscheidende Rollen. Auch im Christentum gibt es das Reich des Guten und des Bösen, Himmel und Hölle.
Verschiedene Theorien erklären soziales Verhalten und gesellschaftliche Zustände durch Konflikte und Konkurrenz zwischen Gruppen. „Der Krieg ist der Vater aller Dinge?“ Untersucht werden Interessensunterschiede und Kämpfe zwischen sozialen Gruppen, die vor allem nach folgenden Merkmalen getrennt sind: ökonomische Position (Einkommen, Kapitalbesitz, Beruf), Bildungsstatus, ethnische oder nationale Zugehörigkeit, Religion oder Geschlecht.
Der berühmteste Konfliktansatz stammt von Karl Marx und an ihn anschließenden Autoren.[12] Marx ging von der Tatsache aus, dass in Hochkulturen herrschende Gruppen andere Gruppen unterdrücken und ausbeuten. In der Antike und auch später waren Sklaven die untersten

[12]Eine dreizehnseitige Einführung „in Marx“ und seine Theorie von Dahrendorf (1999) empfehle ich nicht nur den Anfängern, sondern auch denen, die schon einiges zu dem Thema wissen.

Gruppen. In den Industriegesellschaften des 19. Jahrhunderts diagnostizierte Marx einen grundlegenden Konflikt zwischen Kapitalisten, die Produktionsmittel (Fabriken, Finanzkapital, Patente etc.) besitzen, und Arbeitern bzw. Proletariern.[13]
Marx erkannte, dass der Kapitalismus und die moderne Gesellschaft sich in einem sozialen Wandel befanden. Die Folgen dieser Veränderungen sahen Marx und seine Jünger jedoch zu mechanistisch und undifferenziert:

- Verelendung der Arbeiter bzw. des Proletariats,
- allmählicher Anstieg der Empörung und des Widerstandes der Ausgebeuteten,
- durch den Mechanismus des kapitalistischen Produktionsprozesses kontinuierlich zunehmende internationale Vereinigung der Arbeiterklasse,
- die Akkumulation des Kapitals[14] (eine immer kleinere Zahl von Kapitalisten) behindert immer stärker die Entwicklung der Produktivkräfte,
- Revolution und Zerstörung des Kapitalismus.

Es fand zwar eine Akkumulation des Kapitals (z.B. multinationale Unternehmen, Fusionierung, Wachstum des Aktienkapitals) statt, wenn auch nicht im gesamten Produktionsbereich, doch die Produktivitätssteigerung in den hoch entwickelten Industrieländern hat zu einer Wohlstandsgesellschaft geführt. Auch den Armen in den Industriestaaten geht es heute viel besser als vergleichbaren Gruppen vor 150 Jahren. Außerdem unterschätzten Marx und Engels die zunehmende Differenzierung der industriellen Gesellschaft.[15] Somit erwies sich auch ihre Vorhersage, dass eine internationale Solidarisierung und Organisation der Arbeitnehmer stattfinden werde, als falsch. Zwar kam es zu einer

---

[13]In seinem Hauptwerk, dem „Kapital", unterscheidet Marx drei Klassen: Lohnarbeiter, Kapitalisten und Grundeigentümer, wobei das Grundeigentum allmählich in der kapitalistischen Produktionsweise aufgehen werde.

[14]Akkumulation des Kapitals: Anhäufung von Geld und anderen ökonomischen Mitteln und Gütern. Bei Bourdieu und auch in diesem Text wird der Begriff Kapital ausgeweitet und bezieht sich auf alle materiellen und nichtmateriellen Güter, die von Gruppen für wertvoll gehalten werden.

[15]Max Weber wies schon 1918 auf die Tatsache der Schrumpfung des Anteils der Arbeiter und die Gefahren bürokratischer Herrschaft hin. „Die Diktatur des Beamten, nicht die des Arbeiters, ist es, die – vorläufig jedenfalls – im Vormarsch begriffen ist" (Weber 1988, 508).

Verelendung vieler Menschen, doch vor allem in Entwicklungsländern. Dies änderte nichts am Weltwirtschaftssystem, im Gegenteil, die Verelendeten lassen sich hervorragend ausbeuten. Die holzschnittartige Einteilung der Menschen in Kapitalisten und Proletarier berücksichtigte nicht die traditionelle Vielfalt der ethnischen, religiösen und anderen Gruppen und die dynamische Entwicklung der Sozialstruktur und der Lebensstile und erwies sich somit als ziemlich unbrauchbar für die Erklärung von gesellschaftlichem Wandel. Die Verbindung von wissenschaftlicher Argumentation und Heilslehre in den Schriften von Marx und seiner Nachfolger war ein guter Nährboden für Ideologien. Doch die Lehren von Marx sind wie die von Freud Teil der Weltkultur und des öffentlichen Bewusstseins geworden und somit wäre es unangemessen, sie nur als wissenschaftliche Theorien oder Hypothesen zu analysieren oder als falsifiziert abzutun.

Konflikte und ihre Strukturen unterliegen wie alle sozialen Prozesse einer gesellschaftlichen Evolution (vgl. Nollmann 1997, 165 ff), somit ist es empfehlenswert, die Theorie von Marx mit weiteren Modellen zu konfrontieren und einen Pool zu bilden.

Biologische und soziobiologische Theorien siedeln Konflikte auf der elementarsten Ebene des Lebens an: Kampf der Gene. Der Sozialdarwinismus ist in den Sozialwissenschaften ziemlich verkümmert, doch die Aufnahme biologischer Erkenntnisse in der soziologischen Theorieentwicklung wird auch in Zukunft eine bedeutende Rolle spielen.

Feministische Theorien beziehen sich auf einen historischen Kampf zwischen dem Patriarchat und sich emanzipierenden Frauengruppen.

Theorien über Kulturkonflikte haben bereits ein ehrwürdiges Alter. Der Zweite Weltkrieg war durch einen Kulturkampf mitgeprägt: westliche, demokratische Kulturen vs. Kommunismus vs. Faschismus/Nationalsozialismus. Nach dem Sieg über den Faschismus dominierte der Ost-West-Konflikt, der zwar nicht völlig verschwunden, aber unbedeutsamer geworden ist. Der Nord-Süd-Konflikt hat dagegen an Bedeutung gewonnen. Nach dem Zusammenbruch des Kommunismus traten alte kulturelle und kollektive Konflikte hervor: Jugoslawienkrieg, fundamentalistischer Islam vs. westliches Wertesystem und verschiedene ethnische Konflikte. Huntington (1996) prognostiziert auf Grund seiner Einteilung in fünf Hauptkulturen weltweit Kulturkonflikte.

Verschiedene ökologisch orientierte Sozialwissenschaftler weisen auf Konfliktpotenziale zwischen den im 20. (und 21.) Jahrhundert in den Industriestaaten lebenden Menschen und Generationen folgender Jahrhunderte hin (Ressourcenverbrauch, Umweltzerstörung, sozio-ökonomische Strukturen). Dieser Konflikt bleibt vorerst latent, doch er könn-

te die spätere Einschätzung der derzeitigen westlichen Kultur bestimmen.[16]
Vor allem gibt es weltweit die vielen realen Konflikte zwischen Gruppen, die sich nach Religion, Tradition, Sprache und anderen Merkmalen unterscheiden.
Ein modernisierter Konfliktansatz sollte mehrere Aspekte aufgreifen und spezifische Gruppen und Organisationen betrachten: z.B.

- die politischen Organe der EU (Kultur-, Sprachen-, Regionen-, Klassen- und Parteienkonflikt),
- die Jugendarbeitslosigkeit (Klassen-, Generationen-, ethnische und Geschlechterkonflikte),
- türkische Mädchen in deutschen Schulen (Kultur-, Klassen- und Geschlechterkonflikt),
- Personen, die sich aus nicht-europäischen Ländern stammenden Sekten anschließen (Kultur-, Institutionen-, Religions- und Familienkonflikt),
- multinationale Organisationen, denen lokale Gruppen gegenüberstehen.

3.3 Symbolischer Interaktionismus[17]

Im Gegensatz zu Funktionalismus und Konfliktansätzen, die von einer Makroperspektive (Vogelperspektive) ausgehen, bezieht sich der Interaktionismus auf die Mikrowelt, die Alltagsbeziehungen der Menschen (Froschperspektive).[18]
Der (symbolische) Interaktionismus beschäftigt sich mit dem Denken, Fühlen und Handeln der Menschen als Ergebnis zwischenmenschlicher Beziehungen.
Menschen sehen einen Bettler auf der Straße, viele ignorieren ihn, finden ihn lästig, manche haben Mitleid oder andere Gefühle, geben ihm

---

[16]Falls die Erderwärmung weiterhin voranschreitet, könnten allerdings Mitglieder der künftigen Konfliktgeneration bereits jetzt unter den Lebenden weilen.

[17]Der Symbolische Interaktionismus wird teilweise unter dem Oberbegriff „Interpretatives Paradigma" eingeordnet, wobei noch die Phänomenologische Soziologie, die Ethnomethodologie, der Konstruktivismus und die structuration theory (Giddens) einbezogen werden können. (Vgl. Wiswede 1998, 118 ff)

[18]Eine gute Einführung in das Denken des Symbolischen Interaktionismus hat Abels (1998) verfaßt.

Geld. Ihr Urteil über den Bettler haben die meisten in Sekundenbruchteilen gefällt.[19] Was geht in den Menschen vor? Warum denken und handeln sie so? Welche Formen des Bettelns findet man in modernen Großstädten? Die normalerweise von Soziologen verwendeten Merkmale Geschlecht, Alter, Schulbildung, Beruf und Gruppenzugehörigkeit helfen zwar, die Wahrscheinlichkeit des Verhaltens von Gruppen zu erklären, doch es bleibt ein großes Fragezeichen, wenn man konkrete Gespräche, Gedanken und Handlungen von Einzelnen theoretisch ableiten oder gar vorhersagen will.

Ein Interaktionist fragt: Wie gestaltet der Bettler seine Aufführung, seine Fassade, das Rollenspiel? Er wählt eine Geschäftsstraße als Bühne. Alle, die ihn anblicken, werden in das Rollenspiel hineingezogen. Er aktiviert Gefühle bei den Vorbeigehenden. Er hat ein Schild aufgestellt: „Ich bin hungrig". Das verstehen alle, die es lesen. Die meisten haben keine Lebensmittel bei sich. Was können sie statt dessen geben? Geld. Viele denken sich: Soll er doch arbeiten, wenn er Geld braucht. Was denken sie noch? Was fühlen sie? Neben ihm liegt eine Mütze, in der große Münzen oder auch Geldscheine liegen. Sie haben Aufforderungscharakter: Sei großzügig, gib! Der Bettler sucht den Blickkontakt mit den Passanten. Diese weichen seinem Blick aus.

Der Symbolische Interaktionismus wird der Soziologie zugeschlagen, obwohl er wie die Sozialpsychologie zwischen Soziologie und Psychologie angesiedelt ist. Seine wichtigen Vertreter, Mead, Blumer und andere, sind durch psychologische Konzeptionen, z.B. durch Freud und den Behaviorismus stark beeinflusst worden.

Nach *George Herbert Mead* (1968) entwickelt sich das Selbst auf Grund von sozialen Erfahrungen, die immer mit dem Austausch von Symbolen verbunden sind. Die Sprache ist das wichtigste Symbolsystem. Kinder entwickeln ein Verständnis von sozialen Situationen, indem sie innerlich oder auch in Form des Rollenspiels Erwachsene nachahmen. Sie spielen Mutter, Doktor, Kaufmann. Das innere und äußere Rollenspiel ist selbstverständlich auch für Erwachsene eine wichtige Form des Lernens und der Selbsterkenntnis. Andere Menschen sind unser Spiegel (oft auch ein Zerrspiegel), in dem wir uns sehen und begreifen, meinte der amerikanische Soziologe Cooley. Wir versuchen ihre Mienen, Worte und Handlungen zu lesen und denken darüber

---

[19]Psychologische Experimente zeigen, daß Menschen ihre Einschätzungen anderer Menschen oft in einer Viertelsekunde durchführen, nicht nur bezüglich Schönheit oder Sympathie, sondern auch Intelligenz und Kompetenz (vgl. Frey 1999).

nach, was sie von uns halten. In uns ist nach Mead ein doppeltes Selbst: einerseits das Ich, von Mead „I“ genannt, die personale Identität, aktiv und spontan handelnd, andererseits das Ich als Objekt („Me“), die soziale Identität, wie ich meine, dass andere mich sehen. Kinder entwickeln allmählich ein eigenständiges Ich, da sie mit zunehmender Erfahrung immer mehr Objekt-Ichs (wie mich Papa, Mama, Oma, die Erzieherin usw. sehen) zur Verfügung haben. Schließlich haben Menschen nicht mehr nur Vater, Mutter, einen Lehrer usw. und deren Wünsche, wie sie sein sollen, verinnerlicht, sondern einen „allgemeinen Menschen“, einen Proto- oder Idealtyp, der in der Regel die Normen und Werte der Kultur repräsentiert, eine Art Über-Ich. Das Selbst bleibt während des ganzen Lebens dynamisch: Das Ich handelt jeweils mit seinen wechselnden Objekt-Ichs aus, wie es sich nach außen darstellen wird. Um diese flexible Identität sozial erfolgreich immer neu zu konstruieren, benötigt das Individuum verschiedene Kompetenzen: Z.B. sollten Menschen widersprüchliche Rollenerwartungen bewältigen und sich in andere einfühlen können.

Goffman († 1982), ein amerikanischer Soziologe, analysierte Interaktionen in verschiedenen Situationen und Organisationen und setzte dramaturgische Modelle zur Interpretation ein („Wir spielen alle Theater“) (Goffman 1973, 1986).

Eine Lehrerin steht vor der Klasse (Vorderbühne), es klingelt, sie geht ins Lehrerzimmer (Hinterbühne). Es kommt zu einem Streit im Lehrerzimmer (Vorderbühne), sie geht zur Toilette und trifft dort eine andere Kollegin (Hinterbühne). Dienstleister machen sich oft auf der Hinterbühne über ihre Klienten (Schüler, Käufer, Patienten etc.) lustig. Auf der Vorderbühne versuchen die Akteure einen guten Eindruck zu machen und ihr Gesicht zu wahren (impression management). In Organisationen hängt das gute oder schlechte Image eines Menschen nicht nur von seinem Verhalten, sondern auch von der Größe, Ausstattung und Lage des Raumes ab, der ihm zur Verfügung steht. Die Kleidung, die Frisur, Statussymbole (Autos, Taschen, Uhren, Handy usw.), vor allem die Manieren, Bewegungsstrukturen, verbale Kompetenzen und Wissen formen den Eindruck, den jemand hinterlässt. In vielen Organisationen arbeiten Beschäftigte an ihrem Image, sie kaufen sich z.B. ein Auto, das vielleicht bei Kollegen Neid erregt, aber doch in seinem Status etwas unter dem Auto des Chefs angesiedelt ist.

Jeder hat für seine Aktivitäten und Rollen Skripte zur Verfügung, kleine Drehbücher und flexible Verhaltensketten, die in den konkreten Interaktionen meist verändert, gekürzt oder mit spontanen Einschüben versehen werden.

Zusammenfassend kann man den Symbolischen Interaktionismus, hier in seiner durch Sozialpsychologie und Theorien der Körpersprache erweiterten Form, durch folgende Annahmen charakterisieren:

1. Soziales Handeln ist symbolvermittelt. Menschen handeln auf Grund der Bedeutungen von Dingen und Beziehungen.
2. Bedeutungen entstehen in der Interaktion. Worte und Gesten erhalten in sozialen Situationen ihre Bedeutung. Das kleine Wörtchen „Ja" kann ja, nein, vielleicht und vieles anderes bedeuten. Nichtverbales Verhalten hat für das Erkennen und Bewerten von Menschen oft eine größere Bedeutung als verbales Verhalten.
3. Erkenntnis ist nicht eine Widerspiegelung von Wirklichkeit, sondern eine wechselnde, kreative Interpretation der Beziehungen zwischen Begriffen und Gegenständen.
4. Interaktion und Kommunikation vollzieht sich auf verschiedenen Ebenen oder Dimensionen, z.B. auf einer Inhaltsebene (z.B. Informationen) und einer Beziehungsebene (z.B. emotionale Botschaften) (vgl. Watzlawick/Beaven 1969).
5. Soziale Situationen werden durch die Beteiligten definiert. Dabei wird um alles gefeilscht: Bedürfnisse, Rollen, Interessen, Identität, Geld etc.
6. Personen, die von der Polizei eines Verbrechens beschuldigt und verhört werden, geben manchmal das Verbrechen zu, obwohl sie es nicht begangen haben. Es wird also eine neue „wahre Realität" hergestellt, die der „objektiven wahren Realität" nicht entspricht,.
7. *Thomas-Theorem*: Wenn die Menschen Situationen als real definieren, so sind auch ihre Folgen real (vgl. Esser 1999, 59 ff). In diesem Zusammenhang spricht man auch von sich-selbst-erfüllender Prophezeiung. Weil Menschen Hexen für „real" hielten, haben sie diese „leibhaftigen" Hexen verbrannt.
8. Handeln ist durch Bedingungen des sozialen Kontexts erklärbar. Menschen übersetzen Normen situationsspezifisch in Verhalten.
9. Manche gehen oder laufen trotz roter Ampel über die Straße, um eine wichtigere Norm einzuhalten, z.B. pünktlich zu erscheinen.
10. Die Ausbildung von Selbstbewusstsein und Identität erfolgt durch antizipative (vorausschauende) Rollenübernahme. Eine Person definiert sich als gläubige Christin, da sie die Absicht hat, später mit kirchlichem Pomp zu heiraten.

11. Kinder identifizieren sich zuerst nur mit Bezugspersonen (z.B. Eltern) dann mit dem generalisierten Anderen oder dem „allgemeinen Menschen" (Über-Ich, Gewissen, sozialer Teil der Persönlichkeit).
12. Die Identität wird immer wieder in Interaktionen ausgehandelt und bestimmt. Menschen ändern heute häufiger Identitätsteile als in früheren Zeiten: Berufs- und Partnerwechsel, Therapie, Gruppenveränderung.

Um diese flexible Identität sozial erfolgreich immer neu konstruieren zu können, muss das Individuum verschiedene Kompetenzen erwerben: Rollendistanz, Ambiguitätstoleranz (widersprüchliche Rollenerwartungen bewältigen), Empathie (Einfühlungsvermögen) etc.

Ein Beispiel für die Anwendung einer interaktionistischen Betrachtungsweise:

Streckeisen (2001) hat den Prozess des Sterbens im Krankenhaus und der Behandlung der Toten in Fallstudien in der Schweiz detailliert analysiert.

Die sterbende Person im Krankenhaus wird teilweise als Objekt behandelt, was als Vorbereitung auf die Totenrolle gesehen werden kann.[20] Manche Ärzte, Krankenschwestern und Angehörige sprechen vor der sterbenden Person von ihr und über sie, als wäre sie schon eine Leiche. Bezugspersonen stellen die Krankenbesuche ein und rufen bei einem Bestattungsunternehmen an. Eine gestorbene Person kann andererseits von Angehörigen noch als Person behandelt werden, sie wird gestreichelt, mit ihr wird gesprochen usw.

Nach dem physischen Tod erfolgt durch das Herrichten der Leiche eine „Entpersonifizierung", die Person wird durch das Umbetten und den Transport in den Kühlraum zum kommunikationslosen toten Körper.

Es erfolgt dann häufig eine „symbolische Wiederbelebung" (des Körperäußeren) durch den Bestatter, um den Angehörigen eine Kommunikation mit dem Toten zu erleichtern. Durch die Erdbestattung oder Verbrennung wird die tote Person in der Regel endgültig „physisch ausgegliedert". Freilich kommunizieren viele Witwen mit ihrem verstorbenen Mann noch viele Jahre, sie verzögern also in ihrem privaten Feld das soziale Sterben, obwohl das physische Sterben schon lange abgeschlossen ist (Vgl. Feldmann 1997, 1998b).

Eine Depersonalisierung kann auch bei lebenden Menschen erfolgen, z.B. bei einer Untersuchung einer Frau durch einen Gynäkologen wird

---

[20]Kann ein Toter „eine Rolle spielen"? Ja, denn Rollen werden durch Erwartungen (der Lebenden) definiert.

eine kurzzeitige Verwandlung von einer personalen Beziehung (Gespräch mit der Patientin) zu einer Objektbeziehung (Untersuchung eines Körperteils) vollzogen, um schließlich im Abschlussgespräch wieder zu einer personalen Beziehung überzugehen.

Dem Symbolischen Interaktionismus wird vorgeworfen, dass er auf historische und kulturelle Entwicklungen nicht eingehe und Institutionen und soziale Gruppen (z.B. Klassen) zu wenig berücksichtige. Außerdem könnte durch die Vorliebe für diese Position auch der durch die Massenmedien verbreitete Interaktionismus (Talkshows, Fernsehserien) und Personenkult (Michael Jackson, Lady Diana) verstärkt und das strukturelle, systembezogene und funktionale Denken „geschwächt" werden.
Doch die Verschwisterung des Symbolischen Interaktionismus mit gesellschaftlichen Prozessen kann auch als Pluspunkt für die theoretische Position verbucht werden. Heute muss viel mehr ausgehandelt und situationsspezifisch definiert werden als in früheren Jahrzehnten – auch die Familie hat sich in der Tendenz „vom Befehlshaushalt zum Verhandlungshaushalt" (du Bois-Reymond 1994) entwickelt und das Internet ist ein globaler Basar. Es handelt sich folglich um eine theoretische Position, die dem Zeitalter der Individualisierung, Privatisierung, des homo oeconomicus und der Psychologisierung angemessen ist.
In diesem Text wird zur Vereinfachung im weiteren Verlauf der Symbolische Interaktionismus meist Interaktionismus genannt und außerdem wird der Ansatz durch sozialpsychologische Theorien angereichert.

3.4 Theorieanwendung am Beispiel Scheidung

Die Fruchtbarkeit der drei zentralen Theorieperspektiven wird im Folgenden am Beispiel der Erklärung der hohen Scheidungsraten in Industrieländern dargestellt (Henslin 1995, 19 ff; Peuckert 1999, 143 ff).
Scheidungen sind im Laufe des 20. Jahrhunderts in Deutschland (1996: 175.550 gerichtliche Ehelösungen) und anderen Industriestaaten immer häufiger geworden. Sie gehören einerseits zur Normalität des Lebens, andererseits werden hohe Scheidungsraten als soziales Problem angesehen.

Scheidung ist nicht nur in der Sicht vieler Menschen nach wie vor ein Problem, sondern sie hat auch ungünstige gesellschaftliche Konsequenzen. Kinder aus Scheidungsfamilien zeigen häufiger als Kinder aus Familien, in denen sie mit beiden Eltern zusammenleben, psychische und soziale Abweichungen. Frauen und in stärkerem Maße Männer, die nach der Scheidung jahrelang allein leben, sind überdurchschnittlich gefährdet: Alkoholismus, Depression, Drogengebrauch, Unfälle, Selbstmord (vgl. Doob 1997, 335 f).

Wie kann der Problembereich Scheidung theoriebezogen erschlossen werden? (Vgl. auch die Ausführungen im Kapitel über „Familie, Verwandtschaft etc.“)

Funktionalismus

Scheidung betrifft vor allem die Institution Familie, doch auch Religion, Recht und Gesundheit. In einer funktionalistischen Betrachtung kann geprüft werden, wieweit die Institution Scheidung mit der Institution Familie verträglich ist und für andere Institutionen funktional oder dysfunktional angesehen wird. Vertreter der christlichen Kirchen haben traditionellerweise gegen die rechtliche Zulassung von Scheidung erbittert gekämpft, weil sie eine Schwächung ihrer Institution befürchteten. Die rechtliche Regelung war jedoch im Interesse des Staates und der Wirtschaft, also der beiden in modernen Gesellschaften dominierenden Institutionen.

Die Familie ist nicht mehr ein Kleinbetrieb oder ein patriarchalisches Gebilde, das alle Mitglieder in Abhängigkeit hält. Viele Funktionen der Familie wurden teilweise von staatlichen und anderen Institutionen übernommen: Kindererziehung, Krankenpflege. Die Kontrolle des sexuellen und sozialen Verhaltens sowohl innerhalb als auch außerhalb der Familie hat sich verringert. Geburtenkontrolle liegt in viel stärkerem Maße in den Händen der Frauen als in früheren Zeiten. Die Familie, die Verwandtschaft und die Nachbarschaft haben Funktionen verloren oder sie können leichter als früher durch andere Institutionen ersetzt werden. Die Abhängigkeit der Frauen von den Ehemännern und von dem Schutz der Institution Familie hat sich durch rechtliche Regelungen, Bildung und zunehmende Berufstätigkeit von Frauen verringert.

Vermehrte Scheidungen bedeuten nicht, dass die Ehe als Institution nicht mehr attraktiv ist. Bekanntlich heiraten die meisten, die sich scheiden lassen, wieder. Funktionalistisch gesehen, sind also hohe Scheidungsraten weder eine Gefährdung der Institution Familie noch der Institution Ehe, sondern sie dienen der Anpassung an veränderte gesellschaftliche Verhältnisse.

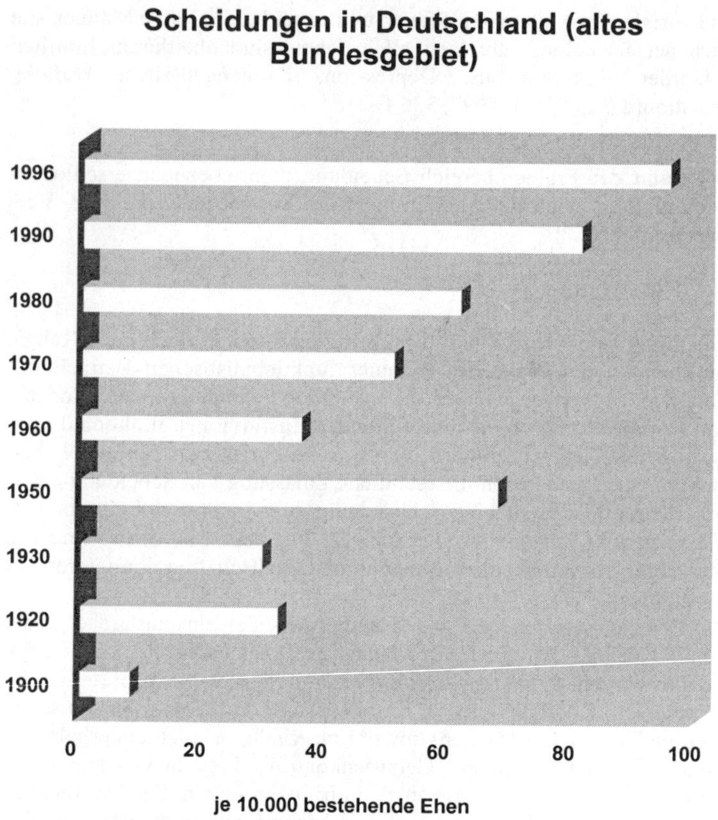

Abb. 8: Scheidungen in Deutschland
Quelle: Statist. Bundesamt 1990, 127; 1995, 108; Statistisches Jahrbuch 1998, 77.

Symbolischer Interaktionismus

Die Interaktion zwischen Mann, Frau und Kind ist nicht mehr so standardisiert, eng festgeschrieben, normativ rigide geregelt wie früher. Es wird mehr ausgehandelt. Zufriedenheit und Harmonie der Gefühle sind von zentraler Bedeutung und Gefühle verändern sich eben leicht. Auf Grund dieser Auflösung des starren institutionellen und normativen Gefüges sind alle Familienmitglieder von den Erwartungen der anderen

Familienmitglieder abhängiger geworden. Dadurch kommt es zu einer „Überforderung" der Ehegemeinschaft. Die Liebesideologie (Ehrlichkeit, sexuelle Treue, dauerhafte emotionale Zuwendung) steht im Widerspruch zu den Ideen der Selbstverwirklichung, der lebenslangen Entwicklung und dem Genussstreben.

Das Ich hat sich auf Kosten des Über-Ichs, des verinnerlichten Normgefüges, stärker entwickelt: Individualisierung. Die Entwicklung der Identität erfolgt lebenslang, wodurch auch die Chancen einer Entfremdung der Partner steigen. Frauen haben mehr Vorder- und Hinterbühnen zur Verfügung als früher: Berufstätigkeit, sexuelle und soziale Freizügigkeit. Alternative Beziehungen stehen für beide Partner eher und mit relativ geringeren sozialen Kosten zur Verfügung als früher. Die Vorstellungen über richtige Kindererziehung und viele Tätigkeiten sind differenzierter, so daß häufiger Diskrepanzen zwischen Vater und Mutter entstehen. Die vorherrschende gesellschaftliche Bedeutung von Scheidung hat sich von Sünde, Schande, Stigma, Katastrophe zu normales Ereignis, Befreiung und Selbstverwirklichung geändert. Je mehr Personen nicht heiraten oder sich scheiden lassen, umso größer ist der Partnermarkt. Somit sind die Risiken, allein zu bleiben, wenn man sich scheiden lässt, geringer als früher.

Die rationalistische Annahme, dass diejenigen, die einen Partner einige Zeit testen, bevor sie ihn heiraten, eher eine Scheidung vermeiden können, ist empirisch nicht bestätigt worden. Personen, die vor der Heirat in einem Haushalt zusammenleben, haben ein höheres Scheidungsrisiko als diejenigen, die erst nach der Heirat eine gemeinsame Wohnung beziehen. Die Institution Ehe wird von diesen Personen wahrscheinlich eher instrumentell gesehen, nach ihrem Nutzen beurteilt.

Zusammenfassend: Die Symbole, Bedeutungen und Erwartungen haben sich verändert. Die Interaktionsstrukturen haben der Problemlösung Scheidung zu einem Aufstieg verholfen.
Amerikanische Untersuchungen belegen, dass Einstellungen und Interaktionsstrukturen die Scheidungswahrscheinlichkeit stark beeinflussen; sie steigt, wenn

- beide Ehepartner liberale Einstellungen haben,
- Konflikte zwischen den Partnern bezüglich der häuslichen Arbeitsteilung bestehen,
- beide Partner geringe religiöse Bindungen und pessimistische Lebenseinstellungen haben (Calhoun et al. 1994, 302).

Konfliktansatz

Die Gesellschaft wird durch soziale Konflikte geprägt, vor allem zwischen den sozialen Klassen, zwischen den Geschlechtern und zwischen Altersgruppen.

Patriarchalische Strukturen haben die abendländische Kultur bestimmt. Die familieninterne Unterdrückung der Frau wurde zwar gemildert, doch sie ist nach wie vor vorhanden. Nur können Frauen heute leichter ausbrechen: höhere Scheidungsraten. Früher waren die Machtverhältnisse in der Ehe durch ein rigides Wert- und Normsystem festgelegt. Heute haben Frauen bessere Gewinnchancen in Machtkämpfen mit ihren Ehemännern als früher. Die Scheidung wird als legitimes Mittel anerkannt, unerträglichen Konflikten zu entkommen. Geschiedenen Frauen werden in der Regel für sie besonders wertvolle Ressourcen, nämlich die Kinder, zugesprochen.

Die soziale Ungleichheit, die sich durch die Akkumulation des Kapitals und die Privilegierung der herrschenden Klasse ergibt, führt für die Unterprivilegierten zu Stress und Frustration, da die geweckten Konsumwünsche und sozialen Erwartungen nicht befriedigt werden können. Diese Frustrationen werden in die Familie getragen und führen dort zu anomischen und desintegrierenden Prozessen. Die Scheidungs- und Trennungsraten sind in Unterschichtfamilien höher als in Mittel- oder Oberschichtfamilien. In diesen unterprivilegierten Familien steht weniger ökonomisches, soziales und kulturelles Kapital zur Verfügung, um Konflikte und Krisen zu bewältigen.

Kinder aus geschiedenen oder getrennten Familien sind von den Konflikten langfristig betroffen. Die Wahrscheinlichkeit, dass sie in psychosoziale Problemlagen geraten, dass sie sich z.B. scheiden lassen, ist erhöht.

3.5 Integration der Ansätze?

Die drei Ansätze sind keine akademische Erfindung. Sie können im Alltagsbewusstsein entdeckt werden.

Ein Kleinkind beginnt als Interaktionist, von gesellschaftlichen Funktionen weiß es nichts und es kennt nur Konflikte mit Personen, nicht zwischen Gruppen. Erwachsene sind in der Familie meist interaktionistisch orientiert, im Beruf, vor allem wenn sie in bürokratischen Organisationen tätig sind, handeln sie häufig auf Grund funktionalistischer Annahmen, während sie bei Wahlkämpfen oder im Krieg oft eine Konfliktperspektive einnehmen. Hitler war wahnhaft von einem Konfliktansatz besessen. Witze kann man besser mit Hilfe des Symbolischen Interaktionismus als auf Grund systemtheoretischer Konzeptionen verstehen.

Die drei Ansätze sollen miteinander konkurrieren, bzw. als getrennte Werkzeuge eingesetzt werden. Trotzdem ist die Frage interessant, wie sie kombiniert werden könnten. Das setzt voraus, dass man jeden Ansatz von der Warte der anderen beiden betrachtet.

Der Funktionalismus wurde vor allem von Konflikttheoretikern hart kritisiert – er sei nur zur Rechtfertigung des Bestehenden geeignet und könne gesellschaftliche Veränderungen nicht erklären. Der marxistische Konfliktansatz wird von vielen als veraltet und politisch diskriminiert bezeichnet. Der Interaktionismus wird von Funktionalisten (aber auch von empirisch arbeitenden Psychologen) als diffus und unsystematisch beschrieben.

Eine funktionalistische Erörterung kann man durch interaktionistische Überlegungen zu den Bedeutungsänderungen und -schwankungen von Begriffen wie Familie, Ehe, Kind, Erziehung, Selbstverwirklichung und Lebensqualität bereichern. Ein Konfliktansatz lässt sich durch Überlegungen über Funktionen von Klassen, Gruppen, Interessen und Ideologien und durch die Interaktionsspielräume von Gruppen und Personen differenzieren. Eine interaktionistische Perspektive wird durch historische Aspekte und den Einbezug der Unterschiede zwischen Institutionen an Erklärungskraft gewinnen.

Die Verbindung von Funktionalismus, Interaktionismus (unter Einbeziehung psychologischer Theorien) und Konfliktansatz soll am Beispiel Scheidung erörtert werden, d.h. die nach Ansätzen getrennten Aspekte können zusammengeführt werden. Soziologie erweist sich als Wissenschaft mit Praxisbezug, wenn folgende Fragen gestellt werden:

Ist Scheidung ein gesellschaftliches Problem? Werden die Scheidungs- und Trennungsraten weiter steigen? Wie können die Benachteiligungen, die durch Scheidung entstehen, gemildert werden?

Im ersten Schritt erfolgt eine funktionale oder Makroanalyse, die gesellschaftliche Struktur wird in Modellen abgebildet, in die Makrodaten (Wirtschaftsdaten, Scheidungs- und Geburtenraten usw.) eingefügt werden. Prognosen werden erstellt (Wirtschaftsentwicklung, Politik, Technologien). Der Anteil der alten Menschen nimmt zu, während der

Anteil der jungen Menschen abnimmt. Die steigende Bildung und die auch in Zukunft zu erwartende hohe Arbeitslosigkeit wird Folgendes bewirken: weiterhin geringe Geburtenraten, Erhöhung des Heiratsalters, häufiger Wechsel der Arbeitsstätte und zunehmende Mobilität mit der Folge, dass dauerhafte lokale Bindungen erschwert werden.

Als zweiter Schritt werden konkrete Interaktionen und Handlungsketten beschrieben, die das Problem betreffen. Am besten eignen sich Feldstudien, qualitative Interviews und Beobachtungen. Zur Erklärung werden nun sowohl die im ersten Schritt gewonnenen Makrokonzepte als auch interaktionistische und sozialpsychologische Analysen verwendet.
Personen werden nach ihren Erfahrungen mit Scheidungs- und Trennungsfolgen befragt. Faktoren, die Benachteiligungen verhindern oder mildern, werden erhoben. Langzeituntersuchungen sind erforderlich. Amerikanische Untersuchungen seit den 40er Jahren weisen auf einen Übergang von einer funktionalistischen zu einer interaktionistischen Legitimation. Während Personen in den 40er Jahren vor allem Mängel in der Erfüllung von familiären Aufgaben (Fernbleiben von zu Hause, Trunksucht etc.) als Scheidungsgründe angaben, wurden in den 80er Jahren Selbstverwirklichung, Kommunikationsprobleme und Wertkonflikte angegeben (vgl. den Bericht in Gelles et al. 1995, 392 f).
In einem dritten Schritt wird versucht, die durch die Interaktion und das interdependente Handeln vieler zu erwartenden Folgen auf der Makroebene, also die unbeabsichtigten Strukturänderungen und Gruppenkonflikte, vorherzusagen.
Scheidung und Trennung ist ein Konfliktgeschehen: zwischen den Partnern und den Personen, die sich jeweils einer „Partei" anschließen; zwischen religiösen und anderen weltanschaulichen Gruppen; zwischen Institutionen (Familie, Politik, Beruf, Religion).
Zuletzt werden Szenarien aufgestellt, in denen Veränderungen der Rechtssituation, sozialpolitische Maßnahmen, Neuerungen im Erziehungsbereich mit den zu erwartenden Konsequenzen eingebaut werden.[21]

3.6 3 Ansätze und 3 Powertools

Wenn man die drei Ansätze anwendet, dann ist die Analyse einer sozialen Tatsache oder eines Ereignisses nicht abgeschlossen.
Wenn Sie die 3 Ansätze geladen haben, geben Sie GAS!

---

[21]Vgl. zur Soziologie der Scheidung Herzer 1998.

G = Geschlecht
A =Alter
S = Soziale Schicht.

Diese rätselhafte Aussage wird im weiteren Verlauf des Lesens immer plausibler werden. Hier soll sie nur kurz durch ein Beispiel illustriert werden.
Nehmen wir an, das *Internet* wird soziologisch analysiert.[22]
Funktionalismus: Das Internet verbessert die Kommunikation, erleichtert wirtschaftliches und wissenschaftliches Handeln und dient der Integration der Menschen und Institutionen.
Konfliktansatz: Gruppen bilden sich durch das Internet, Gruppen bekämpfen sich im Internet, das Internet ist eine neue Arena und ein neues Kampfmittel.
Interaktionismus: Im Internet wird interagiert, getäuscht, entstehen Vorder- und Hinterbühnen, werden Identitäten konstruiert, werden Symbole geschaffen und gedeutet.
Doch das ist nicht alles – GAS geben!
Geschlecht: Zuerst wurde es von (jungen) Männern in Beschlag genommen, inzwischen steigt der Frauenanteil kontinuierlich.
Alter: Junge Männer und junge Frauen gestalten und nutzen es. Die soziale Distanz zwischen alten und jungen Menschen wird vergrößert.
Soziale Schicht: Über Computer verfügen hauptsächlich Mittel- und Oberschichthaushalte. Das Internet wird primär von Wohlhabenden, Gebildeten und von den Inhabern guter Berufspositionen genutzt. Die Unterschiede zwischen Industrie- und Entwicklungsländern werden (vorläufig) dadurch vergrößert.

3.7 Der Ansatz von Bourdieu

Bourdieu hat einen integrativen Konfliktansatz erarbeitet – integrativ bedeutet: er kombiniert die Konfliktperspektive mit einer interaktionistischen und funktionalistisch-systemtheoretischen. Er will einseitige Sichtweisen und die Mikro-Makro-Kluft zwischen Struktur und Handeln „überwinden".
Bourdieu führt ein Modell der Gesellschaft ein, das soziale Räume und Felder, z.B. Recht, Religion oder Kunst, und nicht nur Klassen oder Schichten ansetzt. In diesen sozialen Feldern wird gespielt und gekämpft, und zwar nach häufig verschleierten, impliziten Regeln. Jeder versucht, seine Position zu behaupten oder zu verbessern. Je mehr Ka-

---

[22]Vgl. auch den Abschnitt „Technik" im Kapitel „Wirtschaft".

pital die Spieler zur Verfügung haben, umso besser sind ihre Gewinnchancen.

Im Anschluss an Marx wählte Bourdieu den Schlüsselbegriff „Kapital“[23]. Doch er weitet ihn aus, er bezieht sich nicht nur auf das „ökonomische Feld“, sondern auf Politik, Kunst, Religion, Wissenschaft usw.[24] Kapital ist entscheidend für die soziale Position und für die Kontrolle von sozialem Raum (Geld, Grundbesitz, Beziehungen, Wissen usw.). Für die meisten Menschen ist es schwer, Kapital zu erwerben. Kapital ist in krassem Maße ungleich verteilt. Um Kapital wird permanent gekämpft. Bourdieu unterscheidet

1. ökonomisches (Einkommen, Vermögen),
2. soziales (Beziehungen zu einflussreichen Personen und Gruppen),
3. kulturelles (z.B. Fertigkeiten, Wissen, akademische Titel; siehe Kapitel „Erziehung“) und
4. symbolisches Kapital (Anerkennung, Prestige, guter Ruf). Symbolisches Kapital wird überall benötigt, vor allem jedoch in der Wissenschaft, Religion, Kunst und in den Massenmedien geschaffen.

Soziales und symbolisches Kapital hängen eng zusammen, soziales Kapital bezieht sich auf die konkreten Beziehungen zu einzelnen Menschen oder Gruppen, symbolisches Kapital auf das allgemeine Prestige.[25]

Die Vermehrung des Kapitals findet auf allen Ebenen statt, d.h. auf der des Individuums, der Familie, der Gruppe, der Region, der sozialen Klasse etc. Durch diese Akkumulation kommt es zu einer zunehmenden sozialen Ungleichheit, d.h. diejenigen, die besonders viel Kapital angehäuft haben, haben natürlich auch in Zukunft die besseren Chancen, weiteres Kapital zu akkumulieren als diejenigen, die wenig haben.[26] Bourdieu nimmt wie Marx an, dass es nicht ein Kontinuum der sozialen Ungleichheit gibt, sondern abgegrenzte hierarchisch geordnete soziale Gruppen. Die Basiskategorisierung dieser sozialen Gruppen nach

[23] Vgl. den Abschnitt „Kapitalismus“ im Kapitel „Wirtschaft“.

[24] Bourdieu nennt die gesellschaftlichen Bereiche, die von den meisten Soziologen Institutionen oder von anderen Subsysteme genannt werden, Felder.

[25] Zusätzlich erwähnt Bourdieu noch das physische oder Körperkapital (Stärke, Gesundheit, Schönheit, Jugend).

[26] Für das ökonomische Kapital ist das einsichtig. Doch es gilt auch für kulturelles Kapital: Weiterbildungsmaßnahmen werden stärker von überdurchschnittlich gebildeten Personen in Anspruch genommen als von unterdurchschnittlich gebildeten.

Bourdieu ist dreigeteilt: Ober-; Mittel- und Unterklasse. Mitglieder einer Klasse oder sozialen Gruppe haben einen ähnlichen „Geschmack" (Präferenzen für Kunst, Alltagsgegenstände, Freizeitaktivitäten, Einrichtungsgegenstände, Sprechgewohnheiten usw.), der gruppenspezifisch in den Körper und in das Bewusstsein eingeschrieben ist, den Habitus (vgl. Fröhlich 1994). Es handelt sich um ein erlerntes stabiles Wahrnehmungs-, Denk- und Interpretationsschema, das der Abgrenzung (Distinktion) gegenüber den anderen Klassen oder Gruppen dient. Am Habitus eines Menschen (Bewegung, Sprechen, Fertigkeiten, Kleidung, Ort, Einrichtung der Wohnung usw.) können die Mitglieder einer Klasse oder Gruppe erkennen, ob dieser Mensch einer der ihren ist.[27]

„Es gibt mit anderen Worten tatsächlich, und das ist nach meiner Meinung überraschend genug, einen Zusammenhang zwischen höchst disparaten Dingen: wie einer spricht, tanzt, lacht, liest, was er liest, was er mag, welche Bekannte und Freunde er hat usw." (Bourdieu 1989, 25)

Das Habituskonzept ist mit dem Rollenbegriff[28] verwandt: Die Menschen sind Rollen- oder Habitusspieler, wobei der Habitus bis in die Tiefenschichten des Körpers und des Bewusstseins reicht, während Rollen teilweise mehr die „Oberfläche" betreffen.
Habitus- und Kapitalbegriff überschneiden sich. Das Körperkapital und das kulturelle Kapital sind eng mit dem Habitus verwoben – der kurzsichtige, zart gestikulierende und gewählt sprechende Intellektuelle.

3.8 Bedeutende Soziologen

Comte, Spencer, Marx, Parsons, Goffman, Luhmann wurden im bisherigen Text genannt und Bourdieu wurde ausführlicher vorgestellt. Sie zählen zu den berühmten Soziologen, auf die immer wieder Bezug genommen wird und die häufig zitiert werden. Im Social Sciences Citation Index werden die sozialwissenschaftlichen Aktienkurse (Häufigkeit der Zitate) mitgeteilt. In der folgenden Tabelle sieht man, dass Foucault, Giddens und Bourdieu seit 1992 hinzugewonnen haben, während Marx und die klassischen Urväter Spencer und Comte keine Wachstumswerte sind – Akkumulation des Kapitals oder der Matthäus-

---

[27]In früheren Jahrhunderten in einer Standesgesellschaft war dies allerdings viel leichter als heute in einer offenen pluralistischen Gesellschaft. Es gibt zu viele „Mischungen" von Merkmalen, zu viele abweichende Fälle. Trotzdem können die meisten Menschen die Nähe einer fremden Person zu dem Habitus der eigenen Gruppe einschätzen.

[28]Vgl. den Abschnitt „Rollen" im Kapitel „Mikrosoziologie".

Effekt[29]. Von den Klassikern erweist sich Max Weber als der dauerhafteste.

Zitierte Soziologen	*1992*	*1998*
Foucault	545	839
Giddens	350	659
Bourdieu	364	607
Weber	494	582
Habermas	438	558
Durkheim	297	358
Marx	385	337
Parsons	287	297
Mead	189	193
Luhmann	99	162
Elias	100	143
Spencer	59	44
Comte	18	18

Abb. 9: Anzahl der Nennungen in sozialwissenschaftlicher Literatur nach Social Sciences Citation Index[30]

Die hier ausgewählten 13 Soziologen sind (weiße) Männer, aus wenigen Ländern: 5 aus Deutschland, 4 aus Frankreich, 2 aus Britannien, 2 aus den USA. 10 von ihnen sind tot – also eine Art von Ahnenverehrung. Mindestens 3 von ihnen werden auch von einer anderen Wissenschaft, der Philosophie, beansprucht: Marx, Foucault und Habermas.

Auguste Comte († 1857) „erfand" den Namen Soziologie. Er wollte eine Art weltlicher Religionsstifter sein und teilte die Geschichte der Menschheit in drei Stadien (theologisch – metaphysisch – wissenschaftlich), das Dritte, hoffte er, als Oberpriester entscheidend mitzubestimmen. Nach seiner Lehre funktioniert die Gesellschaft wie die Natur nach Gesetzen, also müsse die Soziologie wie die Naturwissenschaft aufgebaut werden (Fuchs-Heinritz 1998).

Herbert Spencer († 1903) wird eher in angelsächsischen als in deutschen Lehrbüchern genannt. Er vertrat eine Variante des Sozialdarwinismus (Überleben der am besten angepassten Gruppen und Kulturen). Diese von Soziologen im 20. Jahrhundert stark abgelehnte Position hat zu seiner Abwertung geführt (Kunczik 1999; Deimling 1998, 203 ff).

---

[29]Matthäus-Effekt: Wer hat, dem wird gegeben werden.

[30]Die Zahlen sind nur ein grober Hinweis auf die tatsächlichen Literaturbezüge, da schon die exakte Häufigkeit der Namensnennung im SSCI einer genaueren Recherche bedürfte, als sie hier geleistet wurde.

Karl Marx († 1883) betonte die wirtschaftliche Grundlage der Gesellschaftsentwicklung. Er interpretierte die Geschichte der Menschheit als Klassenkampf, der durch die Entwicklung der Produktivkräfte angetrieben werde. Der Kapitalismus (der wirtschaftliche Reichtum sammelt sich in den Händen weniger) werde zwangsläufig durch den Sozialismus (Sieg der Ausgebeuteten, klassenlose Gesellschaft) abgelöst werden. Er war der einzige Soziologe, dessen Werke einen bedeutsamen Einfluss auf Politik und Wirtschaft hatten (Dahrendorf 1999; Deimling 1998, 169 ff).

Emile Durkheim († 1917) grenzte die Soziologie gegenüber anderen Wissenschaften ab. Er versuchte „soziale Tatsachen", z.B. Arbeitsteilung oder Selbstmordraten, nur durch soziale Tatsachen, z.B. soziale Integration und Kollektivbewusstsein, und nicht biologisch oder psychologisch zu erklären (König 1978; Müller 1999).

Max Weber († 1920) wies im Gegensatz zu Marx auf die eigenständige Wirksamkeit des symbolischen Bereichs (Denkmuster, Sprache, Glauben etc.) hin. Bestimmte Formen des Protestantismus (Kalvinismus) hätten kapitalistisches Denken und Handeln begünstigt und damit die wirtschaftlich-technische Entwicklung (Kapitalismus) entscheidend beeinflusst. Weber forderte auch, dass Soziologen ihre religiösen, politischen und sonstigen Werturteile in ihrem beruflichen Handeln zurückstellen und werturteilsfrei forschen sollten (Käsler 1995).

Im 20. Jahrhundert wurde die US-amerikanische Soziologie zur dominierenden Kraft.

George Herbert Mead († 1931) gilt als Begründer des Symbolischen Interaktionismus und stellte Überlegungen an, wie das Bewusstsein gesellschaftlich erzeugt wird (Mead 1968; Joas 1999).

Talcott Parsons († 1979), der Hauptvertreter des Funktionalismus, errichtete ein theoretisches System zur Erklärung aller gesellschaftlichen Erscheinungen (Parsons 1972).

Die deutsche Soziologie ist durch den Nationalsozialismus in ihrer Entwicklung stark behindert worden. *Norbert Elias* († 1990), der aus Deutschland in den 30er Jahren fliehen musste, ist erst als alter Mann berühmt geworden. Er erforschte den europäischen Prozess der Zivilisation, die Bildung von immer größeren Herrschaftszonen (Monopolisierung von Macht und Gewalt) und die Zähmung des Verhaltens (die in aristokratischen Gruppen begann und sich schließlich in modernen Gesellschaften auf die Mehrheit der Menschen ausweitete) (Elias 1976; Kuzmics/Mörth 1991; Fröhlich 1991).

Außerdem sind in den 70er und 80er Jahren noch zwei deutsche Soziologen international sehr bekannt geworden.

Jürgen Habermas, ein Nachfahre der Frankfurter Schule (Horkheimer und Adorno), wird sowohl als Philosoph als auch als Soziologe bezeichnet. Seine Unterscheidung zwischen einer eher kommunikativen und potenziell emanzipatorischen und einer kognitiv-technisch-instrumentellen Rationalität kann als ein Versuch der Verbindung der Gedanken von Max Weber und Karl Marx angesehen werden (Habermas 1981; Honneth 1999).
Niklas Luhmann († 1998) hat ähnlich wie Parsons eine eigene relativ geschlossene Systemtheorie geschaffen. Er hat sich mit einer Reihe von gesellschaftlichen Bereichen, wie Recht, Kunst, Wirtschaft usw., beschäftigt, so dass sein Werk vielfältige Anregungen nicht nur für Soziologen bietet (Luhmann 1984; Horster 1997; Stichweh 1999).
Von den französischen Soziologen der neueren Zeit haben international *Michel Foucault* († 1984) und *Pierre Bourdieu* die meisten Zitate eingeheimst. Foucault hat den geschichtlichen Wandel der Macht beschrieben, wobei er Macht nicht als Eigenschaft von Individuen oder Gruppen, sondern als Netzwerk, als Teil der Sprache und aller menschlichen Äußerungen begreift (vgl. Foucault 1977). In dem hier vorgelegten Text werden Konzeptionen von Bourdieu an verschiedenen Stellen verwendet (Bourdieu 1982, 1983; Fröhlich 1994; Bohn/Hahn 1999).
Die britische Soziologie hat ebenfalls eine wichtige Gestalt hervorgebracht: *Anthony Giddens* versucht (wie auch Bourdieu mit seinem Habitus-Begriff), eine Verbindung zwischen (intentionalem) Handeln und institutionellen Strukturen, den unbeabsichtigten langfristigen Konsequenzen menschlichen Handelns, herzustellen (Giddens 1986). Giddens ist auch als Berater des britischen Premierministers Tony Blair über den engen Kreis der Soziologenzunft hinaus bekannt geworden (Giddens 1999). Die Verbindung von Wissenschaft und Politik steht in der Tradition von Comte und Marx.
Diese Kürzestbeschreibungen können nur eine grobe Orientierung vermitteln. Kenner werden in der Aufzählung eine Reihe von bedeutsamen Soziologen vermissen, auf die im folgenden Text allerdings Bezug genommen wird: Georg Simmel, Theodor Geiger, Theodor W. Adorno, Erving Goffman u.a. Selbstverständlich ist lebendige Soziologie ein Unternehmen, an dem Zehntausende intensiv mitwirken, nicht nur eine erlesene Schar berühmter Männer (auch Tote sind noch sehr aktiv!), sondern auch viele Frauen; auf einige von ihnen wird im folgenden Text Bezug genommen, z.B. Theda Skopcol, Arlie Hochschild, Rosemarie Nave-Herz oder Elisabeth Beck-Gernsheim.

4 Mikrosoziologie[31]

Psychologie und Soziologie sind Schwestern. Trotz institutioneller und organisatorischer Grenzen und Rivalität gibt es viele Überschneidungen, wechselseitigen Austausch und Beziehungen zwischen den beiden wissenschaftlichen Disziplinen. Da es sich um Gruppen handelt, die um Positionen, Marktanteile (z.B. Buchmarkt) und Territorien (z.B. den „Menschen“ oder die Kleingruppe) konkurrieren, wird auch Abgrenzung betrieben, schon durch Namen wie Sozialpsychologie und Mikrosoziologie, aber auch durch wertende Begriffe, wie Behaviorismus, Reduktionismus, Subjektivismus oder Quasi-Theorie.
Von den drei Theorieansätzen ist der Symbolische Interaktionismus der Mikrosoziologie zuzuordnen, in der psychologische Theorien zu soziologischen Zwecken eingesetzt werden. Doch auch für die makrosoziologischen Konfliktperspektiven und funktionalistischen Ansätze haben sich mikrosoziologische und psychologische Konzepte als fruchtbar erwiesen.

4.1 Verhalten und Lernen

Lern- und Verhaltenstheorien sind Grundlagen für alle Beschäftigungen mit Menschen, also auch für die Soziologie (vgl. Esser 1999, 359 ff). Solche Theorien lassen sich nicht nur mit dem Interaktionismus gut verbinden, sondern es gibt auch Vorschläge einer Kopplung von Funktionalismus und Lerntheorie (vgl. Wiswede 1998, 154 f, 266).

Belohnung (positive Verstärkung) und *Bestrafung* sind elementare Lernformen. Sie werden bei Tieren und Menschen mit Erfolg angewendet. Belohnung ist nicht nur aus humanen Gründen vorzuziehen, sondern sie ist auch die langfristig wirksamere Methode. Allerdings setzt wirksame Belohnung Kapital und die Kenntnis der Verstärker voraus. Mit Schokolade oder schönen Worten wird man nicht jedes Verhalten steuern können. Belohnung ist also die Lernmethode der Wohlstands- und Konsumgesellschaft. Bestrafung, die Lernmethode von Diktaturen und Gefängnissen, kann dagegen auch mit geringen Ressourcen durchgeführt werden, z.B. mit Drohung oder physischer Gewalt – allerdings sollte man die mittel- und langfristigen Kosten einer solchen Verhal-

[31] Einen guten Überblick über die Mikrosoziologie und für die Soziologie bedeutsame psychologische Theorien gibt Wiswede (1998).

tenssteuerung nicht vernachlässigen (vgl. Feldmann/Feldmann-Duda 1971).

Der Funktionalist Tumin (1967) unterscheidet drei Typen sozialer Belohnungen:

- finanzielle Belohnung,
- Macht und
- Prestige.

Die offiziell vorgesehenen Belohnungen erhält man, wenn man konform den Institutionen dient und die Strukturen der Gesellschaft festigt, vor allem wenn man im Beruf und in der Familie erfolgreich arbeitet.
Nicht nur Bestrafung auch Belohnung kann (ökonomisch) kostenneutral sein:

- jemandem Macht über andere geben
- Prestige, soziale Anerkennung (Orden, öffentliches Lob).

In totalitären Regimen wurde Gefolgsleuten Macht über andere gegeben, z.B. über Regimegegner, die sie quälen durften, und die Verteilung von Orden und anderen Formen der symbolischen Anerkennung von Konformität und Leistung wurde gepflegt.
Verhalten, das nicht oder allzu selten belohnt wird, verkümmert, wird gelöscht. Wenn jemand sich immer strikt an die Einkommensteuergesetze oder die Verkehrsregeln hält, wird er nicht belohnt, ja sogar manchmal bestraft. Kein Wunder, dass die Steuermoral gesunken ist. Die meisten erhalten höhere Belohnungen für Steuerhinterziehung als für strikte Einhaltung der Steuergesetze.

Doch Verhalten wird nicht durch ständige und übertriebene Belohnung besonders gefestigt. Verstärker nutzen sich ab, es entstehen Sättigungseffekte, wenn man täglich Bonbons bekommt. Außerdem verschwindet das Verhalten schneller, wenn einmal die ständige Belohnung abgesetzt wird. Also ist eine gelegentliche aber immer wiederkehrende Verstärkung wirksamer (*intermittierende Verstärkung*).

In Belohnungskontexten können auch andere Reize oder Stimuli eine Verstärkerwirkung erhalten. Wenn es ein gutes Essen gibt, dann wird man eine Person, die anwesend ist, auch eher als angenehm empfinden, als wenn man gefoltert wird. In der Werbung werden Produkte mit angenehmen Stimuli (schönen Frauen, lieben Kindern, Palmen etc.) gekoppelt. Das Produkt erhält eine Verstärkerwirkung (*klassische Konditionierung*).

Ein in bestimmten Situationen gelerntes Verhalten wird auch in anderen ähnlichen Situationen auftreten: Lächeln, Höflichkeit, auf Fragen antworten (*Generalisierung* des Verhaltens).
Andererseits lernen Menschen, in spezifischen Situationen auch besonderes Verhalten zu zeigen. Im Unterricht wird man für ruhiges Sitzen und Zuhören belohnt, bei einer Tanzveranstaltung nicht (*Reaktions- und Stimulusdifferenzierung*).
Es bilden sich *Gewohnheiten*, Automatismen, ritualisierte Verhaltensweisen, ein Habitus. Hierbei sind viele Verhaltensweisen und Einstellungen vernetzt. Sie stützen sich gegenseitig.

Äußere Belohnung wird teilweise durch innere ersetzt. Kinder werden gelobt, wenn sie sich die Zähne putzen, die meisten Erwachsene haben das Verhalten verinnerlicht, empfinden Befriedigung bei der Zahnreinigung. *Internalisierung* wird vor allem beim Lernen wichtiger Werte und Normen angestrebt und ist ein Kennzeichen erfolgreicher Sozialisation.

Strafen führen häufig zu unbeabsichtigten Wirkungen. Wenn ein Vater seinen Sohn, der ein anderes Kind geschlagen hat, prügelt, dann wird der Sohn lernen, dass die Informationen über seine eigenen Schlägereien möglichst nicht dem Vater zu Ohren kommen sollen. Er wird vielleicht auch lernen, dem Vater aus dem Wege zu gehen: *Vermeidungslernen*.
Modellernen oder Imitation ermöglichen die Übernahme von Verhaltenskomplexen. Vor allem werden Personen nachgeahmt, die ähnlich sind oder die als Autorität anerkannt werden. Nicht nur Personen werden nachgeahmt. Da japanische Firmen sehr erfolgreich waren, wurden ihre organisatorischen Regelungen teilweise von amerikanischen und europäischen Unternehmen übernommen. Das Modellernen hat in einer Mediengesellschaft an Bedeutung gewonnen.
Die weltweite Europäisierung und Amerikanisierung wurde früher mit militärischen und ökonomischen Mitteln betrieben. Inzwischen sind die Medien und Kommunikationstechnologien feinere und langfristig wirksamere Instrumente der Anpassung anderer Kulturen und sozialer Systeme an die „westlichen Vorstellungen“ geworden.
Eine soziologische Sichtweise, die Institutionen und soziale Systeme gemäß Verhaltens- und Lerntheorien analysiert, ist erkenntnisfördernd (vgl. die Anwendung der Lerntheorie im Kapitel „Rollen“).

In Schulen dienen Zensuren der Leistungsmessung, der Zuweisung zu Positionen und als Belohnungen. Da Zensuren somit drei schwer vereinbare Funktionen erfüllen sollen, sind systematische Fehler vorprogrammiert (*funktionalistischer* Ansatz). Dagegen legt ein *Konfliktansatz* den Schwerpunkt der Betrachtung auf die gruppenspezifische Ungleichheit des Zuganges zu Verstärkern und Ressourcen. Zensuren dienen nach einem Konfliktansatz der Verstärkung und Legitimation von Klassen-, ethnischen oder anderen Gruppenunterschieden. Die gleichen Belohnungen und Bestrafungen, Zensuren oder Lehrerverhaltensweisen haben gemäß einer *interaktionistischen* Analyse unterschiedliche Bedeutung, die von den Erwartungen der Schüler, Eltern, Lehrer und anderer Personen abhängig sind. Ein Schüler mit überkritischen Akademikereltern denkt schon bei einer Drei an Selbstmord, die einen anderen Schüler, dessen Vater ausländischer Arbeiter ist, überglücklich macht.

In der folgenden Tabelle werden die drei soziologischen Theorieansätze mit den wichtigen verhaltens- und lerntheoretischen Konzepten verbunden. Die Informationen in den Kästchen sollen zur Anregung dienen, Beispiele für den Theoriebezug der Mechanismen des Lernens zu finden.

	Funktionalismus	*Konfliktansatz*	*Symbolischer Interaktionismus*
Belohnung	Belohnung für Konformität, soziale Anerkennung	Kampf um Belohnungen und Ressourcen	Belohnung kann beschämen
Bestrafung	Bestrafung bei Normverletzung → Sichtbarmachen der Normen	Bestrafung trifft die Mitglieder feindlicher Gruppen	Strafen im Rahmen eines Deutungssystems, z.B. Jüngstes Gericht
Internalisierung	Erhaltung von Traditionen und der gesellschaftlichen Stabilität	Internalisierung der Moral im Interesse herrschender Gruppen	Internalisierung bedeutet Uminterpretation der Normen

Vermeidungslernen	Personen oder Organisationen vermeiden Situationen, die zu Systemstörungen führen	Konfliktvermeidung: unterdrückte Gruppen lernen, dass Kapital nicht für sie bestimmt ist	Personen vermeiden Situationen, die ihre Identität gefährden
Imitation	Imitation japanischer Firmen, um wirtschaftlich erfolgreich zu sein (Funktion: Anpassung)	Imitation des Gegners (z.B. männlicher Verhaltensweisen durch Frauen) erhöht Gewinnchancen	Ausführung imitierten Verhaltens hängt von Situationsdefinitionen ab

Abb. 10: Lerntheorie und soziologische Theorieansätze

Doch es werden nicht nur einzelne Verhaltensweisen erlernt, sondern ganze Netzwerke und Bündel. Identifikation mit einer bedeutsamen Person führt zu einer Übernahme solcher Verhaltensbündel: Die Tochter identifiziert sich mit der Mutter.

Kognitive Prozesse spielen beim Lernen eine entscheidende Rolle. Es werden persönliche Theorien (mentale Modelle) gebildet, die das Verhalten mitsteuern oder rechtfertigen.

Wenn zwischen zwei oder mehreren miteinander verbundenen Kognitionen (Vorstellungen, Einstellungen) Widersprüche auftreten, wird das Individuum versuchen, diesen Spannungszustand (*kognitive Dissonanz*) zu reduzieren (vgl. Stroebe/Jonas 1996, 276 ff).

Ich besitze ein Auto der Marke x und bin überzeugt, dass Autos der Marke x besser sind als Autos der Marke y. In der ADAC-Statistik über Autopannen hat Marke y besser abgeschnitten als Marke x. Ich halte die Statistik für unverlässlich. Meine Erfahrung bestätigt meine Theorie.

Einstellungen kann man änderungsresistent machen, wenn man unterstützende Hypothesen (kognitive Hilfe) liefert sowie mögliche Gegenargumente (kognitive Impfung) widerlegt oder bagatellisiert.

Die Dissonanztheorie ist für Konfliktansätze einsetzbar. Innerhalb von Gruppen werden Ideologien und Weltperspektiven aufgebaut. Wenn Mitglieder der einen Gruppe mit Angehörigen einer anderen Gruppe kommunizieren, dann werden sie laufend mit Dissonanzen konfrontiert.

Die West-Medien haben die DDR-Bürger in kognitive Dissonanzen gebracht. Die einen haben dann die kommunistische Ideologie abgewertet, die anderen haben die West-Medien als unglaubwürdig bezeichnet und die sozialistische Wirklichkeit konformistisch anerkannt.

Gefühle

Es gibt genetische Grundlagen für Gefühle und damit verbundene körperliche Reaktionen. Ebenso gewiss ist eine weit gehende Offenheit von Menschen für kulturelle und soziale Beeinflussung in diesen Bereichen (vgl. Giddens 1999, 76 ff).

Neben den genetischen bestimmen die sozial-kulturellen Grundlagen die Gefühle der Menschen. In vielen untersuchten Kulturen wurden ähnliche mimische Ausdrucksweisen der Grundgefühle Ärger, Furcht, Ekel, Glück, Überraschung und Trauer gefunden. Doch die Auslöser der Gefühle und ihre Außendarstellung sind je nach Kultur sehr unterschiedlich. Die Ge- und Verbote, in Situationen Gefühle durch bestimmtes Verhalten zu zeigen oder auch zu unterdrücken, variieren stark. Interkulturelle Vergleiche und psychologische Untersuchungen beweisen, dass Gefühle „programmierbar" sind, d.h. mit unterschiedlichen Verhaltensweisen und Kognitionen verbunden werden können (vgl. Scherer 1996).

In Europa wurde seit vielen Jahrhunderten die Affektzähmung (ruhig sitzen, gesittet essen, nicht schlagen etc.) allmählich durchgesetzt (vgl. Elias 1976). Nach Elias wurden solche Manieren zuerst an Fürstenhöfen gelernt, an denen man das Risiko verringern wollte, dass die Krieger auch außerhalb des offiziellen Kriegsgeschehens verletzten und töteten. Diese rauen Gesellen sollten gezähmt werden. Folglich hat man das Fleisch nicht mehr mit dem Dolch, mit dem man den Feind tötete, geschnitten, sondern mit einem nicht so spitzen Messer. Affektzähmung bedeutet nicht, dass Gefühle „verschwinden", sondern dass die Koppelung von Gefühlen und Verhaltensweisen verändert wird. Wenn man zornig ist, schlägt man nicht zu, sondern verbalisiert oder geht aus dem Feld. Einerseits wurden Gefühle gedämpft oder „umgeleitet", andererseits wurden neue Gefühlsbereiche geschaffen. Ein prominentes Beispiel ist die Emotionalisierung der modernen Familie, d.h. Liebe und Empathie spielen in modernen Familien und Partnerschaften eine bedeutsamere Rolle als in vergangenen Zeiten. Wie in allen Kulturen formen auch in modernen Gesellschaften Erwartungen und Normen das Gefühlsleben. Wenn Eltern heute ein Kind verlieren, wird erwartet, dass sie einen schweren Gefühlsschock erleiden und entsprechende Betroffenheit zeigen. Wenn einem dagegen jemand ins Auto fährt, so darf man die Person nicht anbrüllen, schlagen oder gar töten.

Die richtige Programmierung der Gefühle ist bedeutsam, denn von ihr hängt das moralische Verhalten und damit die Ordnung in der Gesellschaft ab. Gefühle und Moralvorstellungen entstehen in Kleingruppen und beziehen sich auf diese. Folglich ergeben sich Probleme in einer technisierten und bürokratisierten Massengesellschaft. Ein Unternehmer empfindet Scham, wenn er seine kleine Tochter belügt, aber nicht, wenn er den Staat um Millionen betrügt. Ein heutiger EU-Soldat wäre schwer geschockt, wenn er einen Feind mit dem Bajonett aufschlitzen müsste, hat jedoch keine emotionalen Probleme, in seinem wunderschönen Jet Bomben auszulösen, die für ihn nicht sichtbare Verheerungen in fremden Gebieten anrichten. Man kann sozio- oder evolutionsbiologisch argumentieren: Die menschlichen Gefühle sind in der Evolution für den Kleingruppengebrauch und für den Nahraum und nicht für Hochtechnologie und Hochbürokratie geschaffen worden.
Durkheim hat zur Programmierung von Gefühlen Stellung genommen und darauf hingewiesen, dass sie nicht „natürliche“ sondern gesellschaftliche Produkte sind.

„Die Trauer ist kein spontaner Ausdruck individueller Gefühle.... sie ist eine Pflicht, die von der Gruppe auferlegt wird. Man klagt nicht, weil man traurig ist, sondern weil man die Pflicht hat, zu klagen... Am Anfang der Trauer steht der Eindruck der Schwächung, den die Gruppe empfindet, wenn sie eines ihrer Mitglieder verliert. Aber genau dieser Eindruck hat die Wirkung, die einzelnen Individuen einander näher zu bringen, ihre Beziehungen enger zu gestalten, sie in ein- und demselben Seelenzustand zu vereinigen, und aus all dem entsteht ein Gefühl des Trostes, das die anfängliche Schwäche aufwiegt.“ (Durkheim 1981, 532 ff)

Merton (1968, 436) stellte Gefühlsänderungen durch sozialstrukturellen Wandel fest. Moderne Menschen spielen verschiedene Rollen und werden mit widersprüchlichen Erwartungen konfrontiert. Dies führt dazu, dass sie Einfühlungsvermögen (Empathie) entwickeln. Personen, die solche Gefühlskompetenzen erwerben, sind unter diesen Bedingungen erfolgreicher. Sie managen Konflikte. Funktionalistisch betrachtet, werden also jeweils die Gefühle hergestellt, die auf sozialen Märkten nachgefragt werden.
In traditionalen Kulturen wurden Pakete geschnürt, in denen auch Gefühle mit verpackt wurden. Kindern und Jugendlichen wurde keine Wahl gelassen, sie mussten das gerade dominante Paket annehmen und sie wurden entsprechend modelliert, auch in ihrem Gefühlskostüm. In

der modernen Gesellschaft wird schon vielen Kindern und noch mehr Jugendlichen eine größere Vielfalt angeboten. Damit soll nicht gesagt werden, dass sie „frei" entscheiden. Eltern, andere Autoritätspersonen, Gleichaltrige und vor allem die riesige Gefühlsmaschine der Medien manipulieren sie.

„In der Bilderwelt der Werbung werden heute nicht bestimmte Objekte verkauft, sondern bestimmte Gefühle, genauer: ersehnte Gefühls- und Erfahrungskomplexe, zum Beispiel mit Zigaretten der Geschmack des Wilden Westens, mit Automobilen das Gefühl der Potenz ...." (Heuermann 1994, 181).

Können in der „schönen, neuen Welt" also alle glücklich werden? Die meisten spüren den sozialen Druck, positive Gefühle zu produzieren. Vor allem ist man in einer Leistungsgesellschaft mit Turbo-Individuen selbst schuld, wenn es mit dem Glück nicht klappt. Folglich wird harte Glücksarbeit geleistet. Früher hatte man das Schicksal, die Götter oder die Natur. Jetzt steht man selbst vor dem inneren Richter – das persönliche Jüngste Gericht findet im Diesseits statt. Das dem unerbittlichen Hedonismus verfallene Ich gerät in Stress und sucht nach Ichheilern. Etwa ein Viertel der Bevölkerung der westlichen Industriestaaten glaubt an die Wiedergeburt – vielleicht klappt es mit dem Glück beim nächsten Mal.

4.2 Soziale Interaktion und Rollen

Individuen sind selten isoliert, sie interagieren in der Regel in Gruppen. In den Gruppen haben die Mitglieder jeweils einen Status, einen Rang, spielen Rollen und verfügen über Macht, d.h. sie können das Handeln der anderen beeinflussen.
Durch Interaktionen versuchen Menschen, ihre Tauschsituation zu verbessern, Belohnungen zu erhalten, Strafen zu vermeiden und Macht zu gewinnen (vgl. Wiswede 1998, 112 ff, 151 ff).

Tausch, sozialer Vergleich, Nutzen, Erwartung

Menschen lernen zu nehmen und zu geben, lernen Regeln des Tausches. Babys beginnen zu nehmen, erst langsam lernen Kleinkinder das Geben. Wie sich das Geben und Nehmen vollzieht, hängt von den kulturellen und sozialen Bedingungen ab. Wenn jemand ein Weihnachtsgeschenk von der Tante erhält, wäre sie verärgert, wenn die beschenkte Person ihr den Betrag gleich darauf bar auszahlte. Bei afrikanischen Buschmännern besteht die Pflicht, das Wild, das ein Jäger erlegt hat,

unter allen Sippenmitgliedern zu teilen, die dann ihren eigenen Verwandten und Bekannten auch etwas abgeben müssen, so dass für den Jäger selbst oft nur ein kleines Stück übrig bleibt. In einer modernen Gesellschaft würde kaum jemand die Lebensmittel, die er nach dem Einkauf im Supermarkt in sein Auto geladen hat, mit Verwandten in einem anderen Haushalt, den Hausbewohnern oder mit einem Armen, an dem er vorbeifährt, teilen.
Regeln des Tausches sind kulturspezifisch und von Beziehungsstrukturen abhängig.
Wenn Person A Person B etwas gibt oder schenkt, dann kann man dies auch als Belohnung (in seltenen Fällen vielleicht als Bestrafung) ansehen. A belohnt also B für etwas, vielleicht für eine vergangene Handlung, bei der B etwas für A getan hat.
Menschen erwarten, dass sie etwas bekommen, wenn sie etwas gegeben haben (reziprokes Verhalten, Gerechtigkeit).
Menschen werden benachteiligt, bevorzugt, zu gut oder zu schlecht bezahlt. Wenn sie bevorzugt werden, versuchen sie zu belegen, dass sie die Gratifikationen zu Recht erhalten.

Menschen vergleichen, was sie bekommen, mit dem, was andere bekommen.

Sie vergleichen sich mit Verwandten, Nachbarn oder Arbeitskollegen. Ostdeutsche vergleichen sich mit Westdeutschen, nicht mit Polen oder Tschechen. Obwohl die meisten Ostdeutschen Ende der 90er Jahre finanziell besser gestellt waren als in den 80er Jahren, empfinden viele eine relative Benachteiligung gegenüber den Westdeutschen.
Menschen handeln nach Kosten-Nutzen-Vergleichen.

Theorie des Austausches von Thibaut und Kelly (1959):

1. Menschen halten Beziehungen aufrecht, wenn ihr persönlicher Kosten-Nutzen-Vergleich positiv ist.
2. Menschen vergleichen ihre Kosten und ihren Nutzen mit den Profiten anderer Interaktionsteilnehmer.

Individuen vergleichen Investition/Kosten und Ertrag/Nutzen von Handlungen und entwickeln Normen distributiver Gerechtigkeit[32]. In

[32]Distributive Gerechtigkeit: Eine Person vergleicht sich mit einer anderen bezüglich der Investitionen und des Ertrages bei Beziehungen, Leistungen etc.

modernen Gesellschaften ist es jedoch für die Konsumenten kaum durchschaubar, ob „gerechte oder ungerechte Tauschbeziehungen“ vorliegen, da Güter in immer längeren Ketten weitergereicht werden. Manche kaufen keine Bananen in Supermärkten, weil sie meinen, dass die Plantagenarbeiter keinen gerechten Lohn für ihre Arbeit erhalten. Doch die meisten wenden die Normen distributiver Gerechtigkeit nur in ihrem unmittelbaren Interaktionsbereich an.
In diesem Perspektivenkontext ist auch die *Wert-Erwartungstheorie* zu nennen. Die Grundlage ist einfach zu verstehen: Das Verhalten ist abhängig von seinen Konsequenzen. Wenn ich erwarte, dass eine Person, die ich gern sehen möchte, wahrscheinlich am heutigen Abend in die Kneipe X gehen wird, dann werde ich mich vom Fernseher losreißen und auch dorthin gehen. Menschen „berechnen“ die Wahrscheinlichkeit von künftigen Ereignissen und schätzen ihren Nutzen ein. Nach solchen Kalkulationen handeln sie (vgl. Esser 1999, 247 ff). Kalkulationen sind in der Regel in soziale Kontexte eingeordnet, d.h. man kann sie innerhalb von Kommunikations- und Beziehungsstrukturen analysieren. Das Verhalten eines Kamikaze-Fliegers, der sich mit seinem Flugzeug auf ein amerikanisches Kriegsschiff stürzte, kann auch durch die Wert-Erwartungstheorie erklärt werden. Sein Tod war sicher, es bestand nach seiner Meinung eine hohe Wahrscheinlichkeit, dass er dem feindlichen Kriegsschiff einen empfindlichen Schaden zufügte, das Verhalten war von großem kollektiven Wert, d.h. der Kaiser und die Heeresleitung würden ihn hoch schätzen und seine Familie könnte immer auf die Heldentat hinweisen. Freilich ist es empfehlenswert, zusätzlich funktionalistische und konflikttheoretische Erklärungen heranzuziehen, da sein Verhalten ja in einem kulturellen, institutionellen und gruppenspezifischen Kontext stattfand.

Rollen

Wenn Menschen regelmäßig und in Gruppen miteinander interagieren, dann entstehen Normen (Verhaltensregeln) und Rollen.

Rollen sind Erwartungen von Bezugsgruppen, die an Positionen (z.B. an einen Arzt) gerichtet sind.

Das den Positionen und Rollen zugrundeliegende Modell sieht Gesellschaft als ein Netzwerk sozialer Stellen. Ein wesentlicher Teil dieses Netzwerks sind die Berufspositionen, doch es gibt auch andere, z.B. familiäre (Mutter, Vater, Tochter usw.) oder ehrenamtliche Positionen. Ein solches Modell entspricht einer *funktionalistischen* Perspektive.

Rollen sind die Schnittstellen zwischen Person und sozialem System (Wiswede 1998, 179 ff). Das konkrete Verhalten ist nicht mit der Rolle gleichzusetzen. Die Erwartung eines Bankkunden an den Berater in der Bank kann mit dem tatsächlichen Verhalten des Beraters im Widerspruch stehen, wenn dieser nur nach den Interessen seiner Vorgesetzten berät. Der Berater wird jedoch in der Regel den Schein aufrechterhalten, dass er im Interesse des Kunden spricht. Diese Betrachtung leitet zu einer *symbolisch-interaktionistischen* Perspektive über, nach der die Rolle nicht durch normative Erwartungen festgelegt, sondern ausgehandelt und interpretiert wird.
Gerade in einer modernen Gesellschaft wird in wichtigen Bereichen eine starre, konforme Rollenübernahme abgewertet und eine flexible, kreative Gestaltung gefordert, z.B. vom Bundeskanzler, von Hochschullehrern, von Managern und von Erzieherinnen. Freilich gibt es noch viele stark formalisierte Rollen und Rollenteile: Fließbandarbeiter, technische Hilfskräfte, Angestellte im Fastfood-Restaurant.
Das folgende Strukturschema (Werte, Institutionen, Normen, Positionen, Rollen) ist zwar primär funktionalistisch ausgerichtet, doch konfliktheoretische oder interaktionistische Interpretationen sind dadurch nicht ausgeschlossen.

		WERTE		
↓	↓	↓		↓
Institutionen	Stabilisierung →	**Normen**	→	Konformität Sanktionen
↓		↓		↓
Organisationen	Arbeitsteilung →	**Positionen**	→	Zuweisung der Positionen
↓↑		↓		↓↑
Gruppen	Erwartungen →	**Rollen**	→	Leistung Rollenkonflikt

Abb. 11: Werte, Normen, Positionen und Rollen

Werte sind abhängig von Institutionen. In der Wirtschaft herrscht der Wert Gewinnmaximierung vor und in der Politik Machtgewinnung und

-stabilisierung. Am Beispiel „Unternehmen“ wird im folgenden Schaubild der Zusammenhang von Werten, Normen, Positionen und Rollen dargestellt.

Beispiel Unternehmen: Wert „Gewinnmaximierung“				
↓	↓	↓		↓
Institution: Wirtschaft	Stabilisierung →	**Normen:** Betriebs-vorschriften	→	Anweisungen des Vorgesetzten ausführen
↓		↓		↓
Organisation: Gewinn AG	Arbeitsteilung →	**Positionen:** Arbeiter, Manager	→	Einstellung oder Entlassung
↓↑		↓		↓↑
Gruppen: Arbeitsgruppen Vorstand Kunden Aktienbesitzer	Erwartungen →	**Rollen:** Schriftverkehr/-Kundenbetreuung	→	Rollenkonflikt zwischen Erwartungen der Kollegen und des Chefs

Abb. 12: Werte, Normen und Rollen (Beispiel Unternehmen)

Für die meisten Menschen sind wahrscheinlich Kindergarten und Schule die ersten Organisationen, in denen sie für ihr späteres berufliches Leben entscheidende Rollenkompetenzen erwerben.
Schüler wünschen, dass Lehrer und Lehrerinnen gerecht sein sollen, nicht nur Lehrer Hempel. Wenn Lehrer Hempel die Schule verlässt, wird seine Position eine andere Person übernehmen. Von dem neuen Lehrer erwarten die Schüler ebenfalls, dass er gerecht sein soll. Positionen und Rollen bleiben, Menschen gehen. Ein Positionsinhaber, z.B. ein Lehrer, kann seine Rollen besser oder schlechter spielen, er kann die Erwartungen interpretieren, er kann sich nur nach den Wünschen der guten Schüler richten, er kann Dienst nach Vorschrift machen oder übermäßig viel arbeiten.
Moderne Rollen sind meist durch widersprüchliche Erwartungen verschiedener Gruppen bestimmt. Lehrer haben es mit Schülern, Eltern, Kollegen, Vorgesetzten und der Öffentlichkeit zu tun. Es kann zu *Intra-*

Rollenkonflikten (Konflikt innerhalb der Lehrerrolle) kommen, wenn sie offenen Unterricht durchführen, der den Schülern gefällt, aber von einem Teil der Eltern und Kollegen abgelehnt wird. Eine Lehrerin kann auch in einen *Inter-Rollenkonflikt* (Konflikt zwischen zwei Rollen) geraten, wenn sie einerseits ihre Berufsrolle ernst nimmt, andererseits ihre beiden Kinder zu Hause, von denen eines auch noch krank ist, gut betreuen möchte (Mutterrolle). Inter-Rollenkonflikte treten in modernen Gesellschaften häufig auf, da Einzelne heute oft sehr unterschiedliche Rollen einnehmen müssen (Angestellter, Vater, Tennisspieler im Verein, Kunde, Vermieter). Vor allem mehr Frauen mit Kindern sind heute berufstätig – und verbringen mehr Zeit im Berufsfeld.
Bisher wurde die Berufsrolle als Einheit dargestellt, doch sie zerfällt meist in Teilrollen. Die Rolle des Hochschullehrers kann als Beispiel herangezogen werden. Teilrollen sind: Lehrer, Forscher, Berater, Verwalter, Intellektueller usw. Der Intra-Rollenkonflikt wird durch die Erwartungen von Bezugsgruppen und durch die Konkurrenz der Teilrollen erzeugt.

Rollen des Hochschullehrers	*Bezugsgruppen (Erwartungen)*
Lehrer	Studierende, Kollegen
Forscher	Forscher, Berufungskommission
Berater	einzelne Studierende
Verwalter	Kollegen (lokal), Verwaltungsbeamte

Abb. 13: Rollen des Hochschullehrers

Rollen sind nicht isoliert, sondern in einem Rollensystem eingeordnet: Lehrer-Schüler, Arzt-Krankenschwester-Patient. Moderne Menschen spielen also viele Rollen, die verzahnt sind. Sie werden teilweise schon von den Kindern im Spiel gelernt: Geschlechterrollen, Vater, Mutter, Erzieherin, Lehrer, Arzt usw. Rollen werden im Set gelernt, d.h. man lernt immer auch die Komplementärrolle mit, also als Schüler lernt man auch die Rolle des Lehrers.
Das Erlernen von Rollen kann lerntheoretisch erklärt werden:
Imitation: Jemand beobachtet eine Person, welche die Berufsrolle gut beherrscht und ahmt deren Verhalten nach.
Belohnung und Bestrafung: Eine Verkäuferin richtet ihr Verhalten danach, wie die Kunden reagieren und ob ihr Chef sie lobt oder tadelt.
Generalisierung und Differenzierung des Verhaltens: Jemand erprobt bewährtes Verhalten in einer neuen Position (generalisiert) und verändert es gemäß den Reaktionen der anderen Rollenspieler (differenziert).

Vermeidungslernen: Jemand vermeidet Situationen, Personen oder Handlungen, wenn er unangenehme Erfahrungen gemacht hat. Ein Arzt vermeidet, offene Fragen an Patienten zu stellen, weil er die Erfahrung gemacht hat, dass sie dann zu lange reden.

In den professionellen Berufen (Ärzte, Juristen, Wissenschaftler, Politiker, Manager) herrschen teilweise große Freiheitsspielräume des Verhaltens (Autonomie), d.h. die Rollen können vielfältig gestaltet werden. Rollen werden – wie gesagt – meist als Verhaltenserwartungen bestimmt, d.h. sie werden primär nicht vom Rollenspieler, sondern von den Bezugsgruppen und -personen geformt. Dies steht in einem Spannungsverhältnis zu den professionellen Werten Autonomie, Individualisierung und Selbstkontrolle.

Moderne Rollenspieler versuchen, ein Gleichgewicht zwischen Rollenidentifikation (Aufgehen in der Rolle) und Rollendistanz (kritische Reflexion, Selbstbeurteilung) zu erreichen. Rollendistanz ergibt sich aus der Individualisierung, auf Grund der Notwendigkeit, relativ rasch Rollen zu wechseln oder auch bei relativer Minderwertigkeit von Rollen.

4.3 Konformität und Abweichung

Menschen wollen Sicherheit. Man soll sich auf andere verlassen können. Unpünktliche Menschen oder Geisterfahrer verletzen Normen und werden meist bestraft. Falls jedoch Normen zu rigide sind, d.h. den Bedürfnissen vieler Normnutzer nicht entsprechen oder schwer zu befolgen sind, dann werden sie häufig verletzt und unflexible Konformisten werden von den anderen kritisiert, z.B. bei „übertriebenen" Geschwindigkeitsbeschränkungen. Fast immer dominiert Konformität, auch wenn es für einen Fremden wie Chaos aussieht. Wenn ein Deutscher in manchen südlichen Ländern mit dem Auto fährt, stellt er häufig Übertretungen der offiziellen Verkehrsregeln durch die Einheimischen fest, doch nach kurzer Zeit wird er bemerken, dass es anerkannte inoffizielle Regelsysteme gibt, z.B. die Erwartung, jederzeit bremsen und geschickt ausweichen zu können.

Normen sind Verhaltensregeln, die in Gruppen oder Gesellschaften Geltung haben. Normen beziehen sich nicht nur auf Verhalten, sondern auch auf Denken und Wahrnehmen, ja auch auf nicht bewusst gesteuerte Körpervorgänge oder Gefühle.

Wenn ihre Wahrnehmungen den geltenden Normen widersprechen, dann misstrauen Menschen ihren eigenen Augen und Ohren. (vgl. Asch 1951; Stroebe et al. 1996, 505 ff).

In modernen Gesellschaften sind die (fast) allen Mitgliedern bekannten allgemeinen Normen durch Gesetze festgelegt. Doch viele Normen werden gelernt, ohne dass die Personen sich dieser Normierung immer bewusst sind, z.B. nicht-verbales Verhalten (Gehen, Stehen, Sitzen, Liegen, Kopfbewegungen usw.).
In einer pluralistischen Gesellschaft wird man feststellen, dass das tatsächliche Verhalten und die Einstellungen vieler Bürger nicht mit den offiziellen Normen übereinstimmen. Dies war z.B. bei Sexualnormen im 20. Jahrhundert der Fall. Als Kinsey durch seine empirischen Untersuchungen des Sexualverhaltens in den 50er Jahren offen legte, dass sehr viele US-Amerikaner wichtige Sexualnormen (z.B. Verbot vorehelichen und außerehelichen Geschlechtsverkehrs) nicht einhielten, kam es zu heftigen öffentlichen Diskussionen. Annahmen über konformes oder abweichendes Verhalten haben Einfluss auf die Anerkennung von Normen. Konservative Kritiker meinten, dass das Wissen über die große Häufigkeit von Normverletzungen die Zunahme von Normverletzungen und die weitere Schwächung traditioneller Normen begünstige. Ein traditionell vorgegebenes nicht realitätsbezogenes Wissen sei also funktional für die Stabilität von Werten und Normen.
Normen sind ungleich verteilt. Es gibt Gruppen, Räume und Zeiten mit qualitativ und quantitativ unterschiedlichen Normen. In Dörfern gab es häufig wenige aber streng überwachte Normen. In einer modernen Großstadt in Europa gibt es eine riesige Menge von Normen, doch die Sanktionen bei Verletzung der meisten Normen sind relativ schwach.

„Normale Deutsche halten es für ihre Pflicht, jeden zurechtzuweisen, der ein Gesetz übertritt. Sie zögern nicht, Fremde zu tadeln. In Bussen in Westdeutschland werfen die Fahrgäste ihr Fahrgeld in einen Behälter; ein unwissender Fremder, der dies nicht tut, wird von den Anwesenden ausgezischt.... Deutsche überqueren die Straße nur, wenn die Ampel grün ist und lassen ihre Hunde nur in speziell markierten Bereichen ihr Geschäft verrichten“ (Schneider/Silverman 1997, 217 f; Übersetzung K.F.). Dies ist die Beschreibung des Normverhaltens von Deutschen durch eine Soziologieprofessorin und einen Soziologieprofessor aus den USA. Vorurteile und die Abgrenzung ethnischer Gruppen werden im nächsten Kapitel behandelt.

Warum gibt es Normen?

Funktionalismus: Die Gesellschaft wäre sonst nicht stabil. Die Institutionen, z.B. Ehe oder Religion, wären ohne fixe Normen nicht existent und könnten ihre Aufgaben nicht erfüllen.

Konfliktansatz: Herrschende Gruppen erzwingen die Regeln, die zu ihren Gunsten und zu Ungunsten der unterdrückten Gruppen aufgestellt werden. Kriminalisiert werden hauptsächlich Mitglieder unterer Schichten und unterprivilegierter Gruppen.
Symbolischer Interaktionismus: Menschen handeln aus, welche Regeln gelten und auch wann neue aufgestellt werden sollen. Wenn sich die Bedürfnisse und Interessen vieler Menschen ändern, dann ändern sie auch die Normierung, was in den vergangenen Jahrzehnten vor allem im Bereich der Beziehungen zwischen Frauen und Männern und des sexuellen Verhaltens der Fall war.
Dass Normierung für Gruppen notwendig ist, lässt sich am Beispiel der Sprache darlegen. Ständige Veränderungen der Worte und der Bedeutungen würden die Kommunikation erschweren. Doch die Sprache wird unabhängig von der Kommunikation auch im Kampf der Gruppen eingesetzt. An der Art der Aussprache und der Verwendung bestimmter Worte erkennt man die Gruppenzugehörigkeit. Die Kinder der oberen Schichten lernen, welche Worte sie nicht verwenden dürfen. Wenn französische Eliten versuchen, die eigene Sprache vor einer Überfremdung durch das Englische zu schützen, dann werden sie von Funktionstheorien geleitet, d.h. die sprachliche Normierung steht im Dienst der Erhaltung der französischen Kultur und Gesellschaft und sie sind bereit, sich in ein Konfliktverhältnis zur angelsächsischen Kultur einzulassen. Wenn man die beiden zentralen Merkmale Alter und soziale Schicht einbezieht, dann erkennt man, dass sich in diesem Versuch der Reinhaltung der französischen Sprache auch ein Generations- und ein Klassenkonflikt manifestiert.
Die Ängste vor einem allgemeinen Normwandel oder -verlust sind alt. Durkheim nannte den Zustand, in dem wichtige Normen an Verbindlichkeit verlieren, *Anomie*. Eine allmähliche Auflösung von Normen und ihrer Verbindlichkeit kann durch ökonomischen und technischen Fortschritt erfolgen. Anomie auf der Makroebene, z.B. nach einem verlorenen Krieg, verursacht häufig Anomie auf der Mikroebene (Schwarzhandel, Kriminalität).
Die Kulturen der Indianer Nordamerikas wurden zerstört und die Menschen wurden von ihren Territorien vertrieben (Anomie auf der Makroebene), wodurch auf der Mikroebene kriminelles Verhalten und Alkoholismus zunahmen.
In den neuen Bundesländern wurden nach der Wende 1989 ca. 40 Jahre geltende Normen in sehr kurzer Zeit außer Kraft gesetzt oder stark verändert, und zwar nicht nur rechtliche Bestimmungen, sondern auch vie-

le ungeschriebene Regeln des Lebens. Dies verunsicherte viele Menschen in den neuen Bundesländern, manche fühlten sich orientierungslos und negative Gefühle, wie Hass, Angst und Depression traten verstärkt auf. Als objektives Zeichen dieser Anomie kann die in den ersten Jahren nach der Wende gesunkene Geburtenrate gedeutet werden.
Doch auch weniger dramatische soziale Ereignisse begünstigen Anomie: Mobilität, häufiger Ortswechsel aus beruflichen und anderen Gründen. Es gibt also strukturelle Bedingungen der modernen Gesellschaft, die anomiefördernd sind.

Ein konformer Mensch hält sich an die Regeln seiner Gruppe oder Gesellschaft. Man kann äußere Konformität (compliance) und innere Konformität (Akzeptanz, Einstellung, Internalisierung von Normen) unterscheiden. Äußere Konformität wird meist über Fremdkontrolle (Belohnung oder Bestrafung) aufrechterhalten, innere Konformität über Selbstzwang oder interne Kontrolle.
Kleine Kinder zeigen zuerst äußere Konformität, da sie Angst vor Bestrafung haben, doch im Laufe des Sozialisationsprozesses verinnerlichen sie viele Normen und benötigen weniger Fremdkontrolle, gehen z.B. nur mehr, wenn es grün ist, über die Kreuzung. Manche weisen dann andere Kinder oder auch Erwachsene, die Fehlverhalten zeigen, auf das Gebot hin, nehmen als Moralwächter Stellvertreterrollen ein.
Konformität und Abweichung sind meist in einer Person vereint. In modernen Gesellschaften wechseln die meisten Menschen soziale Situationen und Gruppen häufiger als in traditionalen Gesellschaften. Dadurch ergeben sich Situationen, in denen es ganz „normal“ ist, nicht konform oder abweichend zu sein.
Vier Jugendliche sitzen in einem Auto, für die Gruppe ist es selbstverständlich, dass man sich nicht an die vorgeschriebene Geschwindigkeitsbeschränkung hält. Geschwindigkeitsüberschreitung ist also Norm in der Gruppe.
Abweichendes Verhalten (nach den Normen der Mehrheit) kann konformes Verhalten (nach den Normen der Gruppe oder Subkultur) sein.
Auch von stark abweichenden Personen wird erwartet, dass sie sich an Normen halten – eine nur scheinbar paradoxe Erwartung. Man erwartet von Todeskandidaten bei Hinrichtungen im Interesse der gesellschaftlichen Stabilität die Bereitschaft „mitzuspielen“.

„Exekutionen geschehen unter Bedingungen, in denen das Publikum ziemlich labil reagiert, und in denen vom Verurteilten physische Kooperation und psychisches Gleichgewicht verlangt werden, wenn alles glatt ablaufen soll. Die Überlieferung von Hinrichtungen berichtet dementsprechend von Leuten, die um sich schlugen, tobten, kotzten, wehklagten, in Ohnmacht fielen oder inkontinent waren in den Minuten vor dem Tode und auf diese Weise Mangel an Charakterfestigkeit demonstrierten.... Dagegen berichten andere Überlieferungen von Hinrichtungen, in denen die Verurteilten mit dem Publikum scherzten, die sozialen Höflichkeitsregeln respektierten, dem Henker halfen, die Schlinge zu richten, und überhaupt allen Anwesenden die Angelegenheit erleichterten." (Goffman 1986, 249 f)

Viele Normen der alltäglichen Kommunikation (z.B. Grüßen, Lächeln, einen vorgeschriebenen räumlichen Abstand wahren) werden unbewusst befolgt. Normen werden teilweise erst durch die Beobachtung von abweichendem Verhalten bewusst.
Personen, die AIDS oder Krebs haben, die sich getrennt haben usw., werden von Bekannten nicht mehr angerufen oder eingeladen. Sie haben Normen verletzt (auch schwere Krankheit ist abweichendes Verhalten!) und werden durch Isolation bestraft. Oft handelt es sich nicht um eine Bestrafungsabsicht, sondern um Unsicherheit und Vermeidungsverhalten, da die normativen Regelungen der neuen Situation unklar sind.

Abweichung ist abhängig von der Art der Normierung, Sichtbarkeit der Abweichung, Kontrollchancen und Sozialisationsbedingungen.
Hat sich die soziale Kontrolle in modernen städtischen Gesellschaften verringert oder verstärkt? Die erste Antwort lautet: verringert. Denn in dörflichen Gemeinschaften waren alle einer ständigen Beobachtung ausgesetzt, in Großstädten dagegen herrscht teilweise Anonymität. Die Zunahme von Ein-Personen-Haushalten hat für viele einen früher unbekannten privaten Raum geschaffen, in dem wahrscheinlich viele Formen der „Abweichung" gedeihen. Doch es gibt andere Prozesse, die auf verstärkte soziale Kontrolle hindeuten. Durch die psychologische Schulung von Kindergärtnerinnen, Grundschullehrerinnen und Müttern ergeben sich erhöhte Kontrollchancen, um abweichendes Verhalten von Kindern zu entdecken. Durch verstärkten Mediengebrauch von Kindern und Jugendlichen erhöhen sich sowohl die Chancen der sozialen Kontrolle (man richtet sich nach dem allgemeinen Verhalten) als auch der Abweichung (Gewaltdarstellungen), die jedoch in (abweichenden) Gruppen wieder als Konformität erscheinen kann. Die soziale Kontrolle wird immer weniger von lokalen Gruppen oder Gemeinschaften, son-

dern von wirtschaftlichen und staatlichen Organisationen und Gleichaltrigengruppen (peer groups) ausgeübt.
Abweichendes Verhalten ist in Interaktionsketten eingebettet. Durchbricht man diese, dann besteht auch die Möglichkeit, das Auftreten des abweichenden Verhaltens unwahrscheinlicher zu machen. Also wird in manchen Städten und Ländern schon von der Polizei eingegriffen, wenn eine Gruppe Jugendlicher grölend durch die Straßen zieht. Dadurch können Eskalationen abweichender Verhaltensketten vermieden werden.

In früheren Gesellschaften wurde mehr die Tat als die Absicht betrachtet und bestraft. Deshalb konnten sich auch Menschen, die andere getötet hatten, freikaufen. Viele Abweichungen konnten durch Tausch wieder in Ordnung gebracht werden.
Die Einordnung abweichenden Verhaltens hängt von ideologischen und weltanschaulichen Positionen ab. Im westlichen Kulturkreis ist in den letzten drei Jahrhunderten eine Verschiebung von der Einordnung als Sünde und Verbrechen zur Krankheitsdefinition (Medikalisierung) festzustellen. Jemand ist nicht mehr vom Teufel besessen, sondern hat eine Psychose, ist schizophren. Wer einen Selbstmordversuch begangen hat, wird nicht mehr bestraft oder hingerichtet, sondern erhält Antidepressiva und psychotherapeutische Beratung.
Das gesamte institutionelle Gefüge hat sich geändert. Staat und Wirtschaft sind dominant geworden, folglich sind staatliche und wirtschaftliche Werte und Normen von zentraler Bedeutung, während Verwandtschaft, Familie und Religion an Bedeutung eingebüßt haben – jedenfalls im öffentlichen Bereich.
Der Zivilisationsprozess hat das Normengefüge verändert (Elias 1976). Physische Gewalt wird heute eher als abweichend empfunden als vor einigen Jahrhunderten. Dagegen hat die Akzeptanz abweichender religiöser, sexueller oder politischer Einstellungen zugenommen. Die restriktiven Normierungen der Geschlechtsrollen wurden allmählich verringert oder aufgehoben.
Rauchen in der Öffentlichkeit ist ein Beispiel für den Normwandel. Im 19. Jahrhundert durften Frauen nicht in der Öffentlichkeit rauchen. Nach dem Zweiten Weltkrieg galt Rauchen als positives und sozialintegratives Verhalten – in zunehmendem Maße auch für Frauen. Allmählich wurde es ab den 70er Jahren in vielen öffentlichen Räumen als abweichend gebrandmarkt. Heute müssen Raucher oft auch im privaten Bereich ihr Verhalten rechtfertigen und mit Ablehnung rechnen.

Abweichende Personen und Gruppen werden wissenschaftlich und bürokratisch klassifiziert und den jeweiligen Organisationen zugewiesen: Gefängnissen, Krankenhäusern, psychiatrischen Kliniken, Heimen etc. Durch diese Organisationen werden die entsprechenden Klassifikationen (z.B. schizophren, verhaltensgestört, psychotisch, Triebtäter) institutionalisiert, d.h. ihre wissenschaftliche, rechtliche und soziale Bearbeitung wird abgesichert und ritualisiert.

Theorien über abweichendes Verhalten

Biologische Theorien: Lombroso († 1909) behauptete, Kriminelle an der Schädelform zu erkennen. Durch Genanalysen wird versucht, abweichendes Verhalten zu erklären. Sind Alkoholismus, hohe Aggressivität und Gefühlskälte zumindest teilweise genetisch bedingt? Gehirnveränderungen durch Krankheit, Unfall oder andere Ursachen können zu unterschiedlichen Formen abweichenden Verhaltens führen.
Psychologische Theorien: Kognitive und emotionale Überforderungen (Schule, Arbeitsuche, Arbeitsbedingungen, Verhaltenserwartungen von Partnern) bewirken abweichende Verhaltensweisen. Fehlverhalten der Betreuungspersonen kann bei Säuglingen und kleinen Kindern dauerhafte psychische Schädigungen hervorrufen.
Soziologische Theorien: Wenn Eigentum eine bedeutsame Institution ist und Knappheit an hoch geschätzten Gütern herrscht, dann spielen Eigentumsverletzungen in der Gesellschaft eine wichtige Rolle. Je mehr Waffen hergestellt und verkauft werden, umso höher ist die Rate der Gewalttaten (vgl. Lamnek 1994).

Sozialwissenschaftlich gesehen ist abweichendes Verhalten ein Gruppeneffekt: Normen sind eine Grundbedingung funktionierender Gruppen und Normen befinden sich in einem dynamischen Gleichgewicht (Modell Thermostat). Wenn das Kind zu sehr schreit oder zappelt, dann wird die Mutter ärgerlich und wenn es sich zu lange ruhig und apathisch verhält, dann wird sie ängstlich. Abweichung wird zwar als Störung empfunden, ist jedoch ein unvermeidliches Ereignis in lebendigen sozialen Systemen.

Neigen Ausländer in Deutschland mehr zu kriminellem Verhalten als Inländer?

„Bei einem Bevölkerungsanteil von 8,8 % waren im Jahre 1996 volle 28,3 % all derer, die von der Polizei einer Straftat verdächtigt wurden, Ausländer“ (Hradil 1999, 347). Doch dieser beachtliche Unterschied schrumpft ins Unbedeutsame, wenn man folgende Faktoren zur Korrektur heranzieht:

1. Ausländer leben überproportional in Großstädten, in denen auch für die Deutschen eine doppelt so hohe Kriminalitätsrate festzustellen ist.
2. Ausländer werden eher als Deutsche einer Straftat verdächtigt, ohne dass der Tatbestand sich erhärtet bzw. tatsächlich gegeben ist.
3. Ein Drittel der „Straftaten“ sind Verstöße gegen das Ausländer- und Asylverfahrensgesetz.
4. Ausländer gehören überproportional der Unterschicht an, deren deutscher Anteil ebenfalls überdurchschnittliche Kriminalitätsraten aufweist. (Hradil 1999, 347)

Von Personen, die abweichend aussehen (Hautfarbe, Haarform, Kleidung, Verhalten etc.), erwarten viele auch generell abweichendes Verhalten. Durch diese Erwartungen und die daraus folgende Distanzhaltung wird vor allem Menschen mit „kontrastierender“ Hautfarbe, die wenige Kontakte zu Einheimischen haben, die Integration zusätzlich erschwert. Bei Integrationsmängeln steigt die Wahrscheinlichkeit abweichenden Verhaltens – sich-selbst-erfüllende Prophezeiung.

Warum ist die Kriminalität in Japan so gering im Vergleich zu den USA und zu Europa?
Japan ist eine stärker integrierte Gesellschaft als Deutschland oder die USA. Die japanische Kultur ist homogener als die westliche oder europäische. Sowohl Einwanderung als auch Binnenwanderung ist geringer als in Nordamerika und Europa.
In der japanischen Kultur ist Anpassung an die Normen ein besonders hoher Wert. Japaner versuchen, Ärger, Zorn und Hass zu unterdrücken, nicht direkt zu zeigen. In Japan wird von jedem erwartet, dass er sich in die Gruppe einfügt. Widerspruch und harte Kritik werden vermieden. Selbstkontrolle und Gehorsam werden belohnt. Die meisten Japaner sind von der Familie und von anderen lokalen Gruppen (Nachbarschaft, Schule, Betrieb usw.) abhängiger als Deutsche oder Amerikaner. Japaner sind seltener allein, sie werden fast immer von anderen beobachtet und damit kontrolliert. Verwitwete Schwiegermütter ziehen in der Regel in die Wohnung oder das Haus des Sohnes und überwachen das Verhalten der Schwiegertochter. Die Zusammenarbeit zwischen Polizei und Bevölkerung ist in Japan enger und effektiver als in Europa oder in den USA. Diese „Kultur der sozialen Kontrolle“ ist höchstwahrschein-

lich eine zentrale Ursache für die niedrigen Kriminalitätsraten in Japan (Hechter/Kanazawa 1993).

Lern- und Verhaltenstheorien ermöglichen ebenfalls Erklärungen. Positive Verstärkung (z.B. durch den Gebrauch gestohlener Güter) oder Modellernen (der erfolgreiche Verbrecher) sind bedeutsam. Wenn Jugendliche in eine kriminelle Gruppe eintreten, dann lernen sie das Handwerk des Stehlens, Betrügens oder Prügelns (die Theorie der differenziellen Kontakte von Sutherland). Es gibt also eine Sozialisation zu abweichendem Verhalten. Abweichendes Verhalten wird in kriminellen Subkulturen immer wieder reproduziert.
Verschiedene *funktionalistische* Ansätze versuchten Kriminalität, vor allem Jugendkriminalität, zu erklären. In abweichenden Gruppen von Jugendlichen bilden sich wie in allen Gruppen Normen und Werte, nur stehen diese im Widerspruch zu der Normwelt der angepassten Erwachsenen. Nach Merton (1968) akzeptieren die meisten Kriminellen die Ziele und Werte der Gesellschaft (sozialen Aufstieg, Leben im Wohlstand, Status, Reichtum), doch sie verfügen nicht über legitime Mittel, also versuchen sie die Ziele auf illegalen Wegen zu erreichen; sie verletzen die Normen (betrügen, stehlen etc.), gerade weil sie die Ziele erreichen möchten. Wenn man kein Geld hat, um den schicken Pulli zu kaufen, dann muss man ihn eben stehlen. Deshalb wird man auch hauptsächlich Mitglieder der Unterschicht und kaum Oberschichtpersonen in Gefängnissen antreffen, da diese über legitime Mittel verfügen.
Verhaltensregeln waren immer geschichtet, d.h. schwere Strafen erwarteten Mitglieder der unteren Schichten bei Missachtung von Regeln, die den oberen Schichten nützten; dies ist auch heute der Fall (z.B. Wirtschaftskriminalität der oberen Schichten wird selten und milde bestraft, die ökonomische Kriminalität der unteren Schichten dagegen wird häufig und streng geahndet).

Große Verbreitung und Anerkennung, vor allem in Deutschland, hat ein *interaktionistischer* Ansatz gewonnen, der *labeling approach* (Etikettierung, Stigmatisierung).

Er geht u.a. von einer wichtigen Tatsache aus: Nur eine Minderheit der abweichenden Handlungen und Personen werden Sanktionen unterworfen. Bei manchen Verbrechensarten und entsprechendem Geschick (Professionalisierung!) ist die Chance, bestraft zu werden, nur 1:10 oder 1:20. Eine Frage ergibt sich: Wie werden die Bestraften ausgewählt? Handelt es sich um ein Zufallsgeschehen?

Das Recht und der Staat sind verantwortlich, dass Personen ins Gefängnis kommen. Folglich sollte man die Interessen, die „hinter“ den Gesetzen stehen, offen legen.
Eigentum wird begünstigt. Wenn jemand etwas stiehlt, wird er bestraft. Wenn jemand von seinem Reichtum Armen nichts abgibt, wird er nicht bestraft.
Doch nicht nur die Gesetze führen zu abweichendem Verhalten, sondern die Kontrollorgane (Jugendamt, Polizei etc.) wählen aus: Aktennotizen, Art der Bestrafung. Menschen werden zu Recht oder zu Unrecht beschuldigt, stigmatisiert: Wer vorbestraft ist, ist gezeichnet. Menschen werden durch andere abgewertet und abweichend gemacht.
Juden mussten in Nazideutschland einen Stern tragen. Sie wurden öffentlich „gebrandmarkt“.
Wie erfolgt diese soziale Produktion von Verbrechen, Krankheit und moralischer Verworfenheit? Je nach sozialer Definition gilt eine Handlung als konform oder abweichend.
In einem Altenheim gilt es als abweichend, wenn man die Insassen tötet. Im Krieg ist ein Soldat abweichend, der nicht an der effizienten Vernichtung der Feinde mitwirkt.
Normen werden über Macht und Herrschaft definiert. In der Regel dienen die Normen den Interessen der herrschenden Gruppen; folglich werden hauptsächlich Handlungen von Mitgliedern unterer Schichten und unterdrückter Gruppen bestraft. Der *labeling approach* vereint Konflikt- und interaktionistische Perspektive.
Vor allem Mitglieder der Unterschicht und unterprivilegierter Gruppen werden sozial kontrolliert. Wer sich auf der Straße aufhält, kann von der Polizei gut beobachtet werden. Die Beobachtung des Verhaltens erfolgt mit Vorannahmen, selektiv; man erwartet von bestimmten Personen (z.B. Obdachlose, Mitglieder fremder ethnischer Gruppen) abweichendes Verhalten.
Stigmatisierung erfolgt relativ früh, schon bei Kindern und Jugendlichen, und zwar nach Gruppenzugehörigkeit (nach Wohnort, Familienzugehörigkeit, Kleidung, Verhalten). Typisierungen (die Juden, die Russen, die Arbeitslosen, die Ausländer) und Zuschreibungen von (negativen) Eigenschaften begünstigen Stigmatisierung. Soziale Definitionen bestimmen die Wirklichkeit. Selbstzuschreibung richtet sich oft nach Fremdzuschreibung (Du bist brutal. Ja, ich bin brutal.) Die sozialen Chancen einer abweichenden, bzw. kriminellen Person, ein normales Leben zu führen, verringern sich in diesem Prozess. So verfestigt sich Abweichung.

Kritik des Etikettierungsansatzes:

- Wenn nur auf die Kontrollinstanzen geachtet wird, wird die Erforschung der Ursachen des Verhaltens vernachlässigt.
- Verhalten wird nicht nur über Fremdkontrolle und Stigmatisierung gesteuert, sondern es kann genetisch bedingt sein oder durch andere Umweltbedingungen entstehen.
- Die Entstehung und Veränderung der offiziellen und informellen Normsysteme wird nicht ausreichend erklärt.

Was wissen wir über die tatsächliche Kriminalität?
Nur ein Teil der kriminellen Handlungen wird der Polizei gemeldet, die Dunkelziffern sind hoch. Über Banküberfälle weiß man gut Bescheid, über die Misshandlung von Kindern und alten Menschen weniger gut.
Die gestiegene öffentliche Sensibilität gegenüber Kriminalität und das professionalisierte Polizeisystem führten allerdings zu mehr Anzeigen, als es früher der Fall war.

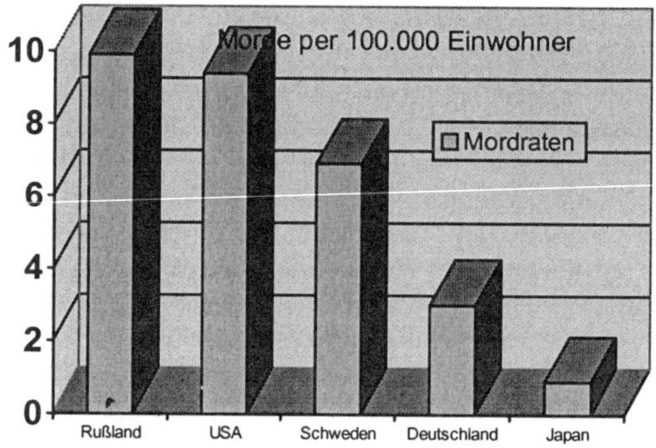

Abb. 14: Mordraten ausgewählter Staaten, Quelle: Lattimore/Nahabedian 1997, 114

Warum sind die *Mordraten* in den USA, obwohl sie sich in den 90er Jahren verringert haben, höher als in Deutschland und vielen anderen europäischen Staaten?

- Tradition: Die von den Siedlern in früheren Jahrhunderten neu gegründeten Gemeinden verteidigten sich selbst.
- Verfügbarkeit von Schusswaffen: Aufgrund der Gesetzeslage verfügt ein viel höherer Anteil der US-Bevölkerung über Schusswaffen, als es in der EU der Fall ist.
- In vielen amerikanischen Großstädten gibt es gewalttätige Subkulturen.

Ca. 90 % aller Mörder sind Männer und über 70 % aller Opfer sind Männer. Mord geschieht primär im engen Kreis von Bezugspersonen, oft unter Alkoholeinfluss. Doch in den letzten Jahrzehnten ist in den USA der Anteil der Morde an Personen, die mit dem Mörder nicht verwandt oder bekannt sind, gestiegen. Dies ist eine Erklärung für die unerfreuliche Tatsache, dass die Aufklärungsraten von Morden in diesem Zeitraum stark gesunken sind.

Der oft behauptete Abschreckungseffekt der Todesstrafe ist empirisch nicht bestätigt.

Allerdings ist eine empirische Überprüfung der Abschreckungsthese sehr schwierig und die bisherigen Untersuchungen liefern inkonsistente Resultate (Stark 1998, 211 ff).
Alternativthese: Durch die Todesstrafe wird in einem Staat gezeigt, dass Tötung gegen den Willen des Opfers legitim ist. Dadurch wird bei einem Teil der Bevölkerung die Bereitschaft zu solchen Formen der Tötung erhöht.
Dieser positive Zusammenhang zwischen legitimer und nicht-legitimer Tötung kann dadurch belegt werden, dass nach Kriegen die Mordraten vor allem in den Siegerstaaten ansteigen (Archer/Gartner 1976).
Das Festhalten der Vereinigten Staaten an der Todesstrafe kann man u.a. folgendermaßen begründen:

- Die USA sind die militärische und ökonomische Supermacht. Deshalb wird Stärke von ihnen erwartet. Die EU gilt bei den US-Amerikanern trotz ihrer ökonomischen Potenz als „schwach“. Die meisten Staaten, in denen die Todesstrafe legitim ist, werden undemokratisch und diktatorisch regiert. In eine solche Gruppe passen die USA nicht. Doch betrachtet man die Todesstrafe als Distinktionszeichen, dann besteht ein „historisch gewachsenes Interesse“ der USA, sich von den Staaten der EU zu unterscheiden, und zwar bezüglich des Merkmals „Stärke“.

- In den USA ist eine traditionelle religiöse Haltung in der Bevölkerung weiter verbreitet als in den Leitstaaten der EU. Eine solche Haltung ist mit der Bejahung der Todesstrafe gut vereinbar.
- Die Bevölkerung der USA vertritt in stärkerem Maße die Ideologie, dass der Einzelne für seine Taten voll verantwortlich ist, „seines Glückes und Unglückes Schmied ist".

Sozialisation in Gefängnissen

In Deutschland ist in den 90er Jahren die Anzahl der Strafgefangenen stark angestiegen, vor allem der Anteil der Ausländer an den Gefangenen hat sich überproportional erhöht. Die Gefängnisse sind überfüllt, sie sind Sozialisationsinstanzen für abweichende Subkulturen, Drogengebrauch und Akzeptanz von Gewalt.

In den USA ist die Anzahl der Gefängnisinsassen 1995 viereinhalbmal so hoch gewesen wie 1970! Die Gefangenenrate der Vereinigten Staaten betrug in den 90er Jahren das Acht- bis Zehnfache westeuropäischer Staaten! Die amerikanischen Gefängnisse sind überfüllt, so dass ein „ordnungsgemäßer" Strafvollzug nicht gewährleistet ist. Ein Gefangener kostet über 40.000 Dollar im Jahr. Die Gesamtkosten der amerikanischen Gefängnisse betragen über 25 Milliarden Dollar pro Jahr. Das jährliche Wachstum der Kosten für Gefängnisse war in den siebziger und 80er Jahren größer als das der Kosten des Erziehungssystems.

Das Kosten-Nutzen-Verhältnis des Strafvollzuges ist, wenn man den Gesamtnutzen für die Bevölkerung in Betracht zieht, nach Expertenmeinung ungünstig. Die gewaltige Erhöhung der Gefangenenrate in den USA war nicht von einer entsprechenden Verringerung der Kriminalitätsraten begleitet (vgl. Tischler 1999, 206 ff).

Von der Normalität abweichende Situationen begünstigen das Erlernen und Verstärken abweichenden Verhaltens. Da die für Männer hauptsächlich erwünschten positiven Verstärker, beruflicher Erfolg und familiäre Gratifikationen, im Gefängnis weitgehend außer Kraft gesetzt sind, findet dort eine gesellschaftsfeindliche Sozialisation statt.

Der Frauenanteil ist unter Kriminellen sehr gering und vor allem sind nur sehr wenige Frauen physisch gewalttätig. Allerdings ist der Frauenanteil an den Gefangenen in den USA in den 80er und 90er Jahren überproportional gestiegen.

Verbrecher in Villen:

Verbrechen der gehobenen Schichten und der Personen in führenden Positionen sind strukturell die gefährlichsten und die am wenigsten entdeckten und verfolgten. Eine Schadensschätzung des Verhältnisses von Weißer-Kragen-Kriminalität zu „normaler“ Kriminalität in den Vereinigten Staaten beträgt 40 zu 1 (President‘s Commission on Organized Crime 1985). Die strukturell bedeutsamen Verbrechen, die sehr viele Menschen schädigen, sind weniger sichtbar, werden von den Medien weniger präsentiert und sprechen die Emotionen weniger an als Mord und Totschlag.

Wie kann Kriminalität verringert werden?

Kriminelle sind vor allem junge Männer, die kurzfristige Lebensperspektiven haben und deren Fähigkeit zur Selbstkontrolle unterentwickelt ist (Gottfredson/Hirschi 1995). Nur ein geringer Prozentsatz der Verbrecher wird verurteilt und Gefängnisse sind ungeeignet, sie zu resozialisieren. Nach Hirschi üben also Gefängnisse keine positive soziale Wirkung aus, sondern es muss bei den Ursachen angesetzt werden. Die Kontrolle von Kindern und Jugendlichen ist von entscheidender Bedeutung.

Auch Sampson und Laub (1993) und Thomas et al. (1998) konnten die „soziale Kontrolltheorie“ bestätigen. „Wenn ein Kind bzw. ein Jugendlicher eine schwache emotionale Bindung zu seinen Eltern aufweist, einem inkonsistenten und gewalttätigen Erziehungsstil ausgesetzt ist oder ungenügend beaufsichtigt wird, steigt die Wahrscheinlichkeit abweichenden Verhaltens.“ (Thomas et al. 1998, 324)

Entscheidend ist, dass Kinder die Fähigkeit der Selbstkontrolle erlernen. Dies ist freilich primär die Aufgabe von Eltern und anderen Bezugspersonen. Also müssen Förderprogramme für Familien verstärkt werden. Auch die Verbesserung der Kindergärten, -horte und Schulen hat hohe Priorität. Außerdem sollten Kindern und Jugendlichen möglichst wenige Ressourcen des Verbrechens zur Verfügung stehen: Waffen, Drogen, Autos etc. Einen weiteren Ausbau des Polizei- und Gefängnissystems hält Hirschi dagegen für kontraproduktiv.

Will man abweichendes Verhalten verändern, dann sollte man das soziale System, den Kontext und die Institutionen betrachten, z.B. Freizeit oder Transport bzw. Bewegung im Raum. Trunkenheit am Steuer wird durch rechtliche Regelungen, die das Alter der Personen, denen alkoholische Getränke verkauft werden dürfen, oder das Mindestalter, ab dem man einen Führerschein erhält, beeinflusst, aber auch durch Subventionierung von öffentlichem Nahverkehr und Nachttaxifahrten, Videokameras auf den Strassen und ähnliche Einrichtungen. Derartige Maßnahmen sind langfristig wahrscheinlich billiger und wirksamer als Kriminalisierung und Einweisung ins Gefängnis.

Ein Blick von oben (oder von der Seite)

Es ist sinnvoll, in Distanz zu treten. Zuerst eine beruhigende Tatsache: Zwar sind die Verbrechensraten in Deutschland seit den 60er Jahren angestiegen, doch es gibt heute viel weniger deutsche Verbrecher als in der Zeit zwischen 1933 und 1945 und die Verbrechen sind harmloser. Nun die beunruhigende Tatsache des 20. Jahrhunderts: Staatliche und private Organisationen sind für die Menschen gefährlicher, als die Kriminellen es sind. Dafür kann man nicht nur Nazideutschland oder die Sowjetunion als Belege heranziehen, sondern auch viele derzeit amtierende Regime.

Warum erregen sich die meisten Menschen mehr über abweichendes als über konformes Verhalten? Wenn man eine Bilanz des 19. und 20. Jahrhunderts zieht, wird man wahrscheinlich feststellen, dass die wirklich katastrophalen Ereignisse (Erster und Zweiter Weltkrieg, Kolonialismus, Holocaust, Hungersnöte usw.) hauptsächlich durch konformes Verhalten (Gehorsam, Akzeptanz traditioneller Vorurteile, Ethnozentrismus, Verfolgung von Nonkonformen) und nicht durch abweichendes Verhalten verursacht wurden.

Der Blick von oben (oder von der Seite) führt zu provozierenden Thesen:

- Konformes Verhalten hat sich als gefährlicher erwiesen als abweichendes Verhalten (Befehlsgehorsam in totalitären Regimen).
- Gesellschaftlich bedeutsames abweichendes Verhalten wird in der Öffentlichkeit häufig wenig beachtet (Wirtschaftsverbrechen).
- Abweichendes Verhalten ist für ein funktionierendes soziales System unverzichtbar (Massive Unterdrückung abweichenden Verhaltens durch Zensur, Überwachung, Eindringen in die Privatsphäre führt zu Stagnation und sozialer Fehlentwicklung).
- Positives und negatives abweichendes Verhalten sind notwendigerweise gekoppelt (Kreativität, Innovation, Kunst).

Die grundsätzlichen Fragen und Antworten sind einfach: Welche Werte, Ziele und Wünsche haben die meisten Menschen in Europa? Frieden, Wohlstand, Sicherheit, Zufriedenheit, eine gesicherte Zukunft für ihre Kinder. Konform ist, wer diesen Zielen dient, abweichend wer gegen ihre Verwirklichung handelt.

Wenn ein Staat in Friedenszeiten ohne schwer wiegende Bedrohung von außen für Verteidigung und Rüstung zu viel ausgibt, dann ist dies abweichendes Verhalten – verantwortlich sind die Volksvertreter, die

Regierung und die leitenden Beamten in den Ministerien. Wenn es das Rechtssystem reichen und mächtigen Personen ermöglicht, auf Kosten der Mehrheit der Bevölkerung sich zu bereichern und mächtiger zu werden, dann sind nicht nur diese reichen und mächtigen Personen abweichend, sondern auch diejenigen, die solche rechtlichen Vorschriften produzieren, bejahen und ihre Beibehaltung begünstigen. Eine Regierung und ein Kultusministerium, das Lehrpläne für allgemein bildende Schulen und für Hochschulen vorschreibt, in denen Inhalte einen großen Platz einnehmen, die nur im Interesse einer Minderheit der Bevölkerung sind, sind abweichend. Selbstverständlich ist auch ein Jugendlicher abweichend, der einer alten Frau die Handtasche entreißt. Warum richten Juristen, andere Experten und die Massenmedien ihren analytischen Blick eher auf kriminelle Jugendliche als auf die Organisationen und Personen, die für das wirtschaftliche und soziale Elend vieler Familien und für die Verletzung zentraler Werte verantwortlich sind?

In der bisherigen Argumentation erschien abweichendes Verhalten primär als negativ, unerwünscht, sozial schädlich, ja oft verabscheuenswert. Durkheim ging von einem funktionalistischen Ansatz aus und meinte, dass eine Gesellschaft unerwünschtes abweichendes Verhalten benötigt, weil dadurch den Menschen die Grenzen und Normen bewusst gemacht werden, vor allem durch die Bestrafung der Abweichenden.
Doch es gibt auch moralisch hochwertiges und bewundernswertes abweichendes Verhalten: Märtyrer, große Künstler, bedeutende Entdecker und Gelehrte. Innovation und sozialer Wandel benötigen abweichendes Verhalten.
Minderheiten, die konsistent, langfristig und im allgemeinen Interesse abweichende Positionen vertreten, beeinflussen die Mehrheit (Moscovici 1976). Im Europa des 19. Jahrhunderts waren es kleine Gruppen von „abweichenden" Frauen, die beharrlich über Jahrzehnte mehr Rechte für alle Frauen gefordert haben. In Deutschland sind Umweltgruppen und die Grünen seit den 70er Jahren Beispiele für diese These. Minderheiten werden dann besonders einflussreich sein, wenn hinter ihrem Standpunkt nicht primär Eigeninteresse gesehen wird (z.B. Heterosexuelle setzen sich für Homosexuelle ein) (Wiswede 1998, 177).
Bisher wurde das abweichende Verhalten von Personen und Gruppen besprochen, doch es gibt auch „Systemabweichung". Sie wurde bereits als Anomie eingeführt, Norm- und Wertverluste. Auch der Begriff „Soziale Probleme" ist in diesem Zusammenhang zu nennen. Ab gewissen Schwellenwerten werden soziale Abweichungen zu sozialen Problemen, z.B. Arbeitslosigkeit, Kriminalität, Umweltzerstörung. Soziale

Probleme hängen also von Normsetzungen und öffentlicher Sensibilität ab. Einige durch die Medien hoch gespielte Fälle können genügen, „um das Fass zum Überlaufen zu bringen". Auch hier kann eine Art Labeling Approach herangezogen werden: Soziale Probleme entstehen durch kollektive Definitionen. Somit kann auch nicht „objektiv" festgestellt werden, wie gravierend oder beunruhigend ein soziales Problem, z.B. Drogengebrauch, ist. In Deutschland wäre die Öffentlichkeit wahrscheinlich in heller Aufregung, wenn die Mordraten ähnlich hoch wie in Russland oder den USA wären. In den 70er Jahren konnte eine kleine Gruppe von Terroristen in Deutschland ein soziales Problem erzeugen. Hunderttausende Verletzte im Straßenverkehr jährlich dagegen sind für die deutsche Öffentlichkeit kein soziales Problem.

4.4 Integration und Konflikt

Menschen leben in Primärgruppen, in Familien, und in Sekundärgruppen, in beruflichen oder anderen Zusammenhängen. Sie kooperieren, sie sind aufeinander angewiesen, sie entwickeln Solidarität in ihren Gruppen, die Gruppen sind integriert (in der Gesellschaft), die Gruppenmitglieder integrieren sich (in der Gruppe). Der Säugling wird in einer Primärgruppe aufgezogen, er ist allein nicht lebensfähig. Da in modernen Gesellschaften fast allen sofort Überlebenshilfen geboten werden, wenn sie hilflos, krank oder gefährdet sind, ist für Erwachsene eine Integration in einer Primärgruppe nicht mehr überlebensnotwendig. Trotzdem hat die überwiegende Mehrzahl der Menschen das Bedürfnis, in einer Primärgruppe, mag sie auch nur aus zwei Personen bestehen, integriert zu sein. Menschen benötigen den Schutz in Gruppen. Wenn sie herausfallen, sind sie gefährdet. Schon in der Einleitung wurde dargestellt, dass nach Durkheims Forschungen Personen, die nicht in religiösen oder anderen Gemeinschaften leben, eher selbstzerstörerisches Verhalten zeigen, dass aber auch überstarke Integration für Gruppenmitglieder fatale Wirkungen haben kann (z.B. Sektenmitglieder, die gemeinsam Suizid begehen).
Integration ist eine wichtige Aufgabe für moderne Gesellschaften, die u.a. von der Schule und den Massenmedien übernommen wurde. Durkheim beobachtete schon im 19. Jahrhundert die westeuropäischen Länder mit Sorge. Die Bevölkerung wuchs und die soziale Differenzierung schritt schnell voran. Immer mehr Institutionen, Organisationen, Positionen, Rollen und andere soziale Gebilde entstanden und grenzten sich von einander ab. Durkheim meinte, dass ein kollektives Bewusstsein diese vielfältigen Gebilde zusammenhalten müsse, wobei die christliche

Religion oder ein Herrscherhaus diese Aufgabe immer schlechter erfüllten. Viele Heilmittel wurden angepriesen: Vaterlandsliebe, Nationalgefühl, Heimatbewusstsein oder der Glaube an das christliche Abendland, das wieder einmal gerettet werden musste. Auf Grund eines Konfliktansatzes könnte man jedoch behaupten, dass eine zu starke Integration in vielen Staaten oder ethnischen Gruppen das Problem des 19. und 20. Jahrhunderts war, nicht eine zu schwache. Starke Integration und ein fest gefügtes Wert- und Normsystem sind mit Ethnozentrismus[33] verbunden. Die anderen sind Fremde. Integration von und in Gruppen ist meist mit Schließung und Ausschluss von anderen Gruppen und deren Mitgliedern verbunden. Die anderen werden in der Regel als geringwertiger als die eigenen Gruppenmitglieder angesehen. Nach der „Theorie der sozialen Identität“ (Tajfel/Turner 1979) schreiben Gruppen sich selbst bestimmte positive Eigenschaften zu, die sie anderen Gruppen absprechen. Dadurch wird soziale Identität und (feindliche) Abgrenzung gegenüber anderen Gruppen konstituiert.

Integration und Schließung und damit „normale Fremdenfeindlichkeit“ sind unvermeidliche Prozesse innerhalb von Gesellschaften.

Es herrscht immer Knappheit an begehrten Positionen und Gütern und folglich versuchen fast alle Menschen, ihre eigenen Chancen und die der nahe stehenden Gruppenmitglieder zu erhöhen. Um zwischen Eigen- und Fremdgruppe zu unterscheiden werden Menschen kategorisiert, und zwar vor allem nach leicht erkennbaren Kennzeichen: Hautfarbe, Geschlecht, Alter, Aussehen, Staatszugehörigkeit, Religion, Sprachkompetenz, Statussymbole (Kleidung, Auto, Wohnort etc.).[34]

Die „Feindlichkeit“ äußert sich in der Regel nicht durch Gewalt, sondern durch vielfältiges Ausschließen. Wenn möglich, versucht jemand sich selbst und seine Familie zu begünstigen, im nächsten Schritt die Verwandten, dann die guten Bekannten usw. Für berufliche Tipps und Karrierechancen sind vor allem die weit verzweigten losen Beziehungen bedeutsam. Auch hier besteht wieder Ausschließung: nur eine Minderheit der Deutschen bewegt sich in den bedeutsamen losen Netzwerken, die anderen sind „Fremde“. Also gibt es Integration und „Fremdenfeindlichkeit“ in mehreren Schichten.

---

[33]Ethnozentrismus: übertriebene Hochschätzung der eigenen ethnischen Gruppe und Abwertung anderer Gruppen.

[34]Vgl. das Kapitel über „Soziale Schichtung“.

Kernfamilie
↓
erweiterte Familie, Verwandte
↓
gute Bekannte, Schulfreunde
↓
lose Beziehungen (politische, berufliche, religiöse Gruppen)
↓
Großgruppen: Beamte, Ärzte etc.
↓
Volk, Nation, Staat, EU
↓
„Rasse“, „Reich des Bösen“; Menschheit

Abb. 15: Integration und „Fremdenfeindlichkeit“ auf verschiedenen Ebenen

Ethnische und kulturelle Konflikte und Vorurteile

Ethnische Gruppen werden nach Sprache, Tradition, Religion, Kleidung, Verhalten, Wohnort u.a. Faktoren unterschieden.

Die meisten räumlich oder institutionell abgegrenzten menschlichen Gruppen weisen keine bedeutsamen genetischen Unterschiede auf. Die genetischen Unterschiede innerhalb von Populationen sind größer als die zwischen Populationen. In rassistischen Ideologien werden meist pseudobiologische Erklärungen als Rechtfertigung für die Über- oder Unterlegenheit von menschlichen Gruppen und für den Ausschluss von Fremden verwendet. Zwar ist es biologisch nicht sinnvoll, von menschlichen Rassen zu sprechen, doch man kann ähnlich der Trennung zwischen sex und gender den Begriff der „sozialen Rasse“ einführen. Denn im Alltagsbewusstsein ist der Rassenbegriff weltweit nach wie vor verankert.

Je länger Gruppen in physischer und sozialer Isolation leben oder sich von anderen Gruppen territorial und ideologisch abgrenzen, umso mehr kulturelle Eigenarten entwickeln sie. Diese kulturellen Eigenarten und Traditionen wirken als Barrieren zwischen Gruppen.

Konflikte zwischen ethnischen und kulturell unterschiedlichen Gruppen ergeben sich auf Grund folgender Ursachen:

- Verschiedenheit von Traditionen,
- Konkurrenz um knappe Ressourcen,
- durch vergangene Konflikte entstandene Vorurteile und „kollektive Gefühle".

Vorurteile sind generalisierende negative Einstellungen von Mitgliedern einer Gruppe gegenüber Mitgliedern anderer Gruppen; sie sind verbunden mit *stereotypem* Denken („der Neger") und Projektionen (eigene unerwünschte Eigenschaften der Fremdgruppe zuschreiben).

Sind ethnische Konflikte tatsächlich ethnische Konflikte?
Der Bürgerkrieg im ehemaligen Jugoslawien ist ein Beispiel für das Zusammenwirken verschiedener Konfliktursachen: anomische Zustände durch die Schwächung der zentralen politischen Gewalt, Machtkämpfe zwischen rivalisierenden Gruppen, verschiedene religiöse Wert- und Normsysteme, relative Benachteiligung (ökonomische Unterschiede zwischen Landesteilen). Liegt die Hauptursache in den ethnischen Unterschieden?

Im Punjab in Indien kommt es seit den 80er Jahren ständig zu gewaltsamen Auseinandersetzungen; es scheint sich um einen Kampf zwischen zwei religiösen bzw. ethnischen Gruppen, den Sikhs und den Hindus, zu handeln. Doch Shiva (1991) gibt eine andere Erklärung für den Konflikt. Die grüne Revolution hat in der Landwirtschaft zu Mechanisierung, Gebrauch von Pestiziden und Kunstdünger, zu einer Schädigung der Böden, zur Verschuldung der Kleinbauern, teilweise zur Vergrößerung der Gruppe der landlosen Bauern und in diesem Zusammenhang zu sich steigernder Unzufriedenheit geführt. Die betroffenen Menschen machen die Mitglieder anderer ethnischer Gruppen für die Misere verantwortlich. Gruppendenken, eingeschränkte Realitätswahrnehmung und Gesinnungskontrolle führen unter diesen ökologischen und sozialen Bedingungen zu einem Dauerkonflikt.

Auch die Verfolgung von Juden unter dem Nationalsozialismus lässt sich ohne Rückgriff auf ethnische oder kulturelle Gruppenunterschiede erklären.

Eine *interaktionistische* Erklärung könnte von den sozialen Erfahrungen Hitlers in Wien ausgehen, als er von den antisemitischen Äußerungen und Schriften bekannter Persönlichkeiten beeinflusst wurde. Diese Personen waren für Hitler Vorbilder. Die Wirklichkeitskonstruktionen von prunkvoll inszenierten Massenveranstaltungen, wie Parteitagen, begünstigten eine kollektive Selbsterhöhung mit der Konsequenz der relativen Abstufung anderer Gruppen.

Eine *funktionalistische* Betrachtung würde sich auf den verlorenen Krieg, die Modernisierung und die Weltwirtschaftskrise beziehen, d.h. das soziale System geriet in ein Ungleichgewicht, es ergab sich ein für viele bedrohlicher Wert- und Normwandel, für den der Nationalsozialismus scheinbar eine Lösung anbot. Wie sozialpsychologische Untersuchungen zeigen, neigen Personen, die sich in ihrem zentralen Wertbereich gefährdet fühlen, zu autoritärem und fremdenfeindlichem Verhalten (Solomon et al. 1991). Juden, Kommunisten und andere „Vaterlandsverräter", eine künstlich hergestellte Gruppe, wurden für den Niedergang Deutschlands verantwortlich gemacht. Dadurch wurde die Integration der Deutschen, einer 100 Jahre lang ideologisch und mit Gewalt homogenisierten „Gruppe", verstärkt. Juden und andere „Volksfeinde" wurden aus wichtigen Positionen hinausgedrängt und ihrer Güter beraubt, die nun an Nationalsozialisten und ihnen nahestehende Personen vergeben werden konnten, was die soziale Bewegung stärkte.

Ein *Konfliktansatz* könnte schon bei den Verwüstungen des Dreißigjährigen Krieges ansetzen, die das deutsche Gebiet besonders stark getroffen hatten, und würde in den 20er und 30er Jahren die Folgen des Ersten Weltkrieges und die Weltwirtschaftskrise hervorheben, wodurch die Verelendung von Millionen bewirkt und damit die Klassengegensätze verstärkt wurden, aber auch auf den Machtkampf zwischen immer gewalttätiger werdenden Gruppen in der Weimarer Republik hinweisen. Der Nationalsozialismus wurde wegen seines Kampfes gegen kommunistische Gruppen von vielen unterstützt, die im Kommunismus und in der Sowjetunion die zentrale Gefahr für Deutschland sahen. Doch auch der Geschlechterkampf kann herangezogen werden. In den 20er Jahren war die Emanzipation der Frauen relativ stark vorangekommen. Viele deutsche Männer, die sich schon durch die Niederlage im Ersten Weltkrieg gedemütigt fühlten, sahen sich durch die relative Statusverbesserung der Frauen und durch die weitere Degradierung des Mannes in der Wirtschaftskrise in einer psychosozialen Abseitsposition. Sie ergriffen verzweifelt und entzückt die kollektive Chance des Faschismus, die Dominanz ihrer Geschlechtsposition abzusichern.

Integration heute und morgen

Deutschland wird langfristig Integrationsprobleme haben. Münz u.a. (1997) prognostizieren eine Zunahme des Anteils an Ausländern in Deutschland von 8,8 % (1996) auf 17 % (2030). Daraus kann man nicht schließen, dass homogene Gesellschaften, in die nur wenige Menschen einwandern, keine Integrationsprobleme haben. Durkheim hat in seinem Buch über den Selbstmord dargelegt, dass nicht nur zu wenig, sondern auch zu viel Integration schädlich sein kann. In Familien, Gleichaltrigengruppen, Berufsgruppen, militärischen Verbänden etc. zu stark eingebundene Individuen können Schwierigkeiten bekommen, vor allem wenn sie außerhalb der Gruppe handeln müssen. Dies ist in besonderem Maße in modernen Gesellschaften der Fall, in denen Individualismus als zentrale Kompetenz erwartet und für viele soziale Situationen vorausgesetzt wird. Untersuchungen von Silbereisen u.a. (1999, 181 f) bestätigen die These. Aussiedler aus Oststaaten, die in traditionellen deutschsprachigen Gemeinden gelebt hatten, haben größere Anpassungs- und Integrationsprobleme in Deutschland als Aussiedler, die nicht aus solchen deutschen Enklaven in Rumänien, Russland oder anderen Staaten stammen. Die starke Integration in eine altdeutsche Kultur erschwert die Eingliederung in die moderne deutsche Gesellschaft. Vor allem wurden in diesen traditionellen Gemeinschaften kollektivistische Werte (Einordnung in der Gruppe, Konformität) vermittelt, während für sozialen und wirtschaftlichen Erfolg in Deutschland eher individualistische Werte (Betonung von Selbstbestimmung und individueller Leistung) erforderlich sind.

Bourdieu, Coleman und andere verwenden den Ausdruck „soziales Kapital", eine andere Bezeichnung für hochbewertete soziale Integration (vgl. Bourdieu/Coleman 1991). Innerhalb von Dorfgemeinschaften existiert ein traditionell vorgegebenes soziales Kapital, das zwar ungleich verteilt ist, doch der Mehrzahl zur Verfügung steht (z.B. bei Festen, Heirat, Tod). Wenn nun Personen vom Dorf in die Stadt ziehen, dann müssen sie häufig erst wieder soziales Kapital und Beziehungen aufbauen. In vielen öffentlichen Organisationen, z.B. Schulen, wird Personen, die Mangel an sozialem Kapital haben, zu wenig geholfen (vgl. Weymann 1998, 168f). Vor allem kann soziales Kapital in für die Stabilität der Gesellschaft ungünstiger Weise erworben werden, z.B. in Jugendbanden oder fundamentalistischen religiösen oder politischen Gruppen.

Ferner wird durch die Massenmedien, vor allem durch das Fernsehen, soziales Quasi-Kapital und sozialer Quasi-Raum aufgebaut, d.h. Menschen bilden sich ein, sie hätten zum US-Präsidenten, zu Michael Jackson, zum Chefarzt in einer Seifenoper oder zu Gottschalk eine Beziehung [35]– Ähnliches ist freilich in vielen Religionsgemeinschaften immer schon geschehen.

Integrationsprobleme ergeben sich in modernen Gesellschaften auf Grund des häufigeren Wechsels zwischen Gruppen, ja teilweise auch zwischen Kulturen. Innerhalb der Institutionen Bildung und Wissenschaft und den Massenmedien entstehen neue universalistische Formen von Integration. So können Millionen, ja sogar Hunderte Millionen, gleichzeitig die Rede des Präsidenten der Vereinigten Staaten, die Trauerfeier für Lady Diana oder Spiele der Fußballweltmeisterschaft miterleben, wodurch Kollektivgefühle aktiviert werden.

Integration entsteht auch als ein unbeabsichtigtes Ergebnis wissenschaftlich-technisch-wirtschaftlicher Unternehmungen. Durch das Internet – und auch durch die alten Kommunikationstechniken Telefon, Telefax, Briefe usw. – können neue Vergemeinschaftungen mit relativ geringem Aufwand entstehen, ohne dass Territorien verteidigt oder erobert werden müssen, und alte lose gekoppelte Gruppen können ihren Zusammenhalt festigen. Der Gebrauch eines Handys, eines Computers oder eines Autos führt bei Christen, Moslems und Hindus zu gemeinsamen Ritualen.

Freilich sollte man nicht einen paradiesischen Zustand erwarten. Die Motive, Einstellungen und Verhaltensweisen ändern sich nicht in Richtung Mutter Theresa oder Kant. Alle neuen Technologien führen zu neuen Kämpfen und Selektionen im sozialen Raum, aus denen Sieger und Verlierer hervorgehen.

Die Zukunft der weltweiten Integration ist also offen. Schwere Konflikte werden weiterhin unweigerlich auftreten, doch eine allmähliche Entwicklung zu einer relativ friedlichen und wirtschaftlich stabilen Weltgesellschaft, in der immer weniger Menschen verhungern oder frühzeitig gewaltsam sterben müssen, ist jedenfalls möglich geworden.

---

[35]Meyrowitz (1987) nennt dieses soziale Quasi-Kapital para-soziale Beziehung.

5 Sozialstruktur und soziale Schichtung

5.1 Einführende Überlegungen zur sozialen Schichtung

Menschen sind genetisch und im Phänotyp verschieden, also „von Natur“ ungleich. Zusätzlich gab und gibt es in allen (bekannten) Kulturen eine soziale Ungleichheit, offensichtlich eine anthropologische Konstante. Art und Grad der sozialen Ungleichheit allerdings sind je nach Kultur und gesellschaftlichen Bedingungen sehr variabel.

Es gibt eine „biologische soziale Schichtung“: Wer schon vor der Geburt stirbt, gehört der „untersten Unterschicht“ an. In vielen Kulturen hatten die meisten Menschen, die vor der Geburt starben, einen sozialen Nullstatus. In modernen Industriegesellschaften wird ihnen dagegen mehr soziale Aufmerksamkeit gewidmet, z.B. erhalten manche ein Grab, auf dem ein Name steht.

Die Geretteten nach dem Untergang der Titanic (Hall 1986):

1. Klasse: über 60 %
2. Klasse: 36 %
3. Klasse: 24 %.

Es wird Selektion ausgeübt. Über 800 Millionen Menschen sind unterernährt – ein Faktum, das in der Regel nicht im Zusammenhang mit sozialer Schichtung genannt wird. In Deutschland ist es gar nicht so leicht, Mitglieder der untersten Schichten der Menschheit zu treffen. In Burundi gehören mehr als die Hälfte der Bevölkerung dazu. Die Grundlage sozialer Schichtung ist ein harter Kampf um Lebenschancen. Verhungern ist leicht, doch Millionär werden ist schwer. Die soziale Ungleichheit auf dieser globalen Dimension ist viel krasser als die innerhalb der westlichen Industriegesellschaften.

In allen Hochkulturen gab es eine kleine oberste Schicht, die Mächtigen und die Reichen, und eine unterste Schicht, sozial Verachtete. In modernen westlichen Gesellschaften gehören zu dieser untersten Schicht: Obdachlose, die meisten Insassen von Heimen, Gefängnissen und anderen geschlossenen oder totalen Organisationen, und Personen, die sozial (fast) tot sind, in der Öffentlichkeit nicht mehr erscheinen, arm, alt oder chronisch krank sind und allein leben. Doch wirklich neu in der modernen Gesellschaft im Vergleich zu früheren Jahrhunderten ist das große Mittelfeld: eine relativ wohlhabende und gut gebildete Mittelschicht. Schelsky meinte in den 50er Jahren etwas vorschnell, dass man von einer nivellierten Mittelstandsgesellschaft sprechen könne. Doch die Ge-

sellschaft ist nicht nivelliert, es kommt ständig zur Schließung der Reihen, zur Abgrenzung, zur Segregation. Reiche verkehren nicht mit Armen, sondern mit Reichen, Superreiche nicht mit Reichen, sondern mit Superreichen. Arme ärgern sich über andere arme Nachbarn, die ein wenig mehr als sie erhalten, nicht über Reiche, die viel viel mehr erhalten. Arme kennen auch persönlich fast nur andere Arme. Arme ermorden oder berauben hauptsächlich andere Arme. Diebe und Betrüger arbeiten meist innerhalb ihrer Schichten. Eine dauerhafte Solidarisierung von Angehörigen der unteren Schichten oder Klassen in modernen Gesellschaften, wie Marx es erträumte oder beschwören wollte, ist schon aus diesen Gründen illusionär. Die Hauptkämpfe der Individuen finden ja innerhalb ihrer Schicht und nicht gegen Mitglieder anderer Schichten statt.
Die Stabilität sozialer Rangabstufung und Hierarchien in modernen demokratischen Gesellschaften ist erstaunlich. Denn, politische Verfassung, Recht, Bildung, Gesundheitssystem, Informationsmöglichkeiten, wirtschaftliche Tätigkeiten – all dies ist offiziell allen zugänglich, eine Privilegierung oder Benachteiligung ist scheinbar nur in geringem Maße verankert. Ist es tatsächlich so? Bei genauer Untersuchung erweisen sich all diese Teilsysteme so gestaltet, dass sie die oberen Schichten begünstigen und die unteren Schichten benachteiligen: z.B. die Regeln der Wirtschaft, des Rechts, der Politik, der Wissenschaft. Unter den Institutionen, die soziale Ungleichheit zementieren, sind das Eigentum und vor allem das Erbrecht zu nennen, gegen das sich der Soziologe Durkheim wandte.

5.2 Theorien über soziale Ungleichheit[36]

„Sollen die Reichen mehr arbeiten, dann muß man ihnen mehr bezahlen. Sollen die Armen mehr arbeiten, dann muß man ihnen weniger bezahlen.“

Das Karma lehrt einen Hindu, dass er sein Schicksal, nämlich in eine bestimmte Kaste hineingeboren zu sein, verdient, da es die Konsequenz seiner Handlungen in einem früheren Leben ist. Dharma, die Moral der Hindus, lehrt, dass ein moralisches Leben und sich in sein Schicksal zu fügen, wenn man Mitglied einer unteren Kaste ist, mit der Wiedergeburt in einer höheren Kaste belohnt wird.

[36]Vgl. Wiswede 1998, 301 ff; Hradil 1999, 95 ff.

Nach Rousseau († 1778) entstand die Ungleichheit unter den Menschen durch Tausch und Marktmechanismen und die über viele Generationen laufende Vermehrung von Macht und Reichtum. Begrenzt aber nicht abgeschafft kann die Ungleichheit durch rechtliche Regelungen (Sozialvertrag) werden.
Nach Marx ist der Besitz von Produktionsmitteln (Maschinen, Fabriken, Wissen, Experten) entscheidend, im Zeitalter der Manager kann es auch die Verfügungsgewalt über Produktionsmittel sein. Es werden Überschüsse erwirtschaftet, Mehrwert, den sich einige wenige aneignen.
Nach Max Weber gibt es drei wichtige Faktoren der sozialen Ungleichheit: ökonomische Ressourcen, Prestige (soziale Anerkennung) und Macht.

Ökonomie	*Prestige*	*Macht*
USA	Japan	Nazi-Deutschland
Supermarkt	Hochschule	Gefängnis

Abb. 16: Soziale Ungleichheit nach Max Weber

Nazi-Deutschland wurde durch ein autoritäres Regime beherrscht, Macht war also das zentrale Kriterium sozialer Ungleichheit. In Japan ist traditionell soziale Anerkennung bzw. Prestige bedeutsamer als das Einkommen. Die USA gelten als der Staat mit der stärksten Akzeptanz des herrschenden ökonomischen Systems, d.h. Einkommen und Vermögen sind die Hauptindikatoren für die soziale Ungleichheit. Hochschullehrer und Forscher werden hauptsächlich nach ihrer Anerkennung (Prestige) in der jeweiligen wissenschaftlichen Community bewertet. In Gefängnissen wird legitime Macht durch das Wachpersonal und illegitime Macht durch Gefängnisinsassen ausgeübt. An der Kasse des Supermarkts ist nur die Verfügbarkeit über finanzielle Mittel entscheidend.

Da die Faktoren ökonomische Ressourcen, Prestige und Macht teilweise unabhängig von einander sind, ergeben sich Inkonsistenzen. Jemand kann viel Geld und ein geringes soziales Ansehen haben, z.B. ein Zuhälter. Hohes Prestige und wenig Geld hatten früher verarmte Adelige. In einfachen Kulturen war und ist Prestige das zentrale Kriterium, in Industriegesellschaften, vor allem im Wirtschaftsbereich, ist es die ökonomische Potenz, in bürokratischen staatlichen Organisationen ist legitime Macht entscheidend.
Anhand der folgenden Tabelle kann man erkennen, dass soziale Schichtung und soziale Ungleichheit vieldimensional strukturiert sind.

Soziale Ungleichheit	*Ökonomie*	*Soziale Beziehungen*	*Politik*	*Symbolische Gegenstände*	*Zuschreibung/ Elementare Merkmale*
Karl Marx	Besitz von Produktionsmitteln	Organisation, Gewerkschaft		Ideologie	
Max Weber	Ökonomische Ressourcen	Prestige, Status	Macht Herrschaft		
Pierre Bourdieu	Ökonomisches Kapital	soziales Kapital		kulturelles Kapital	
Feminismus	Patriarchat				Geschlecht
Integrativer Ansatz	Ökonomische Mittel Beruf	soziale Beziehungen Prestige	Macht Gewalt Herrschaft	kulturelle und symbolische Mittel	Geschlecht Alter Körper Ethnie etc.

Abb. 17: Dimensionen sozialer Ungleichheit

Merkmale können zugeschrieben (ascribed, askriptiv), also körperlich oder sozial (meist schon von Geburt an) festgelegt, oder (im Laufe des Lebens) erworben (achieved) sein. Zugeschrieben oder festgelegt ist das Geschlecht, erworben der Beruf. In traditionalen Kulturen waren elementare Merkmale, wie Geschlecht, Alter, Hautfarbe und regionale oder ethnische Zugehörigkeit, zentrale Kriterien für soziale Ungleichheit. Dies hat sich in modernen Gesellschaften abgeschwächt, erworbene Merkmale wie Schulbildung und Beruf sind wichtiger geworden, doch die zugeschriebenen Eigenschaften sind trotzdem bedeutsam geblieben – was sich nicht nur in Kindergruppen gut studieren lässt.

In einer Gruppe von Ministern oder Vorstandsvorsitzenden wird eine Frau nur selten die Spitzenposition einnehmen. Ein Berufstätiger, der alt und krank ist, wird vielleicht seinen Arbeitsplatz, zumindest jedoch an Prestige und Macht verlieren. Auf der gleichen Hierarchiestufe in einem Unternehmen hat ein Angestellter in Paris einen höheren Status als einer in Reims oder Lille. Auch der Körper spielt eine wichtige Rolle. Große gut aussehende Männer haben bessere Chancen, ins höhere Management aufzurücken, als kleine nicht so gut aussehende.

In modernen Gesellschaften ist die Verfügung über ökonomische Mittel das zentrale Kriterium für soziale Ungleichheit, wenn man die Gesellschaft insgesamt betrachtet. Durch die Verfügung über ökonomische Mittel werden auch soziale Beziehungen und Machtchancen gesteuert. Die Verfügung über und die Ansammlung von sozialem, kulturellem und symbolischem Kapital (z.B. kultiviertes Sprechen, Essen von erlesenen Speisen, Kunstprodukte) sind ebenfalls ungleich verteilt, trotz dem formal freien Zugang zu Bildungsorganisationen, Medien und Geschäften.
Man sollte sich bewusst machen, dass soziale Schichtung die gesamte Wirklichkeit betrifft.
In die soziale Schichtung sind auch Tiere einbezogen. Hunde und Katzen gehören in Deutschland den oberen Tierschichten an, während Schweine und Rinder untergeordnet und Fliegen und Schlangen Parias sind. Warum werden Mitglieder der obersten und der untersten Tierschichten nicht gegessen?
Die soziale Ungleichheit in modernen Gesellschaften ist vieldimensional und dynamisch. Abstiegsängste und Aufstiegshoffnungen sind weit verbreitet. Ein permanenter Aufstiegskampf zehrt am Hedonismus. Denn selbst in den lustbringenden Freizeittätigkeiten wird ständig Leistung, Selbstkontrolle und bekennendes Statusverhalten gefordert. Auch sind viele von Abwärtsmobilität und Statusverlust bedroht. Wenn Personen schon eine gefährdete Position haben: keinen sicheren Arbeitsplatz, keinen Partner mit gesicherten Arbeitsplatz, Frau, alternd (schon ab 45), chronisch krank, etc., dann steigen die Chancen, weiter abzusinken.

Die Frage *„Wie ist soziale Ungleichheit zwischen Personen und Gruppen entstanden?"* wird durch die bisherigen Ausführungen nicht zureichend beantwortet.
Nach Lenski (1966) ist die Bildung von Überschuss (an Nahrungsmitteln etc.) entscheidend. Je mehr produziert wird, das nicht gleich oder jedenfalls in kurzer Zeit verbraucht wird, umso eher kommt es zum Kampf um die Überschüsse und zu einer ungleichen Aneignung. Ungleichheit ist also auf der niedrigsten kulturellen Stufe (Jäger- und Sammlerkulturen) am geringsten, da kein Überschuss produziert wird. Schließlich verstärkt sich die soziale Ungleichheit immer mehr im Laufe der kulturellen Entwicklung und erreicht ihren Höhepunkt in agrarischen Gesellschaften, die feudalistisch organisiert sind. Durch zunehmende Industrialisierung verringert sich die soziale Ungleichheit wieder etwas, meint Lenski. Doch noch nie gab es so viele Überschüsse an Gü-

tern in so vielen Bereichen wie heute. Gleichzeitig gibt es in einigen Regionen der Welt archaische Knappheit an Überlebensmitteln. Folglich leben wir in der bisherigen Hochzeit der sozialen Ungleichheit. Die Polarisierung zwischen den Reichen (vor allem in den USA und Europa) und den Armen (in Bangladesch und Ruanda) hat in den letzten Jahrzehnten weiter zugenommen. Dies ist nicht verwunderlich, da die Reichen ja nicht nur über den Hauptteil der ökonomischen Überschüsse verfügen, sondern auch über die Ideologien, die Wissenschaft, die Technik, die Information, das Recht und alle anderen Mittel, um die Aneignung zu legitimieren und effektiver zu gestalten.
Nach der Theorie von Lenski, die dem Konfliktansatz zugeordnet werden kann, soll nun die meistgenannte *funktionalistische* Erklärung der sozialen Schichtung dargestellt werden. Um eine Gesellschaft zu erhalten, sind verschiedene Leistungen notwendig. Manche können von vielen, andere nur von wenigen erbracht werden. Manche sind schwierig und risikoreich (z.B. Menschen operieren), andere leicht und ohne besondere Ausbildung zu vollbringen (z.B. Äpfel ernten). Um nun genügend Personen für schwierige, hohe Kompetenz erfordernde Leistungen zu gewinnen, muss ihnen eine höhere Belohnung geboten werden als Personen, die leichte oder geringe Kompetenzen erfordernde Tätigkeiten durchführen (Davis/Moore 1945).
Die funktionalistische Ansicht vom Zusammenhang zwischen Leistung, bzw. Ausbildungsaufwand und Belohnung ist auch in der Bevölkerung weit verbreitet, vor allem in Deutschland und in den Vereinigten Staaten.

„Man kann nur dann von jemandem erwarten, dass er jahrelang studiert, um Rechtsanwalt oder Arzt zu werden, wenn er dann viel mehr als ein einfacher Arbeiter verdient.“ (Zustimmung in %)	
Westdeutschland	87
USA	75
Ungarn	57
Niederlande	44

Abb. 18: Einstellungen zum Zusammenhang von Ausbildungsaufwand und Belohnung, Quelle: International Social Survey Program 1987.

Wie steht es nun mit der Leistung und der Belohnung tatsächlich? Die meisten Positionen in modernen Industriegesellschaften werden offiziell nach Leistung vergeben. Allerdings ist bei Führungspositionen vor allem die Zugehörigkeit zu bestimmten Gruppen, Klassen oder Eliten, also das Beziehungskapital, und die formale Bildung entscheidend, wobei dann die (oft nur schwer messbare) sachliche Leistung ein zweitrangiges Auswahlkriterium ist. Je geringwertiger die Position ist, die besetzt werden soll, (und – was damit zusammenhängt, je leichter die Leistung messbar ist) umso eher ist tatsächlich ein offener Markt und eine transparente Leistungskonkurrenz die Regel. Vor allem ist die Belohnung in Führungspositionen häufig überhöht, d.h. man würde höchstwahrscheinlich die gleiche Leistung mit einer geringeren Bezahlung erhalten. Dagegen ist die Höhe der Belohnung in niedrigen Positionen häufig zu niedrig, gemessen an der Produktivität und dem Profit des Unternehmens.

In den USA erhalten Ärzte im Durchschnitt mehr als vier Mal so viel Geld als Krankenschwestern. Ist dies „funktional"? Oder würde es für die Stabilität der Gesellschaft und die Gesunderhaltung der Bevölkerung reichen, wenn ihr Einkommen nur doppelt so groß wäre wie das der Krankenschwestern?

Die Kritik des Funktionalismus hat zum Konfliktansatz zurückgeführt. Nach der klassischen Position von Marx stehen sich vor allem zwei Klassen unversöhnlich gegenüber: Besitzer und Nichtbesitzer von Produktionsmitteln. Dieses Modell ist jedoch zu undifferenziert und statisch, denn soziale Schichtung wird permanent erzeugt und verändert, ist also ein dynamisches Geschehen. In Verbindung mit dem Ersten und dem Zweiten Weltkrieg ist es in vielen Gebieten Europas zu starken Zerstörungen oder Umformungen sozialer Strukturen gekommen. Doch die soziale Ungleichheit wurde insgesamt meist nicht verringert; auch wenn die Mitglieder der alten Oberschicht vertrieben, unterdrückt oder ermordet wurden, bildete sich bald eine neue Oberschicht, z.B. in der Sowjetunion.

Die soziale Ungleichheit ist also tief verwurzelt, sie wird durch formelle und informelle Normen und durch Institutionalisierung (Familie, Wirtschaft, Politik etc.) aufrechterhalten. Der soziale Wandel bringt neue Formen der Privilegierung: z.B. Verfügbarkeit von technischen Geräten (arme Kinder haben kaum Computer) und neuen Kommunikationsmöglichkeiten. Verbesserungen des Lebens, z.B. neue Technologien, dienen fast immer in stärkerem Maße den oberen Schichten als den unteren (Klimaanlage, Flugzeuge, Internet, Organtransplantationen). So dient die Wissenschaft nicht nur der Wahrheitsfindung, der Wohlstandsvermehrung und der Emanzipation, sondern auch der Verfestigung der sozialen Ungleichheit (die Kinder von Obdachlosen werden nie Studen-

ten; die Lebenschancen der Slumkinder und der Oberschichtkinder in den Industriestaaten klaffen immer mehr auseinander). Dienstleistungen zur Erhaltung der sozialen Ungleichheit vollbringen nicht nur die Natur- und Technikwissenschaften, sondern auch die Sozial- und Erziehungswissenschaften, durch deren Erkenntnisse und Anwendungsmöglichkeiten die oberen Schichten auf elegantere, indirektere und humanere Weise die Ausbeutung der Armen, Unterprivilegierten, aber auch der absteigenden Teile der Mittelschichten, betreiben können (Schulen, Hochschulen, Gruppendynamik, Kommunikations- und Selbstmanagementtraining, Propaganda, Werbung, Gutachten etc.).
Als Gegenargumente zu diesen neo-marxistischen und konfliktorientierten Ausführungen werden häufig Beschreibungen von Einzelfällen eingesetzt: Erzählungen des erstaunlichen Aufstiegs vom Tellerwäscher oder Gelegenheitsarbeiter zum Milliardär und Konzernbesitzer. Diese teilweise durchaus wahren Erzählungen sind jedoch als Gegenargumente wenig brauchbar, da es bei der theoretischen Beweisführung um Strukturen und nicht um Einzelfälle geht. Die soziale Ungleichheit wäre ja auch nicht aufgehoben, wenn es in einer utopischen Gesellschaft „gelänge", jeweils die oberen 1 Prozent (und ihre Clans) und die unteren 1 Prozent der Weltgesellschaft personell in jedem 5. Jahr vollständig auszuwechseln.

Ein Beispiel für die Herstellung sozialer Ungleichheit in modernen Gesellschaften:
Eine schwangere Mutter raucht und fügt ihrem Kind einen kleinen Schaden zu. Schon ihre Mutter hat geraucht, hatte drei Kinder, hat halbtags gearbeitet, die Kinder waren öfter unbeaufsichtigt, das Mädchen wurde vom Vater und vom älteren Bruder brutal behandelt. Sie hat nur den Hauptschulabschluss erworben, obwohl sie auch für einen Realschulabschluss intelligent und motiviert genug gewesen wäre. Sie war dann Auszubildende bei einem Friseur in einem Unterschichtviertel einer Großstadt. Sie hatte mehrere Freunde. Sie kennt den Vater ihres Kindes, doch der will sie nicht heiraten. Er lebt inzwischen auch in einer anderen Stadt, hat dort eine Arbeit angenommen, ist inzwischen aber wieder arbeitslos. Er trinkt häufig zu viel. Sie will das Kind haben. Auch ihre Mutter hatte ein uneheliches Kind, bevor sie geheiratet hat. Sie arbeitet halbtags bei einem Friseur und lebt in einer Einzimmer-Wohnung, nicht weit von der Wohnung ihrer Eltern. Nach der Geburt des Kindes kümmert sich die Großmutter darum, wenn die Mutter keine Zeit hat. Die Mutter nimmt ab und zu irgendwelche Männer mit auf ihr Zimmer. Der kleine Junge beobachtet schon frühzeitig, wie fremde

Männer mit seiner Mutter brutal umgehen. In der Grundschule gilt der Junge als hyperaktiv und frech. Leistungsmäßig gehört er zum unteren Drittel der Klasse. Er sieht überdurchschnittlich häufig fern und schließt sich mit 9 Jahren als jüngster eine Bande von 11- bis 13-jährigen an. Sie begehen kleine Diebstähle und neigen zum Vandalismus. Der 13-jährige Gruppenführer ist ein aggressiver Schlägertyp.
Welche strukturellen Probleme lassen sich an diesem Beispiel erkennen? Das Schulsystem ist mittelschichtorientiert, so dass die Kinder, die am ehesten Hilfe und Förderung benötigen, sie zu wenig erhalten. Es besteht eine andauernde Arbeitslosigkeit auf hohem Niveau. Gering qualifizierte Männer und Frauen sind davon besonders betroffen. Die dadurch verursachte soziale Schwächung von Männern schlägt auch auf deren Familienverhalten durch. Sie weichen Dauerpartnerschaften eher aus, weil viele auf Grund der strukturell bedingten sozialen (und psychischen) Schwächung die soziale und ökonomische Belastung nicht tragen können. Es findet eine Segregation statt, d.h. bestimmte Stadtteile werden immer unattraktiver, werden von Personen und Organisationen der mittleren und oberen Schichten verlassen. Dort erhöht sich die Anomie (Normschwäche), wodurch vor allem Kinder, die dort aufwachsen, gefährdet werden. Machtlosigkeit und Frustrationen werden von den Jungen mit Aggressivität, Zerstörung und Bildung von Subkulturen zu kompensieren versucht. Väter und Mütter können ihren Kindern keine gute Ausbildung und keine Jobs verschaffen, also werden sie von den Kindern und Jugendlichen abgewertet. Die finanzielle Krise des Staates und die mächtigen Interessengruppen bewirken Kürzungen der kompensatorischen Sozialprogramme. Je mehr Personen sich um Ausbildungsplätze und Arbeitsstellen bewerben, umso härter wird die Auswahl. Dann kommen nicht nur offizielle Kriterien, wie Schulabschlüsse und Arbeitszeugnisse, zum Zuge, sondern soziale Beziehungen, Wohnort, Aussehen, Art des Sprechens, ethnische Zugehörigkeit, Geschlecht, Alter, Vorurteile usw. Die in dieser Hinsicht vielfältig Benachteiligten erhalten immer weniger Chancen für eine Eingliederung in der Arbeitswelt. Es entsteht eine Schere: einerseits werden „steigende Anforderungen" an die Arbeitskräfte gestellt, andererseits sinkt von Generation zu Generation die unterste soziale Gruppe immer mehr unter bestimmte Schwellenwerte der „minimalen Qualifikation". Es gibt auch einen negativen gesellschaftlichen Fortschritt: Die Benachteiligung der untersten Gruppen nimmt zu. Wenn es für alle Kinder kein Spielzeug gibt, gibt es auch für arme Kinder in diesem Bereich keine Benachteiligung. Je mehr Ressourcen in der Gesellschaft für Kinder zur

Verfügung gestellt werden und je mehr Entwicklungschancen bei entsprechendem Kapitaleinsatz gegeben sind, umso mehr polarisieren sich die produzierten Persönlichkeitsstrukturen. Heute kann man in viel mehr Bereichen versagen als früher!

Soziale Ungleichheit ist ein globales Phänomen. Man kann es auf verschiedenen Ebenen betrachten: Individuen, Familien, soziale Gruppen, Ethnien, Staaten. Die soziale Ungleichheit auf der obersten Ebene, zwischen den reichen Industriestaaten und den armen Entwicklungsländern, wird unterschiedlich erklärt:
Kolonialismus: Die derzeitige ungünstige Lage vieler Entwicklungsländer ist teilweise das Ergebnis einer langfristigen Ausbeutung durch Kolonialmächte.
Kapitalismus: Das herrschende ökonomische System ist ein Instrument in Händen einer weltweit operierenden vor allem in den Industriestaaten lokalisierten Ausbeuterklasse. Das internationale Finanzkapital vermag heute viel schneller als früher Regionen auf- oder abzuwerten, wodurch sich das Ungleichgewicht zwischen ökonomisch unterentwickelten und entwickelten Zonen vergrößert.
Ideologie, Wertsystem, Tradition: Ethnische Gruppen mit geeigneten Ideologien und Werten (z.B. Hochschätzung individueller Leistung und Konkurrenzorientierung) setzen sich gegen Gruppen mit ungeeigneten Ideologien (z.B. Hinduismus) durch.
Politische Eliten: Mächtige und gut gebildete politische Eliten schaffen eine Infrastruktur (Gesundheits-, Bildungs-, Sicherheits- und Verkehrssystem etc.), die einen allgemeinen sozialen Aufstieg begünstigt.
Natürliche Ressourcen: Natürliche Ressourcen begünstigen bestimmte Regionen und Staaten, wie z.B. Erdöl in Saudi-Arabien und Kuwait, wodurch ökonomisches Kapital im Überfluss vorhanden ist und somit eine Infrastruktur geschaffen werden kann. Doch natürliche Ressourcen können sich auch verschlechtern, wie es in den Staaten südlich der Sahara der Fall ist und damit auch zu einer weiteren Verelendung der Bevölkerung und wirtschaftlicher und politischer Instabilität beitragen.
Bevölkerungswachstum: Bevölkerungswachstum kann, muss aber nicht die Verelendung von großen Menschengruppen bewirken; die Resultate sind abhängig vom Entwicklungsstand, den Ressourcen, der Bevölkerungsdichte und anderen Faktoren.

Beispiel China:
China war vom europäischen Kolonialismus weniger betroffen als die meisten afrikanischen Länder. Durch eine überdurchschnittlich lang

dauernde Hochkulturentwicklung homogenisierte sich die Bevölkerung in dem riesigen Reich. Das traditionelle und vorherrschende Wertsystem ist familien- und leistungsorientiert. Durch eine autoritäre staatliche Zentralgewalt wurde das Bevölkerungswachstum im Vergleich zu anderen Entwicklungsländern überdurchschnittlich verringert. China war in den vergangenen Jahrzehnten mit dem Weltmarkt nur schwach verbunden. Die langfristigen wirtschaftlichen Aufstiegschancen sind im Vergleich zu afrikanischen Staaten, aber auch im Vergleich zu Indien, überdurchschnittlich gut. Im Gefolge dieses wirtschaftlichen Aufstiegs wird sich allerdings die interne soziale Ungleichheit verstärken.

Abgrenzung und Distinktion

„Alles was sein kann, und alles was ist, ist Selektion" (Luhmann 1986, 164). Selektion vollzieht sich dauernd auf allen Ebenen: Zellen, Organismen, Gruppen, Ökosysteme usw. Menschen, Gruppen und Gesellschaften versuchen, das Selektionsgeschehen zu ihrem Gunsten zu beeinflussen. Neben der „unvermeidlichen" meist schicksalhaft hingenommenen Selektion entwickelte sich in allen Hochkulturen ein wachsender Bereich der interessegesteuerten Abgrenzung und Auswahl.

Der europäische Adel hat sich in früheren Jahrhunderten durch viele Kennzeichen von den anderen Ständen und Gruppen abgegrenzt: Schlösser, Hüte, Waffen, Redewendungen. In modernen Gesellschaften ist die Abgrenzung komplexer und veränderbarer geworden als in traditionalen, doch Wohngegend, Schul- und Hochschulwahl, Ferienort, Rechtsanwalts-, Steuerberater- und Arztwahl, Kleidung, Auto, Möbel, Lektüre, Kinobesuch, Auswahl der Restaurants und vieles mehr unterscheiden die Menschen. Ab- und Ausgrenzungen finden überall und ständig statt. Doch es gibt auch eigene Institutionen, die zur Erhaltung und Rechtfertigung der Grenzziehungen dienen: z.B. Staat, Recht, Ehe, Schule. Die Lehrer teilen die Kinder in gute und schlechte Schüler, in Erfolgreiche und Versager. An der Abgrenzung arbeiten alle gesellschaftlichen Gruppen. Manche Parteien oder politischen Gruppen werden nicht als koalitionswürdig angesehen. Ständig werden stereotype, ein- und ausgrenzende Informationen über Gruppen verbreitet (Deutsche, Kurden, Skinheads, Ossis, Beamte, Lehrer, Unternehmer, Hausfrauen usw.). Menschen koppeln Kategorisierung (z.B. scheinbar neutraler Art, wie Wohnort, Brillenträger, dicker Mensch) mit Bewertung (intelligent, dumm, gut, schön, unangenehm): der betrunkene Penner, der brutale Rocker, der skrupellose Geschäftsmann, der korrupte Politiker usw.

Gruppen, die über Privilegien verfügen, z.B. deutsche Beamte, amerikanische Topmanager, englische Adelige, oder Rentner der Oberschicht in Florida, schließen ihre Reihen und errichten echte und virtuelle Mauern. Manche Gruppen nehmen nur Personen auf, die mit ihren Mitgliedern nah verwandt sind, andere haben andere Auswahlkriterien. Allen gemeinsam sind Strategien des Ausschlusses (Exklusion) und der Abgrenzung. Überall werden Randgruppen geschaffen, Drogensüchtige, Asylbewerber, Obdachlose, Straffällige, ethnische Minderheiten. Sie dienen dem sozialen Frieden, der Privilegierung von Gruppen und der Erhaltung des Wert- und Normsystems. Sie sind ein warnendes Beispiel für alle anderen, im Schutz von anerkannten Gruppen zu bleiben, sich in der Mitte zu halten. Am Rand kann man leichter abgezwackt werden. Ohne die sozial Verachteten wären die Mitglieder der unteren Unterschicht, z.B. Hilfsarbeiter, ganz unten. Und ganz oben stehen Lichtgestalten, der Papst, Mutter Theresa, Lady Diana, Michael Jackson, Bill Gates, Saddam Hussein. Wir sehen, des einen Gott, des anderen Teufel. Die Lichtgestalten dienen also nicht nur zur Integration, sondern immer auch zur Ausgrenzung. Wer die jeweilige Lichtgestalt ablehnt oder eine Teufelsgestalt bewundert, gehört nicht zu „uns“.

Dies zeigt: *Abgrenzungsspiel* und *Integrationsspiel* sind verbunden. Abgrenzung und Ausschluss funktionieren nämlich nicht ohne Kuscheln. Wenn es ernst wird und sie von außen angegriffen werden, beenden die Gruppenmitglieder ihre Streitigkeiten und fassen sich an den Händen. Zwei feindliche Kollektive können sich auch gegen einen gemeinsamen Feind wenden, so haben sich z.B. Kommunisten und Konservative gegen Faschisten verbündet.

Doch nicht nur Gruppen grenzen sich ab, sondern auch andere soziale Gebilde. Man spricht dann meist von *Differenzierung*. Kunst hat sich im Laufe der Geschichte von der Religion und von der Politik abgegrenzt, sich einen eigenen sozialen Raum geschaffen. Beethoven wollte nicht mehr wie seine musikalischen Vorgänger von Fürsten und Bischöfen abhängig sein. Künstler haben sich zu Gemeinschaften zusammengeschlossen, Kunst ist zu einem eigenen anerkannten Bereich geworden. Der Abgrenzungsbegriff Kitsch wurde geschaffen. Doch die Autonomie der Kunst oder der Künstler war nur in den seltensten Fällen Realität, meist nur Ideologie, da die mächtigen Institutionen Wirtschaft und Politik im 19. und 20. Jahrhundert die Lenkung auch in diesem Bereich übernommen haben. Künstler konnten sich also besonderen Abgrenzungsluxus leisten, wenn sie ökonomisch gut gestellt waren und im richtigen Land lebten.

Getrennte soziale Räume (Segregation)

Räume sind einerseits objektiv bestimmbar: Größe, Ausstattung, klimatische Bedingungen, Lärmbelastung usw. Doch *interaktionistisch* betrachtet sind es im Bewusstsein von Menschen konstruierte Gegenstände. Stühle sind Sitzmöbel, doch bei einer Befragung antworteten Frauen, dass die Küchenstühle sie an ihre Kinder, den Mann und verschiedene soziale Ereignisse erinnern, während Männer mit den Stühlen und dem ganzen Haus ihren beruflichen und sozialen Erfolg und Erholung von der Arbeit assoziierten. Räume werden von Menschen besetzt, verändert, interpretiert, mystifiziert und einverleibt.

Räume gehören Einzelnen oder Gruppen, sind Territorien, die verteidigt werden.

Reiche Männer nehmen mehr Raum ein als arme Frauen. Tiere im Zoo und Gefangene werden durch die Raumbeschränkung sozial degradiert. Man steht vor einem wunderschönen Schloss, das sich in Privatbesitz befindet, und fühlt sich ausgeschlossen.

In französischen Großstädten, vor allem in Paris, ist es in den vergangenen Jahrzehnten zunehmend zu einer räumlich-sozialen Teilung (Segregation) gekommen. Es gibt Stadtteile, in denen sich sozial Verachtete, Arbeitslose, Einwanderer, Problemfamilien und Drogensüchtige konzentrieren. Diese Stadtteile sind auf vielen Dimensionen „asozialer" geworden: zerstörte Aufzüge, Briefkästen, Türen, Müll auf der Straße, Kriminalität, Drogensucht usw. (Dubet/Lapeyronnie 1994). Andererseits ist in der gleichen Zeit die französische Oberschicht zunehmend wohlhabender geworden. Ob wohl ein Zusammenhang zwischen dieser sozialen Benachteiligung und Polarisierung und der zwischen 1974 und 1994 um fast 200 % gestiegenen Gewaltkriminalität der 10- bis 18-jährigen in Frankreich besteht? (Pfeiffer 1997, 27).

Die gewöhnlichen Leute betreten durch die Eingangstür die (brasilianische) Bank, die wichtigen Personen landen mit dem Hubschrauber auf dem Dach der Bank, die Armen werden die Bank nie betreten. Der Lebensstil, z.B. in die Oper oder in erstklassige Restaurants zu gehen, in Luxushotels zu logieren oder im Bahnhof Leute anzubetteln, dient der Reproduktion, Bestätigung und Erhaltung der sozialen Klassenzugehörigkeit.

Viele Reiche in den USA und in Städten der Entwicklungsländer wohnen in Ghettos, geschützt, allerdings auch eingegrenzt, doch sie können sich mit Flugzeugen und anderen Fahrzeugen, in denen sie vor den anderen sozialen Gruppen abgeschirmt sind, zwischen den Zonen hin und her bewegen. Sie schicken ihre Kinder auf Privatschulen und –hochschulen und sie arbeiten in geschützten Raumteilen. Inzwischen haben sie eigene Vernetzungsstrukturen und verfügen über Schaltzentralen, z.B. Banken. Sie haben eigene Clubs, Feriendomizile und Inseln. Selten nähern sie sich den Mitgliedern anderer sozialer Gruppen und damit auch klassenfremden physischen und virtuellen Räumen; ausgewählte Mitglieder niedriger sozialer Schichten werden nur als Untergebene oder Dienstpersonal in die Nähe gelassen. Die modernen Kommunikationstechnologien beschleunigen die Segregationsprozesse der Oberschicht (elektronische Kommunikation von Luxusghetto zu Luxusghetto). Aus den entscheidenden Kommunikationen können alle Unerwünschten elegant herausgehalten werden. Somit stehen die neuen Kommunikationstechnologien im Dienste der Erhaltung und Verstärkung der Segregation und sozialen Ungleichheit.[37]

Der sich beschleunigende soziale, ökonomische und technologische Wandel ermöglicht es den herrschenden Gruppen weltweit immer mehr, ihre sozialen Räume sturmfest und gleichzeitig flexibel zu gestalten und ihre Privilegien und Netzwerke auszubauen.[38]

Doch auch unterprivilegierte Gruppen kreieren eigene soziale Räume, z.B. No-Go-Areas in amerikanischen Großstädten und entsprechende Ansätze in ostdeutschen Städten. Gesellschaftlich benachteiligte Gruppen versuchen auf diese Weise Macht zu gewinnen. Sie können es meist nur mit illegitimen oder illegalen Mitteln erreichen, von ihnen zumindest teilweise kontrollierte Räume zu schaffen, was die Privilegierten und Reichen mit legalen Mitteln schaffen. Und die sozialen Räume der Unterprivilegierten sind immer gefährdet. Slums werden abgerissen. Jugendliche werden kriminalisiert. Außerdem werden diese No-Go-Areas immer weniger wert, während die von den Reichen okkupierten Gebiete immer wertvoller werden.

Der Trend zur Einmauerung und Einzäunung nimmt in den USA und auch in Europa zu (Newman 1997, 348 f). In Deutschland sind die Wohlhabenden verschämter als in den USA: Die Mauern müssen für Außenstehende nicht immer sichtbar sein, doch sie sollen diskret und wirksam sein.

---

[37] Selbstverständlich wird teilweise durch die Kommunikationstechnologien Ungleichheit zwischen Personen oder Gruppen verringert.

[38] Wenn freilich die ökonomischen Anreize, in diese Räume einzudringen, sehr hoch sind, dann helfen auch die Barrieren oft nicht. Journalisten, denen hohe Belohnungen für Intimphotos versprochen wurden, werden mit Geschick in die verbotenen Zonen eindringen.

5.3 Formen der sozialen Ungleichheit zwischen Gruppen

In den verschiedenen Kulturen und Epochen gab oder gibt es unterschiedliche Formen der sozialen Ungleichheit.

- *Sklaverei* erwies sich langfristig als ineffizient, d.h. komplexe Gesellschaften können mit dieser Form nicht arbeiten. Nach wie vor existiert vor allem in Entwicklungsländern Sklaverei. In afrikanischen Ländern werden Kinder verkauft und dann zu Sklavendiensten gezwungen.
- *Kasten* sind in Indien religiös fundiert. Für die Akzeptanz der eigenen Kastenzugehörigkeit wird man im nächsten Leben belohnt. Bei starren Schichtsystemen werden immer physische Abgrenzungen eingebaut. Die niedrigste Kaste, die „Unberührbaren", müssen sich verbergen, wenn Mitglieder anderer Kasten sich nähern.
- *Stände*: Die feudale europäische Gesellschaft war ständisch gegliedert (Adel, Geistlichkeit, Bürger, Bauern, Ausgestoßene und sozial Verachtete). Die Ständegesellschaft löste sich im Zuge der Entwicklung des internationalen Handels und des Kapitalismus auf.
- *Schichten* oder *Klassen* sind Expertenkonstrukte (Erfindungen von Wissenschaftlern), stammen also nicht aus dem Alltagsbewusstsein wie Sklaverei, Kasten oder Stände, sie sind nicht durch Gesetz oder Religion festgelegt. Dadurch ergibt sich auch eine relativ willkürliche Einteilung, z.B. in Ober-, Mittel- und Unterschicht. Unternehmer, hohe politische, wirtschaftliche und religiöse Funktionäre gehören der Oberschicht an, Lehrer der Mittelschicht und angelernte Arbeiter der Unterschicht.

  Man kann auch ein universales Schichtungssystem konstruieren. Die unterste Schicht besteht aus vielen Hunderten Millionen Menschen, die unterernährt und willkürlicher Ausbeutung ausgeliefert sind und über kein ökonomisches und nur rudimentäres kulturelles Kapital verfügen. Die oberste Schicht besteht aus einigen Zehn- oder Hunderttausenden oder wenigen Millionen (wenn man nicht nur die Führungsgestalten, sondern die Sippen hinzurechnet), die die wesentlichen Ströme des ökonomischen Kapitals lenken und einen großen Einfluss auf die politische Herrschaft haben.

  In Großbritannien trifft man die herrschende Klasse oder das Establishment vor allem in den oberen Etagen folgender Organisationen und Institutionen: Konservative Partei, public schools, Eliteuniversitäten, Militär, Rechtssystem und Church of England.

5.4 Wandel der Sozialstruktur

Im Europa der vergangenen Jahrhunderte gab es folgende Klassen oder soziale Milieus (vgl. Kaelble 1998), die durch die Modernisierung grundlegend verändert wurden:

Bauern: Das bäuerliche Milieu traditioneller Prägung ist in Mittel- und Westeuropa nur mehr in Nischen anzutreffen, obwohl es jahrhundertelang die überwiegende Mehrzahl der Bevölkerung umfasste.

Aristokratie: Die europäische Aristokratie hat die politische Macht, die sie noch im 19. Jahrhundert teilweise besaß, weitgehend eingebüßt. Es gibt zwar noch immer sehr reiche Adelsfamilien in Europa, die wirtschaftlichen und manchmal auch politischen Einfluss haben, doch sie sind dann Mitglieder einer Wirtschaftselite, mögen sie sich auch selbst als besonders hoch stehend empfinden. Einige wenige Adelige nehmen allerdings in der durch die Medien produzierten Fantasiewelt neben Pop- und Filmstars einen herausgehobenen Platz ein.

Bürgertum: Das Bürgertum des 18. und 19. Jahrhunderts bildete sich in Abgrenzung gegenüber dem Adel, den Kirchenfunktionären und den Bauern.

Arbeiter: Das Arbeitermilieu hatte seine Hochblüte in der zweiten Hälfte des 19. und der ersten Hälfte des 20. Jahrhunderts. Nachdem in den letzten Jahrzehnten der Wohlstand zunahm, der Industriesektor im Vergleich zum Dienstleistungssektor schrumpfte, sich Wohlfahrtsstaaten entwickelten und eine Bildungsexpansion stattfand, löste sich das klassische Arbeitermilieu teilweise auf.

Kleinbürgertum: Das Kleinbürgertum hatte in der zweiten Hälfte des 19. Jahrhunderts seine wirtschaftliche Basis vor allem in kleinen selbstständigen Unternehmen (Handwerker, Einzelhändler usw.).

Die Auflösung und Veränderung dieser Klassen und Milieus hat viele Ursachen:

- Dramatische Schrumpfung der Anzahl der in der Landwirtschaft Beschäftigten
- Umstrukturierung der Oberschicht: Machtverlust des europäischen Adels und der Großgrundbesitzer
- Verringerung der Industriearbeiterschaft, vor allem in traditionellen Industriezweigen, wie der Stahl-, Textilindustrie und im Bergbau
- Verbürgerlichung eines Teils der Arbeiter durch steigenden Wohlstand
- Vergrößerung des Dienstleistungssektors, Wachstum der akademischen Berufe und Professionen
- Machtgewinn des Finanzkapitals und der Klasse der Topmanager

- Dequalifizierung von unteren Angestellten
- Feminisierung von Berufen (z.B. Grundschullehrerinnen, auch teilweise Arztberuf)
- Privatisierung und Individualisierung (geringere Bereitschaft zu kollektiven Aktionen, individuelle und familiäre Nutzenorientierung).

In Europa besteht ein Nord-Süd-Gefälle, was den Wandel der Sozialstruktur betrifft: Die skandinavischen Länder sind überdurchschnittlich stark modernisiert, während Portugal, Südspanien, große Teile Griechenlands und Süditalien noch traditionelle Strukturen aufweisen.

Charakteristisch für moderne Gesellschaften ist die vielfältige *Mobilität* (vertikal, d.h. Auf- oder Abstieg; horizontal: Wechsel von Arbeitsstellen usw.; räumlich). In den Jahrzehnten nach dem Ende des Zweiten Weltkrieges gab es mehr Aufwärts- als Abwärtsmobilität, da ein kontinuierliches Wirtschaftswachstum und eine Bildungsexpansion stattfand, und sich der Dienstleistungsbereich, vor allem auch in den oberen Etagen (Ärzte, Hochschullehrer usw.) ausweitete. Man kann von einem „Fahrstuhleffekt" sprechen, d.h. alle Schichten oder Gruppen wurden hochgehoben. Dies führte zum Gefühl der Statuserhöhung auch in unteren Schichten bei gleichzeitiger Erhaltung oder auch Vergrößerung der objektiven ökonomischen Unterschiede der obersten und untersten sozialen Schichten. In den letzten beiden Jahrzehnten blieb jedoch der Fahrstuhl zumindest für einen großen Teil der Unterschicht in den Industriestaaten stecken. Dadurch wurde vielen erst klar, dass nach wie vor der „Matthäus-Effekt" dominant ist: Wer hat, dem wird gegeben. Der Fahrstuhleffekt dagegen tritt nur zeitweise, regional und gruppenspezifisch in Aktion. Diese Veränderung der gesellschaftlichen Großwetterlage spiegelt sich teilweise auch in Meinungen und Einstellungen: In Deutschland haben Meinungsumfragen ergeben, dass von 1976 bis 1994 die kritische Haltung gegenüber der sozialen und wirtschaftlichen Gerechtigkeit zugenommen hat.

Einstellungen zur sozialen Ungleichheit in Westdeutschland		
Ablehnung der Aussagen durch die Befragten in %	1976	1994
Die wirtschaftlichen Gewinne werden heute in Deutschland im Großen und Ganzen gerecht verteilt.	58	71
Ich finde die sozialen Unterschiede in unserem Land im Großen und Ganzen gerecht.	37	55

Abb. 19: Einstellungen zur sozialen Ungleichheit, Quelle: Braun 1998, 120

Ob und wieweit die Sozialstruktur stabil und verfestigt ist, ist umstritten. Vallet (1999) analysierte offizielle für Frankreich repräsentative statistische Daten und stellte fest, dass die Verbindung (Korrelation) zwischen sozialer Herkunft (Hauptindikator: Beruf des Vaters) und der eigenen sozialen Stellung kontinuierlich um ca. 0,5 % jährlich abgenommen hat. Andererseits hat ein Vergleich der Industriestaaten erbracht, dass die Schrumpfung des Industriesektors und das Wachstum des Dienstleistungssektors tendenziell mit einer Verstärkung der sozialen Ungleichheit verbunden sind – kein Grund zu einer ungetrübten Freude über die Modernisierung (Gustafsson/Johansson 1999). Allgemeine Aussagen werden erschwert, da – wie gesagt – soziale Ungleichheit vieldimensional ist. Eine Möglichkeit des Gewinns oder Verlusts von Status stellt die Heirat dar. Nach einer neuen auf Deutschland bezogenen Untersuchung sind die klassenspezifischen Heiratsmuster erhalten geblieben. Vor allem hat sich in der Gruppe der un- und angelernten Arbeiter die Tendenz zur Homogamie (gruppeninterne Partnerwahl) zwischen 1970 und 1993 sogar erhöht (Wirth/Lüttinger 1998).

Die Aufstiegschancen eines Kindes aus der Unterschicht sind von vielen Faktoren abhängig, z.B. vom Wirtschaftswachstum und von der Güte des Bildungssystems. Dies ist plausibel, doch einige andere nicht allen bekannte Aspekte sollen kurz vorgestellt werden.

Kohorte: Wenn es sich um Geburtsjahrgänge handelt, die überdurchschnittlich groß sind, dann ist auch die Konkurrenz hart und Unterschichtkinder werden die Kämpfe gegen die Mittelschichtkinder meist verlieren.

Geburtenrate der mittleren und oberen Schichten: Wenn die Geburtenraten dieser Schichten gering sind, dann haben Unterschichtkinder bessere Chancen. Im ersten Drittel des 20. Jahrhunderts waren die Geburtenraten der oberen Mittelschicht geringer geworden, so dass die heranwachsenden jungen Männer dieser Schicht nicht für die Besetzung der guten Positionen ausreichten. Erfolgreiche Unterschichtmänner hatten also gute Chancen.

Erwerbsquoten von Frauen: Es könnte sein, dass durch den zunehmenden Anteil von Frauen in gehobenen Positionen der Anteil der Unterschicht in dieser Positionsgruppe sinken wird.

Anzahl gehobener Positionen: Diese begehrten Positionen sind knapp und sie bleiben nicht konstant. Ihre Anzahl ist von vielen Faktoren abhängig: Wirtschaftswachstum, Organisationskonzeptionen, Umstrukturierung (Wachstum des Dienstleistungsbereichs) usw.

Bevölkerungswachstum: Wenn die Bevölkerung wächst, dann vermehren sich in den Regel auch die gehobenen Positionen. Erfolgreiche Kinder aus der einheimischen Unterschicht haben vermehrte Aufstiegschancen, wenn die Bevölkerung durch Einwanderung wächst und die Einwanderer auf Grund von sprachlichen und kulturellen Problemen geringe Aufstiegschancen haben.

In der Leitnation, den Vereinigten Staaten, stieg nach dem Zweiten Weltkrieg ungefähr 20 Jahre bis 1968 der Lebensstandard kontinuierlich, gemessen am (standardisierten) Durchschnittseinkommen (Gesamtanstieg 65 %). Dadurch bildete sich eine generelle Aufstiegserwartung. Die vorherrschende amerikanische Ideologie wurde also gestärkt. Von 1968 bis 1998, also 30 Jahre lang, stagnierte nun das Durchschnittseinkommen. Der gleiche Trend lässt sich auch an der Armutsrate in den USA nachweisen, die in dem Jahrzehnt von 1960 bis 1970 stark zurückging, seitdem stagnierte und in den 90er Jahren wieder etwas angestiegen ist. Für die meisten Mitglieder der Unterschichten hat sich die soziale und ökonomische Lage im Vergleich zu der Oberschicht in den letzten 20 bis 30 Jahren verschlechtert.

5.5 Darstellung der sozialen Schichtung

In den wichtigsten Medien der Gesellschaft wird die soziale Schichtung verzerrt bzw. überhaupt nicht dargestellt: im Fernsehen, Film und im Rundfunk. Vor allem die Wohlhabenden und die Mitglieder der oberen Schichten werden sowohl im dokumentarischen als auch im Fiction-Bereich vorgeführt. „Die im Dunkeln sieht man nicht“, wie Brecht uns mitteilte. Auch in der Schule werden von Lehrern und Schulbüchern direkte und informative Aussagen über soziale Schichtung und vor allem über die unterprivilegierten Gruppen vermieden. Welche Funktion hat diese Ignoranz? Vielleicht soll die Illusion der sozialen Chancengleichheit erhalten werden.

Eine bekannte grafische Darstellung des Schichtungssystems in Deutschland erfolgt in Form einer Zwiebel (oben und unten sind die Gruppen relativ klein). Früher war es eine Pyramide – dies ist heute noch in den armen Entwicklungsländern der Fall. Vielleicht wandelt sich das System in den westlichen Ländern zur Flaschenform.

Während in früheren Zeiten eine winzige Oberschicht über eine große Unterschicht herrschte, wird heute die Mittelschicht als die größte Gruppe definiert.

Wie kann soziale Ungleichheit gemessen und damit auch vergleichbar gemacht werden? Eine grobe Möglichkeit, die soziale Ungleichheit in einem Staat zu messen, bietet ein Einkommens- oder Vermögensvergleich zwischen Gruppen.

Anteil der reichsten 10 % am nationalen Einkommen in %	
viele afrikanische und lateinamerikanische Staaten	40 – 60
Türkei	42
USA	28
Deutschland	23

Abb. 20: Staatenbezogener Einkommensvergleich, Quelle: Nations of the Globe, 1996

Wie kann man soziale Schichtzugehörigkeit einzelner Personen messen? Ursprünglich war die universale Maßeinheit soziale Anerkennung (z.B. als Held oder erfolgreicher Jäger), die zwischen Vergöttlichung und sozialer Nichtexistenz schwanken konnte. Inzwischen ist die Verfügung über Geld und Macht die universale Maßeinheit für sozialen Erfolg und soziale Positionierung geworden. Die soziale Schicht wird heute meist auf Grund von folgenden Merkmalen bestimmt: Beruf, Einkommen, Schulbildung (gemessen an Schulabschlüssen).

Begriff	*Dimensionen*	*Indikatoren*
Soziale Schicht	Ökonomie	Einkommen
		Vermögen
		Beruf
	Soziale Dimension	Bildungsstatus
		Soziale Anerkennung
		Gruppenzugehörigkeit

Abb. 21: Indikatoren der sozialen Schicht

Das international am häufigsten verwendete Klassen- oder Schichtmodell stammt von Goldthorpe und Erikson (vgl. Hradil 1999, 363):

1. Dienstklasse (freie Berufe, leitende Beamte und Angestellte, Professionelle)
2. Nicht-manuelle Routinetätigkeiten (ausführende Personen)
3. Kleinbürger (Kleinhändler, Handwerker)
4. Landwirte
5. Facharbeiter
6. An- und ungelernte Arbeiter
7. Landarbeiter (Erikson/Goldthorpe 1992, 38 f).

Diskutiert wird, ob es in westlichen Industriestaaten eine abgrenzbare „Unterklasse“ gibt, die unter der unteren Unterschicht (an- und ungelernte Arbeiter) anzusiedeln ist (Buckingham 1999), Personen, die durch abweichendes Verhalten seit der Kindheit, Langzeitarbeitslosigkeit, Armut und Ablehnung der herrschenden Wertvorstellungen gekennzeichnet sind.
Kritisch anzumerken ist, dass die Zuordnung von Personen zu sozialen Schichten durch Mobilität und häufige Veränderung der Lebensumstände erschwert wird. Außerdem ist oft Statusinkonsistenz festzustellen, d.h. jemand hat auf einer Dimension einen hohen Rang und auf einer anderen einen niedrigen Rang:

- Unternehmer mit Hauptschulabschluss (er heiratet eine Frau mit Hochschulabschluss) oder
- promovierter Geisteswissenschaftler, Taxifahrer.

5.6 Schicht- oder Klassenbewusstsein

In der feudalen Standesgesellschaft war jede Person Mitglied eines Standes und wusste dies. Es gab also ein verbindliches allgemeines Schichtbewusstsein. In modernen Gesellschaften wissen zwar fast alle, dass es eine Hierarchie gibt, doch über die Grenzen zwischen den Schichten oder Klassen und damit die Zugehörigkeit besteht keine Einigkeit. Auch werden die wichtigen sozialen Gruppen unterschiedlich genannt: die Reichen, die Mächtigen, die Armen, der Mittelstand, das Bürgertum usw. Man kann nun Menschen fragen, wie sie sich selbst in ein Kategoriensystem einordnen, und zwar durch

- Fragen nach wichtigen gesellschaftlichen Gruppen (die Reichen, die oben sind und die unten sind etc.) oder
- Fragen, welcher Schicht sich Personen zuordnen: Die meisten Personen in reichen Industriestaaten ordnen sich der Mittelschicht zu.

In Westdeutschland stuften sich die meisten in der Mittelschicht ein, in Ostdeutschland in der Unter- oder Arbeiterschicht. In Ostdeutschland gaben 1996 nur 1 % an, dass sie sich der oberen Mittel- und der Oberschicht zurechnen (in Westdeutschland 11 %). Die Ostdeutschen waren in den 90er Jahren in ihrer Selbsteinschätzung den Ausländern (in Westdeutschland) ähnlicher als den Westdeutschen.

„Beide Gruppen, die in Westdeutschland lebenden Ausländer wie auch die ostdeutsche Bevölkerung nehmen die gesellschaftliche Statushierarchie demzufolge nach wie vor mehrheitlich aus der Perspektive des ‚wir hier unten und Ihr da oben' wahr, während sich die Westdeutschen weiterhin in ihrer Majorität im mittleren und oberen Bereich plazieren" (Noll 1999, 151).

- Fragen nach Bildern oder Protoszenen der Klassenstruktur: Manche meinen, dass Positionen hauptsächlich nach Leistung vergeben werden. Andere sind Anhänger eines Klassenkampfmodells. In traditionellen bäuerlichen Gebieten findet man die „Jeder-an-seinem-Platz-Ideologie". Auch sozialdarwinistische Vorstellungen sind häufig anzutreffen: survival of the fittest. Mitglieder der Oberschicht vermeiden in der Regel die Ausdrücke Schicht und Klasse, sprechen diffus von „wir" oder von „Menschen, die Verantwortung tragen". Das Klassenbewusstsein der meisten Oberschichtmitglieder ist überdurchschnittlich stark, was an den vielfältigen Abschließungshandlungen gegenüber den anderen Schichten abzulesen ist.

Die soziale Identität ist in modernen Gesellschaften vielfältig und traditionelles Klassenbewusstsein spielt in der Öffentlichkeit keine bedeutsame Rolle mehr. Auch Arbeitslosigkeit, eine wichtige Kategorisierung, führt nicht zu einem einheitlichen Bewusstsein von Arbeitsbesitzern und Arbeitslosen. Beruf, Ausbildung, Konsumgewohnheiten, aber eben auch traditionelle zugeschriebene Merkmale, wie Geschlecht, Alter, ethnische Zugehörigkeit etc. formen die soziale Identität, in den meisten Fällen eine Patchwork-Identität. Gelegentlich wird eine kollektive soziale Identität aktiviert, vor allem im Kriegsfall (z.B. in Großbritannien durch den Falkland-Krieg).

5.7 Milieus, Lebensstile

Bourdieu (1982, 1998), der vor allem von Untersuchungen im Frankreich der 60er Jahre ausging, unterscheidet primär vier soziale Gruppen, die voneinander abgegrenzte Lebensstile haben:

- Bildungsbürgertum
- Besitzbürgertum
- Kleinbürgertum
- Arbeiter und Bauern.

Solche Typologien, die auf die Verwurzelung der europäischen Gesellschaften im 19. Jahrhundert hinweisen, werden durch Sozialwissenschaftler zunehmend in Frage gestellt (vgl. auch Lüdtke 1989). Empiri-

sche Befunde zeigen eine Pluralisierung von Milieus und Lebensstilen, z.B. wird zwischen einem traditionellen und einem traditionslosen Arbeitermilieu und in der Mittelklasse zwischen einem kleinbürgerlichen, einem hedonistischen und einem aufstiegsorientierten Milieu unterschieden (Vester u.a. 1993; Sinus-Institut 1998; Hradil 1999, 419 ff).
Beispiel *Traditionsloses Arbeitermilieu*: In diesem Milieu werden hauptsächlich un- und angelernte Arbeiter und Arbeitslose mit geringer Bildung zusammengefasst. Sie träumen von Geld, Luxus und Anerkennung, tätigen Spontankäufe, verdrängen die Zukunft und leben häufig über ihre Verhältnisse.

Nach Schulze (1992) sind die individuellen Lebensstile inzwischen weniger von Einkommen und Beruf abhängig als früher. Dagegen ist der Lebensstil vom Bildungsstand und vom Alter stärker bestimmt. Schulze unterscheidet fünf Erlebnismilieus:

- *Niveaumilieu* (traditionelles Bildungsbürgertum),
- *Integrationsmilieu* (Konformisten),
- *Harmoniemilieu* (familienorientierte Arbeitergruppen, Trivialkultur der Massenmedien),
- *Selbstverwirklichungsmilieu* (junge Menschen mit überdurchschnittlicher Bildung, Hochkultur, Körperkultivierung, Weiterbildung),
- *Unterhaltungsmilieu* (junge Menschen mit geringer Bildung, aktionsorientierter Freizeitstil).

Gemeinsam ist allen, dass der Erlebniswert der angestrebten Produkte oder Ereignisse bedeutsam ist. Wie auch Beck nimmt Schulze an, dass die traditionellen sozialen Klassen oder Gruppen an Bindekraft verloren haben. Dass Alter, Bildung und Alltagsästhetik eine größere Bedeutung als in früheren Zeiten haben, ist auf Grund des sozialen Wandels, der erweiterten Handlungsmöglichkeiten der jungen Menschen und der Institutionalisierung einer Konsum- und Mediengesellschaft sehr plausibel.
Diese Typologie bezieht sich auf die Mehrheit der Personen, die in einer modernen reichen Gesellschaft leben. Die im Schatten stehen, Randgruppen wie Obdachlose, Asylbewerber oder Heiminsassen, werden nicht erfasst. Außerdem werden regionale, religiöse und andere Gruppierungen durch solche allgemeinen Lebensstilkonzeptionen vernachlässigt. Trotzdem haben solche Typologien heuristischen Wert, d.h. sie ermöglichen grobe Trendaussagen.

Durch die weit verbreiteten neuen Orientierungsmuster, die man mit Schlagworten wie Erlebnisgesellschaft, Selbstverwirklichung, Hedonismus, Konsumorientierung oder fun morality kennzeichnen kann, entstehen neue Formen der Ungleichheit. Der generelle Zwang zur Konformität ist gemildert, bzw. er tritt gruppen- oder milieuspezifisch auf. Was normal oder akzeptabel ist, wird von unterschiedlichen Milieus, Gruppen und in sozialen Situationen heute viel differenzierter bestimmt als vor 40 oder 50 Jahren. Der allgemeine Norm- und Wertehimmel ist nicht verschwunden, doch er beschränkt sich immer mehr auf einen Kernbereich, z.B. die Ablehnung von Gewaltkriminalität. Gegen diese These spricht der bedeutsame und teilweise auch vereinheitlichende Einfluss der Massenmedien (agenda setting), die freilich auch zur Differenzierung beitragen. Man kann also sagen, dass sich immer wieder und oft überraschend schnell allgemeine Einstellungs- und Verhaltensmuster entwickeln, die jedoch weniger „fest sitzen“, also in kürzerer Zeit wieder modifiziert werden. Außerdem werden sie den jeweiligen privaten, familiären und gruppenspezifischen Normierungen angepasst.

5.8 Armut

Die absolute massiv existenzgefährdende Armut ist vor allem in Entwicklungsländern zu finden. Trotz einer weltweit gigantischen Reichtumsvermehrung ist es im 20. Jahrhundert nicht gelungen, für viele hunderte Millionen Menschen eine ständige Existenzgefährdung zu vermeiden. Die relative Armut hat sogar zugenommen. Die ärmsten 20 % der Weltbevölkerung sind im Vergleich zu den obersten 20 % in den letzten Jahrzehnten immer ärmer geworden. Das ökonomische Wachstum ist also vor allem den Wohlhabenden zugute gekommen.
Die Armut wird kulturell unterschiedlich eingeordnet. In westlichen Industriestaaten empfinden Arme ihre Situation in stärkerem Maße als selbstwertgefährdend und beschämend als in Indien. In Indien wird die Armut durch Religion, Tradition und das Kastenwesen institutionell gestützt und verfestigt.

Ein Definitionsvorschlag:
Armut: Mangel an Mitteln, um ein normales Leben zu führen, bzw. um am gesellschaftlichen Leben teilzunehmen. Die Bestimmung „normal“ hängt von kulturellen und gesellschaftlichen Normen ab.

Wer unter ein bestimmtes (letztlich willkürlich gesetztes) Niveau der gesellschaftlichen Teilhabe, gemessen am Durchschnitt seiner sozialen

Gruppe, fällt, ist dann als arm zu bezeichnen (vgl. Giddens 1999, 294 ff).

Die Bestimmung von Armut hängt vom Lebensstandard und von den (gesellschaftlich und individuell bestimmten) Bedürfnissen ab. Armut bedeutet in westlichen Industriegesellschaften sozialen Ausschluss, d.h. Arme erhalten sehr wenig von den Überschüssen, von den wirtschaftlichen, sozialen und kulturellen Gewinnen.

Innerhalb moderner Gesellschaften findet ein Kampf um die Bestimmung des Existenzminimums statt. Nach dem Ausgang dieses Kampfes werden die Sozialhilfesätze festgelegt. Sozialhilfe hat nach § 1 des BSHG die Aufgabe, ein Leben zu ermöglichen, „das der Würde des Menschen entspricht".

Relative Armut: Wenn das Haushaltseinkommen weniger als 50 % des nationalen Durchschnittseinkommens beträgt, wird jemand als arm bezeichnet.

In den westlichen Industriestaaten hat der Anteil der relativ Armen seit Mitte der 70er Jahre zugenommen, derzeit sind 10 bis 20 % der Bevölkerung als relativ Arme zu bezeichnen (Arbeitslose, Alte, Kranke, Behinderte, Kinder).

Nach einer Untersuchung sind Ende der 80er Jahre in Dänemark 4 %, in Deutschland 11 % und in Portugal 25 % der Bevölkerung arm gewesen (Einkommen weniger als 50 % des nationalen Durchschnittseinkommens, nach Hagenaars u.a. 1994, 59).

In den USA hat die Armut zwischen 1960 (über 20 %) und 1970 (unter 10 %) stark abgenommen und ist in den achtziger und 90er Jahren wieder gestiegen (auf ca. 14 %). Vollzeitbeschäftigung in Niedriglohngruppen schützt in den Vereinigten Staaten nicht vor Armut und sozialem Abstieg. In Großbritannien waren nach offiziellen Regierungsangaben 1979 ein Zehntel der Bevölkerung (5 Millionen) arm, 1992 dagegen ein Viertel (14 Millionen)! In diesem Land wurden in den 80er Jahren der Arbeitsmarkt dereguliert, die Mindestlöhne herabgesetzt und wohlfahrtsstaatliche Leistungen verringert (Hyde/Ackers 1997). Ein Drittel der britischen Rentner und Rentnerinnen sind arm.

Deutschland ist ein reiches Land. Die Säuglingssterblichkeit ist sehr niedrig und die Lebenserwartung hoch. Das Durchschnittseinkommen übertrifft das der meisten anderen Industriestaaten. Doch Armut ist auch hier anzutreffen. Wie in den USA ist in Deutschland (alte Bundesländer) die Armutsquote in den sechziger und 70er Jahren gesunken und in den achtziger und 90er Jahren wieder gestiegen (Hauser 1998).

Die Zahl der Sozialhilfeempfänger hat sich in den letzten Jahrzehnten stark erhöht (1963 2,6 %; 1993 6,5 %), wobei der Anteil der Kinder überproportional zugenommen hat. Schätzungen gehen von einer Zahl von 6,5 bis 7,5 Millionen sozialhilfebedürftiger Menschen in Deutschland aus (Zimmermann 1998, 39).

Familiäre Bedingungen erweisen sich als wichtige Ursachen von Armut. Allein erziehende Frauen haben besonders häufig wirtschaftliche Probleme. Dadurch werden auch überproportional viele Kinder von Armut betroffen (Hradil 1997, 500). In Großbritannien waren 1979 10 % der Armen Kinder, 1992 33 %. Am Beispiel USA kann man nachweisen, dass Armut vor drei Jahrzehnten noch hauptsächlich alte Menschen und in den 90er Jahren hauptsächlich Kinder betroffen hat.

Armut in den USA in %	*1970*	*1994*
Kinder unter 16 Jahren	16	25
Alte Menschen über 65	22	12

Abb. 22: Armut in den USA, Quelle: Preston 1984; US Bureau of the Census 1995

Da die Armen weniger sichtbar sind als die Wohlhabenden, wird die Armut unterschätzt. Vor allem wird die Langzeitproblematik von vielen nicht gesehen. Untersuchungen haben einen eindeutigen Zusammenhang zwischen Armut und Kriminalität bei Kindern und Jugendlichen in Deutschland und anderen europäischen Staaten gefunden. Es entsteht ein Zyklus der Benachteiligung und eine „Kultur der Armut", in die immer mehr Kinder hineinsozialisiert werden – Probleme, die in der Öffentlichkeit viel zu wenig diskutiert werden.

Ursachen der Armut sind: Sozialisations- und Ausbildungsmängel, Arbeitslosigkeit, Niedriglöhne, Scheidung, Krankheit, ungünstige genetische Ausstattung usw., also primär Bedingungen, auf die die Betroffenen nur wenig Einfluss haben. Doch viele Menschen sehen Armut in einem anderen Licht. Die Mehrheit der Briten sind der Meinung, dass die Armen an ihrem Schicksal selbst schuld seien (Giddens 1999, 297). Auch in Deutschland findet man viele Menschen, die meinen, dass „Sozialschmarotzer" unter den Armen und Sozialhilfeempfängern weit verbreitet wären. Doch im Vergleich zu den Einkommensteuerhinterziehungen der Wohlhabenden sind die Betrügereien von Sozialhilfeempfängern unwesentliche Beträge. Die meisten Menschen geraten nicht aus Faulheit oder über eigene Entscheidungen in Wohlfahrtsabhängigkeit, sondern primär auf Grund von drei Ursachen: Arbeitsplatzverlust, Verlust eines Partners oder einer zentralen Bezugsperson oder Erkrankung. Trotz dieser Tatsachen ist das Vorurteil, dass Armut ein Ergebnis von Faulheit sei, weit verbreitet, jedoch sind große Unterschiede im Vergleich von Staaten festzustellen (vgl. Abb. 23).

Ursache der Armut (1990, in %)	*Faulheit*	*soziale Ungerechtigkeit*
Tschechoslowakei	43	27
USA	39	33
Österreich	37	25
Japan	33	29
Ostdeutschland	29	47
Westdeutschland	23	31
Schweden	16	35
Frankreich	15	42

Abb. 23: Meinungen über Ursachen der Armut, Quelle: Inglehart/Basanez/-Moreno 1998

Wie sind diese Unterschiede zu erklären? In den kommunistischen Ländern, in Schweden und in Frankreich haben jahrzehntelang sozialistische und kommunistische Gruppen größeren Einfluss in vielen gesellschaftlichen Bereichen gehabt als in den Vereinigten Staaten oder in Japan. Vor allem die Vereinigten Staaten sind das Land der Ideologien des individuellen Aufstiegs und der Freiheit des einzelnen. Doch wie ist die Betonung der Faulheit gegenüber sozialer Ungerechtigkeit in Österreich und der Tschechoslowakei erklärbar? Um eine solche Frage zu beantworten, müssten unter anderem folgende sozialen Bedingungen erforscht werden:
In welchem Ausmaß und in welcher Form nehmen die befragten Personen in der eigenen Umgebung Armut und Arme wahr? Auf Grund der interaktionistischen Perspektive müssten außerdem die in den verschiedenen Ländern und Gruppen vorhandenen Bedeutungen der Begriffe (semantischen Felder) arm, faul und ungerecht untersucht werden.

6 Individualisierung und Privatisierung

Man kann Individualisierung als Aufbrechen sozialer Schichtung interpretieren oder auch als raffinierten Mechanismus zur Erhaltung sozialer Ungleichheit in modernen Gesellschaften.

Der moderne Idealtyp: Ein Single (kann ruhig auch verheiratet sein, wenn ihn seine Familie nicht belästigt), mobil, überall einsetzbar, begreift blitzschnell, handelt rational, kann seine Emotionen perfekt kontrollieren, ist immer freundlich, aber cool, pflegt seinen Body und sein Image, weiß immer über das Neueste Bescheid, ist technisch brilliant, medienkompetent, multikulturell eingestellt, setzt seine Bildung ökonomisch ein, kann perfekt Englisch, ist offen und verschlagen nach Bedarf, bleibt jugendlich, skrupellos konkurrenzorientiert und kooperationsfähig, kreativ, Speichellecker, selbstständig usw. Zwar gibt es viel mehr von dieser Sorte als jemals in der Geschichte der Menschheit, trotzdem handelt es sich um eine kleine Minderheit.

Wie wird ein moderner Individualist hergestellt? Er oder sie liegt nicht zwischen den Eltern im Ehebett, sondern erhält ein eigenes Bettchen. Frühzeitig lernt das Baby seine Macht über die Mutter kennen. Es ist Einzelkind oder es sind zwei Kinder und jedes wird wie ein Einzelkind behandelt. Die Wünsche des Kindes werden gefördert und berücksichtigt. Es erhält frühzeitig Eigentum, viele Spielsachen, die nur ihm gehören. In vielen Kleinfamilien hat dieses Einzelkind inzwischen – bis es in den Kindergarten kommt – den Eindruck, Mittelpunkt der Welt zu sein. Im Kindergarten und in der Schule muss es sich jedoch im Kampf mit den anderen Kindern durchsetzen. In der Schule lernt es, dass nur die individuelle Leistung zählt, nicht die Kooperation. Durch die Medien, mögen dies Märchen oder Fernsehsendungen sein, wird frühzeitig Heldenverehrung und Identifikation mit Siegern bzw. Siegerinnen eingeübt.

In einfachen Stammeskulturen waren die Menschen Kollektivisten, sie waren sich ähnlich, waren selten allein, konnten nicht lesen oder schreiben, kamen kaum aus ihrem Dorf oder ihrer Gruppe in die weite Welt hinaus.

Einfache Kulturen	→ Kollektivismus
Moderne Kultur	→ Individualismus.

Die meisten Menschen leben noch immer in kollektivistischen Kulturen. In den hoch industrialisierten Staaten des Westens dagegen hat sich der Individualismus ausgebreitet, doch keineswegs alle Bereiche erfasst.

6.1 Was bedeutet „Individualisierung"?

Individualisierung erscheint zuerst als ein Gegenbegriff zu Integration und Gemeinschaft. Man assoziiert Vereinzelung, Egoismus, Singledasein, Vereinsamung, Isolation, Distanz. Kann man sich auf diese Assoziationen verlassen? Nein: das moderne Individuum muss mit hohem Aufwand in einer Kleinfamilie mit massiver Unterstützung der Schule und anderer Sozialisationsinstanzen hergestellt werden, es ist also das Produkt einer aufwändigen Vergemeinschaftung. Und nur wenige bleiben Singles, die meisten Individualisten gründen Familien, sind konforme Mitglieder von Sportvereinen, Kirchengemeinden usw.

Die Gefahren der Einsamkeit und Isolation in modernen Gesellschaften wurden freilich von berühmten Soziologen thematisiert: Marx, Durkheim, Weber, Simmel und Elias (vgl. Kippele 1998, 235 f). Also sollte man das Argument ernst nehmen. Nach Marx ergibt sich die Isolation in der bürgerlichen und kapitalistischen Gesellschaft aus den veränderten Produktionsverhältnissen. Nach Simmel ist der moderne Mensch zwar nach wie vor in Gruppen tätig, doch er fühlt sich häufiger (subjektiv) einsam. Nach Weber hat sich die Autonomie, Rationalität und die innere Isolation der Einzelnen durch die Modernisierung, vor allem durch die Veränderung des Wirtschaftssystems und die Einbindung in Organisationen, verstärkt. Und wie ist es wirklich? Die Selbstmordraten sind in den Industriestaaten höher als in traditionalen Kulturen und es gibt mehr Ein-Personen-Haushalte. Doch wer sich erfolgreich individualisiert, kann die Einsamkeit besser bewältigen und der Isolation eher entkommen. Einsamkeit und Isolation sind also Zeichen einer misslungenen Individualisierung.

Individualisierung besteht zumindest aus zwei unterscheidbaren Aspekten (vgl. Honneth 1994, 24f):

- *Erweiterung der individuellen Entscheidungsspielräume*, Autonomisierung, Selbstverwirklichung, Selbstbestimmung (Vergleich eines Sklaven mit einem Manager oder eines Fließbandarbeiters mit einem Philosophieprofessor)
- *Privatisierung.*

Während die Handlungs- und Entscheidungsräume in der Geschichte der europäischen Kultur ständig erweitert wurden, ist die Privatisierung erst in jüngster Zeit zu einem allgemeinen und selbstverständlichen Gut geworden – vor allem durch den Übergang von einer agrarischen zu einer Industriegesellschaft. Es gab in früheren Jahrhunderten Einsiedler,

Sonderlinge und andere abweichende Menschen, die sich der Öffentlichkeit teilweise verweigerten. Doch die moderne Privatisierung ist eine normale Massenerscheinung.

Ist die folgende These haltbar? Je stärker die Privatisierung voranschreitet, umso mehr schließen sich die Einzelnen gegenüber sozialen öffentlichen Bereichen ab und geben damit Handlungsspielräume auf.

Die These trifft nur für eine Minderheit zu.
Ein Beispiel: Ein alter Mensch, der hochprivat, vereinsamt, halb gelähmt in seiner Wohnung lebt. Er ist sozial fast tot. Seine öffentlichen Rollen sind verschwunden. Das Fernsehen ist die Gemeinschaft. Er zieht die Einsamkeit der Zwangskollektivierung im Pflegeheim vor.
Doch in der Regel gilt: Eine dauerhafte und geschützte Privatsphäre kann nur derjenige aufbauen, der sich in der Öffentlichkeit anpasst und etwas für die Gesellschaft leistet. Gesellschaftlich belohnt und idealisiert wird ein Gleichgewicht zwischen Individualisierung in der Öffentlichkeit und Privatisierung, deren Qualität ebenfalls von den Entscheidungsspielräumen (großes Haus, eigenes Zimmer, Garten, Swimming Pool, technische Ausstattung usw.) abhängt.
Doch es kann auch zu Konkurrenz und Kampf zwischen der privaten und öffentlichen Sphäre kommen. Öffentliches dringt in das Private und Privates in das Öffentliche.

- Die alte Frau, die gegen ihren Willen ins Altenheim gebracht wird: Öffentlich triumphiert über Privat? Sie wird zwangskollektiviert und in ihrer Identität beschädigt.
- Die Sexualpraktiken des amerikanischen Präsidenten werden in den Massenmedien diskutiert: Triumph des Öffentlichen über das Private oder umgekehrt?
- Die meisten Menschen lesen lieber Romane oder Klatsch über Prominente als Abhandlungen über Gesellschaft, Politik und Ökonomie: Sieg des Privaten?
- Der Fernseher als Familienmitglied: Das Trojanische Pferd der Öffentlichkeit? Kollektivierung durch das Fernsehen?

Ausgehend von einer kulturkritischen Position, die z.B. an Adorno anschließt, kann man fragen: Ist Individualisierung marktgesteuerte Privatisierung + Erweiterung der Entscheidungsspielräume in kulturell nebensächlichen Bereichen? Eine Individualisierung, die sich in den Kaufwahlhandlungen im Supermarkt, im Zappen von Kanal zu Kanal und im Erproben von Kochrezepten realisiert, ist vielleicht von einer

Verkümmerung der Sozialkompetenzen oder von einer „geheimen“ und virtuellen Kollektivierung in politischen und sozialen Bereichen begleitet? Dies mag sein, doch offensichtlich ist eine solche Argumentation von einem Ideal der allseitig entwickelten Persönlichkeit geleitet. Diese wird man in EU-Wohnungen und auch anderswo selten finden. Doch es gibt einen höheren Anteil an selbstbewussten, gebildeten und wohlhabenden Menschen in Europa als vor 50, 100 oder 200 Jahren und die Verfügung über eine kultivierte Privatsphäre ist ein Indikator dafür. Obdachlose und Gefängnisinsassen haben kaum private Welten und werden meist zwangskollektiviert. Individualisierung und Selbstbestimmung ist also abhängig vom sozialen Erfolg und von der sozialen Gruppenzugehörigkeit, mit Bourdieu gesprochen: sie ist Merkmal eines privilegierten Habitus. Individualisierung bedeutet folglich nicht „Jenseits von Stand und Klasse“ (Beck 1983), also Aussteigen aus sozialen Klassen oder Schichten, vielmehr ist sie ein Instrument für soziale Strukturerhaltung und verbunden mit sozialen Aufstiegshoffnungen. Diese Klassen- und Milieugebundenheit der stark Individualisierten lässt sich an folgenden Kennzeichen erkennen: Dienstleistungsberufe, gute Schul- und Hochschulbildung, Stadtbewohner. Die mehrdimensional Individualisierten arbeiten ständig daran, sich von anderen, vor allem von Angehörigen der unteren Schichten, zu unterscheiden, sind also Spezialisten der Distinktion (Kleidung, Wohnung, Essen, Reisen, Kunstkonsum usw.) und stark aufstiegsmotiviert – und sie veranstalten keine Revolutionen, sie arbeiten an der Erhaltung der sozialen Ungleichheit und des Kapitalismus. Individualisierung wird also durch das Wirtschafts- und Berufssystem produziert. Arbeitsplätze sind für einzelne. Auf einen Arbeitsplatz kann sich keine Gruppe oder Familie bewerben.

Individualisierung erhält und verstärkt die soziale Ungleichheit. Gleichzeitig erhöht sie die individuellen Mobilitätschancen, wodurch das Wirtschaftssystem stabilisiert wird.

Durch die Erweiterung der Entscheidungsspielräume werden viel mehr Selektionshandlungen als in traditionalen Gesellschaften realisiert und folglich akkumulieren sich die positiven und negativen Entscheidungskonsequenzen schneller. Freilich kommt es dadurch auch zu einer Differenzierung, die Gruppen, Klassen und Milieus teilen sich in Untergruppen.

Man kann ruhig auch eine Currywurst essen, wenn man Millionen gut angelegt hat. „Charakteristisch für dieses Muster ist ein selektives Ne-

beneinander von partikularem Luxus bis hin zur kalkulierten Bescheidenheit." (Wiswede 1995, 141) Ein nicht geübter Betrachter kann also eine Fehlzuordnung der Person vornehmen. Die Annahmen von Bourdieu über den Habitus werden dadurch relativiert, doch nicht irrelevant, denn die zentrale soziale Bedeutung der Distinktion bleibt erhalten.
Individualisierung ist nicht mit Nonkonformität oder Rebellion gleichzusetzen. Wenn in einer Gruppe, z.B. Studierende oder Künstler, Individualisierung gefordert ist, dann kann man von „konformistischem Individualismus" sprechen. Auch in solchen Gruppen wird nur eine spezifische und normierte Individualisierung gewünscht, d.h. man darf nicht im Nadelstreifenanzug mit Köfferchen kommen.
Individualisierung ist nicht gleichzusetzen mit Zerstörung von Traditionen, sie kann zur Veränderung und teilweise auch zur Erhaltung von Traditionen beitragen. Prototypisch für den Traditionsverlust waren und sind Menschen, die aus ländlichen Gemeinschaften in die Stadt kommen, Rohmaterial für Individualisierung, nicht Fertigprodukte. Nur ein Teil der Traditionen verkümmert, andere wandeln sich oder werden konserviert. Traditionen werden internalisiert, verleugnet, kommen wieder hoch, werden instrumentalisiert. In Alpendörfern werden moderne Hotels mit Whirlpool und Tennisplatz errichtet und Folkloreveranstaltungen angeboten. Der fromme Traditionalist im Regionallook kann auch ein leidenschaftlicher Internet-Surfer sein.

6.2 Geschichte der Individualisierung

Individualisierung ist nicht eine Persönlichkeitseigenschaft, also z.B. nicht mit Egoismus zu verwechseln, sondern ein sozialer Prozess. Immer schon war der einzelne Mensch ein Organismus mit einem eigenen psychischen System, mit eigenen Gedanken und Gefühlen. Doch die Ausbildung einer selbstbewussten kritischen Persönlichkeit war in den meisten Kulturen – wenn überhaupt – nur für wenige Auserwählte möglich: für Sokrates, Plato, Seneca, Michelangelo.
Die jahrhundertelange Konkurrenz zwischen kleinen und größeren Fürstentümern, Städten und anderen kulturellen Gebilden in Europa, die sich weder vernichten noch aufsaugen noch dauerhaft hierarchisch ordnen konnten, hat zur Entdeckung und Förderung des kreativen Potenzials von Individuen einen bedeutsamen Beitrag geleistet und so die bisher erfolgreichste Kulturentwicklung in Gang gesetzt (Weede 1988; Diamond 1998). Die Bildung eines Großreiches, wie in China, hätte wahrscheinlich weniger individualisierend und innovationsfördernd gewirkt.

Entscheidend war das Zusammenspiel von Religion, Ökonomie (Kapitalismus), Kriegführung und Staatenbildung. Im Christentum war die Individualisierung angelegt und wurde durch den Protestantismus verstärkt. Der Protestantismus betonte die Kommunikation des Einzelnen mit dem einen Gott.

Für die erstarkenden staatlichen Gebilde waren Individuen leichter lenkbar als Familien, Clans, Sippen und Kleinkollektive.

Viele Kollektive und regionale Kulturen in Europa wurden schrittweise entmachtet; Individuen und ihre Kleinfamilien wurden freigesetzt: soziale Atomspaltung.[39] Die Individuen konnten sich von den Gruppen, an die sie früher stark gebunden waren, emanzipieren, gerieten aber gleichzeitig verstärkt unter die Herrschaft von Großkollektiven, Staaten (teilweise auch Religionsgemeinschaften) und vor allem von neuen ökonomischen Organisationen. Immer mehr Menschen mussten ihre Arbeitskraft in wechselnden Organisationen anbieten. Die Problemlösung "Individualisierung" war – selbstverständlich nur in Kombination mit diesen politischen und wirtschaftlichen Faktoren, – sehr erfolgreich, d.h. die Großkollektive blühten auf.
Ein starker Entwicklungsschub für die Individualisierung erfolgte im 18. Jahrhundert durch die Aufklärung, die Gründung der Vereinigten Staaten von Amerika, die französische Revolution und durch viele Schriften. Doch die tatsächliche materielle ökonomische Basis für die Mehrheit fehlte noch lange. Erst im 20. Jahrhundert wurde diese Basis vor allem in Westeuropa und Nordamerika gefestigt: Wohlstand, Lebensverlängerung, Freizügigkeit, Liberalisierung des Rechts, Wissensexplosion, Anregungen durch die Massenmedien und beschleunigter sozialer Wandel.

Hofstede (1980) konnte eine hohe Korrelation zwischen dem Ausmaß individualistischer Einstellungen und dem Wohlstand von Staaten nachweisen.
Die modernen Individuen sind Produkte eines langwierigen Zivilisationsprozesses: asketische Zähmung des Körpers, seine medizinische und juristische Vereinnahmung, Instrumentalisierung (meist im Dienst des Staates), Erziehung zu Reinlichkeit und Aggressionskontrolle.

---

[39]Der Krieg in Jugoslawien und auch viele andere weniger dramatische Ereignisse in Europa zeigen jedoch, dass die regionalen Kollektivismen nicht verschwunden sind, sondern teilweise nur unterdrückt wurden.

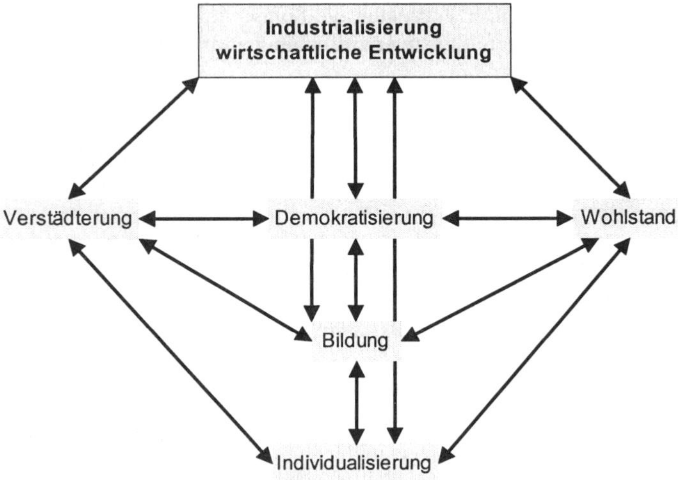

Abb. 24: Gesellschaftliche Bedingungen der Individualisierung

Die elementaren Bedürfnisse wurden in früheren Zeiten, z.B. im Mittelalter, von den meisten in einer für moderne Menschen schockierenden Weise befriedigt und offen gelegt. Zum Essen, Schnäuzen der Nase und auch für aggressive Handlungen nutzte man seine Finger und Hände, kaum Instrumente und kaum differenzierte Sprache. Die Darmentleerung erfolgte in Städten auf der Straße. Erst eine Zähmung, Hemmung und Technisierung, die Jahrhunderte dauerte, brachte das moderne Individuum und seine Körperkontrolle hervor (Elias 1976).

Das Individuum kann gesellschaftlich umso mehr freigesetzt werden, je mehr es kontrolliert wird.

Diese These ist dann wahr, wenn die Art der Kontrolle spezifiziert wird: Selbstkontrolle und Fremdkontrolle, die vom Individuum nicht als Fremdkontrolle identifiziert wird, also keine Reaktanz erzeugt (z.B. über Technologien und Internalisierungen).

Der Prozess der Individualisierung hat sich in der zweiten Hälfte des 20. Jahrhunderts beschleunigt.

Leinberger und Tucker (1991) haben Kinder von erfolgreichen Vätern, die zwischen 1945 und 1965 geboren wurden, interviewt. Während die Väter in wichtigen Bereichen eher kollektivistisch und konformistisch waren: Konsumorientierung, Anerkennung der Organisationsstrukturen und Familiennormen, bevorzugten die Söhne und Töchter eher individualistische Tugenden: Selbstverwirklichung und Kreativität.

Individualisierung bringt für viele Befreiung und Verlust gleichzeitig, Befreiung von vielen Zwängen und muffigen Gemeinschaften, doch auch Verlust von Bindungen und Entfremdung. Mobilität, Rollenwechsel, soziale Distanz aktivieren das Individuum, es muss sich seinen sozialen Platz suchen, der nicht von Geburt an zugewiesen ist. Wer über die jeweils geforderte kommunikative Kompetenz oder Chips (ökonomisches und soziales Kapital) verfügt, kann mitspielen; seine übrigen Eigenschaften sind nebensächlich. Wenn der Kunde Geld hat, kann er kaufen, seine Vergangenheit, Persönlichkeit und Eigenschaften sind irrelevant. „In der Moderne muß (nach Max Weber, K.F.) der Mensch als isolierter Wirtschaftsmensch funktionieren." (Kippele 1998, 130)

Es entsteht Rollendistanz. Im Hintergrund kann sich eine personale Identität bilden. Eine personale Identität setzt voraus, dass es verschiedene Rollen zur Auswahl gibt, dass man sie unterschiedlich spielen kann, dass man aussteigen kann, dass Sanktionen für Abweichung nicht lebensbedrohlich sind. Somit sind Individualisierung und Identitätspflege wichtige Kennzeichen für Status geworden. Nicht alle können sich die Statuszeichen leisten, die einem zum anerkannten Individuum machen: Kleidung, Einrichtungsgegenstände, Aussagen, Handy usw. Wer es sich nicht leisten kann, muss im Massensumpf verharren – nach Meinung der Meinungsführer. Seit dem Ende des vorigen Jahrhunderts bis heute wird von Intellektuellen, Bildungsbürgern und Kulturkritikern vor der „Vermassung" (Le Bon, Ortega y Gasset), dem Identitätsverlust (Berger), der „Außenleitung" (Riesman), Eindimensionalität (Marcuse) und Fremdbestimmung gewarnt.

Eine die bildungsbürgerliche Kritik transzendierende Argumentation bietet Foucault: Vom Subjekt zum Objekt, d.h. Menschen werden durch wissenschaftliche und andere öffentliche Diskurse immer mehr bestimmt, definiert, objektiviert. Ganz ähnlich argumentiert Max Weber: Das Individuum wird immer mehr in sachliche, abstrakte, unpersönliche, universalistische Organisationen eingebunden. Allerdings sind diese Phänomene miteinander verträglich: Individualisierung, Vermassung, (entpersonalisierte) Fremdbestimmung, Identitätsprobleme, Objektivierung, ja sie sind sogar systemisch verbunden. Max Weber hat schon auf diese Parallelität zwischen einer inneren und äußeren Rationalisierung hingewiesen.

Individualisierung ist mit

- Rationalität (Setzung von Zielen und rationale Auswahl der Mittel),
- Aktivismus und Selbstkontrolle (Grundannahme: man kann selbst wichtige Aspekte der Umwelt kontrollieren) und
- Universalismus (wissenschaftsnahe, nicht-ethnozentrische Haltung)

idealtypisch verbunden. [40]

Rationalität ist für moderne Gesellschaften charakteristisch: klare Ziele oder Zwecke setzen oder anerkennen und verschiedene Mittel prüfen, die für das Erreichen der Ziele brauchbar sind. Rationalität ist nicht nur eine Kopfgeburt. Wer keine Waffen und keine militärische Organisation zur Verfügung hat, kann kaum rational Krieg führen. Rationalität ist also von der technisch-zivilisatorischen Entwicklung abhängig.

Die Gefahren der Rationalität sind:
- Die rationalen Organisationen fressen immer wieder ihre Hersteller und Kinder.
- Die Einzelnen können in einen Zustand der Entfremdung oder der Sinnkrise kommen.

Individualisierung ist ein komplizierter und störanfälliger Prozess. Die Herstellung moderner Qualitätsmenschen ist ein aufwändiges, langwieriges und kostspieliges Unternehmen. Wenn sie sich nicht durch Weiterbildung, Medienkonsum und Beziehungsarbeit frisch halten, altern sie schnell sozial (Veralten und Inflationierung von Kompetenzen). Dies ist wahrscheinlich auch ein Grund, dass in den 90er Jahren Talkshows so beliebt geworden sind. Die individualisierten Menschen in einer sich differenzierenden und unvorhergesehen wandelnden Gesellschaft benötigen Orientierung. In ihrem privaten und beruflichen Umfeld machen sie ziemlich eingeschränkte Erfahrungen, also suchen sie den sozialen Vergleich im Fernsehen. Talkshows und Seifenopern sind Supermärkte, in denen man Einstellungen und Verhaltensoptionen einkaufen kann.
Ein modernes Individuum blüht nur auf einer soliden Kapitalbasis (Trias: ökonomisches, soziales und kulturelles Kapital). Auf Grund der Kapitalabhängigkeit ist die Individualisierung sozial geschichtet. Ost-

[40] Idealtypisch bedeutet: Tatsächlich ist die Verbindung nur in einer Minderheit von Fällen „rein“ vorzufinden.

deutschland ist kollektivistischer als Westdeutschland (vgl. Rappensberger et al. 1993). Mitglieder der Ober- und Mittelschichten sind individualistischer als Mitglieder der Unterschichten.

Und wie steht es mit der „Freiheit“? Normierungen sind zwar teilweise abgebaut, jedoch andere, oft neuartige, flexible sind in großer Zahl wie Pilze aus dem Boden geschossen. Es handelt sich also nicht um einen Zustand von moralischem Zerfall oder Anomie, sondern um zunehmende gesellschaftliche Komplexität und um eine innere Differenzierung der Freiheitsspielräume. Wurden durch Politik, Recht und Wirtschaft nicht die Entscheidungslasten und die Moralproduktion zunehmend von Gruppen auf Individuen verlagert?[41] Der treffende Ausdruck "Freisetzungen von Individuen" (Beck 1986, 116) wurde geprägt. Doch es ist eine neue Art von Freiheit, die industriell gefertigt wird: Kultur- und Bewusstseinsindustrie nach Adorno und Enzensberger. Um die Bewusstseinszustände der Bauern im Mittelalter musste sich die herrschende Klasse, die selbst hauptsächlich aus Analphabeten bestand, nicht weiter kümmern. Doch die modernen Bewusstseine müssen aufgebaut und auf neuem Stand gehalten werden: dies besorgen vor allem die Massenmedien, die Schule, die Baumärkte und inzwischen auch das Internet, die Wirklichkeitskonstruktionen anbieten. In der Werbung wird Kauf und Gebrauch der Produkte mit dem Wunsch nach Selbstverwirklichung verkoppelt: „Ich will so bleiben, wie ich bin.“ oder „Ich rauche gern.“

Der soziale und technische Wandel bringt die Individuen zunehmend in Stress und Unsicherheitssituationen, so dass abwehrende und defensive Reaktionen häufiger auftreten. Hahn u.a. (1992) meinen, dass immer mehr die Kompetenz "Sicheres Umgehen mit Unsicherheit" gefragt ist. So flüchten immer mehr Menschen in die durch Medien und durch Meinungsmacher aufbereiteten Weltbilder – allerdings segmentiert und geschichtet: Bildzeitung, Tina, Gute Zeiten – Schlechte Zeiten, Cosmopolitan, Handelsblatt, Spiegel, Internet-Collage, usw. Die Weltkonstruktionen dieser „überforderten“ Menschen – wahrscheinlich die Mehrheit – sind klischeehaft, vorurteilsbelastet, verzerrt, modischem Wandel unterworfen, inkonsistent (was dem Konstrukteur nur selten bewusst wird), mit einem Wort nicht auf der Höhe der Zeit, den wissenschaftlichen und technischen Standards nicht entsprechend. Und, ist das beunruhigend? Nein, wahrscheinlich ist dies positiv „funktional“ für die

[41]Freilich werden auch viele Menschen durch öffentliche Betroffenheitsdiskurse und Ethikkommissionen entlastet.

gesellschaftliche Stabilität. Und, was bei aller Kritik nicht vergessen werden sollte: So differenziert, flexibel, tolerant und verwissenschaftlicht wie heute waren die Weltkonstruktionen der westlichen Eliten noch nie in der Geschichte der Menschheit.

Die meisten Individuen werden in Gruppen und Organisationen sozialisiert und arbeiten auch in Organisationen.

Individualisierung, Institutionalisierung und Bürokratisierung sind also untrennbar verbunden!

Individualisierung wird durch die Mitwirkung bürokratischer Organisationen (Kindergarten, Schule, Kirche, Betriebe) hergestellt. Nur durch die Entlastung der Menschen mit Hilfe bürokratischer Organisationen gelingt sie, denn – so paradox es klingt – der hohe ökonomische, psychische und soziale Aufwand der Individualisierung kann in der Regel nicht von einzelnen, Familien oder Kleingruppen erbracht werden.
Individualisierung bedeutet scheinbar Widersprüchliches: die erstaunliche Steigerung der gesellschaftlichen Bedeutung des Individuums und die Konkurrenz Einzelner auf riesigen Märkten, andererseits die Bildung von Institutionen und riesigen korporativen Akteuren (Organisationen), die die Individuen immer mehr als defiziente Winzlinge erscheinen lassen.

Also bringt die Epoche der Individualisierung gleichzeitig die Wertsteigerung und die Entwertung von Individuen.

Es gab noch nie so viele gebildete, selbstbewusste und mobile Menschen und gleichzeitig noch nie so viele ultrastabile und von den Einzelnen ziemlich unabhängige Riesenorganisationen. Selbst hoch qualifizierte Personen sind immer leichter zu ersetzen. Zwar wird das Spiel der Einmaligkeit und Unersetzlichkeit vor allem in den Medien und in der Politik noch häufig gespielt, doch es hat im Ernstfall nur mehr für den Mikrobereich Geltung, d.h. nur mehr für persönliche Beziehungen.
Individualisierung bedeutet auch innere Differenzierung des Menschen und des psychischen Systems. Die Personen leben länger und wandeln sich schneller, also kommt es zu größeren Identitätsunterschieden im Lebenslauf. Nicht nur Rollenkonflikte, sondern auch Ich-Ich-Konflikte werden häufiger. Ich-Management wird folglich bedeutsamer.

6.3 Zusammenfassende Darstellung

Die vielfache Stützung der Individualisierung in der modernen Gesellschaft wird im Folgenden zusammengefasst und durch weitere Aspekte ergänzt:

- Verwandtschaftsbeziehungen wurden für die institutionelle Gestaltung (Politik, Ökonomie, Massenmedien, Erziehungsystem usw.) unwichtiger.[42] Die Kleinfamilie ist die zentrale Bezugsgruppe des Kindes und auch der Eltern.
- In den Familien werden stärker als früher die Erziehungsziele „Selbstständigkeit" und „Übernahme eigener Verantwortung" angestrebt.
- Im Kindergarten und in der Schule gerät das Kind in eine Konkurrenzsituation mit anderen Kindern. Es wird von den Erzieherinnen und Lehrern nach seinem individuellen Verhalten und nicht nach seiner Gruppenzugehörigkeit beurteilt.
- Bildung individualisiert. Der Anteil der jungen Menschen, die hohe Bildungsabschlüsse erreichen, hat stark zugenommen. Dies führt allerdings auch zu einer Bildungsinflation, d.h. die Abschlüsse sind immer weniger wert. Dadurch entsteht ein Wettlauf, eine Verstärkung der Bildungsbemühungen (Verlängerung der Ausbildungszeiten, Zusatzqualifikationen, Weiterbildung usw.). Diese Intensivierung der Konkurrenz, die sich vor allem auch infolge der strukturellen Arbeitslosigkeit ergibt, und das damit verbundene lebenslange Lernen treiben die Individualisierung voran.
- Der Konkurrenzkampf im Bildungs- und Arbeitsbereich verstärkt Versuche der Selbstverwirklichung und der Selbstpräsentation, kann aber auch bei häufigen Misserfolgen das Selbstwertgefühl schwächen oder sogar selbstzerstörerisch wirken.
- Arbeitsteilung, Spezialisierung, Professionalisierung: Personen konkurrieren um Positionen. Die Arbeitsstellen werden häufiger gewechselt, d.h. die berufliche Vergemeinschaftung bestimmt die Menschen in geringerem Maße. Neue Berufe und Professionen bilden sich. Es werden in der Gesellschaft mehr und differenziertere Kompetenzen gefordert. Kompetenzen sind mit Verhalten und Per-

[42] Verwandtschaft spielt auch in modernen Staaten in vielen Bereichen eine bedeutsame Rolle: Manche Konzerne werden von verzweigten Clans geleitet. Saddam Hussein sichert seine Macht über Verwandte und gute Bekannte in den wichtigsten Positionen.

sönlichkeitsstrukturen gekoppelt. Dadurch entsteht eine größere Vielfalt von Persönlichkeitstypen.

- Räumliche Mobilität: Vor allem aus beruflichen Gründen wechseln die Menschen häufiger den Ort. Außerdem hat das moderne Verkehrswesen zu einer gewaltigen Mobilität beigetragen. Dadurch fällt mehr Identitätsarbeit an.
- Mehr Optionen: In der „Multioptionsgesesellschaft“ (Gross 1994) stehen immer mehr Menschen immer mehr Handlungsalternativen und Konsumgüter zur Verfügung. Damit haben freilich auch die Frustrationen zugenommen, denn die Konsumwelt erweitert sich, während die Ressourcen der meisten stagnieren.[43]
- Demokratisierung, Recht: Vor dem Recht werden alle formal gleichgestellt. Das Individuum, vor allem der unteren Schichten, wird dadurch im Vergleich zu traditionalen Gesellschaften generell aufgewertet.
- Wohlstand, Gesundheit, Medizin, Lebensverlängerung: Die Menschen leben länger und haben somit größere Chancen, ihre Persönlichkeit zu entwickeln. Und um dieses Ziel eines langen Lebens zu erreichen, müssen sie sich anstrengen, ständig auf ihre Gesundheit achten, ihr Verhalten steuern und Selbstkontrolle üben.
- Technologien: Das Auto, in dem häufig nur eine Person fährt, trennt die Menschen voneinander. Der Fernseher trennt die Menschen und verbindet sie gleichzeitig – virtuell. Die neuen Kommunikationstechnologien machen das Individuum unabhängiger von Vermittlungsstellen, d.h. es kann direkt mit anderen kommunizieren und Informationen abrufen. Technologien verändern die Kommunikation, die Selbst- und Fremdkontrolle und das subjektive Freiheitsbewusstsein.
- Ausbildung einer Privatsphäre: Es hat eine kulturelle Revolution stattgefunden: Viele Personen in den Industriestaaten verfügen über ein eigenes Zimmer oder eine eigene Wohnung. Innerhalb der Privatsphäre, die dem Einzelnen räumlich und zeitlich zur Verfügung steht, wird das Individuum subjektiv und objektiv zum Entscheidungsträger. Es entwickelt für diesen Privatbereich einen eigenen Lebensstil, ohne dass der gruppenspezifische Habitus verschwindet.

---

[43] In den USA stagnieren die Realeinkommen der unteren Schichten schon seit den siebziger Jahren.

- Individualisierung ist auch mit einer „Schwächung des Kollektivbewusstseins“ verbunden. Die kollektiven Gebilde, der Staat und die Institutionen, sind unpersönlicher (auch wieder objektiv und subjektiv) geworden. Über die Nachteile wird öfter gesprochen, hier ein Vorteil: Wie gut, dass die meisten ihr Vater- oder Mutterland nicht mehr (allzu sehr) lieben. Dann ziehen sie auch mit weniger Begeisterung in den Krieg, schätzen ihren Bauch und ihren Kopf höher als die kollektiven Ideale. Individualisierung auf Massenbasis kann also ein Schutz gegen unerwünschte Formen des Kollektivismus sein, die z.B. im Nationalsozialismus und in der stalinistischen Sowjetunion auftraten.
- Hat sich Individualismus ohne Altruismus (utilitaristischer Individualismus), d.h. Gleichgültigkeit gegenüber dem allgemeinen Wohl bereits zu stark verbreitet (vgl. Etzioni 1997)? Ist die soziale Ordnung gefährdet (hohe Kriminalitätsraten, Mängel in der Kindererziehung)? Wird der Individualismus genügend durch Gesetze und Verordnungen eingeschränkt (Geschwindigkeitsbeschränkungen, Alkohol- und Rauchverbote, Grenzkontrollen usw.)?

Studien zeigen, dass die heutige individualistische Elterngeneration in der Kindererziehung im Vergleich zu früheren Generationen nicht defizitär ist, wie es Kulturkritiker wie Coleman und Etzioni befürchteten (vgl. Bertram/Hennig 1995). Die Warnungen vor der zunehmenden Individualisierung wurden schon im 19. Jahrhundert geäußert, z.B. beklagte Durkheim den „Kult des Individuums“. Durkheim (1984) unterschied auch zwischen kooperativem und utilitaristischen Individualismus. Der kooperative Individualismus wird in der modernen Familie gestützt, doch in den Bildungsorganisationen kaum gefördert. Die Kritik sollte sich also weniger an die Einzelnen als an Organisationen richten.

Schwer zu beantworten sind grundlegende Fragen zur Individualisierung als Langzeitprozess. Werden die Individuen zunehmend überfordert, so dass die Befreiung oder Emanzipation letztlich zu hohe Kosten verursacht? Wird dadurch einer Minderheit auf Kosten der Mehrheit ein gutes Leben beschert? Wird die europäische und nordamerikanische individualistische Kultur sich langfristig im Wettbewerb mit eher kollektivistischen Kulturen (z.B. China) bewähren? Die Antworten sind kontrovers. Die Tatsache der zunehmenden Individualisierung jedoch bleibt (vgl. Schroer 1997).

7 Verwandtschaft, Ehe, Familie, Kindheit, Jugend und Alter

In einfachen Kulturen wird das gesellschaftliche Leben über Verwandtschaftsbeziehungen gesteuert. Ein *Clan* ist eine Menge von Personen, die sich als verwandt definieren und sich in der Regel von gemeinsamen Ahnen herleiten.
In diesen einfachen Kulturen ist die Kernfamilie (Eltern + Kinder) selten, dagegen gibt es Großfamilien, genauer große Haushaltsgemeinschaften.
In der Mehrzahl dieser Kulturen zieht das junge Paar zu den Eltern des Ehemannes (Patrilokalität). So besteht bzw. bestand eine solche Großfamilie häufig aus mehreren Brüdern mit ihren Frauen und Kindern. Die Kernfamilie wäre für diese Kulturen ungeeignet gewesen, da Mutter oder Vater häufig starben, bevor die Kinder selbstständig waren.

Familia bedeutete in der ursprünglichen römischen Tradition den gesamten Besitz eines herrschenden Mannes, zu dem die Frau, die Kinder, die Sklaven, evtl. noch andere Personen und das Vieh gehörten.
In bäuerlichen Kulturen in Europa war das „Haus“ die grundlegende Lebens- und Wirtschaftseinheit: dazu gehörten Ländereien, Gebäude, Verwandte, andere Personen (Knechte etc.), Tiere und Gegenstände. Partnerselektion wurde traditionell durch mächtige Personen (Clanführer etc.) durchgeführt, und es ging nicht um Gefühle, sondern um Existenzsicherung, ökonomische Interessen und Macht.

Murdock (1949) untersuchte 565 Gesellschaften und kam zu folgendem Ergebnis: 80 % gestatteten Polygamie, genauer Polygynie (ein Mann darf mit mehreren Frauen verheiratet sein). Polygynie wurde allerdings faktisch nur von einer Minderheit der Männer praktiziert, da hoher Status und entsprechende Ressourcen notwendig waren. Polyandrie (eine Frau ist mit mehreren Männern dauerhaft verbunden) dagegen trat sehr selten auf (4 von 565) und zwar nur in ressourcenarmen Gesellschaften (z.B. Gruppen in der Himalaya-Region).
In solchen kargen Regionen hätte ein Bevölkerungswachstum zu besonders katastrophalen Folgen für die Stabilität der Kultur und Gesellschaft geführt. Polyandrie, in der Regel mit Infantizid (Töten eines Teils der weiblichen Säuglinge) gekoppelt, ist eine Form der Geburtenbeschränkung. Außerdem kann die Teilung des Landes unter den Söh-

nen vermieden werden, wenn die Brüder eine gemeinsame Frau haben. Die Arbeitsteilung zwischen den Männern und der verbesserte Schutz der Frau und der Kinder sind weitere Vorteile (Stephens 1963; Kammeyer et al. 1997, 368 f).

Eine Untersuchung der menschlichen Kulturen zeigt, dass die Kernfamilie keine universale Institution ist.

„Es gibt Gesellschaften wie die der Nayar, wo das Elternpaar seinen jüngeren Kindern gegenüber keine der Erziehungs- und Aufzuchtaufgaben übernimmt. Die Männer führen Krieg, die Frauen haben Liebschaften mit so vielen Männern, wie es ihnen gefällt, und die Kinder sind der Obhut der Brüder der Frau anvertraut – bzw. denjenigen ihrer Brüder, die von den Kriegspflichten entbunden sind" (Boudon/Bourricaud 1992, 144).

Der langfristige kulturelle Wandel der Familie kann durch einen Vergleich der Normen in vielen einfachen Kulturen und modernen Gesellschaften verdeutlicht werden (siehe die folgende Tabelle).

Normen	*Einfache Kulturen*	*Moderne Gesellschaften*
Kernfamilie	nein	ja
Monogamie	nein	ja
Patrilokalität	ja	nein
Mann und Frau verbringen viel Freizeit gemeinsam	nein	ja
Paar hat einen eigenen privaten Raum beim Schlafen	nein	ja
Frau kann sich leicht vom Ehemann trennen	nein	ja
Geschlechtsverkehr während der Menstruation verboten	ja	nein

Abb. 25: Normenvergleich zwischen einfachen und modernen Gesellschaften

Wer möchte heute noch mit den Eltern und mit der Familie seines Bruders oder seiner Schwester in einer Wohnung leben? Wer findet es gut, wenn Ehemann und Ehefrau immer getrennt Urlaub machen und vor allem in geschlechtshomogenen Gruppen verkehren? Wer ist dafür, dass die Gesetzeslage so geändert wird, dass ein Ehemann mehrere Frauen heiraten kann?

7.1 Wandel der Familie

Nach Stack (1974, 31) ist eine Familie das grundlegende dauerhafte Netzwerk von verwandten und nichtverwandten Menschen, die häufig interagieren und ihr Überleben und das ihrer Kinder anstreben.

Warum gibt es überhaupt Familien? Es gibt funktionalistische Antworten, wobei verschiedene Aufgaben der Familie genannt werden:

- *Reproduktionsfunktion:* Zur Erhaltung von Kollektiven müssen Kinder produziert werden, wobei sowohl die Qualität als auch die Quantität wichtig ist. Sie waren in traditionalen Gesellschaften auch zur Existenzsicherung der Eltern erforderlich. Auf Grund dieser Funktion ergibt sich die Notwendigkeit einer kulturellen Regelung des Sexualverhaltens.
- *Sozialisationsfunktion*: Kinder müssen erzogen und zivilisiert werden. Diese Aufgabe ist in modernen Gesellschaften wichtiger und schwieriger geworden, da die Ansprüche an Jugendliche und Erwachsene gestiegen sind.
- *Platzierungsfunktion*: Den Kindern und Erwachsenen werden Plätze in der Gesellschaft und in Gruppen zugewiesen. Es findet ein harter Kampf um die guten Positionen statt – vom Säuglingsalter an. Um den Kampf nicht zu erbittert werden zu lassen, werden Regeln und Rechtfertigungen für die Platzierung vorgegeben.
- *Funktion des materiellen und emotionalen Schutzes*: Familien sollen Grundbedürfnisse befriedigen und Geborgenheit und Liebe vermitteln.
- *Generationsdifferenzierung*: Alte und junge Menschen, die zu verschiedenen Zeiten sozialisiert wurden, leben zusammen und lernen den Umgang mit altersheterogenen Gruppen. In Schulen und anderen Organisationen dagegen bewegen sich heutzutage die meisten in relativ altershomogenen Gruppen (Nave-Herz 1994, 5 f).

Was ist eine Familie in West- und Mitteleuropa? Ein heterosexuelles Paar mit zwei Kindern und einem Häuschen, in dem es ohne dauerhafte Anwesenheit anderer Menschen wohnt. Das ist ein Ideal, das viele mit großen Anstrengungen anstreben.

Der umgangssprachliche Ausdruck Familie wird heute wahrscheinlich als Ehepaar mit leiblichen Kindern bestimmt. Als normatives Leitbild (nicht als dominierende Realität) gilt die „institutionelle Verknüpfung von

- Haushalt,
- exklusiver Monogamie,
- lebenslanger Partnerschaft,
- biologischer Elternschaft und
- Neolokalität"[44] (Kaufmann 1990, 412, Fußn. 7).

Die moderne Familie unterscheidet sich von Familien in traditionalen Gesellschaften durch folgende Aspekte:

1. Auslagerung der Produktion,
2. geringere Kinderzahl,
3. Emanzipation der Frau,
4. Individualisierung (auch der Kinder),
5. Liebe und freie Partnerwahl,
6. Emotionalisierung (auch gegenüber Kindern),
7. Qualitätsverbesserung der Beziehungsstrukur,
8. höhere Ansprüche im sexuellen Bereich,
9. häufigere Trennung der Partner (Scheidung, serielle Monogamie),
10. höhere Ansprüche an die Kindererziehung,
11. stärkere Abgrenzung der Familie von anderen Gruppen im Nahbereich,
12. stärkere staatliche Kontrolle der Kindererziehung und des Verhaltens der Partner (z.B. Kindermisshandlung oder Vergewaltigung in der Ehe).

Häufig wird behauptet, dass ein grundlegender Wandel der Familienformen stattgefunden hat. Eine gängige Verallgemeinerung lautet: *Von der Großfamilie zur Kleinfamilie!*

Doch die Behauptung, dass es in der westlichen Kultur oder in Europa einen Übergang von der Großfamilie, d.h. der Mehrgenerationenfamilie, zur Kleinfamilie gegeben habe, ist auf Grund historischer Forschung nicht aufrechtzuerhalten. In Westeuropa und in Nordamerika sind Großfamilien immer selten gewesen. Allerdings waren die Familien bzw. die Haushalte im Durchschnitt früher tatsächlich „größer" (nicht räumlich!), d.h. es lebten mehr Personen zusammen.
Soziologisch gesehen ist vor allem die *Auslagerung der Produktion* aus dem familiären Zusammenhang bedeutsam, also der Übergang von einer agrarischen zur Industriegesellschaft. Familien beziehen ihre wirt-

[44]Neolokalität: Die Familie lebt nicht im Haus oder in der Wohnung der Eltern des Mannes oder der Frau.

schaftlichen Ressourcen heute meist von außerfamiliären Organisationen. Parsons war der Auffassung, dass die Herkunftsfamilie an Anziehungskraft verloren hat, weil sie in immer geringerem Maße die berufliche Integration der Kinder beeinflussen kann. Nur wenige können ihren Kindern einen Betrieb oder eine Arbeitsstelle vererben. Außerdem wird ein partieller Verlust von Funktionen der Familie diagnostiziert: Erziehung, Versorgung von kranken und alten Menschen und andere Dienstleistungen werden teilweise von staatlichen und privaten Organisationen übernommen.

Doch es gibt auch einen Wachstumsbereich der modernen Familie. Es kam zu einer *Erwärmung des familiären Binnenklimas* (Shorter).

Emotionalität und Liebe, Zuneigung und Fürsorge zwischen den Familienmitgliedern und vor allem auch in der Beziehung der Eltern zu den Kindern haben an Bedeutung gewonnen. Physische Brutalität gegen Kinder, Kinderarbeit und ein relativ formelles stark hierarchisch geprägtes Verhalten zwischen Mann und Frau und zwischen Eltern und Kindern wurden abgebaut.
In der traditionellen europäischen Familie früherer Jahrhunderte waren die positiven gefühlsmäßigen Bindungen wahrscheinlich schwächer als in modernen Familien. Die Vernachlässigung und Misshandlung von Kindern fanden häufiger statt. Die meisten Kinder verließen das Elternhaus früh. Der Mann hatte oft stärkere gefühlsmäßige Bindungen zu seinen Jugendfreunden als zu seiner Frau. Liebesheiraten waren sehr selten (vgl. Shorter 1977).
Wenn man den Wandel der Verhaltensweisen vom Frühmittelalter bis heute betrachtet, dann kann man von einem *Zivilisationsprozess* (Elias 1976) sprechen. Die Gewaltausübung sowohl innerhalb der Familien und Sippen als auch nach außen hat (in Friedenszeiten in Europa) abgenommen. Es wurden immer differenziertere Verhaltensstandards gesetzt und auch befolgt. Statt Fremdkontrolle setzte sich immer mehr Selbstkontrolle durch. Man kann auch sagen, dass die Fremdkontrolle in raffinierterer und indirekterer Weise in modernen Familien und Gesellschaften ausgeübt wird, als dies früher der Fall war.

Der familiäre Wandel ergibt sich vor allem auch durch die veränderten Bezüge zu anderen Institutionen, zum Staat, zur Wirtschaft usw.

- Familie und *Staat*: Staat verstärkt über das Recht den Zugriff auf Familie und Ehe, stärkt die Rechte der ursprünglich Unterlegenen, der Frau und der Kinder, verbessert die ökonomische Lage der Familien mit Kindern

- Familie und *Ökonomie:* weitere Auslagerung der Produktion (Schrumpfung des Agrarsektors) und Stärkung der ökonomischen Autonomie der Frau
- Familie und *Religion*: Schwächung des institutionellen Einflusses der Religion, vor allem der Kirchen, auf die Familie
- Familie und *Erziehung:* weitere Auslagerung der Erziehungsfunktionen; andererseits gesteigerte Bedeutung der kognitiven und sozialen Förderung des Kindes innerhalb der Familie
- Familie und *Massenmedien*: Steigerung des Einflusses der Massenmedien auf die Familie; andere Institutionen (Staat, Ökonomie, Religion, Kunst usw.) üben teilweise ihren Einfluss nicht mehr direkt sondern vermittelt über die Medien auf die Familie aus.

Nicht in allen familiären Bereichen sind starke Veränderungen eingetreten. Nach wie vor müssen Frauen den überwiegenden Teil der Hausarbeit und der Kinderbetreuung leisten. Hochschild (1989) hat Widerstandsstrategien von Männern gegenüber den Forderungen der Frauen, im Haushalt mitzuhelfen, identifiziert:

1. Sich dumm stellen
2. Abwarten, Verzögern, Ignorieren
3. Bedürfnisreduktion (Verzicht auf gebügelte Hemden, warmes Essen usw.)
4. Lob und Belohnung der Frau für die Hausarbeit.

Trotz Technisierung ist die Zeitersparnis für Haushaltstätigkeiten bisher gering gewesen. Man spricht von einem „Haushaltsparadox". Die Zeitersparnis wird durch eine Steigerung der Ansprüche kompensiert: Produktauswahl, Kochvariation, Reinigungsstandards, Körperpflege.

Da weniger Personen in den Haushalten sind, kann auch weniger Arbeitsteilung stattfinden. Außerdem werden Kinder und Jugendliche, vor allem männlichen Geschlechts, häufig nicht zu Haushaltstätigkeiten herangezogen. Doch die brisante Frage lautet: Wie ungleich ist die Arbeitsteilung zwischen Mann und Frau, wenn man die Gesamtarbeitszeit, -leistung und den Arbeitsertrag heranzieht? Wie immer ist dies nicht nur eine empirische sondern auch eine theoretische Fragestellung. Wenn die Haushaltsmitglieder einen möglichst großen Haushaltsnutzen wünschen, was in der Mehrzahl der Fälle wohl gegeben ist, dann ist in der Regel eine Spezialisierung unvermeidlich. Männer haben nach wie vor im Regelfall eine höhere Markteffizienz, sodass die Dominanz der Frau im Haushaltssektor im Interesse beider Partner ist. Ein Ungleichgewicht der Arbeitsteilung ist somit vor allem in den so genannten Hausfrauenehen zu finden, da die Männer in diesen Ehen den Hauptteil der Gesamtarbeit (Zeit, Ertrag) zu tragen haben (vgl. Hartmann 1998b). Die durchschnittliche Haushaltsgröße hat abgenommen (in England im 17.,18. und 19. Jahrhundert 4 bis 5 Personen, jetzt 3 Personen). Um 1900 lebten in Deutschland noch fast die Hälfte der Menschen in Haushalten mit 5 oder mehr Personen, heute leben über ein Drittel der Menschen in Ein-Personen-Haushalten und etwa ein Drittel in Zwei-Personen-Haushalten.

Anzahl der Personen	*1900*	*1925*	*1950*	*1995*
Eine	7	7	19	36
Zwei	15	18	25	32
Drei	17	23	23	15
Vier	17	20	16	12
Fünf u. mehr	44	33	16	5

Abb. 26: Haushaltsgrößen in Deutschland (altes Bundesgebiet) (in Prozent der Haushalte); Quelle: Statist. Bundesamt, Datenreport 1994; BIB-Mitteilungen 3/96

Ein wichtiger Aspekt, der moderne Menschen und damit moderne Familien kennzeichnet, ist das neue Raumverhalten. Menschen sind viel mobiler, und sie wünschen sich schon als Kinder einen eigenen Raum. Dies zeigt sich statistisch in mehr Ein-Personen-Haushalten, in Kinderzimmern, in räumlicher, aber nicht kommunikativer Trennung der Generationen. Zwar finden sich nur in 5 % der Haushalte drei Generationen, doch „bei Einbeziehung der unmittelbaren Nachbarschaft kommt man auf knapp 20 %“ (Bertram 1999). Bertram (1995) spricht von *multilokaler Mehrgenerationenfamilie* (verschiedene Wohnungen, doch regelmäßige Kontakte). [45]

Die Kernfamilie, also Vater, Mutter und Kinder, ist nach wie vor die dominante Form. In dieser Hinsicht ist in Deutschland nur ein geringer sozialer Wandel festzustellen. „Die Prozentsätze der Kinder, die bei beiden Eltern aufwachsen, liegen gegenwärtig höher oder mindestens genauso hoch wie im Durchschnitt dieses Jahrhunderts“ (Bertram 1995,

[45]Eine Untersuchung von Herlyn u.a. (1998) weist auf die Kontinuität der Großmutterschaft hin. Großmütter leben überwiegend in sozialer Nähe der Enkelfamilien und die meisten übernehmen auch Betreuungsaufgaben.

20). Und „trotz zunehmender Scheidungszahlen sind Ehen niemals langlebiger gewesen als heute“ (Bien 1996, 7).
In 83 % der Familien mit Kindern sind die Eltern verheiratet. 87 % der Kinder unter 18 Jahren leben mit beiden leiblichen Eltern zusammen. Als Ideal gibt die überwiegende Mehrzahl der Deutschen an: Kinder sollen mit den leiblichen Eltern zusammen leben! (vgl. Bertram 1995, 1999) Auch in den übrigen Ländern der EU ist der Wunsch nach Familie und Kind für die überwiegende Mehrzahl der Menschen von zentraler Bedeutung.

In modernen Gesellschaften existiert eine Vielfalt von Familienformen in Hinblick auf

- Familienbildungsprozesse (z.B. durch Geburt, Scheidung etc.) und
- Rollenzusammensetzung (z.B. Ein-Eltern-Familie).

In den letzten Jahrzehnten haben sich folgende Veränderungen ergeben (Daten beziehen sich auf Deutschland):

- mehr nichteheliche Lebensgemeinschaften (die sich allerdings häufiger wieder auflösen oder in Ehen übergehen),
- mehr Ein-Eltern-Familien (19 % von allen Familienformen 1992), vor allem durch Scheidung entstanden,
- mehr Stieffamilien (ca. 6 % d. Kinder).

Historisch gesehen ist dies keine völlig neue Situation, da es schon in früheren Zeiten höhere Anteile solcher "abweichender Formen" gab als heute! (Vgl. Nave-Herz 1998)

Allerdings hat sich innerhalb der EU die Zahl der nichtehelichen Geburten seit 1970 nahezu vervierfacht, wobei große Unterschiede zwischen den Mitgliedstaaten zu verzeichnen sind. In Schweden waren 1992 bereits 50 % der Geburten unehelich, in Griechenland weniger als 3 %. In Deutschland bestehen große regionale Unterschiede: In den westlichen Flächenstaaten liegt die Anzahl unter 20 % (Baden-Württemberg 1998 13 %), in den neuen Bundesländern bei 50 %. In Europa sind im Gegensatz zu den USA nicht primär Verarmung oder soziale Desintegration für die Steigerung der unehelichen Geburten verantwortlich, sondern Wertewandel, regionale Traditionen und Kosten-Nutzen-Erwägungen.[46]

[46] Es gibt auch „junge“ Traditionen, wie sie sich in der DDR gebildet haben.

Die *Eheschließung* erfolgt heute hauptsächlich kindorientiert.

Ehescheidungen treten häufiger bei kinderlosen Ehen und in der nachelterlichen Phase auf. Die Zunahme der Ehescheidungen ist multidi mensional bedingt; ein Faktor ist die Verstädterung. In Städten ergeben sich mehr Gelegenheiten für Alternativerfahrungen zum Ehealltag, und man steht weniger unter sozialer Kontrolle. Auch die Mobilität, vor allem im Berufsleben, ermöglicht mehr Alternativerfahrungen.

Bedeutsam ist, dass die Erfahrungen mit mehr Beziehungen und mehr Trennungen heute in stärkerem Maße selbstbestimmt als früher sind, da früher der Tod einer Beziehungsperson oder andere gewaltsame Eingriffe häufiger waren. Diese Selbstbestimmung gilt freilich nicht für die Kinder, deren Eltern oder Bezugspersonen sich trennen. Durch Trennungen und Scheidungen werden bei vielen Kindern psychosoziale Schädigungen hervorgerufen aber auch neue Sozialkompetenzen gefördert.

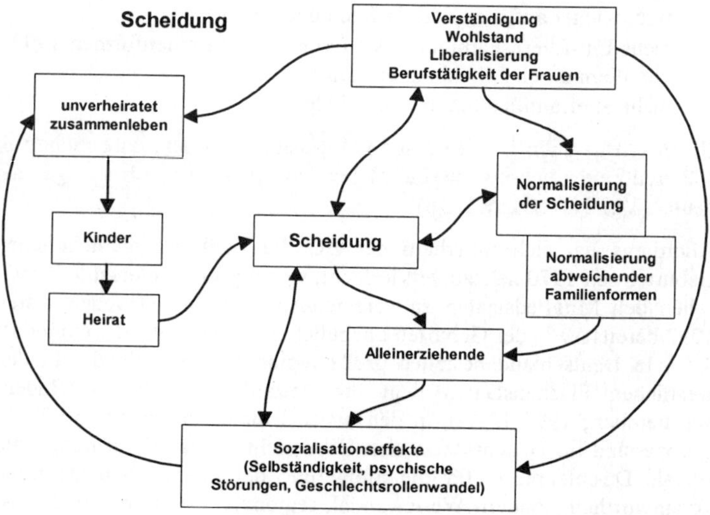

Abb. 27: Gesellschaftliche Bedingungen und Wirkungen von Scheidungen

Das durchschnittliche Heiratsalter ist u.a. auf Grund

- einer wirksameren Geburtenplanung und
- eines höheren Anteils von Frauen mit hohen Bildungsabschlüssen
- und entsprechenden beruflichen Erwartungen

angestiegen.

Frauen und Männer 25–29 Jahre	*Hauptschulabschluss*	*Fachhochschulreife oder Abitur*
verheiratet	64	32
kinderlos	55	85

Abb. 28: Bildung, Heirat und Geburten in Deutschland 1989, in %; Quelle: Strohmeier 1997, 306

In allen Mitgliedstaaten der EU abgesehen von Schweden sind die Geburtenziffern seit den 50er Jahren gesunken. In Deutschland gibt es nur mehr in einem Drittel der Haushalte Familien mit Kindern, in Innenstädten ist der Anteil noch viel geringer!
Es gibt wahrscheinlich das erste Mal in der Geschichte der Menschheit große Kollektive, in denen die Mutterrolle nicht mehr als zentral und unverzichtbar gesehen wird.

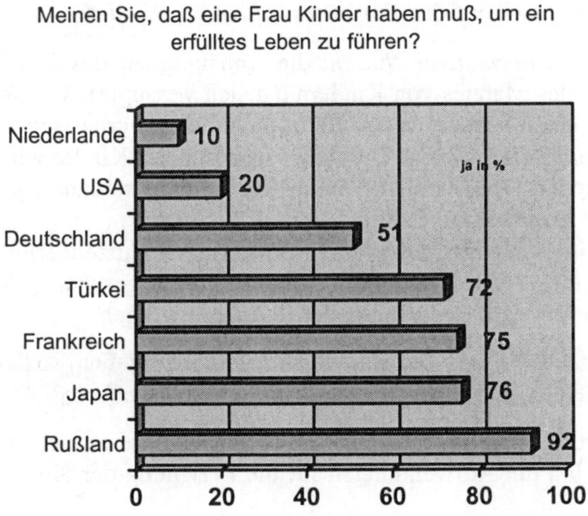

Abb. 29: Bedeutung der Mutterrolle; World Values Survey, 1990–1993

In einer weltweiten Umfrage 1990 war Deutschland gemeinsam mit China und Südkorea in der Spitzengruppe bezüglich der Meinung, dass eine ideale Familie nur 2 Kinder oder 1 Kind haben soll (Inglehart/Basanez/Moreno 1998).

Ideale Familie: höchstens 2 Kinder Befragung 1990	*ja in %*
China	93
neue Bundesländer	83
alte Bundesländer	74
USA	55
Japan	38
Irland	24

Abb. 30: Größe der idealen Familie; Quelle: Inglehart/Basanez/Moreno 1998

Deutsche (alte Bundesländer) und Dänen sind von den ca. 40 untersuchten Nationen am häufigsten der Meinung, dass Kinder für eine gute Ehe nicht so wichtig sind.

Warum ist die Geburtenrate in Deutschland und in anderen europäischen Staaten so niedrig - im Vergleich zu früheren Zeiten und zu den Entwicklungsländern? (vgl. Peuckert 1999, 101 ff)
Eine Antwort bezieht sich auf den *Funktionswandel von Kindern:*

- geringerer *sozial-normativer Nutzen*: die Abhängigkeit des Status der Frau oder des Mannes von Kindern hat sich verringert. Vor allem Frauen können heute über den Beruf ihren Status verbessern.
- geringerer *materieller Nutzen:* Die Arbeitsleistung der Kinder wird durch gestiegenen Wohlstand und durch Alters- und Krankenversicherung nicht mehr benötigt.
- höherer *immaterieller Nutzen*: Trotz des materiellen Nutzenverlustes werden Kinder von den meisten Menschen hoch geschätzt, da sie zentrale emotionale Bedürfnisse der Eltern befriedigen.

Geburtenreduktion ergibt sich folglich, weil sich die materiellen, sozialen und psychischen Kosten von Kindern für Eltern erhöht haben:

- Die Anforderungen an die „Qualität von Menschen" haben sich erhöht. Somit sind die Aufwendungen für die Erziehung der Kinder gestiegen.

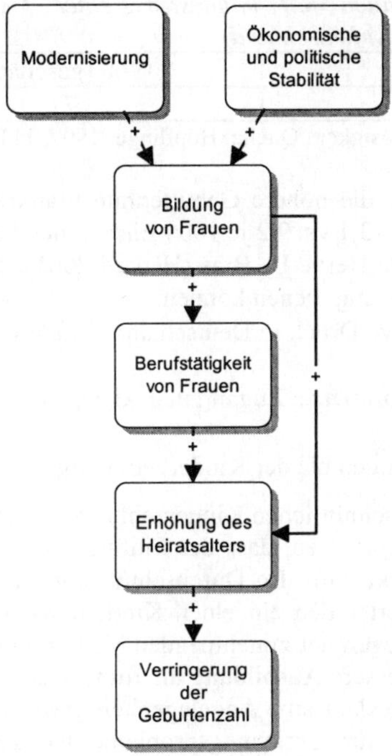

Abb. 31: Bildung, Beruf und Geburtenreduktion

- Aufgabe des Berufs oder Verringerung der Karrierechancen werden von vielen Frauen nicht mehr akzeptiert. Je höher das Bildungsniveau der Frauen ist, umso später heiraten sie und umso älter sind sie bei der Geburt des ersten Kindes (Klein/Lauterbach 1994).
- Es ergibt sich im Vergleich zu früheren Generationen eine hohe subjektive Belastung der Eltern durch Kinder (Erst-Kind-Schock), da die Lebensstile von Jugendlichen und Jungerwachsenen im Widerspruch zu den kindbezogenen Anforderungen stehen.

Trotzdem ist der Kinderwunsch auch bei den meisten kinderlosen Paaren vorhanden! Freilich ist in Deutschland in etwas stärkerem Maße als in anderen europäischen Ländern ein Trend zur Kinderlosigkeit festzustellen.

Prozentanteil der Frauen mit mindestens einer Geburt nach Geburtsjahrgängen (Westdeutschland)	
1940	1960 (geschätzt)
89	77

Abb. 32: Trend zur Kinderlosigkeit; Quelle: Höpflinger 1997, 111

In einer Erörterung über die höhere Geburtenrate Frankreichs gegenüber Deutschland (2000: 13,1 vs. 9,2 je 1000 Einw.) meint der französische Demographieexperte Hervé Le Bras (Hénard 2001), dass u.a. folgende Faktoren zur Erklärung dienen können:

- der stärkere normative Druck in Deutschland (rigide Familien- und Muttervorstellungen)
- Kindergarten und Hortplätze: Zugang und Akzeptanz
- Ganztagsschulen
- Sonstige Erleichterungen bei der Kinderbetreuung.

Der Rückgang der durchschnittlichen Kinderzahl auf inzwischen 1 bis 2 Kinder in der Familie führt dazu, dass der Einfluss der Eltern auf die einzelnen Kinder verstärkt wird. Im Durchschnitt können sich die Eltern mehr und qualifizierter den einzelnen Kindern widmen, als dies früher der Fall war.[47] Wegen der zunehmenden Verbürgerlichung (z.B. haben die Mütter eine bessere Ausbildung als früher) ist die Erziehung der Kinder eine äußerst bedeutsame Angelegenheit geworden. Die Sensibilisierung der Eltern für Erziehungsprobleme hat zugenommen. Manche sprechen sogar von einer Pädagogisierung der Familie oder gar der Gesellschaft.
Kindererziehung ist für Eltern, vor allem für Mütter, energie- und zeitintensiver als früher! Die Ansprüche an Kinderpflege und -erziehung sind gestiegen. Es handelt sich sowohl um gestiegene objektive Anforderungen auf dem Arbeits-, Partnermarkt und auch anderen Märkten, als auch um subjektive Vorstellungen der besser ausgebildeten Mütter und Väter. Von vielen Müttern wird erwartet, dass sie dem Schulkind regelmäßig bei den Schularbeiten helfen, d.h. es findet eine Quasi-Professionalisierung der Mutterrolle statt.

- Für Nur-Hausfrauen ergab sich keine Zeitersparnis in den letzten 50 Jahren, nur eine Verlagerung. Hausfrauen verbringen heute

[47]Die geringe Kinderzahl hat jedoch nicht nur positive Wirkungen. Der mögliche Verlust des einzigen Kindes kann Ängste hervorrufen und übertriebene Fürsorglichkeit (overprotection) begünstigen.

mehr Zeit für Kinderversorgung, Einkaufen und Essenszubereitung. Die Technisierung der Kindererziehung, und vor allem ihre soziale Organisation ist auf niedrigerem Niveau als die anderer Haushaltstätigkeiten.

- Das Eindringen der Massenmedien (vor allem Fernsehen und Computer) in den Haushalten und Kinderzimmern führt zu zusätzlichen Sozialisationsproblemen vor allem für anspruchsvolle, aufstiegsorientierte Mittelschichteltern.
- Im Umfeld moderner Kleinfamilien sind weniger Hilfspersonen für Kinderbetreuung vorhanden als es in früheren Zeiten der Fall war (Geschwister, Verwandte, andere Kinder in der Nachbarschaft etc.). In München sind nur mehr in 6 % der Haushalte Kinder vorzufinden!
- Die strukturelle Arbeitslosigkeit erhöht den Erziehungsstress für Eltern. Denn Schulversagen oder psychosoziale Defizite des Kindes verringern – nach Meinung der meisten Eltern – die künftigen Berufs- und Lebenschancen des Kindes.

Auf Grund dieser Sachlage ergeben sich für Eltern folgende Rollenerwartungen und damit Handlungskonsequenzen:
Institutionalisierung: Kindergarten, Kinderhort und Tagesmütter werden in zunehmendem Maße in Anspruch genommen. In Deutschland ist die institutionelle Hilfe für (berufstätige) Mütter geringer als in den skandinavischen Ländern. In der DDR war diese Hilfe besonders hoch entwickelt.
Organisierung: Der Alltag wird durchgeplant. Das Kind bzw. die Eltern wählen rational abwägend zwischen Optionen. Auch Spielen wird organisiert.
Psychologisierung und *Pädagogisierung*: Vor allem gut gebildete Mütter (und Väter) betrachten ihr Kind mit Expertenblick, beurteilen seinen Entwicklungsstand, die Fördermöglichkeiten, die Defizite, vergleichen mit Standards und stellen Lernprogramme auf. Ein expandierender Markt ist entstanden: Nachhilfeorganisationen, Beratungsstellen, Lernsoftware (vgl. zur Kindererziehung Peuckert 1999, 137 ff).

7.2 Kindheit

Nach Martin Luther sind Kinder „eitel wilde Tiere und Säue in der Welt, die zu nichts nutze sind, denn zu fressen und zu saufen." Die Aussage sollte nicht als Beweis für eine allgemeine Kinderfeindlichkeit Luthers interpretiert werden, doch sie weist auf die Tatsache hin, dass in früheren Jahrhunderten die Erwachsenen Kinder härter und brutaler behandelten und ihnen weniger Zuwendung gaben als heute. Die meisten Kinder starben, bevor sie erwachsen wurden, und die meisten überlebenden verließen schon früh (vor dem 10. oder 12. Lebensjahr) das Elternhaus. Dieses Elternhaus war häufig eine elende, stinkende Hütte, ein Raum, in dem – nicht aus Neigung sondern aus Not – mehrere Menschen mit Tieren zusammenlebten.

Nach Ariès (1975) existierte im Mittelalter keine Kindheit im Sinne einer klar abgegrenzten Lebensphase (Kinder wurden auf Bildern als kleine Erwachsene dargestellt, hatten kein eigenes Spielzeug, gingen nicht in die Schule, mussten früh arbeiten).

Zweifellos geht es Kindern heute in den Industriestaaten besser als in früheren Zeiten. Doch in einem wichtigen Bereich zeigt sich Kontinuität. Kinder mussten früher fremdbestimmt arbeiten und müssen dies auch heute. Es handelt sich um einen Übergang von der körperverbrauchenden Kinderarbeit, in der Regel im agrarischen Bereich, zur kompetenzfördernden Kinderarbeit im Rahmen von Erziehungsinstitutionen (Schule). Die Kinderarbeit im agrarischen Bereich wurde jahrhundertelang als selbstverständlich angesehen. Sie ist auch heute noch in vielen Entwicklungsländern verbreitet. Eine Minderheit der europäischen Kinder im 18. und 19. Jahrhundert musste nicht auf dem Feld, sondern in der Fabrik arbeiten. Gerade diese neuartige Art der Kinderarbeit hat dann zu einer moralischen und schließlich auch rechtlichen und gesellschaftlichen Ablehnung der Kinderarbeit beigetragen, wobei nicht zuletzt militärische und nationalstaatliche Gründe (gesunde und verständige Soldaten als Ideal) den Ausschlag gaben.

Wird Kindheit in Zukunft zum „sozialen Problem"? Die Menschen werden immer zivilisierter und die Säuglinge beginnen noch immer als „Wilde". Parsons hat es einmal als die „barbarische Invasion der Neugeborenen" (Parsons 1951, 208) bezeichnet. Kinder sind zu einer Minderheit geworden, sie sind auffällig, sowohl im positiven als auch im negativen Sinn. Ihr Anteil an der deutschen Bevölkerung wird wahrscheinlich weiter abnehmen. Verschwinden der Kindheit?
Der Ausdruck wurde in einer anderen Bedeutung in die öffentliche Diskussion eingeführt:

Verschwindet die Kindheit durch den Einfluss der Medien (Postman)?
Fernsehen und andere Massenmedien eröffnen Kindern einen umfassenden Zugang zur Erwachsenenwelt. Die „Geheimnisse" der Erwach-

senen werden frühzeitig entlarvt. Doch Kinder werden dadurch nicht zu Erwachsenen. Ganz im Gegenteil wurde Kindheit gerade über die Massenmedien und die erweiterten Konsummöglichkeiten als Phase ausgebaut, so dass eher die Alternativthese richtig ist: Kinder stehen in zunehmender Distanz zu Erwachsenen, sie leben in einem Subkulturbereich – der freilich konzeptionell von Erwachsenen (Managern, Designern, Stars etc.) gestaltet wird. Doch Kinder verfügen jedenfalls über mehr Wahlmöglichkeiten als früher und ihre Macht in den Familien hat zugenommen.

Kinder sind in modernen Gesellschaften für viele Familien und vor allem für Frauen ein schwer wiegender Kostenfaktor (vgl. Vetter 1999; Peuckert 1999, 301 ff). „Es gibt viele Methoden, sich dauerhaft zu ruinieren", meint etwa Hellmut Puschmann, der Präsident des Deutschen Caritasverbandes, „in Deutschland von 1998 ist eine der erfolgversprechenden die Gründung einer mehrköpfigen Familie." (Die Zeit, 28.11.97, 43)
Viele Frauen, die vor allem auf Grund der Kindererziehung nicht oder nur teilweise berufstätig waren, werden im Rentenalter dadurch ökonomisch benachteiligt.

Kinder heute: Thesen

1. Kinder werden seltener. Was seltener wird, steigt in der Wertschätzung. Kinder sind Ressourcen, Kapital.
2. Kinder werden ideologisch aufgewertet, da (vor allem die deutsche) Bevölkerung in Zukunft wahrscheinlich abnehmen wird.
3. Kinder werden zunehmend als ökonomische Belastung empfunden. Ihre Funktionen, als billige Arbeitskräfte und als Risikoabsicherung für Krankheit und Alter der Eltern zu dienen, haben sie weitgehend eingebüßt. Wie ist diese These 3 mit These 1 zu vereinbaren?
4. Durch die Intimisierung, Psychologisierung und Emotionalisierung der Familie sind auch die Kinder diesen Prozessen unterworfen.
5. Kinder haben auf Grund der Erosion der Traditionen und der Verkleinerung der Familien in zunehmendem Maße die soziale Funktion der Erhaltung familiärer Strukturen.
6. Kinder müssen einen Teil der psychischen und sozialen Kosten tragen, die sich durch die Individualisierung und Emanzipation der Erwachsenen ergeben, z.B. bei Trennungen und Scheidungen.

7. Kinder werden wie Erwachsene individualisierter. Daraus ergeben sich größere Schwierigkeiten für Lehrer, die Gruppen unterrichten – und für die Kinder.
8. Kinder emanzipieren sich wie andere gesellschaftliche Gruppen, die unterprivilegiert sind. Sie erhalten mehr Rechte und mehr Macht.
9. Es entstehen spezifische Märkte für Kinder und Jugendliche. Dadurch können Kinder hochwertige Konsumentenrollen übernehmen. Sie werden unabhängiger von den Eltern und anderen Erwachsenen in ihrer Umgebung – aber abhängiger vom ökonomischen System, von den Medien und von der Kinder- und Jugendsubkultur.

Ganz offensichtlich ist Kindheit eine soziale Konstruktion und nicht eine natürliche Gegebenheit. Sie wandelt sich gemeinsam mit den sozialen, politischen und technischen Strukturen, wobei wahrscheinlich der sinkende Anteil an Kindern in den westlichen Staaten einen bedeutsamen Einfluss haben wird. Die Rationalisierung und Ökonomisierung der Kinderproduktion und -aufzucht wird voranschreiten. Ein privatwirtschaftlich ausgerichteter Markt, teilweise mit staatlicher Subventionierung, wird sich diesen Problemlösungen widmen.
Zwar steht hier die Situation der westlichen Industriegesellschaften im Zentrum der Erörterung, doch man sollte sich erinnern, dass Millionen Kinder weltweit auf der Straße leben, Waisen sind, wie Sklaven gehalten werden und unterernährt sind – ohne dass diese Misere kurz- oder mittelfristig behoben wird.

7.3 Jugend[48]

In vielen einfachen Gesellschaften gab es nur eine Kind- und eine Erwachsenenphase. Durch Initiationsriten wurde man vom Kind zum Erwachsenen befördert. In modernen Gesellschaften folgt nach der Kindheit die Jugend. Beginnt die Jugend mit der Pubertät? Viele Kinder treten schon frühzeitig in die Jugendphase ein, was nicht nur durch Akzeleration (Vorverlegung der sexuellen Reife, Zunahme der Körpergröße), sondern auch durch den Einfluss der Medien und eine Liberalisierung der Erziehung bedingt ist. Durch die Verlängerung der Schul- und Berufsausbildung bleiben viele auch noch nach dem 20. Lebensjahr Jugendliche.

---

[48] Einen Überblick zur Soziologie des Jugendalters gibt Schäfers (1998).

Die Jugendphase hat sich in den letzten Jahrzehnten verlängert, sie beginnt früher, da die Kindheit sich durch Medien- und Konsumerfahrungen verkürzt hat, und endet später.

Gesetzlich ist die Jugendphase kurz, sie liegt zwischen dem 14. und 18. Lebensjahr, doch soziologisch ist diese Bestimmung unzureichend. Für empirische Untersuchungen wird unter Jugend meist die Altersgruppe zwischen 13 und 25 Jahren verstanden.
Nach einem soziologischen Definitionsvorschlag gilt die Jugendphase als abgeschlossen, wenn die soziale und personale Identität ausgeprägt und stabilisiert ist, wobei folgende Kennzeichen verwendet werden:

1. abgeschlossene Berufsausbildung,
2. kontinuierliche Berufstätigkeit,
3. Heirat,
4. das erste Kind.

Gegen diese Definition von Jugend und Erwachsenenalter werden viele Einspruch erheben, denn es gibt eine große Gruppe von Menschen, die trotz fortgeschrittenem biologischem Alter nicht über alle diese Kennzeichen verfügen. Vor allem bestehen durch die hohe Arbeitslosigkeit soziale Hindernisse, kontinuierlich berufstätig zu sein. Und die abgeschlossene Berufsausbildung kann schnell entwertet werden, sodass eine berufliche Weiterbildung notwendig wird. Man wird dann wieder Schüler. Außerdem nimmt der Anteil der kinderlosen Erwachsenen zu. Und ist eine allein erziehende ledige arbeitslose Mutter nicht erwachsen? Erwachsenwerden ist also ein Prozess und ein Begriff, der zur Disposition steht. Jugend und Erwachsensein sind in modernen Gesellschaften nicht mehr eindeutig abgegrenzt. Jugend ist ein hoher Wert – man spricht von einem Jugendkult, vor allem in den Medien. Die meisten möchten jung und jugendlich bleiben und doch über alle Privilegien des Erwachsenen verfügen. So ist es nicht verwunderlich, dass viele Menschen gleichzeitig Zeichen der Erwachsenenwelt und der Jugend zeigen (Professoren in Jeans und mit langen Haaren/Junge Bankangestellte im grauen Anzug, mit Krawatte und Diplomatenkoffer).
Es gibt viele jugendsoziologische Theorien (vgl. Griese 1987). Hier sollen die drei bereits bekannten Master-Ansätze zu Wort kommen.
Nach einer *funktionalistischen* Perspektive (Eisenstadt 1966) waren in einfachen Kulturen (Stammesgesellschaften) alle Mitglieder in Verwandtschaftsbeziehungen eingeordnet. Altersübergänge wurden durch Initiationsriten markiert. In modernen Gesellschaften stehen die Kinder und Jugendlichen einer Vielfalt von Institutionen und Organisationen

gegenüber. Altershomogene Gruppen (peer groups) dienen der Überbrückung und Vermittlung zwischen Familie, Schule, anderen Organisationen, Medien usw. Sie haben also Integrations- und Solidaritätsfunktionen.

Nach einem marxistischen *Konfliktansatz* stehen sich Klassen gegenüber, so daß Jugend und andere Altersgruppen als solche nebensächlich sind. Doch man kann auch einen generationsspezifischen Konfliktansatz betrachten. Zwischen der Generation der Männer, die für das Funktionieren des Nationalsozialismus verantwortlich waren, und ihren Kindern entstand ein historisch gewachsener Konflikt. Ein Teil der Jugend kann auch durch Arbeitslosigkeit oder Entfremdung gegenüber dem politischen System in einen Konflikt mit herrschenden Gruppen getrieben werden.

Ein *interaktionistischer* Ansatz ist in besonderem Maße geeignet, jugendspezifische Einstellungen und Verhaltensweisen zu erklären. Da sich im Konsum- und Medienbereich immer mehr kulturelle Angebote für junge Menschen finden, entstehen eigene Symbolsysteme und Interaktionsformen, die zur Abgrenzung gegenüber anderen Altersgruppen führen. Die eigenen und fremden Ansprüche an die Ausbildung einer personalen Identität sind gestiegen, was ebenfalls interaktionistische Studien notwendig macht.

Generationsunterschiede sind Lebensweltunterschiede. Vorurteile über die Jugend sind häufig anzutreffen. Männliche Jugendliche (der Unterschicht) würden zu Aggression und Kriminalität neigen, junge Menschen würden wenige Bücher lesen, wären abhängig vom Fernsehen und von Computern.[49]

Die meisten Jugendlichen sind Konformisten, d.h. sie verfolgen in ihrer Lebensplanung gesellschaftlich anerkannte Ziele, was auch von einer neuen deutschen Jugendstudie (Klingler/Feierabend 1998) belegt wird:

- Spaß und Freizeit haben
- Viel Geld verdienen
- Eine eigene Familie gründen.

Die strukturellen sozialen Probleme der Jugend sind folglich Ausbildungsmängel und Arbeitslosigkeit.[50]

---

[49] Nur durch empirische Untersuchungen können die tatsächlichen Einstellungen und Verhaltensweisen von jungen Menschen erhoben werden, z.B. durch die von Shell finanzierten Jugendstudien (vgl. Fischer/Fuchs-Heinritz/Münchmeier 2000).

[50] Zum Thema „Jugend als soziales Problem“ vgl. Griese 1999.

7.4 Alter[51] und die demographische Situation

Malthus († 1834) vertrat die Ansicht, dass die Nahrungsmittel sich nur in arithmetischer Reihe (1,2,3,4...) vermehren ließen, die Bevölkerung dagegen in geometrischer Reihe (1,2,4,8....) wachsen würde. Hungersnöte und Massenelend seien unvermeidlich, späte Eheschließung und sexuelle Enthaltung könnten Linderung bringen.

In Zusammenhang mit der Industrialisierung kam es in Europa zu einem *demographischen Übergang*. Zuerst sanken die Sterberaten, aber nicht die Geburtenraten. Folglich verdreifachte sich die Bevölkerung Europas im 19. Jahrhundert. Im letzten Drittel des 20. Jahrhundert kam es zu einer so starken Absenkung der Geburtenrate, dass in einzelnen Ländern Europas, wie in Deutschland, die Bevölkerungszahl ohne Zuwanderung kontinuierlich sinken würde. Diese Problematik wird sich im 21. Jahrhundert verschärfen.
Doch weltweit ist die Lage gänzlich anders. Die meisten Europäer werden dem Satz zustimmen: Die Erde ist übervölkert. Das weltweite Bevölkerungswachstum hat im 20. Jahrhundert dramatische Ausmaße angenommen, wobei inzwischen eine relative Abnahme der Geburtenraten auch in vielen Entwicklungsländern feststellbar ist. Vor allem China hat erstaunliche Fortschritte gemacht: die Geburtenrate wurde auf 18 pro Tausend gesenkt (in Afrika ist die Rate im Durchschnitt 41 pro Tausend, in Deutschland 9,2).

Übervölkerung wird heute teilweise mit der Überschreitung der Tragfähigkeit eines Gebiets oder Ökosystems begründet. Allerdings gibt es für Tragfähigkeit auf Grund des wissenschaftlich-technisch-ökonomischen Fortschritts kein festes Maß. Doch die Zerstörung vieler Ökosysteme, die Übernutzung von Böden, die Knappheit an lebenswichtigen Ressourcen, wie Wasser, sind in verschiedenen Gebieten der Erde Tatsachen.
Vor einigen Jahrzehnten, vor allem seit der Entwicklung der Anti-Baby-Pille wurden in verschiedenen Entwicklungsländern Programme installiert, die die Bevölkerung von einer Verringerung der Kinderzahl überzeugen sollten. Viele dieser Programme erlitten Schiffbruch, weil es für arme Familien durchaus rational war, viele Kinder zu haben. Einige starben, die überlebenden benötigte man, um selbst, wenn man älter wurde, zu überleben. Man spricht von einer Diskrepanz zwischen

[51] Prahl und Schroeter (1996) können zur Einführung in die Soziologie des Alterns herangezogen werden.

individueller und kollektiver Rationalität. Das individuell rationale Verhalten führt zu einer Verschlechterung der kollektiven Situation. Inzwischen hat sich bei Experten die Erkenntnis durchgesetzt, dass nicht isolierte Programme zur Geburtenkontrolle, sondern Systemansätze Erfolg versprechend sind: Verbesserung der Ausbildung, Ausbau des Gesundheitssystems, Projekte zur Verbesserung der ökonomischen Selbstständigkeit von Frauen usw. In vielen Ländern sind bereits eindeutige Erfolge eines solchen Ansatzes feststellbar: verringerte Kindersterblichkeit und reduzierte Geburtenrate.

Alter ist neben Geschlecht eine universale Kategorie, wobei biologische und soziologische Aspekte getrennt betrachtet werden sollten. Man kann also von *biologischem* (physischem) und *sozialem Alter* sprechen.

Sozial ist man umso älter, je weniger wichtige Positionen und Rollen man einnimmt und je mehr man von anderen Personen für alt gehalten wird. Sozial alt sind in modernen Gesellschaften Personen, die nicht mehr berufstätig sind, die nicht mehr für Kinder sorgen und die keine wichtigen hoch geschätzten Rollen mehr spielen. Die meisten Menschen versuchen, nicht nur physisch jung zu bleiben, sondern auch ihren sozialen Altersprozess zu bremsen.
Eine Möglichkeit, im privaten Rahmen soziale Anerkennung als alter Mensch zu erlangen, ist die Rolle der Großmutter und des Großvaters gut zu spielen (vgl. Herlyn u.a.1998). Die Chancen, diese Rollen zu übernehmen, sind heute übrigens größer als vor 200 oder mehr Jahren, obwohl es weniger Kinder gibt!

Alter wird kulturell und gruppenspezifisch unterschiedlich definiert. Als Leistungssportler oder als Model ist man mit 30 bereits „zu alt“, dagegen als chinesischer Politiker oder als Kardinal erst mit 90. In den Zukunftsberufen, z.B. im Informatik- und Multimediabereich, ist man teilweise schon mit 45 oder 50 „zu alt“. Wenn man ein anerkannter Künstler ist, dann ist man nie „zu alt“. Und Mozart ist ewig jung geblieben, weder während seines Lebens noch postmortal gealtert.

In allen Kulturen waren Menschen, die über 60 Jahre alt waren, selten. Nur in modernen hoch entwickelten Industriestaaten wird diese Gruppe immer größer. Eskimos litten immer unter Knappheit an Ressourcen für das Überleben. Wenn jemand zu alt und zu unproduktiv wurde, dann wurde von der Person erwartet, dass sie sich selbst opferte – sich auf einer Eisscholle ins Meer treiben ließ oder in den Schneesturm hinausging. Moderne reiche Industriestaaten dagegen fordern nicht das

Selbstopfer alter Menschen, da sie die Ressourcen nicht nur für die Existenzsicherung, sondern darüber hinaus für zusätzliche Dienstleistungen zur Verfügung stellen können.

Ein wichtiger Aspekt betrifft die Institutionalisierung des Alters. In manchen Kulturen wurden einer Elite alter Männer, seltener auch alter Frauen, besonders wichtige Führungsaufgaben zugeschrieben. Doch ebenso wurden alte Menschen in vielen traditionalen Kulturen negativ bewertet und entsprechend behandelt (Prahl/Schroeter 1996, 42 ff). In modernen Gesellschaften fand eine neue Form der Institutionalisierung des Alters statt: Ende der Berufstätigkeit, Pensionierung, Rente, Pflegeversicherung, Medikalisierung etc.

Nach Tews (1993) kann man den Strukturwandel des Alters mit fünf Konzepten beschreiben:
Verjüngung: Durch Arbeitslosigkeit usw. werden schon jüngere Menschen als sozial alt eingestuft. Andererseits gelten gut situierte Menschen, z.B. in professionellen Berufen, auch mit 60 oder 70 noch als jung.
Entberuflichung: Im Vergleich zu früheren Zeiten verlassen viele Menschen lange Zeit vor ihrem physischen Ende ihren Beruf.
Feminisierung: Der Frauenanteil steigt mit dem Alter.
Singularisierung: Zunahme von Ein-Personen-Haushalten im Alter.
Hochaltrigkeit: Die Anzahl der Hochaltrigen, d.h. der über 95- oder 100-jährigen, wird in Zukunft steigen und damit ergibt sich auf Grund der hohen Erkrankungswahrscheinlichkeit und Pflegebedürftigkeit ein steigendes Problempotenzial.

	Bevölkerung in Millionen	*Alter*	*in*	*%*
		0–15	*15–65*	*65 +*
1871	20 Mio.	32	63	5
1950	51 Mio.	23	68	9
1986	61 Mio.	15	70	15
*2020**	55 Mio.	14	64	22

* Schätzung nach United Nations (ed.), World Populations Prospects 1988, New York 1989

Abb. 33: Altersstruktur Deutschlands; Quelle: Gesellschaftliche Daten 1982; Statistische Jahrbücher (Daten beziehen sich auf das Gebiet der Bundesrepublik Deutschland vor der Wiedervereinigung)

In den hoch industrialisierten Staaten, vor allem in Deutschland, hat der Anteil der alten Menschen an der Bevölkerung stark zugenommen und wird weiter zunehmen. Um 1870 betrug der Anteil der unter 15-jährigen an der Gesamtbevölkerung Deutschlands 32 % und der über 65-jährigen 5%, 1986 waren die Anteile der beiden Altersgruppen gleich groß (jeweils ca. 15 %). Im Jahre 2020 wird jeder vierte oder fünfte Bundesbürger über 65 Jahre sein.

Bei einer grafischen Darstellung der Bevölkerungsentwicklung Deutschlands in den letzten 150 Jahren, kann man eine Veränderung von der *Pyramide* (viele junge Menschen an der Basis) zum *Pilz* (der Fuß repräsentiert die wenigen jungen Menschen und der Kopf die vielen alten Menschen) feststellen. Für die Menschheit insgesamt bleibt mindestens bis zur Mitte des 21. Jahrhunderts die Pyramide bestimmend. Erst dann werden sich die abnehmenden Geburtenzahlen in der Weltbevölkerungsstruktur merkbar zeigen.

Alte Menschen lebten im 19. Jahrhundert in Deutschland keineswegs generell mit ihren Kindern zusammen. In den höheren Schichten lebten sie oft bei anderen Verwandten, also nicht bei ihren Kindern. Viele alte arme Menschen wohnten in den Städten in Untermiete, in den Landgebieten oft bei ihren früheren Arbeitgebern in kleinen Kammern (Nave-Herz 1998, 296 ff). Heute leben in westlichen Industriegesellschaften in den meisten Fällen ein altes Paar oder eine alte Frau allein in einer Wohnung. 1995 hatten in Deutschland nur 7 % der alten Menschen mit Kindern und/oder Enkeln einen gemeinsamen Haushalt, während dies in Japan noch für über 50 % der alten Menschen der Fall war (Prahl/Schroeter 1996, 64). Doch – wie schon gesagt – kann man in Deutschland von einer multilokalen Mehr-Generationen-Familie sprechen. Nur ca. 6 % der über 65-jährigen befinden sich in Heimen. Die meisten pflegebedürftigen alten Menschen werden von Familienmitgliedern versorgt. In Zukunft werden allerdings mehr alte Menschen aus dem familiären Netz fallen, da der Anteil der kinderlosen Menschen ansteigt.

Auf Grund einer *funktionalen* Perspektive ist ein Rückzug der alten Menschen aus den zentralen produktiven Bereichen der Gesellschaft wünschenswert: disengagement (Loslassen). Beschleunigter sozialer Wandel und globale Konkurrenz machen es erforderlich, dass junge, modern ausgebildete und dem Zeitgeist (den Technologien) nahe stehende Menschen die Produktion gestalten. Dies kann freilich auch zu einem Verlust von Humankapital, Marginalisierung (Randständigkeit) und sozialem Sterben (Vereinsamung und soziale Missachtung) führen, folglich hohe ökonomische und soziale Kosten verursachen.

Im Rahmen einer *interaktionistischen* Sichtweise wird man sowohl Rückzug (disengagement) als auch Aktivität bei alten Menschen diagnostizieren. Empirische Forschungen zeigen, dass alte Menschen, die sehr aktiv sind, auch zufriedener sind. Die Möglichkeiten zu Aktivitäten hängen freilich von körperlichen, ökonomischen, sozialen und kulturellen Ressourcen ab, Aspekte, die für eine *Konfliktperspektive* geeignet sind. Denn um Ressourcen wird gekämpft, die Interessen verschiedener Altersgruppen, Kohorten, Generationen, Berufsgruppen und ethnischer Gemeinschaften sind betroffen. Ein Teil der alten Menschen der Unterschicht lebt auch in den reichen Industriestaaten in ökonomischer und sozialer Armut. Viele werden frühzeitig ins soziale Abseits gestoßen, wenn sie in Dauerarbeitslosigkeit verharren oder durch Krankheit, Behinderung und Armut an der gesellschaftlichen Partizipation gehindert werden. Ein Teil der alten Menschen wird diskriminiert, unterprivilegiert und von vielen stereotyp betrachtet. Vor allem alte Frauen leiden dann an dem doppelten Vorurteil (Stereotyp), im Englischen mit ageism und sexism bezeichnet.

Ein Teil der alten Männer dürfte in besonderem Maße unter der (sozialen) Abwertung leiden. Dies könnte man auf Grund der hohen Selbstmordrate dieser Gruppe schließen (das Vier- bis Fünffache der Rate der alten Frauen). Eine Erklärung wäre der für einen Teil der Männer dramatische Statusverlust im Alter. Die berufliche Identität ist bei diesen Männern vielleicht allzu stark mit der personalen Identität verbunden. Männer werden zwar im Allgemeinen durch die geschlechtsspezifischen stereotypen Zuschreibungen begünstigt, doch im Alter werden sie dadurch auch besonders belastet. Eine alte Frau kann schwach, krank und abhängig sein, dies verträgt sich mit ihrer Geschlechterrolle, doch für den Mann führt es eher zu einem inneren Konflikt und zu einer Rollenkrise.

Möglicherweise wird es in den nächsten 30 Jahren zu Generationskonflikten kommen, da die Überalterung und die steigenden Erwartungen der Gesellschaftsmitglieder, auch der alten Menschen, die ökonomische Belastung der Berufstätigen vergrößern wird. Die produktiven Menschen müssen die Kinder und die Alten ernähren. Und heute und in Zukunft benötigen Kinder und alte Menschen viel mehr Ressourcen für ihr soziales und kulturelles Überleben, als dies in traditionalen Kulturen der Fall war. Die Berufstätigen sind allerdings auch viel produktiver, als sie es jemals waren; die Pro-Kopf-Produktivität wird in den Industrieländern weiter steigen.

Doch das Gesundheitssystem wird weiter belastet werden. Die absolute Anzahl der Pflegefälle und der chronisch Kranken wird anwachsen. Da außerdem zusätzliche teure kurative Maßnahmen am medizinischen Markt angeboten werden (z.B. durch die Fortschritte der Biotechnologie), ergibt sich eine weitere Kostenexplosion, wenn tatsächlich die meisten Bedürftigen in den Genuss dieser medizinisch-technischen Neuerungen kommen sollten. Somit werden sich Selektionsprobleme und Auseinandersetzungen zwischen Interessengruppen verschärfen.

Welcher *Konfliktansatz* ist dieser Situation angemessen?
Der Konflikt zwischen Alten und Jungen könnte ein Oberflächenphänomen sein.

Geht es nicht tatsächlich um den Hauptkonflikt der Moderne: die ökonomisch Mächtigen gegen die ökonomisch Ohnmächtigen?

Die jungen und alten Menschen der oberen Schichten werden von der künftigen angespannten Haushaltslage der Staaten wenig betroffen werden. Dagegen zeigt sich bei den Kindern der untersten Schichten schon jetzt, dass die Benachteiligung sich verstärkt. Diese Gruppe ist jedoch politisch ohnmächtig. Während die alten Menschen der oberen Schichten alle Vorteile der wissenschaftlichen, technischen und ökonomischen Entwicklung genießen werden, wird diese Gruppe der Unterschichtkinder weiter in Armut versinken.

Doch auch in der Gruppe der alten Menschen wird es zu einer weiteren Polarisierung kommen: einer privilegierten, mit Hightech gestützten Gruppe wird auch in den Industriestaaten eine arme, ökonomisch, sozial und gesundheitlich schlecht gestellte Gruppe gegenüberstehen, d.h. Klassenkonflikte werden wieder stärker aufbrechen.

8 Geschlecht, Sexualität und Liebe

Man kann zwischen biologischem (sex) und sozialem (gender) Geschlecht unterscheiden.

In verschiedenen Kulturen wurden in Einzelfällen genetische Männer als soziale Frauen angesehen und umgekehrt. Allerdings wurde in allen Kulturen in der Regel von biologisch definierten Männern oder Frauen erwartet, dass sie die vorgesehenen sozialen Geschlechterrollen spielen. Wenn sie das nicht taten, mussten sie mit Strafen rechnen.
Es gibt genetische Unterschiede zwischen den Geschlechtern, die Verhaltenswahrscheinlichkeiten betreffen (z.B. Aggressivität). Sowohl bei Primaten als auch bei Menschen wurden positive Zusammenhänge zwischen der Menge des Hormons Testosteron und der Aggressivität festgestellt. Doch es handelt sich nicht um eine einseitige Kausalbeziehung. Wird die Dominanz auf sozialem Weg erhöht, wenn z.B. ein Tier oder ein Mann Chef der Gruppe wird, dann erhöht sich auch die Testosteronmenge in diesem Tier oder Mann.

Für fast alle geschlechtstypischen Verhaltensweisen gilt jedenfalls, dass die Variation innerhalb eines Geschlechts größer ist als der durchschnittliche Unterschied zwischen den Geschlechtern (vgl. Basow 1992, 67 ff; Alfermann 1996).

Die Sozialisation, also die kulturelle und soziale Prägung, ist im Vergleich zur genetischen Bestimmung für tatsächliche Verhaltens- und Einstellungsunterschiede in allen wichtigen Dimensionen der bedeutsamere Faktor.

Wie sind aus den „kleinen" genetischen Unterschieden in der kulturellen Entwicklung „große" Unterschiede geworden?

Männer sind im Durchschnitt physisch stärker als Frauen und haben, wenn Frauen schwanger sind oder ihre Kinder pflegen und betreuen, machtbezogene Vorteile gegenüber den Frauen; sie sind beweglicher und können damit Kraft und Schnelligkeit erfordernde Aufgaben kontinuierlich wahrnehmen. Außerdem gibt es eine größere Anzahl stark aggressiver Männer als stark aggressiver Frauen. Diese kleinen biologischen Unterschiede führten im Laufe der kulturellen Entwicklung zu kumulativen Wirkungen, wurden von machtorientierten Männergruppen ausgebaut, die dann sowohl die Frauen als auch die Mehrzahl der Männer beherrschten. Vor allem in Kulturen und Gesellschaften, in de-

nen militärische Auseinandersetzungen eine bedeutsame Rolle spielten, wurden herrschaftsbezogene Geschlechtsunterschiede verstärkt.
Wenn es zu Auseinandersetzungen um Territorien oder Ressourcen kam, dann war eine erfolgreiche Kriegführung für die kulturelle Gruppe überlebensentscheidend. Wenn Männer die Kontrolle über Frauen hatten und diese dann zum Tausch verwenden konnten, waren sie im Vorteil gegenüber anderen Gruppen, die diese Ressourcen nicht zur Verfügung hatten. Wenn die Vererbung des Eigentums über den Vater erfolgte und wenn die Frau in den Haushalt des Mannes ziehen musste (Patrilokalität), führte dies zu einer dauerhaften Absicherung der männlichen Dominanz.
Harris (1991) zeigt jedoch, dass eine aufwändige Kriegführung in Kombination mit Matrilokalität[52] auch zur Stärkung der Frauenrollen beitragen kann. Bei den Irokesen übernahmen ältere Frauen zentrale Aufgaben, wenn die Männer – oft monatelang – auf Kriegszug waren. Wenn diese Krieger zurückkehrten, standen sie einer gut funktionierenden Gemeinschaft gegenüber und waren zwar in der Kriegergruppe doch nicht in der Heimgruppe gut integriert. Sie waren auch bezüglich der Zuteilung von Nahrungsmitteln und anderen Gütern von den Frauen abhängig.
Auch die Partnerwahl der attraktiven Frauen hat die Männerherrschaft gestärkt. Da die attraktiven Frauen primär starke und aggressive Männer als Geschlechtspartner gewählt haben, wurden diese und damit auch die entsprechenden Eigenschaften aufgewertet und begünstigt.
Die Unterdrückung der jungen Frauen wurde und wird in vielen Kulturen von den alten Frauen aktiv unterstützt. Sie haben diese Repression ebenfalls erlitten und dürfen nun in den Initiationsriten beim Quälen der jungen Frauen selbst mitwirken (z.B. Genitalverstümmelung). Außerdem werden die Fesselungen der Frauen im Alter gelockert (Verschleierung, Redeverbot etc.), eine Privilegierung der alten Frauen, die ihren Konformismus stützt.
Männer und Frauen erhielten in allen Kulturen spezielle Aufgabenbereiche.

Murdock (1949) verglich über 200 vorindustrielle Kulturen und fand heraus, dass Jagd und Kriegführung den Männern und Kinderaufzucht und Kochen den Frauen zugeordnet wurden.

[52]Matrilokalität: Der Mann zieht nach der Heirat in den Haushalt der Eltern der Frau.

Dagegen ergab sich bei allen anderen Tätigkeiten keine eindeutige dominante geschlechtsspezifische Zuschreibung.
Frauen wurden in den meisten Hochkulturen von Männern kontrolliert. Die Kinder wurden meist patriarchalisch orientierten Clans zugewiesen. Die Sexualität der Frauen wurde überwacht und kulturell „beschnitten". In manchen afrikanischen Ländern wird auch heute noch Mädchen die Klitoris herausgeschnitten. In Afghanistan müssen junge Frauen völlig verschleiert in der Öffentlichkeit erscheinen, d.h. kein Körperteil darf direkt sichtbar sein. Die Grundlage solcher Bräuche ist wahrscheinlich die Annahme, dass dadurch das Risiko des Mannes, dass seine Frau von einem anderen Mann ein Kind bekommt, verringert wird. Auch die Bewegungskontrolle der Frau (Beschränkung auf bestimmte Räume, enge Kleidung und Schuhe zur Verhinderung des Laufens etc.) oder Verbote, an bestimmten öffentlichen Orten zu erscheinen, sind Schutzmaßnahmen im Interesse der männlichen Besitzer der Frauen.
In China wurde es früher für richtig gehalten, dass Frauen beim Lächeln nicht die Zähne und beim Gehen nicht die Füße zeigen.

„In manchen Gesellschaften, z.B. koreanischen, balinesischen und chinesischen, lockern sich die strikten Verhaltensschranken der Frauen in höherem Alter. Nach der Menopause werden sie nicht mehr als sexuelle Wesen gesehen und dürfen dann in allen Spielarten des Humors, auch den obszönen, mit Männern konkurrieren." (Kotthoff 1996, 155)

Im 18. und 19. Jahrhundert wurden bestimmte Unterschiede zwischen Frauen und Männern in Schriften und im Alltagsverständnis der oberen Schichten betont: Männer wurden als rational, ökonomisch kompetent, politisch verständig und außenorientiert angesehen, Frauen dagegen als emotional, haus- und familienbezogen (vgl. Hausen 1976). Diese Stereotypen wurden durch eine Veränderung der Gesellschaft bewirkt bzw. begünstigt. Die Familie und das „Haus" verloren vor allem durch die Industrialisierung Produktionsfunktionen, die ausgelagert wurden. Männer arbeiteten zunehmend außerhalb des häuslichen Bereiches und Frauen blieben auf den häuslichen und familiären Bereich beschränkt. Durch die Trennung von Heim und Arbeitsstätte wurde folglich die Fixierung der Frauen auf Hausarbeit begünstigt, was sich auch heute noch für die berufstätigen Frauen auswirkt: Doppelbelastung.
Doch nicht nur Aspekte der Geschlechterpolarisierung sondern auch die Emanzipation der Frauen sind im 18. und 19. Jahrhunderts verankert, denn Emanzipationsbewegungen (Bauern, Sklaven, Frauen, unterdrückte ethnische Gruppen) sind im Kontext der Aufklärung, der französi-

schen Revolution, der Industrialisierung und der Modernisierung einzuordnen.
In den USA entstand in der ersten Hälfte des 19. Jahrhunderts eine Frauenbewegung in Zusammenhang mit der Anti-Sklaverei-Bewegung, in Europa im 19. Jahrhundert teilweise in Kooperation mit der Arbeiterbewegung. Auch die Frauenbewegung und der Feminismus der 60er und 70er Jahre des 20. Jahrhunderts waren mit anderen sozialen Bewegungen verbunden: Bürgerrechtsbewegung in den USA, Jugend- und Studentenbewegung, Umweltgruppen.
Ein wichtiger Faktor wird in den Diskussionen über die Ursachen der geschlechtsspezifischen kulturellen und sozialen Normen oft vernachlässigt: das Zahlenverhältnis der Geschlechter (vgl. Stark 1998). „Von Natur aus“ besteht ein leichter Überschuss an Männern bei der Geburt (105 : 100). Mit zunehmendem Alter verschwindet „normalerweise“ dieser Unterschied und in Industriestaaten ist bekanntlich ein steigender Frauenüberschuss im hohen Alter festzustellen (in Deutschland sind 3/4 der über 75-jährigen Frauen). Immer schon wurde in das Zahlenverhältnis eingegriffen. In vielen Kulturen wurde Infantizid geübt, wobei hauptsächlich neugeborene Mädchen getötet wurden bzw. in heutiger Zeit weibliche Föten abgetrieben werden (Indien, China). Auch im antiken Athen wurde so verfahren, doch der Männerüberschuss führte keineswegs zu einer Machtvermehrung der Frauen. Die mächtigen und wohlhabenden Männer hielten ihre Frauen als Eigentum geschützt und für die sexuellen Bedürfnisse der Männer gab es die Prostitution. Soziale und kulturelle Bedingungen führten immer wieder zu Ungleichgewichten. Als Mitte des vorigen Jahrhunderts der Goldrausch in Kalifornien ausbrach, zogen viele junge Männer nach Westen. In Ostgebieten der USA kam es deshalb zu einer Verknappung der jungen heiratsfähigen Männer, während in Kalifornien die Frauen fehlten. In den USA bestand im 19. Jahrhundert in den meisten Gebieten ein chronischer Männerüberschuss, vor allem auf Grund der Tatsache, dass mehr Männer als Frauen einwanderten. Ab 1950 wandelte sich die Situation: es entstand ein Frauenüberschuss, der vor allem bei den Schwarzen bereits sehr bedeutsam geworden ist. Die höhere Säuglingssterblichkeit bei den Schwarzen begünstigt die widerstandsfähigeren weiblichen Föten, viele junge Schwarze sterben auf gewaltsame Weise, doppelt so viel junge schwarze Männer als schwarze Frauen heiraten Partner mit einer anderen Hautfarbe. Der Überschuss der Frauen am Partnermarkt begünstigt die Männerinteressen: Männer müssen nicht heiraten, um eine Frau zu bekommen. Die Sexualnormen haben sich gelockert. Frauen müssen

das anstrengende Geschäft des Kindererziehens weitgehend allein durchführen (weniger als 40 % der Kinder leben mit beiden Eltern zusammen).

These: Durch die Modernisierung ist die weltweite soziale und kulturelle Dominanz von Männern, d.h. primär einer Minderheit der Männer, das erste Mal in der Geschichte der Menschheit gefährdet.

Die Modernisierung führt zu einer Veränderung der kulturell verfestigten Geschlechterverhältnisse in Richtung Emanzipation und Individualisierung der Frauen – in der Tendenz. In den westlichen Industriegesellschaften ist die Diskriminierung der Frauen in den vergangenen hundert Jahren immer mehr verringert worden. In den meisten Kulturen gab es eine streng geregelte geschlechtsspezifische Arbeitsteilung und eine entsprechende räumliche Trennung von Frauen und Männern. In griechischen Kaffeehäusern sitzen traditionsgemäß fast ausschließlich Männer. Doch insgesamt ist diese geschlechtsspezifische Arbeits- und Gruppenteilung nicht mehr offiziell normativ verankert und man trifft nur mehr wenige Räume in der EU oder in den USA, in denen es nur Frauen oder nur Männern erlaubt ist, sich aufzuhalten. Formale Gleichheit wird garantiert: rechtliche Gleichstellung, freier Zugang zu allen Bildungsorganisationen, freie Berufswahl, gleiche Bezahlung für gleiche Arbeit, Schutz vor Aggressionen usw. Doch es gibt auch viele Bereiche, in denen Ungleichheit festzustellen ist und kein Konsens darüber herrscht, ob es sich um gravierende Diskriminierung oder akzeptable kulturelle Normierung handelt oder nicht: Darstellungen von Frauen und Männern in der Kunst und in den Massenmedien, Arbeitsteilung im Haushalt und in speziellen Organisationen (Religionsgemeinschaften, Militär, Sport etc.).

Weltweit sind nach wie vor überwiegend Männer in den beiden Machtsystemen Wirtschaft und Politik an den zentralen Schaltstellen. In den mittleren Positionsbereichen sind jedoch Frauen in den Industriestaaten in starkem Maße eingedrungen. Die „Eroberung“ von wichtigen Berufsbereichen durch Frauen ist unterschiedlich gelungen: Lehrerinnen, Ärztinnen, Juristinnen, Wissenschaftlerinnen, Politikerinnen. In der Sowjetunion war der Arztberuf in den 80er Jahren bereits feminisiert, dagegen in den USA und in Deutschland nicht. Die Feminisierung begann immer „von unten“: im Lehrerberuf mit der Grundschule, im Arztberuf mit den Kindern als Klienten, im Priesterberuf in den unteren Rängen. Die Feminisierung kann mit einer relativen gesellschaftlichen Abwertung des Berufes oder Berufszweiges verbunden sein, bzw. sie

findet teilweise dann statt, wenn bestimmte Berufsbereiche gesellschaftlich abgewertet werden.
Besonders schwierig erweist es sich für Frauen, in Elitebereiche einzudringen. Noch 1981 lag der Frauenanteil in der politischen Elite der BRD bei 6 %, 1995 jedoch bereits bei 36 %. Dies gilt nicht für die deutsche Wirtschaft, die nach wie vor von Männern beherrscht wird (Hoffmann-Lange/Bürklin 1999, 171). In den USA nehmen Frauen in den höheren Hierarchieebenen von Unternehmen einen höheren Anteil der Positionen ein als in Deutschland (Allmendinger/Hinz 1999, 198).

Die Einstellungen gegenüber der geschlechtsspezifischen Arbeitsteilung sind auch in modernen Gesellschaften nicht einheitlich. Ältere Männer aus der Unterschicht mit geringer Schulbildung neigen eher zu traditionellen Geschlechterstereotypen und -rollen als akademisch gebildete Frauen oder Männer.
Auf die Frage „Wie ist ihre Einstellung zur Berufstätigkeit von Mann und Frau in einer Partnerschaft?“ antworteten deutsche Männer Mitte der 80er Jahre:

Für die Frau ist der Beruf genauso wichtig wie für den Mann	*Altersgruppen*			*Schulbildung*	
	–29	30–39 Jahre	40+	Volksschule	Studium
stimme voll und ganz zu (in %)	*62*	*51*	*43*	*46*	*71*

Abb. 34: Einstellungen von Männern zur Berufstätigkeit von Frauen; Quelle: Metz-Göckel/Müller 1986, 17

Auch Männer sind benachteiligt!

- Viele Jungen haben größere Schwierigkeiten bei der Ausbildung ihrer Geschlechterrolle als Mädchen, weil sie hauptsächlich von Frauen erzogen werden.
- In die Sonderschule werden viel häufiger Jungen als Mädchen überwiesen.
- Über 90 % der Gefängnisinsassen sind Männer.
- Die meisten Mordopfer sind männlichen Geschlechts.
- In Westdeutschland lag die Opferziffer (Gewalttaten) männlicher Jugendlicher (14–18 Jahre) 1973 um 50 % und 1997 um 370 %(!) über der Vergleichszahl der weiblichen Jugendlichen (Pfeiffer u.a. 1999, 6).

- Die Selbstmordrate von Männern ist viel höher als die von Frauen, was vor allem für alte Menschen gilt.
- In Kriegen wurden und werden vor allem Männer getötet und verletzt.
- Nach einer Scheidung werden die Kinder in der Regel der Mutter zugesprochen, auch wenn der Vater das Sorgerecht haben möchte.
- Männer haben in den Industriestaaten eine kürzere Lebenserwartung als Frauen.

Geschlecht – ein mehrdeutiger Begriff – kann auch als Variable (messbares Merkmal) definiert werden, die mit anderen Variablen, z.B. sozialer Schicht, Bildung, Alter und Attraktivität, in Wechselbeziehung steht. Für den sozialen Erfolg in modernen Gesellschaften ist die soziale Schicht, die Ausbildung und das Alter entscheidender als das Geschlecht. Doch zusätzlich wirken viele andere Faktoren, wie z.B. die folgende Studie beweist.
In einer amerikanischen Untersuchung von Frauen in hohen Managementpositionen ergaben sich folgende Bedingungen für einen entsprechenden Aufstieg: Einzelkind oder älteste Schwester in einer nur weiblichen Geschwistergruppe, starke Unterstützung der Leistungsmotivation und Selbstständigkeit durch Mutter und Vater, starke positive Gefühle von Vater und Mutter gegenüber der Tochter (Hennig/Jardim 1977).
Die Geschlechtsproblematik ist mit religiösen, politischen und anderen Ideologien und mit Traditionen verbunden. Folglich ist auch in Zukunft kein Konsens über die Gestaltung des Mann- oder Frauseins in modernen Gesellschaften zu erwarten. Außerdem sind Basismotive von Menschen, z.B. Liebe, Kinderwunsch und emotionale Geborgenheit mit der geschlechtsspezifischen Differenzierung gekoppelt. Dadurch wird auch die jeweilige Ausbildung von Männlichkeit/Maskulinität und Weiblichkeit/Feminität eine kulturelle und soziale Aufgabe bleiben, wobei durch die Modernisierung immer mehr gruppenspezifische und individuelle Optionen eröffnet werden.

8.1 Theorien über Geschlechtsunterschiede und Geschlechterrollen

Nach *Sigmund Freud* ist der Penis-Besitz entscheidend. Der Junge fürchtet in der ödipalen Phase, vom Vater, dem Konkurrenten um die Liebe der Mutter, kastriert zu werden. Der Junge unterdrückt sexuelle Wünsche, die sich auf die Mutter richten und identifiziert sich mit dem Vater. Die Identifikation mit dem Vater ist für die Formung der Geschlechterrolle von zentraler Bedeutung. Die Tochter erkennt, dass Männer höheren Status als Frauen haben, und empfindet Penis-Neid. Die Mutter, die ja keinen Penis besitzt, wird in den Augen der Tochter abgewertet. Wenn die Tochter sich mit der Mutter identifiziert, übernimmt sie eine von ihr selbst als zweitrangig gewertete Geschlechterrolle. Freuds Theorie wird inzwischen von den meisten Sozialwissenschaftlern als spekulativ und empirisch nicht ausreichend bestätigt beurteilt, doch sie ist in die Alltagsmythologie der gebildeten Schichten eingedrungen.

Nach der Theorie von *Chodorow* (1988) bleiben Mädchen emotional mit der Mutter verbunden; Jungen grenzen sich ab, unterdrücken ihre Emotionen und entwickeln einen analytischen Blick. Emotionale Nähe kann von Männern als identitätsgefährdend erlebt werden, wodurch Störungen in der Partnerschaft erklärbar sind: Frauen wünschen mehr Wärme, Männer fürchten Nähe und Regression.

„Bis zu einem gewissen Grad hat Chodorow hier Freuds Sichtweise umgekehrt. Das Männliche, nicht das Weibliche ist durch einen „Verlust" definiert, durch die Einbuße einer kontinuierlichen, engen Verbundenheit mit der Mutter" (Giddens 1999, 107).

Gilligan (1982) vertritt folgende Annahmen über geschlechtsspezifische Unterschiede: Frauen sind hilfe- und personen-orientiert, Männer orientieren sich an abstrakten Regelsystemen und individueller Leistung. Männer werten die Tätigkeiten von Frauen ab. Auch die moralischen Wertsysteme von Männern und Frauen unterscheiden sich. Männer gehen von abstrakten Idealen, wie Pflicht, Gerechtigkeit und Freiheit, aus, Frauen dagegen von Beziehungs- und Hilfemodellen.

Nach der *funktionalistischen* Theorie von Parsons dienen Geschlechterrollen und geschlechtsspezifische Arbeitsteilung der Strukturerhaltung und Integration. Dadurch wird Stabilität in der Familie gewährleistet. Männer sind verpflichtet, für die ökonomischen Mittel zu sorgen, während Frauen die familiäre Innenwelt organisieren und gestalten.

Ein *Konfliktansatz* geht dagegen von einem jeweils kulturspezifisch geformten Kampf der Geschlechter und der sozialen Gruppen um Status, Macht, Ressourcen und Privilegien aus. Die Geschlechterproblematik ist in einem Konfliktansatz in Zusammenhang mit den Auseinandersetzungen zwischen ethnischen Gruppen, Klassen und Organisationen einzuordnen. Die Frau des Millionärs hat einen anderen Lebensstil und andere Werte als die allein stehende Sozialhilfeempfängerin mit zwei Kindern. Eine geschlechtsspezifische Benachteiligung zeigt sich vor allem bei den Gruppen, die auch auf anderen Dimensionen benachtei-

ligt sind: Alter, soziale Schicht und Zugehörigkeit zu einer abgewerteten Minorität.
Die Geschlechtsunterschiede zeigen sich nicht nur im Verhalten, sondern sie sind im Bewusstsein der Menschen verankert. Untersuchungen zeigen, dass viele Menschen klischeehafte Vorstellungen über Eigenschaften von Frauen und Männern haben. Im Folgenden werden solche in verschiedenen Ländern weit verbreitete Geschlechterstereotype aufgelistet (vgl. Williams/Best 1990; Alfermann 1996).

weibliche Stereotype	*männliche Stereotype*
unterwürfig	dominant
abhängig	unabhängig
harmonieorientiert/kooperativ	konkurrenzorientiert
passiv	aktiv/tatkräftig
sicherheitsbedürftig	abenteuerlustig/unternehmungslustig
sanft	aggressiv
unsicher	selbstbewusst
furchtsam	kühn/mutig
schwach	stark/kräftig
träumerisch	rational/realistisch
weichherzig/milde	grausam/hartherzig/streng
fürsorglich/mütterlich	egoistisch
einfühlsam/emotional/gefühlvoll	emotionslos
ordentlich,/sauber	faul/unordentlich
unlogisch	logisch denkend

Abb. 35: Geschlechterstereotype

Solche Stereotype einfach als Bewusstseinsverirrungen oder falsches Bewusstsein abzutun, ist eine zu einfache Reaktion. Die Bildung von Stereotypen ist unvermeidlich und dient der Orientierung. „Tatsächliche“ und „eingebildete“ Unterschiede zwischen Frauen und Männern werden immer wieder hervortreten. Ein Beispiel: Männer essen in Deutschland mehr Fleisch als Frauen und Frauen essen mehr Quark als Männer. Frauen lächeln häufiger als Männer. Wenn wir darüber nachdenken, werden wir in unserem Bewusstsein viele Unterschiede zwischen dem Verhalten von Männern und Frauen finden – eine Mischung von teilweise richtigen Beobachtungen und Vorurteilen. Sich mit alltäglichen und medialen Genderkonstruktionen auseinander zu setzen, empfiehlt sich, wenn man eine demokratische und kultivierende Persönlichkeits- und Gesellschaftsentwicklung anstrebt (vgl. die Multimediaanwendung „Geschlecht verstehen“ von Wendebourg/Feldmann 2000).

8.2 Geschlechtsspezifische Sozialisation

Zwei Aspekte sind für die geschlechtsspezifische Sozialisation von Bedeutung:

- die unterschiedliche Behandlung von Mädchen und Jungen und
- die Identifikation des Mädchens oder des Jungen mit Vertretern des gleichen Geschlechts.

Dass Mütter Mädchen und Jungen schon als Babys unterschiedlich behandeln und die Mädchen eher zur Passivität und Abhängigkeit von der Mutter erziehen als die Jungen, wurde von Goldberg und Lewis (1969) in einer Studie nachgewiesen.
Die geschlechtsspezifische Sozialisation erfolgt auch über die Medien, in denen Männer häufiger und in dominanten Rollen gezeigt werden, Frauen dagegen seltener, eher in der Peripherie und in abhängigen Rollen.

Einige interessante empirische Ergebnisse zu geschlechtsspezifischen Unterschieden:
In Experimenten wurde ein Baby (jeweils zur Hälfte männliche und weibliche Babys) einmal rosa gekleidet und den Versuchspersonen als Mädchen präsentiert, dann blau gekleidet und als Junge bezeichnet. Die Versuchspersonen sprachen unterschiedlich von dem Baby (z.B. Verwendung der Worte süß und zart beim als Mädchen ausgegebenen Baby und stark und kräftig beim „Jungen") und behandelten das Kind unterschiedlich (der „Junge" wurde z.B. heftiger bewegt) (Will et al. 1976; Bonner 1984).

Mädchen wählen häufiger Jungen-Spielzeug als Jungen Mädchen-Spielzeug. Mädchen-Spielzeug hat generell einen geringeren Wert (Status) als Jungen-Spielzeug. Die soziale Nutzenorientierung führt damit zu den Wahlunterschieden. Jungen müssen mit stärkeren Sanktionen durch Eltern und anderen Jungen rechnen, wenn sie mit den „falschen" Spielzeugen, z.B. Puppen für Mädchen, spielen als Mädchen, die mit Jungenspielzeugen spielen (Best 1983). Viele Unterschichtjungen müssen unangenehme Demütigungen befürchten, wenn sie nicht aggressiv, dominant, mutig, laut und grob sind. Mädchen aus konservativen, religiösen Mittelschichtfamilien stehen unter starkem Druck, harmonieorientiert, sanft, fürsorglich und musisch orientiert zu sein.

Bei Jungen achten Eltern, vor allem Väter, mehr auf die korrekte Geschlechtsrollensozialisation als bei Mädchen. Eine Erklärung für diesen

Unterschied bezieht sich auf die Höherwertigkeit von Männern in der Gesellschaft; erstens ergeben sich für die Familie und für die Gesellschaft negativere Konsequenzen, wenn die Sozialisation eines Jungen misslingt, als wenn die eines Mädchens misslingt, und zweitens kann ein Junge mit weiblichen Zügen nur verlieren, ein Mädchen mit männlichen kann auch gewinnen. Es könnte auch sein, dass bei Jungen häufiger abweichendes Verhalten auftritt und deshalb auf das Lernen der zentralen Rolle mehr geachtet wird (vgl. Wood 1999, 177 f).

Kinder spielen meist in geschlechtshomogenen Gleichaltrigengruppen. Dadurch werden zentrale Rollenkonflikte vermieden und die Gruppenintegration wird erleichtert.

In einer Untersuchung von studentischen Kleingruppen zeigte sich folgender Unterschied: Wenn eine Frau lachte, dann lachte nur in 14 % der Fällen mindestens eine andere Frau mit, wenn ein Mann lachte, dann lachte in 30 % der Fällen eine Frau mit (Dreher 1982, 127).

Amerikanischen Studierenden wurden drei Fotos, auf denen jeweils eine junge Frau und ein junger Mann abgebildet waren, gezeigt. Die Fotos unterschieden sich nur durch die Aufnahmetechnik: auf dem ersten erschien der Mann größer als die Frau, auf dem zweiten beide gleich groß und auf dem dritten erschien die Frau größer als der Mann. Die Studierenden wurden aufgefordert, kurze Geschichten über die Personen zu schreiben. Das Foto, auf dem der Mann größer erschien, wurde von den meisten als Liebesszene beschrieben. Dagegen wurde die Frau auf dem Foto, auf dem sie größer als der Mann erschien, als Mutter, Schwester, Lehrerin oder Vorgesetzte beschrieben. Bei gleicher Größe wurden beide Personen als Verwandte oder Freunde geschildert (Waters/Ellis 1995, 98).

8.3 Liebe[53]

Viele Menschen wollen Liebe und sexuelle Befriedigung verbunden haben: einen Menschen lieben (wechselseitige intensive positive Gefühle, umfassende Zuwendung), mit ihm tolle sexuelle Erlebnisse genießen und viele verschiedene Aktivitäten gemeinsam erfolgreich und lustvoll durchführen – und das für längere Zeit. Solche Erwartungen sind weit verbreitet. Dies war nicht immer so. Es ist ja auch ziemlich unrealis-

---

[53]Eine sehr anspruchsvolle Liebessoziologie hat Luhmann (1982) verfaßt. Benutzerfreundlicher ist das Buch von Beck/Beck-Gernsheim (1990) geschrieben.

tisch, so etwas zu erwarten. Warum sind solche blauäugigen romantischen Vorstellungen bei den geld- und wissenschaftsgläubigen Realisten heute so weit verbreitet?

Im 18. und 19. Jahrhundert ist es gelungen, bestimmte Vorstellungen über die Familie, das Zusammenleben und über Sexualität in den führenden Gruppen der Gesellschaft durchzusetzen. Inzwischen hat sich zwar viel in diesem Bereich geändert, doch die Liebesideologie hat sich erstaunlich gut gehalten.
Dass so viele Menschen so hochgestochene Erwartungen über Liebe und Sexualität haben, hängt auch vom Wohlstand, der gestiegenen Sicherheit (Sicherung vor Gewalt und ökonomischem Abstieg), der verbesserten Bildung (Romane) und der Technisierung (Massenmedien, Verkehr, Haushalt, etc.) ab. Technik und Liebe sind also verbunden, und zwar nicht nur durch die zusätzlichen Optionen Geschlechtsverkehr im Auto und Telefonsex. Die Massenmedien sind vielleicht prägender als viele reale Erfahrungen von Jugendlichen bezüglich Liebe und Familie. Die technisch produzierten Bilder und Szenen mit Frauen und Männern setzen sich teilweise als Standards durch, an denen die realen Partner und Partnerinnen gemessen werden.

Wozu hat man früher, d.h. in bäuerlichen Kulturen geheiratet? Um Kinder aufzuziehen und um eine geregelte Vererbung des Besitzes, vor allem des Grund- und Hausbesitzes, zu garantieren. Liebe (in unserem heutigen Verständnis) oder sexuelle Übereinstimmung der Ehepartner wurde im Mittelalter und zu Beginn der Neuzeit als unwesentlich und wahrscheinlich von vielen sogar als störend für eine Ehe angesehen, vor allem von den Personen, die Entscheidungen über die Heirat zu treffen hatten, und das waren meist nicht die Betroffenen, sondern Eltern oder andere Autoritätspersonen.

Wie entstand denn die Liebe?

„Liebe“ ist zuerst einmal ein Wort mit verschiedenen Bedeutungen. Die Bedeutungen werden von Menschen hergestellt, je nach kulturellen und sozialen Bedingungen. Eine biologische Grundlage ist zweifellos vorhanden. Sicher ist es sowohl biologisch als auch sozial verankert, dass junge Frauen für die meisten Männer aller Altersstufen sexuell attraktiver sind als alte Frauen und kräftige, sozial anerkannte Männer von Frauen eher als Partner gewählt werden als schwache Außenseiter. Sicher ist auch, dass die wichtigste aber nicht die einzige Grundlage der Liebe zwischen Erwachsenen im sexuellen Begehren liegt. Die

Feinsteuerung des sexuellen Begehrens ist von meist unbewussten „natürlichen“ Faktoren (z.B. Hormonen, Duftstoffen, vielfältigen Wahrnehmungen) und häufig ebenfalls nicht bewusst gemachten sozialen Faktoren abhängig, z.B. von der banalen Tatsache, dass Mitglieder der eigenen sozialen Gruppen eher ins Blickfeld und in Berührung kommen als andere. Liebe ist also nicht nur ein Gefühl, sondern eine über viele Jahre in Menschen hergestellte soziale Tatsache. Über sie wird geredet, nachgedacht, geschrieben. Was jeder Einzelne sich darunter vorstellt, ist also von seinen Eltern, von seinen Freunden, von der Literatur, den Seifenopern und von vielen anderen Personen und Ereignissen geformt. Bekanntlich führt sexuelle Anziehung nicht zwangsläufig zur Liebe und Liebe ist im realen Vollzug häufig nicht mit erwartungsgemäßen sexuellen Erlebnissen verbunden. Außerdem ist die gegenseitige Liebe ein Problem. In den meisten Kulturen wurden die sexuellen und sonstigen Interessen der Männer und nicht der Frauen für die Kontakthandlungen als relevant und vorrangig angesehen. Damit konnte das Problem vereinfacht werden. Wenn zwei sich treffen und beide anerkennen, dass einer die Handlungen bestimmen darf, dann werden Konflikte vermieden. Die heutige Präferenz für gegenseitige Liebe, für die Berücksichtigung der Interessen von Mann und Frau, für die Verbindung von starker Selbstkontrolle und Leidenschaft, ist nicht nur eine ständige Stressquelle, sondern auch sehr zeit- und ressourcenaufwändig, also auf Massenbasis nur für reiche, moderne Industriegesellschaften geeignet. Sie gilt trotz hohem ideologischen Konsens und sozialem Druck auch nur partiell, d.h. die idealtypisch vorgeschriebenen Interaktionen werden bald reduziert, abgebrochen oder vermieden, es entstehen Dominanzverhältnisse und Arbeitsteilung. Liebe wird in der Alltagsmühle kleingearbeitet. Da die Idealvorstellungen jedoch weit verbreitet sind, bedeutet diese Veralltäglichung oft Enttäuschung.

Die stilisierte Liebe, mit entsprechenden Gedanken, Gefühlen und Mitteilungen, war in Europa zuerst eine Erfindung von Mitgliedern der Aristokratie (z.B. Minnesänger), die Frauen ihres Standes verehrten, die häufig über ihnen standen und somit unerreichbar waren. Sie war getrennt von sexuellem Verhalten, das diese Männer auf unkomplizierte und kostengünstige Weise mit Frauen aus unteren Ständen praktizieren konnten.
Die Verbindung von sexueller Leidenschaft und Liebe war keineswegs selbstverständlich, sondern wurde erst im Laufe der europäischen Geschichte konstruiert, idealisiert und popularisiert. „Romeo und Julia“ ist ein berühmtes Konstruktionsbeispiel.

Dass Liebe, Sexualität und Ehe intime Angelegenheiten zweier Personen sind, ist ebenfalls erst neueren Datums. In früheren Zeiten lagen – wie gesagt – die entsprechenden Entscheidungen eher in Händen der Sippen-Chefs, der Clan-Führer, der Patriarchen, als in denen der Betroffenen. Daraus kann man nicht schließen, dass die Betroffenen unzufrieden oder unglücklich mit den Entscheidungen waren.[54]
Die Kehrseite der Befreiung von Bevormundung: Manche oder vielleicht viele sind verunsichert oder überfordert; sie gehen zu Beratern und Therapeuten oder sie kaufen sich Ratgeber, lassen sich also in moderner Weise bevormunden.

Ab den 60er Jahren gab es studentische und andere Kleingruppen, die mit freier Liebe und der Abkehr von bürgerlichen Ehe- und Sexualitätsvorstellungen experimentierten: Kommunen. Je intensiver und radikaler die Gruppenmitglieder sich wechselseitig der Liebe und Sexualität widmeten, umso schneller lösten sich die Gruppen auf. Liebe ist Leidenschaft, d.h. sie schafft Leiden, Eifersucht und emotionales Ungleichgewicht. Dauerhaft waren eher Gruppen mit strengen Regelsystemen und repressiver Normierung der Sexualität, wie es auch in der traditionellen Familie der Fall ist (Zablocki 1980; Stark 1998, 100 ff).

8.4 Sexualverhalten

Soziobiologie

Menschen unterscheiden sich von anderen Säugetieren durch die dauernde Bereitschaft zum sexuellen Kontakt und durch die Verschleierung des Zeitpunktes des Eisprungs. Der Mann kann seine Chancen der Vaterschaft steigern, wenn er die Frau dauernd überwacht und regelmäßig mit ihr sexuell verkehrt. Dadurch entsteht eine Bindung zwischen Mann, Frau und Kindern, was dem Interesse der Frau nach dauerhaftem Schutz entgegenkommt. Die dauernde sexuelle Bereitschaft verstärkt auch die Konkurrenz der Männer um attraktive junge Frauen und begünstigt die Hochwertigkeit von Sexualität und Partnerwahl in allen Kulturen. Diese biologischen Vorgaben sind nur Rahmenbedingungen. Die kulturellen Variationen der Normierung des Sexualverhaltens sind vielfältig.

[54] In einer Untersuchung in Indien, einem Land, in dem solche Traditionen noch gepflegt werden, zeigte sich - für moderne Europäer überraschend - dass die gemäß Elternwunsch zusammengefügten Paare sich nach mehreren Jahren „mehr liebten", als die Paare, die „aus Liebe" geheiratet hatten.

Christentum und Medizin

In der westlichen Kultur war vor allem das sexualfeindliche Christentum normgebend, doch in welchem Ausmaß es das tatsächliche Sexualverhalten in Europa in den vergangenen 2000 Jahren geprägt hat, ist umstritten. Im 19. und 20. Jahrhundert wurde die religiöse Normierung immer mehr durch eine medizinisch-biologische abgelöst, die sich abhängig von wissenschaftlichen Erkenntnissen, technischen Möglichkeiten (z.B. Empfängnisverhütung), Zeitgeist und rechtlichen Bestimmungen wandelte.

Doppelmoral

Die traditionelle Doppelmoral besagte: Die Frau darf sich keine Seitensprünge leisten, der Mann jedoch darf. In dieser Hinsicht ist eine Egalisierung in den Industriestaaten erfolgt. Sexuelle Treue ist übrigens nicht nur ein anerkannter Wert, sondern sie dürfte auch in Paarbeziehungen von den meisten eingehalten werden (vgl. de Singly 1994, 129).

Da im 20. Jahrhundert die Körper in Organisationen gezähmt und dressiert wurden, wurde eine strenge Normierung des Sexualverhaltens immer weniger benötigt. Eine allgemein merkbare Liberalisierung des Sexualverhaltens begann in den 20er Jahren, doch eine umfassende öffentliche Diskussion fand erst ab den 50er Jahren statt. Wissenschaftliche Untersuchungen, vor allem der Kinsey-Report 1948, gaben einen realistischen Einblick in das Verhaltensspektrum und führten zu kontroversen öffentlichen Diskussionen über Sexualität.

Durch den Kinsey-Report wurde bekannt, dass ein hoher Prozentsatz von Männern über homosexuelle Erfahrungen verfügt, doch nur ca. 8 % ausschließlich homosexuell sind (2 % der Frauen sind danach ausschließlich lesbisch).

Das Auftreten von AIDS führte im allgemeinen Bewusstsein zu einer festen Assoziation dieser Krankheit mit Homosexualität, obwohl die meisten Erkrankungen weltweit (vor allem in Afrika) durch heterosexuelle Kontakte verursacht werden.

Neue Normierungen

Die Liberalisierung der Sexualnormen und die Emanzipation der Frauen hat sich einerseits äußerst positiv auf die Chancen ausgewirkt, sich sexuell entfalten zu können. Doch andererseits sind soziale und psychische Kosten erwachsen:
Neue Normierungen und Zwänge entstehen, z.B. dass Frauen einen Orgasmus erwarten. Wenn man einen Orgasmus erwartet, ist man ent-

täuscht, wenn er nicht erfolgt. Wenn man Orgasmuserfahrungen hat, dann wird man eine persönliche Typologie und Rangreihe der Orgasmen entwickeln. Folglich muss man Enttäuschungserlebnisse einkalkulieren, wenn die tatsächlichen Orgasmen nicht den gesetzten Standards entsprechen. Greift man nun in das Geschehen im Interesse der Optimierung des eigenen Orgasmus ein, dann hat man Interaktionskosten und Konflikte in Kauf zu nehmen.

Auf Grund der Emanzipation, Individualisierung, höherer Mobilität, verbesserter Bildung und gestiegener Erwartungen sind die durchschnittlichen Anforderungen im sexuellen Bereich gestiegen. Die antizipatorischen Leistungen, d.h. die Vorbereitungen auf sexuelle Kontakte, sind psychisch und sozial aufwändiger geworden. Da der nackte Körper in der Öffentlichkeit immer mehr gezeigt werden darf und immer mehr gezeigt wird und gleichzeitig erbarmungslose Schönheitsnormierungen vor allem über die Medien verbreitet werden, ergibt sich eine Diskriminierung der von diesen Normen abweichenden Menschen. Ihre Marktchancen sind dadurch betroffen, und zwar nicht nur am Partnermarkt, sondern auch in sonstigen beruflichen und privaten Organisationen und Gruppen.

Die Trennung von Sexualität und Reproduktion durch Empfängnisverhütung hat vielen Frauen einen Machtgewinn gebracht. Doch dadurch fallen auch schwierige Entscheidungen an, die neue Möglichkeiten des Versagens mit sich bringen.

Selbst- und Fremdkontrolle

Die bisherige Diskussion geht von Prämissen der Modernisierung, Emanzipation und Aufklärung aus, die man auch anzweifeln kann.

Nach Foucault (1986), der dem Konfliktansatz zugeordnet werden kann, ist es naiv, von Liberalisierung zu sprechen. Sexualität wurde historisch aus der Einordnung in einen Verwandtschaftskontext, auf den übergeordnete Machtinstanzen kaum zugreifen konnten, durch die bürgerliche Revolution und die Verwissenschaftlichung herausgelöst und erst dadurch wurde Sexualität im modernen Sinn als personale Eigenschaft geschaffen. Doch dies war keine Befreiung, sondern eine Disziplinierung. Dass heute mehr über Sex geredet wird und in den Medien sexuelle Szenen erscheinen, interpretiert Foucault als Machtdemonstrationen und -kämpfe.

Die Kontrollorientierung zeigt sich vor allem in vier Bereichen:

- Medikalisierung der Frauenkörper,
- Sexualisierung und Sexualitätskontrolle der Kinder,
- Steuerung von Populationen (Geburtenrate, Bekämpfung von Geschlechtskrankheiten etc.) und
- psychiatrische Definition von Perversionen.

Sexualität wird heute weniger von der Verwandtschaft und religiösen Instanzen, aber mehr vom Staat und den staatstreuen Professionen, vor allem Ärzten, kontrolliert.

Sex als Ware

Doch eine Macht- und Kontrollperspektive ist nur eine Weise, Sexualität zu betrachten. Sex ist heute ein Teil der Konsum- und Informationsgesellschaft. 1953 erschien „Playboy" das erste Mal auf dem Markt. Sexualität war schon in der antiken Welt eine Ware, doch die Vielfalt der Kommerzialisierung von Sexualität ist ein Charakteristikum moderner Gesellschaften. Sie wird überall und im Überfluss eingesetzt. Inflationierung, Überproduktion und Kreation so genannter neuer Produkte ist ja ein generelles Kennzeichen des derzeitigen ökonomischen Systems. Die neuen Medien und Kommunikationstechnologien verstärken diese Prozesse. Medikalisierung und Instrumentalisierung des Körpers verändern auch die sexuellen Einstellungen und Verhaltensweisen. Die Anti-Baby-Pille, medizinische Eingriffe, Viagra und die Erstellung virtueller Welten führen zu einer Differenzierung, wobei erstaunlicherweise die Geschlechtsrollensozialisation und die Kleinfamilie bemerkenswert stabil geblieben sind.

Beispiel : *Prostitution*

Prostitution kann sozialwissenschaftlich folgendermaßen erklärt werden:

- Verbindung von Sexualität und Machtstreben für Männer,
- Traditionell-konservative Haltungen von vielen Frauen (Ablehnung bestimmter Sexualpraktiken),
- Knappheit an attraktiven Frauen (Attraktivität ist kulturell und gesellschaftlich definiert, z.B. über Massenmedien; Diskrepanz zwischen tatsächlicher Erscheinung vieler Frauen und Erwartungen von Männern),

- Steigende Anforderungen der Frauen an erotisches und sexuelles Verhalten der Männer (Vermeidungsverhalten, psycho-soziale Kosten),
- Mobilität (räumliche, berufliche, Tourismus),
- Sättigungseffekte (Personen, die lange zusammenleben, zeigen ein routinisiertes und ritualisiertes Sexualverhalten),
- Promiskuität als männliches Attribut (Soziobiologie),
- Konsumhaltung und Kommerzialisierung des Lebens (immer mehr Bereiche werden marktförmig organisiert und monetarisiert),
- Verstädterung (Anonymität, verringerte soziale Kontrolle).

„Der funktionalistische Ansatz erklärt Prostitution aus ihrem Beitrag zur Absicherung der gesellschaftlichen Institution Ehe und – in geringerem Maße – zur Verdeutlichung der Grenzen zwischen sozial akzeptiertem und unerwünschten Sexualverhalten“ (Stallberg 1999, 602).

Die Prostitution dient der Erhaltung der Institution Ehe, da Sexualität von vieldimensionaler sozialer Beziehung getrennt wird, die Prostituierte also keine Konkurrentin der Ehefrau darstellt. Ferner kann Prostitution dazu dienen, dass es weniger Auseinandersetzungen zwischen Männern um Frauen gibt und unerwünschtes Sexualverhalten aus dem Bereich der „positiven Institutionen“ (Familie etc.) herausgehalten wird.

Nach einem *Konfliktansatz* entsteht Prostitution in Klassengesellschaften, d.h. Frauen aus unterprivilegierten Gruppen werden von Männern privilegierter Gruppen sexuell ausgebeutet. Außerdem ist die Prostitution ein Kampffeld zwischen konservativen, strukturerhaltenden Gruppen und progressiven, an Veränderung interessierten Gruppen. Am einen Ende des Pols steht die Forderung der gewaltsamen Unterdrückung der Prostitution, am anderen Ende die völlige Liberalisierung, d.h. die Anerkennung des Berufs (Ausbildung etc.). Allerdings sind nicht nur konservativ-religiöse Gruppen, sondern auch progressive, feministisch orientierte Gruppen für repressive Maßnahmen im Bereich der Prostitution eingetreten (Beispiel: In Schweden werden neuerdings Freier bestraft, nicht jedoch die Prostituierten).

Eine *interaktionistische* Perspektive wird ihr Augenmerk auf die unterschiedlichen Deutungen von Freiern, Prostituierten und anderen Personen richten. Die Individualisierung, die durch die Medien gesteuerte Fantasieproduktion, der nervenaufreibende berufliche Konkurrenzkampf, die steigenden Erwartungen auch im sexuellen Bereich und der zunehmende Aufwand in der Interaktion zwischen modernen Partnern haben ein gänzlich verändertes Verhaltens- und Bewusstseinsfeld geschaffen. Somit werden die traditionellen funktionalistischen, moralbestimmten oder bürokratisch-juristischen Überlegungen zur Prostitution von den betroffenen Personen als immer weniger hilfreich oder angemessen angesehen.

Es gibt allerdings einen Bereich der Prostitution, der auf starke Ablehnung bei der Mehrheit der Bevölkerung stößt: die Kinderprostitution. In diesem Zusammenhang ist vor allem der Sextourismus zu nennen, den man wohl am besten konflikttheoretisch beschreiben kann. In Entwicklungsländern, wie den Philippinen, leben viele Menschen im Elend, so dass der Verkauf von weiblichen Kinderkörpern eine einfache Einnahmequelle ist. Die männlichen Touristen gehören einer privilegierten Gruppe an, die das Elend der Bevölkerung für ihre Zwecke ausbeutet. Man kann auch funktionalistisch argumentieren: Abweichendes Verhalten wird aus den friedlichen und zivilisierten Staaten räumlich ausgelagert, so dass es gesellschaftlich weniger störend ist.

9 Gruppen und Organisationen

9.1 Gruppen

Gruppen sind immer vor den Einzelnen da. Ein Baby wird in eine Gruppe hineingeboren. Es ist auf die Gruppe angewiesen, um zu überleben. Man nennt eine solche (Über)lebensgruppe Primärgruppe, in unserer Gesellschaft ist die Familie die wichtigste Primärgruppe.

	Primärgruppe	*Sekundärgruppe*
Prinzipien	Ganzheitliche Beziehungen	Gemeinsame Ziele
Dauer der Beziehungen	langfristig	mittel- oder kurzfristig
Bereiche, Aktivitäten, Rollen	viele Bereiche	wenige Bereiche
Grund der Mitgliedschaft	Zentrales Ziel, Lebenssinn	Mittel zum Zweck
Beispiele	Familie, langjährige Freundschaft	Berufsgruppe, politische Gruppe

Abb. 36: Primär- und Sekundärgruppen

Wenn Menschen zusammenleben oder regelmäßig zusammentreffen, entwickelt sich ein Wir-Gefühl, eine kollektive Identität. In der Gruppe gelten Normen und Werte. Wenn ein Gruppenmitglied die Regeln verletzt, wird es darauf hingewiesen und gedrängt, sich konform zu verhalten. Meist gibt es auch Arbeitsteilung und verschiedene Rollen in Gruppen. Die Rollenverteilung hängt von der Zielsetzung ab: Wenn die Gruppe in einem Betrieb arbeitet, wird die profitsteigernde Leistung für die Rollen entscheidend sein, wenn die Gruppe sich dagegen zum Wandern trifft, dann werden wahrscheinlich kommunikative Kompetenzen, Geschlecht und Alter für die Rollen wichtige Kriterien sein.

Es gibt kleine und große Gruppen. Warum ist das Paar, die kleinste Gruppe, in der modernen Gesellschaft so beliebt? Das heterosexuelle Paar wird als Basis für die wichtigste Gruppe in der modernen Gesellschaft, die Familie, angesehen. Doch das – nicht nur heterosexuelle – Paar ist auch modern, es ist die Minimalgruppe, gerade recht für Individualisten und Aufsteiger, also für Personen, die ihre Zeit nicht verschwenden wollen. Die Zweiergruppe ist aber auch die Katastrophengruppe: der Verlust nur einer Person zerstört die Gruppe. Doch der Verlust des Partners bzw. der Partnerin ist nicht nur eine Katastrophe, sondern auch eine Chance, eine Befreiung. Gruppen aus Individualisten sind problematisch, somit sind größere Wohngemeinschaften meist nur kurzlebig. Wenn zu einem Paar ein Kind hinzukommt, dann leben drei Personen zusammen. Dreiergruppen sind labil: Zwei verbünden sich gegen einen!

Gruppen sind für viele Leistungen unverzichtbar (für den Krieg, für die Fertigung technischer Produkte), doch Gruppen können ihre Mitglieder auch in den Abgrund reißen. Man denke an die Rote Armee Fraktion, deren Mitglieder teilweise im Gefängnis landeten bzw. Selbstmord begingen. Abschließung kann zum Gruppenwahn und zur Verdummung der Mitglieder führen. Experimente zeigen, dass Gruppenmitglieder sich den Fehlurteilen der anderen Mitglieder anschließen, auch wenn sie es besser wissen (sollten) (Asch 1951) (vgl. auch den Abschnitt über Konformität).

Menschen denken und handeln gruppenspezifisch.
Während des Zweiten Weltkrieges ergaben Untersuchungen in der amerikanischen Armee, dass Soldaten in Gruppen, in denen sie geringere Aufstiegschancen hatten mit den Aufstiegschancen zufriedener waren als in Gruppen, in denen es mehr Chancen gab. Ihre Zufriedenheit hing nicht von den objektiven Chancen, sondern von ihrem Vergleich innerhalb der Bezugsgruppe ab. In der einen Gruppe (Militärpolizei) wurden nur wenige nach langer Zeit befördert. In der anderen Gruppe (Luftwaffe) wurden anteilsmäßig mehr nach kurzer Zeit befördert. Die nicht Beförderten kannten also relativ viele Kollegen, die schon befördert worden waren. Dadurch waren sie frustrierter als die Militärpolizisten, die nur wenige Beförderte kannten, die sehr lange darauf gewartet hatten (Stouffer 1949; Boudon 1980, 103).

In agrarischen Gesellschaften verblieben die meisten Menschen ihr ganzes Leben in – relativ großen und altersheterogenen – Primärgruppen (Sippen, Familien, Clans). Die moderne Gesellschaft dagegen ist stärker durch Organisationen als durch Primärgruppen bestimmt. Die meisten modernen Primärgruppen sind klein. Als Säugling beginnt man in einer solchen Minigemeinschaft sein soziales Leben. Doch bald kommt der Schock: Das Kind wird aus dem warmen Schoß der Primärgruppe in die „kalte“ Organisation, in Sekundärgruppen, gebracht: in den Kindergarten bzw. in die Grundschule. Dort sind die Gruppen größer, und viele Mitglieder sind Fremde. Die Erzieherinnen oder Lehrer behandeln das Kind nicht mehr ganzheitlich, sondern nach seiner Leistung. Allerdings gibt es Grundschulklassen mit Sofas und Spielen, sie sind familienähnlich; andere dagegen erinnern eher an eine Behörde, an ein Finanzamt.

Den Unterschied zwischen Primärgruppen und Organisationen kann man sich klar machen, wenn man Geburt und Tod innerhalb der Familie mit Situationen vergleicht, in denen diese Ereignisse in Krankenhäuser ausgelagert wurden. Die meisten sterben nicht mehr an ihren Primärgruppenorten, sondern in Krankenhäusern oder anderen Organisationen.

In modernen Gesellschaften sind die meisten Menschen Mitglieder von mehr Gruppen als dies in traditionellen Kulturen der Fall war. Dadurch sind sie flexibler, weniger abhängig von bestimmten Gruppen, individualisierter und toleranter. Doch sie gehen auch Gefahren ein, sie können vereinsamen, wenn sie ihre Primärgruppe, die meist verglichen mit traditionalen Kulturen wenige Mitglieder hat, verlieren. Die modernen Sekundärgruppen helfen nur spezifisch, unterstützen nicht ganzheitlich. Allerdings benötigt im Wohlfahrtsstaat ein Mensch in der Regel keine Primärgruppe mehr, um zu überleben.

Die Gruppenerfahrungen prägen für die meisten das Gesellschaftsbild. Wie sie es in Gruppen erlebt haben, wünschen sie im Staat eine Führungsperson und nicht eine Organisation an der Spitze. Man könnte sich eine Demokratie vorstellen, in der eine Organisation oder eine Gruppe als Bundeskanzler, Präsident oder Minister gewählt wird und nicht eine Person. Der Staat, die Nation oder das Volk werden von vielen Personen als Gruppen angesehen, sozialwissenschaftlich eine falsche Anschauung. Auch Ausländer oder Angehörige von Minderheiten werden oft wie Mitglieder einer Fremdgruppe behandelt.
Doch nicht immer ist die Eigengruppe das Ideal. Personen, die aufsteigen wollen, richten ihr Verhalten nach Bezugsgruppen, deren Mitgliedschaft sie anstreben. Sie versuchen, sich an den Normen und Werten der Bezugsgruppe zu orientieren und distanzieren sich von ihrer eigenen Gruppe.

In der kulturellen Evolution sind nach den Gruppen die „Übergruppen" (Organisationen) entstanden.

9.2 Organisationen

Die meisten Menschen in Deutschland werden heute in Organisationen geboren und sterben dort. Zwar würden wahrscheinlich die meisten

Frauen lieber zu Hause sein, wenn sie gebären, und auch die Sterbenden würden lieber in ihrem eigenen Bett liegen oder in ihrem Stuhl sitzen, doch diese Wünsche werden in der Mehrzahl der Fälle durch die soziale Realität ins Reich der Phantasie verwiesen. Selbstverständlich sind die Organisationen auch zwischen Geburt und Tod ständig „anwesend“. Haben denn Menschen keine „echte“ Privatsphäre? Es handelt sich um ein scheinbares Paradoxon: Noch nie – in früheren Zeiten und anderen Kulturen – hatten Menschen eine so geschützte und komfortable Privatsphäre und noch nie war fast alles, auch das was sie zu Hause verwenden, in Organisationen geplant und hergestellt.

Organisationen sind nicht über Nacht gekommen, sie sind Teil der kulturellen Evolution, Teil eines Prozesses der Rationalisierung, der immer mehr Bereiche erfasste. Begonnen hat es z.B. in Mesopotamien, als vor Tausenden Jahren Bewässerungssysteme aufgebaut wurden. Um diese auf Dauer funktionsfähig zu halten, mussten viele Menschen gelenkt werden, also musste Arbeitsteilung, eine Befehlsstruktur und Verhaltensschulung eingeführt werden. Viele kulturelle Leistungen erforderten eine ausgefeilte Organisation: der Bau der Pyramiden, die Steuerung des Römischen Reiches oder die Versorgung großer Städte (vgl. Mann 1994).

Bürokratische Organisationen sind durch folgende Merkmale gekennzeichnet:

1. Festlegung von *Zielen* und Aufgaben. Wenn es um Profitorientierung bzw. Gewinnmaximierung geht, dann besteht kaum ein Zielproblem. Doch es gibt Organisationen, wie Schulen oder Hochschulen, in denen die Ziel- und Aufgabenstrukturen komplex, diffus und umstritten sind.
2. *Hierarchische Ordnung* der Positionen. Befehle gehen von oben nach unten. Organisationen unterscheiden sich in den Anzahl der Hierarchiestufen und vor allem bezüglich des Freiraumes der untersten Ränge. Die Gestaltungsmöglichkeiten und Freiräume sind für statushöhere Positionen (z.B. Ärzte, Hochschullehrer, Künstler) relativ groß. Die hierarchische Ordnung schließt informelle Machtverhältnisse, ja sogar eine heimliche Organisation innerhalb der offiziellen Organisation, nicht aus, wofür Gefängnisse Anschauungsmaterial liefern.
3. *Normen*: Vorschriften und Regeln bestimmen das Verhalten der Organisationsmitglieder und auch der Klienten (Betriebsordnun-

gen, Arbeitszeiten, Sprechzeiten, räumliche Bestimmungen, Einsatz von Arbeitsmitteln usw.). Im Idealfall sollten sich die Verhaltensregeln aus den Zielen „ableiten“ lassen. Doch vor allem in bürokratischen Organisationen entwickeln sich oft zielneutrale oder sogar zielschädigende Regelsysteme. Die Normen der Organisation können teilweise mit den allgemeinen gesellschaftlichen Normen im Widerspruch stehen, nicht nur bei kriminellen Organisationen. Außerdem bilden sich neben den formellen Regeln informelle aus.

4. *Spezialisierung* und *technische Kompetenz*: Moderne Organisationen zeichnen sich durch einen hohen Grad an Arbeitsteilung aus. Viele Spezialisten müssen koordiniert werden. Außerdem sind komplizierte und teure technische Anlagen und das entsprechende Personal für die Erfüllung der Ziele notwendig. Somit sind diese Organisationen von einem guten Schul- und Berufsbildungssystem abhängig. Moderne Organisationen funktionieren also nur in einem Verbundsystem von (staatlichen und privaten) Organisationen.
5. *Kommunikation*: Offiziell sind die Beziehungen *unpersönlich*, neutral, rein geschäftlich. Die persönliche Kommunikation ist eingeschränkt, wird beschnitten. Früher durfte in vielen Organisationen während der Arbeit nicht oder kaum gesprochen werden. Doch in modernen Organisationen gibt es nicht nur formelle berufsbezogene Kommunikation, sondern eine informelle Struktur. Ein positives informelles Kommunikationsklima kann sich auf das Erreichen der Ziele der Organisation günstig auswirken. Allerdings muss die informelle Kommunikation keineswegs für alle Beteiligten angenehm sein, man denke nur an Außenseiter, Mobbing bzw. sexuelle Belästigung.
6. Organisationen bestehen freilich nicht nur aus Zielen, Normen, Positionen und Rollen, sondern auch aus Gebäuden, Einrichtungsgegenständen und anderen *räumlich-zeitlichen* Aspekten. Auf diese Weise prägen sie die materielle Kultur und die Kunst. Die bedeutendsten architektonischen Leistungen werden heute im Auftrag von Organisationen durchgeführt. Menschen werden durch diese räumlichen Strukturen geprägt. Der Chef ist mit seinem prächtigen Büro und exquisiten Auto wie ein Zentaur mit seinem Pferdekörper verkoppelt. Durch die räumlich-zeitliche Strukturierung werden die Menschen nicht nur in ihren Bewegungen und Wahrnehmungen, sondern auch in ihrem Handeln und Denken gesteuert und kontrolliert.

Wenn man die hier genannten Kriterien einbezieht, kann man Organisationen nach der Art der Ziele, der Anzahl der Hierarchiestufen, der Formen der Spezialisierung und der Kommunikation einteilen.

Ein wichtiger Aspekt wurde noch nicht genannt: Macht. Organisationen wurden nicht nur geschaffen, um Aufgaben besser zu erfüllen (funktionalistische Sicht), sondern um Interessen besser durchzusetzen (Konfliktansatz).

Etzioni (1975) hat in seiner Typologie von Organisationen diesen Aspekt ins Zentrum gerückt (vgl. auch den Abschnitt über Macht im Kapitel „Politik“).

Arten der Machtausübung	*Motivation der Klienten*	*Organisation*
Gewalt, Zwang	Entfremdung	Zwangsorganisation: Gefängnis
Belohnung	Nutzenorientierung	Nutzenorientierte Organisation: Betrieb
Normierung	Moral	Normative Organisation: Religionsgemeinschaft

Abb. 37: Typologie von Organisationen nach Etzioni

Tatsächlich sind die meisten Organisationen Mischtypen. Religionsgemeinschaften sind normativ, häufig nutzenorientiert und teilweise auch Zwangsorganisationen, vor allem für Kinder. Alle langfristig existierenden und expandierenden Organisationen benötigen eine Verbindung von Normen bzw. Moral und Nutzenorientierung. Die versprochenen Belohnungen können symbolisch sein oder auch in ein Jenseits, in eine ferne Zukunft verschoben werden. Zwang und Gewalt sind ebenfalls unvermeidlich, da sie als Drohung zumindest bei starker Abweichung für alle glaubhaft gemacht und im Ernstfall auch eingesetzt werden. Die Motivation der Klienten kann unterschiedlich sein. In einer Sekte, in der Gewalt ausgeübt wird, also z.B. Mitglieder fest gehalten oder eingesperrt werden, können diese mit Entfremdung reagieren oder auch die Normen internalisiert haben, also die Bestrafung akzeptieren. Anhand der Typologie kann auch der Wandel von Organisationen bestimmt werden. Eine wissenschaftlich gesteuerte und humanitäre Entwicklung verläuft vom Zwang zur Nutzenorientierung. Gefängnisse, in denen Insassen Therapie und Weiterbildung erhalten, sind dafür Beispiele. Die Typologie ermöglicht auch Vergleiche: Japanische Arbeitnehmer sind bzw. waren in stärkerem Maße moralisch-normativ an ihre Firmen gebunden als Arbeitnehmer in der EU.

Auf Grund ihres Erfolgs wurden japanische Organisationen für Europäer und Amerikaner interessant. In ihnen werden Personen in unteren Rängen an Entscheidungen beteiligt. Weitere Charakteristika sind:

- geringere Spezialisierung,
- lebenslange Bindung an die Organisation (nur bei einem Teil),
- Gruppen und erst an zweiter Stelle Individuen werden bewertet,
- Loyalität,
- Bindung durch zusätzliche Gratifikationen (Wohnung etc.),
- größere Intensität der Arbeit, mehr Arbeitsstunden.

Die günstigen Arbeitsbedingungen (lebenslange Anstellung in einem Betrieb) gelten allerdings nur für eine Minderheit der Arbeitnehmer in Japan (ca. 30 %), während die Mehrheit mangelhaft qualifiziert ist, schlecht bezahlt wird und keine Arbeitsplatzsicherheit hat.

Im Laufe der Entwicklung von einer agrarischen über eine industrielle zu einer Dienstleistungsgesellschaft mussten Menschen immer häufiger mit Agenten von Organisationen verkehren. Coleman (1986) spricht von einer „asymmetrischen Gesellschaft“, d.h. es besteht in zunehmendem Maße ein Macht- und Informationsungleichgewicht zwischen den Interaktionspartnern Individuum bzw. Kleingruppe und Organisation. Vor allem vernetzen sich Organisationen immer mehr, so dass Einzelne immer weniger Möglichkeiten haben, das soziale Geschehen, das sich in zunehmender Schnelligkeit über elektronische Kanäle und über intelligente Systeme vollzieht, zu durchschauen oder gar gezielt zu beeinflussen. Doch nicht nur Individuen, ja auch Großgruppen und Staaten sind mächtigen multinationalen Organisationen unterlegen.

Der Umsatz des größten amerikanischen Konzerns General Motors entspricht ungefähr dem Bruttosozialprodukt von Österreich. Viele große Konzerne haben einen größeren Umsatz als das Bruttosozialprodukt armer Entwicklungsländer, wie Ruanda, Guatemala oder Laos.

Organisationen können Menschen radikal verändern. Dafür gibt es viele Beispiele: Militär, Konzentrationslager, Terror-Organisationen. Es scheint so, als würden nur spezielle Persönlichkeiten unerwünscht reagieren oder als müssten lebensbedrohende Konsequenzen zu erwarten sein. Doch sowohl reale Situationen als auch wissenschaftliche Experimente zeigen, dass normale Menschen in Organisationen ohne großen

Aufwand in Sadisten, Schlächter oder Sklaven verwandelt werden können.

Der amerikanische Psychologe Zimbardo richtete im Keller der Stanford University ein experimentelles Gefängnis ein. Dann wurden Studenten nach einer Zufallsauswahl der Gruppe der Gefangenen und der Gruppe der Aufseher zugewiesen. In kurzer Zeit hatten sich die beteiligten Studenten in erschreckender Weise verändert, so dass das Experiment nach 6 Tagen abgebrochen wurde. Die Aufseher, die die Regeln setzten durften, behandelten die Gefangenen auf gemeine und sadistische Weise, und die Gefangenen hatten sich in unterwürfige Wesen verwandelt, die voll Angst und Hass waren (Zimbardo 1971).
In diesem Gefängnis-Experiment handelte sich um die Simulation einer totalen Organisation, in der die Klienten zwangsweise eingewiesen werden; dazu gehören auch psychiatrische Kliniken (geschlossene Abteilungen), manche Schulen, Pflegeheime usw.

Max Weber hatte sich pessimistisch über die Entwicklung der Organisationen und der Bürokratie in modernen Gesellschaften geäußert. Er meinte, dass die Menschheit sich neue Zwangsinstitutionen schaffen werde, die der Entmenschlichung dienen. Konzentrationslager und militärische Organisationen des 20. Jahrhunderts sind Belege hierfür, doch man sollte die erfreulichen Entwicklungen nicht vergessen: schülerorientierte Schulen, liberale Hochschulen, kreative Wirtschaftsunternehmen, bürgerfreundliche Stadtverwaltungen. Will man Bilanz ziehen, so wird man wahrscheinlich zu einem positiven Ergebnis des Einflusses von Organisationen auf Menschen kommen: Organisationen haben den Zivilisations- und Zähmungsprozess begünstigt, bzw. sie waren notwendige Bestandteile dieses Prozesses.

Organisationen werden immer mehr technologisch gestaltet. Die neuen Technologien erfordern Anpassung und stellen Überwachungssysteme dar. Je komplexer, kostenträchtiger und gefährlicher die Technologien sind (z.B. Atomtechnologie), umso rigider und differenzierter sind die Verhaltensregelsysteme.

In Organisationen entwickelt sich in der Regel eine Doppelmoral, d.h. die offiziellen Ziele erhalten teilweise Fassadencharakter und unerwünschte normverletzende Vorgänge werden verheimlicht oder umgedeutet. Organisationsmitglieder, die diese „schmutzige Wäsche“ nach außen tragen oder öffentlich vorzeigen, werden zu Außenseitern oder müssen die Organisation verlassen.[55] Ob man eine derartige Doppelmoral als eine Fehlentwicklung oder als eine normale Erscheinung interpretiert, hängt von der Sichtweise ab. So sind auch die folgenden Aussagen perspektivisch zu verstehen. Organisationen können sich in ungünstiger Weise entwickeln, können degenerieren. Die Ziele können in Vergessenheit geraten oder alte Ziele entsprechen nicht mehr den veränderten Umweltanforderungen. Doch die Rituale und Regelsysteme funktionieren weiter. Produktives Arbeiten wird vorgetäuscht. Solche Zielvergessenheit wird teilweise Schulen und Hochschulen vorgeworfen, die den Schülern bzw. Studierenden nicht das für den Beruf brauchbare Wissen vermitteln, sondern curriculare Rituale oder Veranstaltungen im Interesse des angestellten Personals durchführen.[56]

Damit Organisationen nicht in derartiger Weise degenerieren, sollten sie in Konkurrenz zu anderen Organisationen stehen, d.h. Klienten oder Kunden sollen zwischen Anbietern von Dienstleistungen wählen können.

Organisationen haben eine bedeutsamen Einfluss auf Kultur und Gesellschaft. Ritzer (1995) spricht von einer McDonaldisierung, wobei McDonalds, Coca Cola und andere multinationale Großgebilde gemäß vier Prinzipien erfolgreich sind:

1. Effizienz: vor allem Schnelligkeit ist das Ziel nach der Devise „Zeit ist Geld".
2. Kalkulierbarkeit: Alles wird bis in Kleinste gemessen, geplant und standardisiert.
3. Uniformität und Vorhersagbarkeit: McDonalds ist auf der ganzen Welt gleich gestaltet.
4. Automation: So weit möglich wird automatisiert, da die Beschäftigung von Menschen mit Kostensteigerung, Risiken und Abweichung verbunden ist.

Doch es gibt auch andere Trends in der Entwicklung internationaler Organisationen, z.B. Dezentralisierung, wobei die einzelnen relativ kleinen Einheiten weit reichende Entscheidungsfreiheit haben und keineswegs standardisiert werden. Es gibt multinationale Unternehmen,

---

[55]Ein Beispiel ist der Bericht der Chefärztin des Pariser Gefängnisses Santé Vasseur (2000) über die Zustände in der Organisation.

[56]Eine ähnliche Problematik wird in der Diskussion des „heimlichen Curriculums" angesprochen (siehe den entsprechenden Abschnitt im Kapitel „Erziehung").

die aus mehr als 1000 Untereinheiten bestehen, die weltweit flexibel agieren.

9.3 Leitung von Gruppen und Organisationen

Wer leitet eine Gruppe? Der am meisten redet, der den anderen Befehle gibt, der Zeichen der Macht besitzt? Es gibt auch Gruppen ohne klare Leitungsstruktur. Doch wenn es ernst wird, wenn die Gruppe für die Mitglieder wichtige Ziele erreichen muss, dann wird sich meist ein hierarchisch geordnetes Statussystem, Arbeitsteilung und Rollenverhalten herausbilden.

Hierarchische Ordnungen in Organisationen sind durch Traditionen vorgegeben. Doch immer häufiger werden Fragen nach Qualität und Art der Leitung gestellt.

Je komplexer die Aufgabenstellung, umso partizipativer, also nicht-autoritär, ist der aufgabenangemessene Führungsstil.

Bei historischer Betrachtung der Organisationen in modernen Gesellschaften ist ein Übergang von einem autoritären zu einem demokratischen, partizipativen Führungsstil feststellbar.

Die Legitimierung von Leitung läuft heute primär über Leistung. Also dominiert rationale Herrschaft. Doch charismatische Fähigkeiten sind noch immer bedeutsam. Und in Familienunternehmen gibt es noch teilweise traditionale Herrschaft.[57]

In den großen Organisationen, z.B. multinationalen Konzernen, besteht eine besonders große Distanz zwischen den leitenden Managern und den übrigen Beschäftigten. In den USA und in anderen Industriestaaten ist eine Aristokratie der Spitzenmanager entstanden, was sich u.a. in deren außerordentlich hohen Einkommen zeigt.

---

[57] Vgl. den Abschnitt „Macht" im Kapitel „Politik".

10 Soziale Institutionen

Im alltäglichen Sprachgebrauch werden die Worte „Institution" und „Organisation" oft bedeutungsgleich oder -ähnlich verwendet. In der Soziologie hat der Schlüsselbegriff Institution jedoch eine von dem Begriff Organisation abgegrenzte Bedeutung. Manche Institutionen treten hauptsächlich in Form von Organisationen auf, wie die Schule, andere dagegen, wie die Familie und die Ehe, nicht.
Soziale Institutionen wie Sprache, Religion und Staat geben nach Gehlen (1955) Menschen, die in einem Kollektiv zusammenleben, einen Halt. Gehlen definiert Menschen als Mängelwesen, ihnen fehlen eindeutige Instinkte. Ihr Verhalten müsse auf andere Weise gelenkt und geordnet werden, eben durch Institutionen.

Institutionen können unterschiedliche Aufgaben erfüllen:

1. Sie dienen der Integration von Menschen,
2. der Erhaltung der Werte und Normen,
3. der Entlastung von Entscheidungen,
4. der Vorhersagbarkeit von Handlungen, und
5. der Motivation.

Institutionen sind langfristig angelegte gesellschaftliche Problemlösungen. Sie sind der Leim, der die Menschen in der Gesellschaft zusammenhält (Hamm 1996, 54), dauerhafte Einrichtungen, die das Verhalten bestimmen. In *funktionalistischer* Perspektive sind Institutionen die Problemlösungen, die sich durchgesetzt haben, um die zentralen Aufgaben der Gesellschaft zu erfüllen. In einer *Konfliktperspektive* sind Institutionen Handlungsmuster, die der Machterhaltung der herrschenden Gruppen dienen. Aus *interaktionistischer* Sicht haben sich im Laufe der Entwicklung Kommunikations- und Symbolsysteme verfestigt, die nun einen verlässlichen Rahmen für den ständigen Symbolaustausch der Menschen bilden.

Institutionen sind nicht Orte oder materielle Gebilde (z.B. Gebäude), sondern verfestigte Verhaltensmuster, Routinen und Zeichensysteme, die allerdings auch räumlich und zeitlich gebunden sind. Im Bewusstsein der meisten Menschen sind Institutionen mit Orten verbunden: Religion mit der Kirche, Politik mit dem Parlamentsgebäude, bzw. mit der Bundeshauptstadt, Kunst mit dem Museum, Erziehung mit den Schulen, die man besucht hat, usw.

Um Institutionen zu begreifen, kann man sich zuerst einen Ameisen- oder einen Bienenstaat vorstellen. Es handelt sich um ein geregeltes Zusammenleben, an das die beteiligten Individuen gebunden sind, eine Brutstätte, feste Wege, Kommunikationsrituale, Kampfkompetenz usw. Das zweite Bild betrifft die Entwicklung des einzelnen Menschen, die man sich als Kette von Institutionen vorstellen kann. Als Kind lernt er zuerst die Familie kennen, dann Erziehungsinstitutionen, wie den Kindergarten und die Schule, das Schützenfest, die kirchlichen Veranstaltungen, das Fußballspiel, die Heirat, den Betrieb, das Begräbnis und viele andere bewährte gesellschaftliche Problemlösungen. In der Regel sind sie mit Ritualen verbunden, also mit stabilen vorgegebenen Handlungsketten.

In traditionellen Kulturen wurden Menschen von Institution zu Institution weitergereicht, die Übergänge waren weitgehend festgelegt und ritualisiert. In modernen Gesellschaften dagegen trifft dies nur für Kinder und teilweise für Jugendliche zu. Im Erwachsenenalter gibt es viele Freiräume. Ob sich jemand weiterbildet, sich mit Kunst, Religion, Sport und Medien beschäftigt oder kirchlich heiratet, ist ihm weitgehend frei-

Abb. 38: Zentrale Institutionen oder Subsysteme

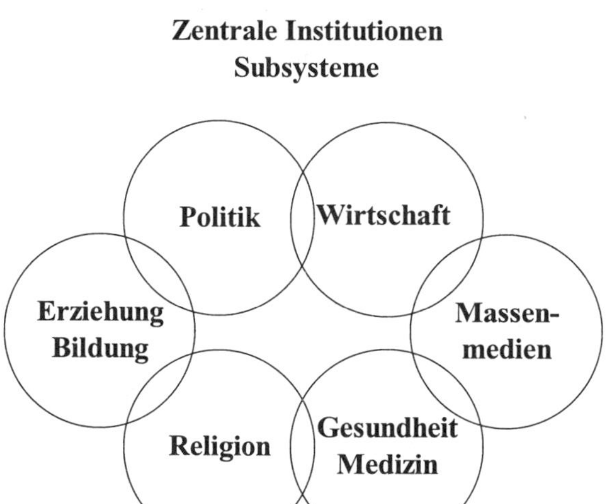

gestellt. Der soziale Druck ist nicht verschwunden, doch er wird von unterschiedlichen konkurrierenden Institutionen und Organisationen auf die Individuen ausgeübt, sie können ausweichen, entscheiden, verzichten und im Extremfall aussteigen.
In einfachen Gesellschaften gab es nur wenige Institutionen, die eng miteinander verflochten waren. Ackerbau, also eine wirtschaftliche Tätigkeit, war eng mit Familie/Sippe und Religion verbunden. Bei der Aussaat waren religiöse Rituale vorgeschrieben und die Fruchtbarkeit des Landes und die Geburten wurden als zusammengehörend angesehen. Heute wird Ackerbau den Institutionen Wirtschaft und Technik zugeordnet, die Religion hat damit kaum noch etwas zu tun und die Geburten gehören in das Reich der Familie und der Medizin. Die Verkoppelung der Institutionen in traditionellen Kulturen wird aus moderner Sicht als Zwangssystem angesehen. Wirtschaft und Wissenschaft wurden in früheren Jahrhunderten von Politik, Religion und Zünften gegängelt. In modernen Gesellschaften sind die Institutionen autonomer geworden, d.h. sie verfügen über eigene Verfahrensweisen, Sprachen, Rituale, Räume und Berufe.
Die Autonomisierung hat einerseits zu hohen Innovationsraten und Leistungssteigerungen geführt (vor allem in Wirtschaft und Wissenschaft), andererseits Norm- und Wertprobleme und neue Konflikte mit sich gebracht. Durch die Autonomisierung ergeben sich neue Aufgaben der Vermittlung, Verflechtung und Koordination. In der folgenden Tabelle werden Beispiele für (relativ) autonome Bereiche (Diagonale) und für Verflechtungen von Institutionen vorgestellt.

Dominanter Bereich ↓	*Wissenschaft*	*Kunst*	*Religion*	*Wirtschaft*
Wissenschaft	Grundlagenforschung	Kunstgeschichte	Religionswissenschaft	Monetarismus
Kunst	Museumsgestaltung	Lyrikproduktion	Bilder von Chagall	Opernaufführung
Religion	Theologie	Moderne Kirchenkunst	Gottesdienst	Konfirmation
Wirtschaft	Pharmaforschung	Kunstauktion	Devotionalienhandel	Börse

Abb. 39: Verflechtung von Institutionen

Die bisherige Argumentation ging implizit von einem harmonischen, organischen Modell aus. Die Institutionen sind brav und dienen dem System, der Gesellschaft. Geht man von einem *Konfliktmodell* aus, dann dienen Institutionen mächtigen Gruppen, stehen in Konkurrenz miteinander, bekämpfen sich und/oder beuten ihre Diener oder Klienten aus. Das Gesundheitssystem steht in Konkurrenz zum Bildungssystem. Es täuscht die Menschen über seinen Wert. Sie geben viel Geld für Gesundheitsversprechungen aus, obwohl die Investition in Bildung oder auch in anderen Bereichen für sie mehr bringen würde (vgl. Siegrist 1996, 443). Das ökonomische System kolonisiert, besetzt die anderen Institutionen, Kunst, Religion, Politik, Bildung usw.

Auch von einem *funktionalistischen* Ansatz aus lässt sich Kritik an Institutionen üben, wenn sie die Modernisierung behindern. Die Institution Ehe erschwert die Entwicklung neuer Formen von Primärgruppen (Wohngemeinschaften). Die Institution Begräbnis verstellt den Blick auf alternative Formen des Umgangs mit Toten. Die Institution Muttersprache kann sich als Hindernis für die Integration Europas, für die Bildung oder Auswahl einer gemeinsamen Sprache erweisen.

Interessante Einsichten liefert auch der Vergleich verschiedener Staaten. In Deutschland ist die Institution Erziehung traditionell stärker von der Institution Politik abhängig, in den USA stärker von der Wirtschaft beeinflusst. Die Institution Religion ist in den USA mehr mit der Institution Wirtschaft verbunden als in Deutschland oder Frankreich.

10.1 Wirtschaft

Es gibt kaum noch Menschen, die an der gesellschaftlichen Dominanz der Institution Wirtschaft zweifeln. Wirtschaftliches Kalkül wird zur zentralen Kompetenz.

Funktionalistisch ist Wirtschaft ein Subsystem der Gesellschaft mit eigenen Aufgabenstellungen. Nach Parsons dient die Ökonomie der Anpassung an die natürliche und soziale Umwelt. Die Grundbedürfnisse der Menschen müssen durch die wirtschaftlichen Aktivitäten befriedigt werden. In einer modernen Gesellschaft muss es eine Passung zwischen Produktion und Konsum geben.

Ein *Konfliktansatz* marxistischer Prägung sieht Arbeit, Produktion und den Besitz der Produktionsmittel als Basis menschlichen Handelns, geprägt von grundlegenden Kämpfen um Ressourcen, Eigentum und Befriedigung von Bedürfnissen. Das Wirtschaftssystem wird von den Produktivkräften (Technik, Wissenschaft etc.) angetrieben und durch die Produktionsverhältnisse (z.B. Ausbeutung der Arbeitskräfte, Niedriglöhne auf Grund von hoher Arbeitslosigkeit) ergeben sich Klassenkonflikte (Streik, politische Unruhen etc.).

Geht man von den Vorstellungen und Verhaltensweisen von Arbeitern und Konsumenten aus, wird eine *symbolisch-interaktionistische* Perspektive wichtige Einsichten liefern. Bedürfnisse von Menschen entstehen über Interaktionen, zuerst in der Familie, zunehmend über Massenmedien, die ja auch in der Familie lokalisiert sind. Die Welt erscheint als Dorf, in dem man sieht, wie andere Marlboro rauchen, Coke trinken und ein schickes Auto fahren. Wenn Menschen ein Auto kaufen, dann geht es nicht nur um Ortsveränderung, sondern auch um Statussymbole, um Gefühle (wenn man über das Lenkrad streichelt und auf die Armaturen blickt), um Liebe, Lust und Macht.

Die Grundlage von Wirtschaft sind Bedürfnisse, die Menschen zu Aktivität und Arbeit und zum Konsum antreiben. Nach *Maslow* (1977) gibt es eine Hierarchie der Bedürfnisse, die von physischen Bedürfnissen bis zur Selbstverwirklichung reicht. Grundbedürfnisse betreffen Essen, Trinken, Wohnung, Kleidung, Sexualität und Sicherheit. Darauf aufbauend haben sich weitere Bedürfnisse entwickelt und offensichtlich gibt es kein Ende in dieser Entwicklung. Maslow meint, dass die Befriedigung der physischen Bedürfnisse, wie Hunger, zu einer Aufwertung der „höheren" Bedürfnisse führt. Je mehr bestimmte Bedürfnisse befriedigt werden, desto eher sinken weitere Glückserträge durch solche Erlebnisse (Grenznutzen).
Die Bedürfnisproduktion wurde immer wieder analysiert. Vertreter der Kritischen Theorie (Frankfurter Schule: Horkheimer, Adorno, Marcuse) wiesen auf die Fremdsteuerung und die „falschen Bedürfnisse" hin, doch andere Soziologen sprechen von neuer Konsumkultur (Featherstone 1991) und von Lebensstilen (Lüdtke 2000).

In modernen Gesellschaften haben sich die Bedürfnisse weiter differenziert und das Anspruchsniveau ist gestiegen. Diese Erwartungssteigerung ist vor allem durch den Wohlstand und das Bildungsniveau, aber auch durch eine generelle Fortschritts- und Wachstumsideologie und den Einfluss der Massenmedien erklärbar. Ein paradoxes Ergebnis dieser Entwicklung: Im Durchschnitt haben sowohl Zufriedenheit als auch Unzufriedenheit zugenommen. Untersuchungen deuten daraufhin, dass in den 70er und 80er Jahren Arbeitnehmer trotz verbesserter objektiver Bedingungen subjektiv unzufriedener mit ihrer Arbeit waren als in früheren Jahrzehnten (Freund/McGuire 1991, 109f).

Das inzwischen die Welt umspannende Wirtschaftssystem wird unterschiedlich genannt: Industriegesellschaft, Kapitalismus, Marktwirtschaft. Wie ist es entstanden?
Ursprünglich waren die meisten Menschen Jäger und Sammler. Dann sind Menschen sesshaft geworden, Ackerbauer und Viehzüchter. Jahrtausende waren agrarische Kulturen vorherrschend. Der Industrialisierungsprozess ging ab dem letzten Drittel des 18. Jahrhunderts von England aus und hat sich im 20. Jahrhundert über die gesamte Welt ausgebreitet. Dadurch wurden zuerst in Europa und Nordamerika agrarische Gesellschaften zu Industriegesellschaften. Doch was waren die Ursachen für diese Entwicklung? In Hochkulturen, auch in Europa in früheren Jahrhunderten waren die politischen und militärischen Institutionen dominant, es gab nur abhängiges Wirtschaften und jeder, der Überschuss erwirtschaftet hatte, konnte jederzeit beraubt werden. Industrie und Kapitalismus entwickelten sich zuerst in England, weil dort die politischen Institutionen gezähmt worden waren, d.h. sie hatten Macht an andere gesellschaftliche Gruppen abgeben müssen (Chirot 1985). Dagegen dominierte in Frankreich bis zur Französischen Revolution ein absoluter Staat. In England gab es nicht nur einen freieren Markt für Wirtschaftsgüter, sondern auch für religiöse Organisationen. In Frankreich dagegen wurden die Protestanten massakriert und vertrieben.
Die europäisch-nordamerikanische Industrialisierung des 18. und 19. Jahrhunderts ist eine einmalige kulturelle Innovation. Es gab Ansätze für eine ähnliche Entwicklung im 11. Jahrhundert in China. In der chinesischen Provinz Hunan entwickelte sich eine private Eisen produzierende Industrie. Doch dann schlug die zentralistische kaiserliche Verwaltung zu. Sie erhob wirtschaftszerstörende Steuern, erklärte die Eisenproduktion zum kaiserlichen Monopol und ruinierte die Industrie in kurzer Zeit (McNeill 1982).

Die Industrieproduktion ist durch folgende Merkmale ausgezeichnet:

1. Fabriken,
2. Maschinen,
3. Massenproduktion (hohe Stückzahlen),
4. hoher Grad an Arbeitsteilung und
5. Profitorientierung und unternehmerische Rationalität.

Die Industrieproduktion ist immer produktiver geworden, d.h. sie benötigt trotz gestiegener Produktionszahlen weniger Menschen. Außerdem hat sich auch außerhalb Europas und Nordamerikas zunehmend Industrie entwickelt. Inzwischen haben sich die west- und mitteleuropäischen und nordamerikanischen Industriestaaten zu Dienstleistungsgesellschaften gewandelt, d.h. in der Landwirtschaft (primärer Sektor) sind nur mehr wenige Menschen tätig und auch die Industriearbeit (sekundärer Sektor) im engeren Sinn wird in den hoch entwickelten Staaten vom Dienstleistungsbereich (tertiärer Sektor) an Bedeutung übertroffen.[58]

Das Wirtschaftssystem hat in den hoch industrialisierten Staaten der zweiten Hälfte des 20. Jahrhunderts ein bisher in der Geschichte der Menschheit einmaliges Ergebnis gebracht: Es gibt keine Hungersnot mehr. Dies erscheint inzwischen vielen selbstverständlich. So kurz ist das historische Gedächtnis – und so uninteressant ist die Mehrheit der derzeit lebenden Menschen für die Europäer und Nordamerikaner.
Die Überflussgesellschaft der zweiten Hälfte des 20. Jahrhunderts benötigte nach Galbraith (1958) folgende Entwicklungsbedingungen:

- gesteigerte Produktivität, vor allem über wissenschaftliche und technische Innovationen,
- die Stimulierung „künstlicher" Bedürfnisse durch Werbung und
- eine großzügige Vergabe von privaten Krediten.

Eine weitere wichtige Bedingung: eine ausreichende Anzahl stabiler Demokratien. Diese politischen und ökonomischen Strukturen des Westens haben sich den kommunistischen und anderen real existierenden Systemen als überlegen erwiesen.

Wer Wirtschaft hört, wird nicht zuerst an Bedürfnisse denken, sondern an Geschäft, Kauf und Verkauf, an Geld, Arbeit und an Unternehmen. Arbeit ist ein zentraler Begriff. Durch Arbeit wird ein Gut hergestellt, es kann auch ein imaginäres sein, z.B. des Kaisers neue Kleider. Das Gut kann man verkaufen oder verschenken oder behalten.
Wer ein Geschenk annimmt, muss meist später selbst schenken: Reziprozität. Diese Kosten nehmen viele auf sich, da sie dadurch in Netzwerken Schutz und Sicherheit erhalten.
Wer einen anderen beraubt und geschickt genug ist, nicht ertappt zu werden, muss nichts schenken – aber vielleicht muss er sein Gewissen beruhigen (psychische Kosten). Vor allem riskiert er, aus Netzwerken ausgeschlossen zu werden (soziale Kosten).
Es geht um Güter und um Tausch. Es entstehen Märkte, wenn die herrschenden Gruppen sie zulassen – und davon profitieren. Märkte müssen

[58] In den USA waren in der zweiten Hälfte der 90er Jahre über 70 % im Dienstleistungsbereich tätig, in Deutschland über 60 % und in Polen ca. 50 %.

sozial und politisch gesichert sein, sonst brechen sie zusammen oder degenerieren. Doch die moderne Institution Politik mischt sich nur moderat in das Marktgeschehen ein. Der moderne Markt als „Idealtypus rationalen Gesellschaftshandelns" (Max Weber) hat sich von den sozialen und kulturellen Fesseln weitgehend gelöst. Marktteilnehmer abstrahieren von Religion, politischer Ideologie, Gruppenzugehörigkeit und anderen sozialen Faktoren, sie kaufen die Wurst dort, wo sie gut und billig ist. Was geschieht jedoch, wenn die Wurst knapp wird oder wenn immer mehr Marktteilnehmer kein Geld haben? Auch können Monopole entstehen, ein Anbieter hat (fast) alle anderen ausgeschaltet, er kann die Preise diktieren. Es gibt also eine Reihe von Möglichkeiten, dass Märkte degenerieren, dass sie ihre Funktion eines freien Austausches nicht mehr erfüllen. Folglich ist politische und öffentliche (mediengestützte) Kontrolle von Märkten unverzichtbar. Außerdem gibt es eine Klasse von Gütern, so genannte Kollektivgüter (Luft, Wasser, Tier- und Pflanzenarten, große Ökosysteme), für die eine reine Marktsteuerung wie auch eine Nicht-Steuerung von vielen Experten für schädlich oder katastrophal gehalten wird (siehe Kapitel „Die Zerstörung der kollektiven Güter"). Ein weiterer Aspekt besteht darin, dass die Vorstellung des Marktes und das Marktverhalten sich auf nicht-ökonomische Bereiche, z.B. Sexualität, Wissenschaft, Religion, ausweiten, was man auch als Rationalisierung und Ökonomisierung bezeichnen kann. Nach Marx, Polanyi und anderen Autoren ist das Wirtschaftssystem dominant, ja es kolonisiert die übrigen Systeme (Politik, Kunst, Medizin usw.). Ausdrücke wie Warenwelt und Monetarisierung deuten diese Beherrschung der gesellschaftlichen Bereiche durch Wirtschaftsfaktoren an. Ist dies nützlich oder schädlich? Und für wen? Es gibt viele Beispiele für die unheilvolle Wirkung von Ökonomisierung, deshalb soll hier die Möglichkeit einer positiven Wirkung gezeigt werden. Wenn in manchen Staaten und Regionen noch Verwandtschafts- und Clanbindungen und ethnische Feindschaft überstark sind, dann zeigen sich unter diesen Bedingungen auch besonders häufig wirtschaftliche Fehlentwicklungen. Eine erfolgreiche Wirtschaftstätigkeit kann mit einem Zurückdrängen dieser veralteten kulturellen Strukturen verbunden sein.

Auf jeden Fall ist modernes Wirtschaften nicht kulturneutral. Welche kulturellen Strukturen verbinden sich mit erfolgreicher Wirtschaftstätigkeit? Der wirtschaftliche Erfolg wird zu einem der höchsten Werte. Arbeit wird danach bewertet. Arbeit, die nicht entlohnt wird, auch wenn sie die Bedürfnisse von Menschen befriedigt, wird entwertet. Man wird für naiv gehalten (oder auch für einen Gutmenschen), wenn man so etwas macht, z.B. fremden Menschen unentgeltlich hilft. Somit entsteht eine spezifische Arbeitsideologie, die zu einem Mangel an Leistung in den Feldern führen kann, die nicht in den wirtschaftlichen Erfolgsbereich eingebunden sind.

Wirtschaft und Politik stehen in einem Spannungsverhältnis. Die soziale Markwirtschaft der Bundesrepublik benötigt ein handlungsfähiges politisches System, das gegen Wettbewerbseinschränkungen vorgeht, das Vorstellungen sozialer Gerechtigkeit bewahrt und thematisiert, und das für soziale Sicherungen gegenüber Risiken eines rücksichtslosen Wirtschaftens sorgt. Politik, die zu stark planend in den Wirtschaftsbereich eingreift und die Verstaatlichung von wichtigen Teilen der Wirtschaft anstrebt, wird inzwischen wohl von der Mehrheit der Deutschen abgelehnt. Doch eine schwache Politik, die immer mehr wichtige Entscheidungen an das Wirtschaftssystem abgibt, kann sich für einen Teil der Bevölkerung als fatal erweisen.

Kapitalismus

Der Begriff wurde schon häufig in diesem Text verwendet. Was bedeutet Kapitalismus?

Der Begriff Kapitalismus kann verschiedenen historischen und gesellschaftlichen Phänomenen zugeordnet und entsprechend unterschiedlich bestimmt werden. Folgende Merkmale sind auf jeden Fall notwendig zur Begriffsbestimmung:

- Geldwirtschaft,
- Privateigentum,
- Vererbung des akkumulierten Eigentums ist gesichert,
- Fernhandel,
- freie Marktwirtschaft und
- Dominanz des Profitmotivs in der Gesellschaft.

Der Kapitalismus hat sich über die gesamte Welt verbreitet.
Ein großer Teil der Produktionsmittel ist in den Händen weniger großer Konzerne, Personen und Gruppen konzentriert. Der Fluss des Kapitals hat sich beschleunigt, durch neue Kommunikationstechnologien, Erfindungen am Kapitalmarkt und Internationalisierung der Wirtschaftsbeziehungen.
Der große Widersacher des Kapitalismus, der Kommunismus/Sozialismus hat die Schlacht Ende der 80er Jahre wohl endgültig verloren, doch

die Kritik am Kapitalismus oder am Weltwirtschaftssystem ist geblieben. Vor allem die bleibende hohe Arbeitslosigkeit, die hohe Staatsverschuldung, die katastrophale Wirtschaftssituation mancher Entwicklungsländer, und die Turbulenzen auf den Finanzmärkten nähren bei vielen die Zweifel an der Güte des Wirtschaftssystems. Die Möglichkeit, durch reine Spekulation, also ohne produktive Arbeit, in kurzer Zeit hunderte Millionen zu verdienen, wird von vielen als Beweis für eine zutiefst unseriöse Grundlage des Systems angesehen.
Außerdem wird immer offensichtlicher, dass über das derzeitige Wirtschaftssystem viele unwichtige oder sozial schädliche Güter und Dienstleistungen hergestellt bzw. erbracht werden (Landminen, Privatflugzeuge), viele wichtigere jedoch nicht. Somit entsteht die paradoxe Situation, dass für die Produktion unwichtiger und schädlicher Güter hohe Profite eingefahren werden, während die Erstellung wichtiger Dienstleistungen schlecht oder gar nicht entlohnt wird.
Eine vielleicht noch entscheidendere Kritik bezieht sich auf die zunehmende soziale Ungleichheit und die Unfähigkeit des Systems, den Hunger und das Elend zu besiegen, obwohl dies auf Grund des technischen Standes und der Verfügbarkeit von Gütern bei vernünftiger Verteilung möglich wäre.

Gibt es eine Krise der Wachstumsgesellschaft?

Die durchschnittlichen Raten des Wirtschaftswachstums haben sich in den Industriestaaten seit den 80er Jahren verringert. Es gibt eine Marktsättigung bei vielen Gütern, z.B. technischen Geräten für Haushalte.
Außerdem wird von manchen Experten behauptet, dass bereits ökologische Grenzen des Wachstums erreicht seien. Bestimmte Ressourcen würden knapp und weiteres Wirtschaftswachstum würde zu einer Verschlechterung der Lebensbedingungen führen.

Hirsch (1980) hat von sozialen Grenzen des Wachstums gesprochen. Positionsgüter (begehrte Berufspositionen, Wohnungen in erwünschten Regionen, hohe Bildungsabschlüsse, ideale Ferienziele, hochwertige Dienstleistungen) würden von einer immer größeren Menge von Menschen angestrebt, aber sie seien nicht beliebig vermehrbar.

Der Kampf um Positionsgüter führt zu einer Verschwendung von Arbeitskraft und Ressourcen, zum Zehenspitzen-Effekt. Wenn sich alle auf die Zehenspitzen stellen, um besser zu sehen, sieht niemand besser, doch alle haben zusätzliche Kosten. Wenn immer mehr Zusatzqualifikationen erworben werden, immer bessere Noten und immer mehr sozia-

les Kapital erforderlich sind, um einen Arbeitsplatz zu erhalten, dann wird wertvolle Arbeitskraft verschleudert, werden die Bildungsanstrengungen inflationiert und wird Vertrauen in politische und soziale Systeme eingebüßt. Vor allem entsteht ein Markt der scheinbaren Qualifizierung, d.h. es werden Kompetenzen erworben, die nur im Kampf um Positionsgüter brauchbar sind.
In vielen westlichen Staaten wird im politischen und wirtschaftlichen Bereich experimentiert, um die unerwünschten Folgen eines ungebremsten Kapitalismus zu vermeiden oder zumindest zu mildern. Die europäischen Wohlfahrtsstaaten unterstützen die Verlierer im Wirtschaftssystem und verringern die soziale Ungleichheit. Doch es herrscht kein Konsens über die Art und die Intensität politischer Eingriffe ins Wirtschaftssystem.

Arbeitslosigkeit

Als zentrale Krise der modernen Gesellschaft und des Wirtschaftssystems wird der Mangel an Arbeitsplätzen angesehen.
Wie kann man soziologisch an das Problem herangehen? Von einem *Konfliktansatz* aus gesehen, geht es um den Kampf zwischen sozialen Gruppen, Kapitalbesitzern und Kapitalnichtbesitzern, Arbeitsplatzbesitzern und Arbeitslosen. *Funktionalistisch* gesehen muss die Institution Wirtschaft für die Bedürfnisbefriedigung die Mittel erstellen. Wenn sie dafür weniger Arbeitsplätze benötigt, als es Arbeit Suchende gibt, dann ergibt sich, funktionalistisch gesehen, erst dann ein schwer wiegendes gesellschaftliches Problem, wenn die Integration gefährdet ist, wenn eine zu große Gruppe an Desintegrierten und Randständigen geschaffen wird. Doch auch der Symbolische *Interaktionismus* kann herangezogen werden. Man sollte den Begriff Arbeit untersuchen. Welche Bedeutung hat er für verschiedene Menschen? Welche Bedürfnisse entwickeln Menschen und wie befriedigen sie ihre Bedürfnisse? Wie gehen Menschen mit der Tatsache um, dass wichtige Arbeiten, z.B. die Aufzucht von Kindern, schlecht entlohnt werden? Wie werden die Übergänge zwischen Arbeit und Nichtarbeit gestaltet, wenn Menschen arbeitslos werden, oder wenn sie wieder eine Position einnehmen können?

Eine Frage wird immer wieder gestellt: Geht der modernen Gesellschaft die Arbeit aus? In der EU und in den Vereinigten Staaten wurden zwischen 1983 und 1992, also in nur 9 Jahren, im Dienstleistungssektor zusätzlich 15 Millionen Stellen geschaffen. In den Industrieländern nahm die Erwerbsbevölkerung von 1980 bis 1994 um 14 % zu. Vor allem in

den Entwicklungsländern ist eine starke Zunahme der Erwerbsbevölkerung festzustellen.
Die Erwerbsbevölkerung ist in den Industriestaaten vor allem gestiegen, weil die Erwerbstätigkeit der Frauen zugenommen hat. Also wäre es plausibel anzunehmen, dass die Länder mit geringer Frauenerwerbstätigkeit auch eine geringe Arbeitslosigkeit verzeichnen. Doch gerade in Ländern mit überdurchschnittlich hoher Frauenerwerbsquote ist die Arbeitslosigkeit gering.

	Frauenerwerbsquote 1997	*Arbeitslosenquote 1998*
Dänemark	75	5,1
USA	73	4,5
Japan	69	4,1
Großbritannien	64	7,0 (1997)
Deutschland	62	9,4
Frankreich	60	11,7

Abb. 40: Zusammenhang zwischen Frauenerwerbsquote und Arbeitslosigkeit; Quelle: Der Spiegel 19/1999, 38

Auch innerhalb der EU bestehen große Unterschiede in der Beschäftigungssituation. In manchen spanischen, süditalienischen und ostdeutschen Regionen liegt die Arbeitslosigkeit über 25 %, in wirtschaftlich hochproduktiven Regionen Süddeutschlands oder Norditaliens bei 5 %. Die zentrale Problemgruppe sind Unqualifizierte, also Personen mit unzureichender schulischer und außerschulischer Bildung.

Arbeitslose nach Bildungsabschlüssen im Verhältnis zu den 25–64-jährigen Erwerbspersonen in Prozent 1995			
	Abschluss unterhalb des Sekundarbereichs II	Abschluss des Sekundarbereichs II	Hochschulabschluss
USA	10	5	2,5
Deutschland	13,3	7,9	4,7

Abb. 41: Bildung und Arbeitslosigkeit; Quelle: OECD, Bildung auf einen Blick – Indikatoren 1997

Außerdem sind noch folgende „Problemgruppen“ betroffen: ältere Menschen (über 50 Jahre), Ausländer, Frauen und junge berufsunerfahrene Personen. Beunruhigend ist die hohe Arbeitslosigkeit bei der Gruppe der unter 25-jährigen in der EU (Frauen 23 % und Männer 20 % im Jahre 1995).

Vorschläge zur Verringerung der Arbeitslosigkeit kann man soziologisch betrachten:
Verringerung der Steuerlast, Umstellung der sozialen Sicherungssysteme auf Kapitalbildung, Privatisierung und Verringerung von staatlichen Subventionen sind Vorschläge, die auf die Schwächung des politischen und die Stärkung des wirtschaftlichen Systems hinauslaufen (funktionalistische und systemtheoretische Perspektive). Außerdem werden dadurch latente Gruppenkonflikte (z.B. zwischen Regierung und Berufsverbänden) manifest.
Zwänge, die auf Arbeitslose ausgeübt werden, können zu Reaktanz führen, wodurch unerwünschte Interaktionsstrukturen geschaffen werden.
Eine Beurteilung von Vorschlägen zur Verringerung der Arbeitslosigkeit kann auf Grund der drei Theorieperspektiven vorgenommen werden:

- Funktionalistische Bewertung: Welche Veränderungen treten in verschiedenen Teilsystemen auf?
- Konfliktansatz: Welche Gruppen werden durch die Maßnahme begünstigt oder benachteiligt?
- Interaktionistischer Ansatz: Wie wird die Maßnahme von verschiedenen Personen und Gruppen eingeordnet, gedeutet und bewertet? In welcher Weise sind die Interaktionsstrukturen durch die Veränderung betroffen?

Der interaktionistische Ansatz eignet sich für die Untersuchung der Not, der Armut und der Angst. Langzeitarbeitslosigkeit „bedeutet Ausgrenzung für die Betroffenen, im Bewusstsein zu leben, nicht mehr zu einer Gesellschaft zu gehören, die in erster Linie eine Gesellschaft der und für die Erwerbstätigen ist, und in der Ansehen und somit soziale Identität aufs Engste mit dem Erwerbstätigsein verknüpft sind“ (Kronauer/Vogel 1998, 343). Die Langzeitarbeitslosen reagieren mit resignativer Unterwerfung oder mit Rückzug in soziale Netzwerke, die freilich selbst oft marginalisiert oder kulturell abgeschoben sind. Bude (1998) spricht von einer „Logik des Scheiterns“ und vom „Überflüssigwerden“, das man an vier strukturellen Elementen ablesen kann: Arbeit, Familie, Institution und Körper. Durch Langzeitarbeitslosigkeit kann der Einzelne in einen Strudel familiärer Krisen, institutioneller Stigmatisierung (Ämter, Betriebe) und selbstzerstörerischen Verhaltens (Alkoholismus, Sucht, Krankheit) gezogen werden.
„Ein Verlust der Arbeitsrolle führt daher im Ausmaß der Hochbewertung beruflicher Tätigkeit zu einer empfindlichen Rollenschrumpfung,

die das Selbstwertgefühl einzutrüben und eine Identitätskrise auszulösen vermag. Der Arbeitslose – zumal in einer Umgebung, in der sonst keine Arbeitslosen wohnen – gilt vielfach als Gezeichneter, der für sein Schicksal selbst verantwortlich ist und mit dem man keinen Umgang haben möchte. Die etwas voreilige Assoziation von „arbeitslos = arbeitsscheu" verstärkt dabei die Verstrickung in die Defizitsituation. Die psychische Belastung wird meist begleitet von einer fortschreitenden sozialen Desintegration. Der Wegfall der Kontakte zu Kollegen im Arbeitsbereich ist erst der Anfang eines möglichen Verlustes gesellschaftlicher Bindungen: Er setzt sich im Freundes- und Bekanntenkreis fort und wirkt bis in die familialen Bindungen hinein“ (Wiswede 1995, 153).

Technik

Technik ist Verlängerung der Arme, schnellere Beine, eine bessere Faust, schnelleres Rechnen, lauteres Schreien, schönere Bilder malen, also ein Körperphänomen. Technik ist Waffenentwicklung. Technik entlastet von unerwünschten Arbeiten. Technik vereinfacht das Komplizierte. Technik kompliziert. Technik ermöglicht Leben – Intensivstationen, Fruchtbarkeitsmedizin, Stromerzeugung. Technik bringt Tod – im Zweiten Weltkrieg, in den Konzentrationslagern und im Autoverkehr. Die technische Entwicklung hängt von wissenschaftlicher Forschung *und* von Wirtschaftlichkeit ab. Eines allein reicht nicht. Viele technische Ideen sind nie realisiert worden.
Technik ist in modernen Gesellschaften innig mit Wissenschaft verbunden, doch noch inniger mit Wirtschaft. Freilich hat Technik inzwischen auf alle gesellschaftlichen Bereiche entscheidenden Einfluss. Selbst die Kommunikation mit Toten findet mit Hilfe technischer Geräte statt, z.B. mit Radios, Kassettenrecordern und Computern.
Technische Neuerungen haben einen entscheidenden Einfluss auf das wirtschaftliche (und das übrige soziale) Geschehen – leider nicht nur erfreulichen. Rationalisierung, Automatisierung und technisch gestützte Produktivitätssteigerung führen auch zum Verlust von Arbeitsplätzen und zu raffinierten Formen der Ausbeutung.
Die Industrialisierung und Modernisierung wäre ohne Technik nicht möglich gewesen. Die Dampfmaschine, die Eisenbahn (19. Jahrhundert), die Elektrifizierung (Jahrhundertwende) und die Automobilisierung haben alle gesellschaftlichen Bereiche mitbestimmt. Durch die Informations- und Kommunikationstechnologien, die Biotechnologie, neue Werkstoffe und neue Energietechnik haben das letzte Jahrzehnt

des 20. Jahrhunderts und werden die erste Hälfte des 21. Jahrhunderts einen gewaltigen sozialen Wandel erfahren (vgl. Bornschier 1998, 104 ff).

Am Beispiel Auto sollen kurz die gesellschaftlichen Veränderungen durch Technik besprochen werden (vgl. Henslin 1995, 619 ff). Die soziale Bedeutung des Pferdes verringerte sich am Ende des 19. und zu Beginn des 20. Jahrhunderts dramatisch. Menschen wurden durch das Auto mobiler. Die Städte wandelten sich: Vorstädte entstanden. Autos ermöglichten eine Privatsphäre, gerade für junge Leute, die noch bei ihren Eltern wohnten. Frauen konnten nun geschützt zum Einkaufen oder zu Verwandten und Bekannten fahren. Die Bindung der Frau an das Heim wurde durch das Auto gelockert, die Emanzipation gefördert. Das Auto wurde zu einem bedeutsamen mobilen Statuszeichen, wichtiger als die Kleidung. Man konnte sich damit überall zeigen, während man sein Haus, seine Frau und andere Gegenstände ja nicht ständig mit sich tragen konnte. Das Auto hat allerdings auch neue Klasseneinteilungen produziert: Autobesitzer und Nicht-Autobesitzer, Porsche-, Mercedes- und Entenfahrer. Sowohl für junge Menschen als auch für alte Menschen, die auf Grund von körperlichen Leiden oder Armut auf das eigene Auto verzichten müssen, ist dies eine schmerzliche Erfahrung, sie fühlen sich an den Rand gedrängt.

Die meisten Institutionen und Organisationen sind inzwischen technisiert. Die Herstellung der Kinder und die Entsorgung der Leichen, die Zubereitung des Essens und die Durchführung religiöser Rituale, die Demokratie, die Kunst, die Liebe und die Religion sind technisiert. Grundbegriffe wie Mensch, Leben, Tod, Gefühl, Wirklichkeit usw. werden je nach technologischem Stand anders definiert.
Wann ein Mensch tot ist, kann heute gemäß der rechtlichen Bestimmung nur mehr mit technischer Hilfe festgestellt werden. Überhaupt wird das Sterben immer mehr technisiert. Zwar wird als Ideal ein „natürlicher" Tod angestrebt, doch tatsächlich ist es immer häufiger ein medizinisch-technisch hergestelltes Sterben (Feldmann 1997).

Funktionalistisch gesehen hilft Technik, gesellschaftliche Aufgaben optimaler zu erreichen. Sie ist Mittel für bestehende Zwecke. Dass sie zum Selbstzweck werden kann, dass sie soziale Lösungen verdrängt, so dass schließlich die meisten glauben, es handle sich um technische Probleme, die nur technisch gelöst werden können, ist funktionalistisch schwer erklärbar.

Nach einem *Konfliktansatz* unterwerfen die ökonomisch und technisch besser ausgestatteten Gruppen die technisch schlechter ausgestatteten und beuten sie aus. Auch werden anderen Gruppen Technologien aufgezwungen. Die hohen Kosten von Technologien verstärken die soziale Ungleichheit.

Dass Technik Interaktion und Kommunikation verändert, kann man anhand der Auto- und der Informations- und Kommunikationstechnologie nachweisen (*interaktionistische* Perspektive). Film und Fernsehen haben eine neue internationale „Sprache" geschaffen. Durch Technik ändern sich die Bedeutungen von Begriffen (z.B. Leben, Tod, Text, Botschaft), ändern sich die Wünsche und Befürchtungen, erschließen sich neue Kommunikationsmöglichkeiten.

Wenn man jetzt noch die drei zentralen Merkmale Geschlecht, Alter und soziale Schicht in die Überlegungen einbezieht, dann gewinnt man weitere Einsichten über das Technikfeld. Technik ist traditionell eine männliche Domäne. Computer und Internet waren und sind vorrangig in Händen von Männern, doch der Anteil der jungen Frauen steigt kontinuierlich (vgl. ARD/ZDF-Arbeitsgruppe Multimedia 1999). Computer und Internet wurden zuerst von jungen, überdurchschnittlich gebildeten Männern genutzt. Die Herrschaftsposition dieser „Gruppe" wird also durch innovative Technik gestützt. Doch diese Erkenntnisse sind nicht nur für einen Konfliktansatz bedeutsam, auch die Interaktion wird dadurch entscheidend geformt. Man denke an die durch die neuen Kommunikationstechnologien entstehenden Interaktionsstile.

Technik ist also nicht etwas Äußerliches, sondern dringt in die Tiefen des Bewusstseins, in die Mythen, in die Werte ein. Die Bio- und Gentechnologie wird zu tiefgreifenden Veränderungen auf zentralen gesellschaftlichen Ebenen führen. Man denke nur an die in Zukunft mögliche Veränderung des Alterungsprozesses.
Allerdings entstehen oft „kulturelle Lücken" (Ogburn), d.h. manche Subsysteme und Institutionen passen sich nur langsam und mit Verzögerung den neuen technischen Gegebenheiten an. Viele Schulen sind Beispiele für kulturelle und technische Rückständigkeit, doch auch viele Haushalte, vor allem von älteren Menschen, sind noch so eingerichtet, wie es vor 30 oder 50 Jahren üblich war.

Die Bedeutsamkeit der technischen Eingriffe und die möglichen Risiken und unerwünschten Nebenwirkungen haben sich durch die neuen Entwicklungen vermehrt. Die Risikogesellschaft (Beck 1986) ist also nicht nur ein Schlagwort, sondern – betrachtet man vor allem die Atomtechnologie – durchaus ein bedenkenswertes Konzept. Doch parallel haben sich auch die Möglichkeiten der Gefahrenvermeidung und der Schaffung neuer Überlebensmöglichkeiten erstaunlich verstärkt. Die Steuerungssysteme werden immer komplexer und nur mehr für Experten halbwegs durchschaubar. Die Technik führt also einerseits zu einer zunehmenden Gottähnlichkeit des „Menschen an sich“ (Prothesengott nach Freud), aber auch gleichzeitig zu einer relativen Verkleinerung und Entfremdung – in den riesigen Fabriken, auf den Schlachtfeldern des Ersten und Zweiten Weltkrieges und – harmloser – im kilometerlangen Stau auf der Autobahn.

Technische Neuerungen wurden in der Geschichte der Menschheit begrüßt und verdammt.
Im Mittelalter wurden Handwerker, die technische Neuerungen vorschlugen oder erprobten, häufig geächtet oder getötet. Auch in der neueren Zeit ging es technischen Neuerern oft schlecht, sie starben an ihren eigenen gefährlichen Innovationen, wurden verkannt, andere werteten ihre Arbeit aus usw.

Auf kollektiver Ebene erwies sich allerdings technische Innovation als förderlich. Unbeabsichtigte und unerwünschte Nebenwirkungen waren und sind oft für Einzelne oder Gruppen verderblich, doch sie wurden bisher mittel- oder langfristig bewältigt, tragen also zu einer sozialen und ökonomischen Dynamik bei. Inzwischen wurden auch die Systeme der Technikfolgenabschätzung verbessert und viele rechtliche und andere Kontrollen eingebaut. In den jungen Generationen ist die noch immer stark männliche Technikfaszination ungebrochen, ja man kann von einer Gier nach technischer Neuerung sprechen. Widerstände in größeren Gruppen der Bevölkerung existieren allerdings gegenüber der Atomtechnik, der Rüstungsindustrie und der Gentechnik. Zwar gibt es auch viele kritische Stimmen bezüglich der Kommunikations- und Informationstechnologie (Computer, Fernsehen etc.), doch insgesamt überwiegt die Akzeptanz.

Jedenfalls sind Technologien in moderne Lebensstile eingeflochten, also notwendige Bestandteile von sozialen Gebilden, wie Institutionen, Organisationen, Rollen, soziale und personale Identität, Habitus und Lebenswelt. Ein Zusammenbruch technischer Großsysteme wäre also auch eine kulturelle Katastrophe.

Professionalisierung

Professionen sind hochbewertete Berufe, wie der Beruf des Arztes oder des Juristen. Sie unterscheiden sich von anderen Berufen durch folgende Merkmale:

- ein hochwertiger Wirkungsbereich (z.B. Gesundheit als zentraler Wert, es geht um Leben und Tod),
- eine wissenschaftliche, in der Regel universitäre Ausbildung,
- eine starke Standesorganisation,
- ein Monopolbereich des Handelns,
- erfolgreiche Abwehrkämpfe gegenüber konkurrierenden Berufsgruppen,
- Autonomie in Entscheidungen.

Funktionalistisch gesehen dient die Professionalisierung der Gestaltung besonders wichtiger Aufgaben in der Gesellschaft, z.B. der Sicherheit, der Gesundheit und der Qualifizierung. Vor allem verfügen Professionen über einen theoretischen Wissensbestand, der im Rahmen einer Universitätsausbildung weitergegeben wird. Doch auch ein *Konfliktansatz* dient zur Erklärung: Professionelle Gruppen stehen im Konkurrenzkampf um Ressourcen, und sie geraten auch in (meist latente) Auseinandersetzungen mit Klientengruppen. Beispiele sind Kämpfe um Ausbildungsgänge. Grund- und Hauptschullehrer wurden noch in den sechziger und 70er Jahren in Pädagogischen Hochschulen ausgebildet, von denen die meisten dann in Universitäten integriert wurden. Die Professionalisierung des Pflegepersonals und der Erzieherinnen ist in den Vereinigten Staaten weiter gediehen als in Deutschland.

Die Professionen sind hierarchisch geordnet, Ärzte stehen über Betriebswirten und Gymnasiallehrern. Diese hierarchische Ordnung ist an Meinungsumfragen ablesbar. In einer neuen repräsentativen Meinungsumfrage in Deutschland haben wichtige Professionen folgendermaßen abgeschnitten:

(akademische) Professionen	*von 100 Personen haben am meisten Achtung vor*
Arzt	75
Pfarrer	40
Rechtsanwalt	37
Professor	34
Apotheker	27
Ingenieur	24
Grundschullehrer	22
Studienrat	14

Abb. 42: Prestige von Professionen (Institut f. Demoskopie Allensbach 1999)

Erstaunlich und dem Prestige innerhalb von Hochschulen und akademischen Kreisen widersprechend ist das schlechte Abschneiden von Studienräten (nach Grundschullehrern!). Doch ansonsten entspricht die Meinungshierarchie der Bevölkerung im Großen und Ganzen der Rangabstufung an Hochschulen, in denen die pädagogischen Fachbereiche die unterste Stufe einnehmen.
Entscheidend ist nicht nur der quantitative Wissensbestand, sondern die gesellschaftliche Bedeutung. In der Medizin geht es um Leben und Tod und im juristischen Bereich um Recht und Unrecht. An diesen Wertbezug des Wissens wird eine Kollektivitätsorientierung geknüpft, die von einer Erwerbsorientierung abgegrenzt wird, wie der Funktionalist Parsons meinte. Ein Arzt soll primär kranken Menschen helfen, während es bei einem Geschäftsmann als legitim gilt, dass er vor allem seinen Profit vermehren will. Da an diese Kollektivitätsorientierung rechtlich gestützte Privilegien geknüpft sind, wird sie von den Ärzten in der Öffentlichkeit stets betont.
Ist der Professionelle nur ein Rädchen in einer großen Organisation? Wie steht es mit der Autonomie im Arbeitsbereich? Der klassische Professionelle, z.B. ein frei praktizierender Arzt oder Rechtsanwalt, hat keine Vorgesetzten. Doch Ärzte geraten immer mehr in bürokratische Maschinerien (Krankenhäuser, Krankenkassen). Auch der Einfluss von Klienten kann die Autonomie einschränken, wogegen Professionelle Strategien der Machterhaltung und Schaffung von Distanz einsetzen. Deshalb versuchen viele Ärzte die Kommunikation mit Patienten als Inkompetenz- und Abhängigkeitsdiskurs zu gestalten und viele Lehrer vermeiden es, die pädagogische Kompetenz von Schülern und Eltern anzuerkennen oder gar zu fördern.

Der Grad der Professionalisierung wird auch von der Monopolisierung der angebotenen Dienstleistungen mitbestimmt: Nur Ärzte dürfen bestimmte Medikamente verschreiben, operieren etc. Es kommt zu Abgrenzungskämpfen. Ärzte versuchen zu verhindern, dass Tätigkeiten aus ihrem Bereich an andere Berufe ausgegliedert werden. In Machtkämpfen mit staatlichen und privaten Organisationen spielen die Berufsverbände und das soziale Kapital der Profession eine entscheidende Rolle.

Innerhalb der Profession gibt es eine Hierarchie. Das Prestige der Professionellen ist vom Status der Klienten abhängig. Kinderärzte haben ein geringeres Prestige als Chirurgen oder Spezialisten für innere Medizin.

Professionalisierung ist als Prozess zu sehen. Wissenschaftliche Forschung, technische und ökonomische Entwicklung, Erwartungen der Klienten und andere gesellschaftliche Veränderungen beeinflussen den Prozess. So ändern sich die Anzahl der Positionen, die Rollen, die organisatorischen Rahmenbedingungen.
Krankenkassen haben zunehmend Einfluss auf die Ärzte. Selbstmedikation hat zugenommen. Überhaupt sind die Selbstkontrollwünsche der Klienten gestiegen. Kinder und Patienten haben sich emanzipiert und lassen sich weniger gefallen als früher. Andererseits ist die Abhängigkeit vor allem der Klienten aber auch der Professionellen von neuen Technologien gestiegen.

Professionelle lassen sich danach unterscheiden, ob sie eher einer bürokratisch-rituellen Verfahrensorientierung oder einer klientenbezogenen Problemlösungsorientierung verpflichtet sind.
Ein Lehrer, der Dienst nach Vorschrift macht, sich nur an die Richtlinien und an das Lehrbuch hält, seinen Kommunikationsstil seit Jahrzehnten nicht geändert hat, handelt bürokratisch-rituell. Ein Lehrer, der sich in Schüler einfühlt, Hausbesuche macht und kreativen, schülerorientierten Unterricht gestaltet, verhält sich klientenorientiert.
Im Interesse der Klienten wäre eine klientenbezogene Kooperation der Professionellen, z.B. Erzieherinnen, Grundschullehrerinnen, Sozialarbeiter, Kinderärztinnen, Psychologen, wünschenswert. Doch die Abgrenzung, die Monopolisierung der Tätigkeiten, die hierarchische Ordnung und die bürokratische Ritualisierung verhindern Netzwerkbildung und „Interprofessionalisierung“ (Feldmann 1981). Anzustreben wäre eine Dynamisierung und Differenzierung des Rollensystems durch eine „Professionalisierung des sozialen Netzwerks“.

Geld

Geld ist die universale Tauschmaschine, Geld erleichtert den Tausch und die Akkumulation des Kapitals. Durch das Geld hat sich die Ökonomie vom politischen Bereich emanzipiert. Früher konnten Personen oder Sippen enteignet werden, da die Grundlage des Reichtums der Besitz von Boden war. Heute transferieren Reiche ihr Geld ins Ausland und können politisch nicht mehr so leicht belangt werden.
Geld ist ein Zaubermedium, ein besonderer Saft. Geld macht sinnlich, bzw. es verbindet sich mit allen Gedanken, Gefühlen und Handlungen. Es geht also keineswegs nur um „Zahlen – Nicht Zahlen“, wie Luhmann meinte.

Geld stinkt nicht. Geld löst Vorurteile zwar nicht auf, aber mildert ihre Folgen.
Nach einer amerikanischen Untersuchung, die in den 30er Jahren (LaPiere 1934) durchgeführt wurde, hatten viele Besitzer von Hotels und Restaurants in den Südstaaten rassistische Vorurteile gegenüber Farbigen und meinten in einer Befragung, sie würden keine Chinesen aufnehmen. Doch eine weitere Studie zeigte, dass viele von diesen vorurteilsbelasteten Personen zahlenden Chinesen ihre Dienstleistungen gewährten (Kluft zwischen Einstellungen und Verhalten).
Geld ist ein Mittel, das einerseits kulturelle und soziale Barrieren und auch Bindungen auflöst, andererseits Menschen voneinander abhängiger werden lässt. Simmel (1983, 83) schrieb über die Geldwirtschaft, dass „sie einerseits ein ganz allgemeines, überall gleichmäßig wirksames Interesse, Verknüpfungs- und Verständigungsmittel, andererseits der Persönlichkeit die gesteigertste Reserviertheit, Individualisierung und Freiheit ermöglicht." Kollektivgefühle sind mit der gemeinsamen Währung und der Wirtschaftsverflechtung verbunden.

„Die Deutsche Mark ist zum Mark der Deutschen geworden. Nach dem Missbrauch aller kulturellen und moralischen Werte und nationalen Traditionen durch die Nazis war die harte westdeutsche Nachkriegswährung eine Art identitätsbildendes Merkmal der neuen Republik und ihrer Bürger geworden" (Spiegel 30/1998, 32). Wenn sich der Euro positiv entwickelt und sich gegenüber dem Dollar behauptet, wird er das Kollektivbewusstsein der Euro-Bürger stärken.

Doch Geld ist auch mit Entpersönlichung verbunden. Geldströme entmaterialisieren sich – werden zu elektronischen Impulsen, schließlich zu reiner Information. Geld löst sich von den Gütern, von der Arbeit und von sozialen Situationen (Entkontextualisierung). Wenn es gewaschen ist, dann ist ihm die Herkunft nicht mehr anzumerken. Allerdings kann der neureiche Nutzer an seinem Habitus, der in seinem Körper verankert ist, erkannt werden. Doch durch die elektronische Kommunikation und die unpersönlichen Geldströme wird diese Habituserkennung immer mehr erschwert und wahrscheinlich unwichtiger werden.
Geld hat im langfristigen Konkurrenzkampf der Kommunikationsmedien politische und militärische Macht, soziales und kulturelles Kapital überrundet. Geld ist allerdings flüssig, dynamisch und entwertet sich, wenn es ruht. Diese Unsicherheit, Entwertungsängste und die Dominanz ökonomischer Macht führen zu Versuchen gefährdeter Gruppen, soziales und kulturelles Kapital vom ökonomischen abzuschotten, um

seinen Marktwert zu erhöhen! Liebe, Weisheit, Kunstgeschmack, Stolz, Frömmigkeit usw. werden als nicht käuflich bezeichnet und dadurch – allerdings nur in bestimmten Gruppen und Klassen – besonders teuer. Andererseits versuchen Personen mit ökonomischem Kapital, ihre Macht durch den Kauf von sozialem und kulturellem Kapital zu beweisen und auszuweiten.

Geld war ursprünglich ein Mittel, um Wirtschaftshandlungen wirksamer zu gestalten. Inzwischen ist es auch und immer mehr zum Zweck oder obersten Ziel geworden. Die internationalen Finanzströme haben sich von den Bedürfnissen der meisten Menschen, von den Gütern und von der Arbeit teilweise emanzipiert. Die globalen Spieler schöpfen Reichtum, den andere erarbeitet haben, spielend ab. Die Offenheit der Finanzmärkte begünstigt privilegierte Minderheiten, die globale Macht gewinnen. Dies ändert sich auch dadurch nicht, dass Aktienspekulation sich in der Mittelschicht ausbreitet.

Die internationalen Geldströme und die schnellen Kapitalverschiebungen fördern die Entkontextualisierung. Heute in Indonesien, morgen in Malaysia, übermorgen in China anlegen und wieder abziehen. Durch die elektronische Vernetzung sind fast alle Regionen jederzeit verfügbar und manipulierbar.

10.2 Politik

Wie kann in großen Gruppen Ordnung und Stabilität hergestellt werden? Eine soziologische Betrachtung von Politik beschäftigt sich mit der Institutionalisierung und Legitimierung von Macht (vgl. Giddens 1999, 367 ff).

Politik ist nach wie vor eine Spitzeninstitution, doch im Zeitalter der Globalisierung stellen manche die Frage: Wird Politik zweitrangig? (Nationale) Politik wird immer abhängiger vom (Welt)Wirtschaftssystem. Idealtypisch sollten im politischen System die gesellschaftlichen Ziele gesetzt werden, deren Erfüllung dann u.a. mit Hilfe der Wirtschaft angestrebt wird. Wirtschaft wäre also ein Instrument, würde Mittel zur Verfügung stellen. Doch tatsächlich werden die politischen Ziele in zunehmendem Maße ökonomisiert und monetarisiert. Dies ist jedenfalls eine oft verbreitete These.

Funktionalismus: Welche wichtigen Aufgaben erfüllt das politische System? Ziele setzen, Interessenausgleich, Überwachung der Wert- und Normsetzung.

Konfliktansatz: Politik ist immer ein Ringen, ein Kampf um die Macht. Politische Institutionen haben besonders grausame Formen der Unter-

drückung hervorgebracht. Die beiden Weltkriege und ihre kleineren Nachfolger zeigen, dass politische Konflikte in vielen Teilen der Welt das Leben der Menschen bestimmen.
Interaktionismus: Die tierisch ernst genommenen politischen Superworte des 19. und 20. Jahrhunderts, Volk, Nation, Staat, Kaiser, Führer, Vaterland, Partei sind dank politischer Katastrophen und Medienverwurstung symbolisch kleingearbeitet worden, so dass fast jeder darüber lachen kann und darf. Politiker werden inzwischen seltener für Halbgötter, Überväter oder cäsarische Reinkarnationen gehalten, sondern als Entertainer, Schauspieler, Regisseure und Manager goutiert oder verlacht. Politik ist Aushandeln, Deutung, nicht mehr aus Eingeweiden von Tieren, sondern auf Grund von sozialem Kapital, Sachkenntnissen, strategischen Spielen und Medienpräsentationen.
Weitere Erkenntnisse lassen sich durch das Einbeziehen des bereits bekannten Dreigestirns Geschlecht, Alter und soziale Schicht gewinnen. Frauen haben auch in den meisten fortschrittlichen Ländern erst im 20. Jahrhundert das Wahlrecht erhalten und in den obersten politischen Etagen gibt es nach wie vor wenige Frauen, kaum Angehörige der (unteren) Unterschicht, kaum Personen unter 25 Jahren.

Macht und Herrschaft

Der Begriff „Macht“ wurde in dem Text bisher häufig gebraucht, also als selbstverständlich vorausgesetzt, erst an dieser Stelle soll er genauer erörtert werden (vgl. auch Wiswede 1998, 287 ff). Das Thema „Macht“ ist selbstverständlich nicht auf die Institution Politik zu beschränken. Es ist ein Basisthema menschlicher Interaktion und wird deshalb auch häufig im Rahmen der Sozialpsychologie behandelt (vgl. Neuberger u.a. 1985, 166 ff). Der zentrale gesellschaftliche Bereich der Machtentfaltung ist freilich der politische.
Im politischen System werden gesellschaftliche Ziele gesetzt. Doch um sie setzen und vor allem durchsetzen zu können, braucht man Macht. Damit die Zielsetzungen von den meisten Betroffenen anerkannt werden, benötigt man legitime und institutionalisierte Macht, von Max Weber Herrschaft genannt. Der moderne Staat ist das Machtzentrum. Doch Macht ist ein dynamisches Medium, das in allen Institutionen wirkt: Wirtschaft, Militär, Religion u.a.
Was ist Macht? Wenn ich einem anderen meinen Willen aufzwingen kann oder in der Hackordnung ganz oben stehe, dann habe ich Macht. Wenn ich ganz unten bin, aber auch wenn ich allein bin und mich niemand beachtet, dann bin ich machtlos. Wenn eine andere Person mich

zu Handlungen bringt, die ich ohne ihren Einfluss nicht durchführen würde, dann hat diese Person Macht über mich. Die Dialektik dieser ungleichen wechselseitigen Beziehung lässt sich an folgendem Dialog zweier amerikanischer Komiker (Abbott und Costello) darlegen:

> „Denke daran, ich bin der Boss!
> Und was bin ich?
> Du bist nichts!
> So bist du also der Boss von nichts."

Macht kann man anhäufen wie Steine, Geld und Wissen. Dies ist auch im Laufe der Geschichte geschehen. Doch Macht ist von der Anerkennung durch andere abhängig. Allein ist man machtlos. Macht kann überraschend schnell verschwinden, wenn die Anhänger ihre Anerkennung Gegnern zuwenden, was man an gestürzten Diktatoren erkennen kann, z.B. Mussolini. Macht ist von Ressourcen abhängig, sie ist also einerseits etwas Immaterielles (Anerkennung, Einfluss), andererseits ohne materielle Grundlage (Reichtum, Waffen, Güter) nicht dauerhaft.
Ein kurzer Blick auf die kulturelle Evolution erleichtert das Verständnis der Entwicklung der Macht. Als Menschen sesshaft wurden und Ackerbau betrieben, ergaben sich neue Machtchancen: Die Menschen konnten nicht so leicht entfliehen, wenn sie bedroht wurden. Sie hatten zu viel investiert. Sie erwirtschafteten Überschüsse, die zu Herrschaftszwecken verwendet werden konnten. Einzelne eigneten sich überproportional die Überschüsse an. Sie boten dafür z.B. Schutz gegen Überfälle. Denn die Überschüsse, der Reichtum der sesshaften Ackerbauern, lockte andere Gruppen, die ihn rauben wollten. Die Bevölkerung vermehrte sich durch den Ackerbau und die Vorratshaltung. Ökonomisches, soziales und kulturelles Kapital bildete sich. Dies führte zum Anwachsen der sozialen Ungleichheit. Die kriegerische Schutzgruppe entwickelte sich in vielen Kulturen zur Ausbeuter- und Parasitengruppe. Warum entstand in Mesopotamien (heute Irak) um 3000 v.Chr. eine neue Kultur- und Herrschaftsform: Stadt, Schrift, Tempel, religiöse Ideologie und Schichtung (Mann 1994)?
Fruchtbares Land hatte Ackerbau begünstigt. Hochkulturen entstanden zuerst in fruchtbaren Gebieten. Bewässerungssysteme erforderten komplexe dauerhafte Regelungsstrukturen. Die Interaktionsstrukturen und die Normen, die zum Ausbau und zur Erhaltung der Bewässerungssysteme geschaffen wurden, konnten auch in politischen und militärischen Bereichen übernommen werden. Solche gut funktionierenden Menschensysteme waren weniger organisierten überlegen. Gerade diese er-

folgreichen sozialen Systeme produzierten neue Probleme: Bevölkerungsüberschuss und Bodenzerstörung. So verstärkten sich in Vorderasien Gruppenkonflikte, Migration und organisierte Gewalt. Dadurch wurden militärische und organisatorische Kompetenzsteigerungen gefördert. Kultur- und Machtentwicklung sind folglich untrennbar miteinander verflochten.

Die folgende Tabelle soll ein grobes Bild von den historischen und kulturellen Veränderungen im Machtbereich geben.

Machtmittel und –formen	*Traditionale Gesellschaft*	*Moderne Gesellschaft*
dominante Form der Belohnung	soziale Anerkennung	soziale Anerkennung ökonomisch, finanziell
Bestrafung	häufig	selten
Art der Bestrafung	körperlich	psychisch, ökonomisch
Experten	selten	häufig
Religion	große Bedeutung	geringe Bedeutung
Recht (kodifizierte Normen)	geringe oder mäßige Bedeutung	große Bedeutung
Information	geringe oder mäßige Bedeutung	große Bedeutung
informelle Fremdkontrolle	große Bedeutung	geringe oder mäßige Bedeutung
Selbstkontrolle	geringe oder mäßige Bedeutung	große Bedeutung

Abb. 43: Veränderung des Einsatzes von Machtmitteln

Noch immer fehlt eine klare Definition der „Macht", deshalb wird hier die berühmte Bestimmung von Max Weber wiedergegeben:

„Macht bedeutet jede Chance, innerhalb einer sozialen Beziehung den eigenen Willen auch gegen Widerstreben durchzusetzen, gleichviel, worauf diese Chance beruht."

Der „eigene Wille" kann in „Sozialchancen (soziales Kapital) von Personen, Gruppen, Organisationen oder anderen sozialen Gebilden" umdefiniert werden. Dann gelangt man zu folgender Machtdefinition:
„Wenn Personen, Gruppen, Organisationen oder andere soziale Gebilde ihre Sozialchancen im Vergleich zu anderen Personen, Gruppen, Orga-

nisationen oder sozialen Gebilden verbessern, gewinnen sie an Macht.“ Macht lässt sich also an einer Verbesserung (oder Verschlechterung) von Sozialchancen im Konkurrenzkampf auf allen sozialen Dimensionen ablesen. Macht nimmt also mit der Vermehrung von Sozialchancen zu. Deshalb gab es noch nie in einer Kultur so viel Macht wie in modernen Gesellschaften.

Es folgen Thesen, die dazu verhelfen sollen, einen mehrdimensionalen Begriff von Macht zu konstruieren.

1. Macht entsteht in Feldern von menschlichen Beziehungen. Man kann sie einer Person, einer Gruppe, Organisation oder einem Feldteil zuordnen. Sie ist die Potenz eines Feldteils, in anderen Feldteilen Veränderungen zu bewirken. Soziale Felder sind nicht primär räumlich bestimmt. Man denke an das Europaparlament, für das kein neues Territorium geschaffen wurde. Nicht nur Menschen haben Macht, wie es in der Definition von Weber nahe gelegt wird, sondern auch Netzwerke, Beziehungsstrukturen und Organisationen (vgl. zum Thema Macht und Organisation die Typologie von Etzioni im Kapitel „Organisation“).
2. Nach Foucault (1977, 1982) durchzieht Macht die Gesellschaft und unterliegt historischen Veränderungsprozessen. Körper der Unterlegenen wurden früher von den Mächtigen brutal zerstört, während sie heute lang dauernden professionellen Prozeduren (medizinische Behandlung, Gefängnis, Schule etc.) unterzogen werden. Primitive oder auch raffinierte physische Bestrafung wurde durch wissenschaftlich geprüfte Kontrolltechnologien ersetzt. Macht wurde unpersönlicher und die persönliche Macht über Menschen wird mehr verborgen, verheimlicht oder in den Privatbereich verschoben.
3. Macht ist eine wechselseitige Beziehung. Wenn A auf B Macht ausübt, dann übt – abgesehen von Extremfällen – auch B auf A Macht aus (z.B. Mutter-Kind; Schüler-Lehrer, Arbeitgeber-Arbeitnehmer). Allerdings sind Machtbeziehungen in der Regel asymmetrisch.
4. In der Sozialisation verinnerlicht die der Macht unterworfene Person (z.B. das Kind) die Verhaltensvorschriften der machtausübenden Instanz (z.B. der Eltern), bildet ein Gewissen, ein Über-Ich, eine Moral aus. Der Mensch setzt Moral gegen sich selbst (z.B. gegen den inneren Schweinehund) durch, er übt Selbstkontrolle. In (modernen) Menschen spielen sich innere Machtkämpfe ab: Rollenkonflikte, sich wandelnde personale Identität, wechselnde

Gruppenzugehörigkeit, kognitive Dissonanzen, parasoziale Beziehungen zu Mediengestalten und andere „Bewusstseinsspaltungen" zeigen den Einzelnen als Spiegel einer pluralistischen sich wandelnden Gesellschaft. Diese inneren Machtkämpfe ermöglichen modernen Menschen neue Identitätsformierungen, doch sie stellen auch Risiken dar und führen oft zum unproduktiven Verbrauch psychischer Energie.

5. Macht tritt im Leben zuerst als personalisierte Fremdkontrolle auf: Mutter, Vater, Erzieherin, Lehrer usw. Wie schon gesagt führt dies im Idealfall zu Internalisierung und Selbstkontrolle. Doch in modernen Gesellschaften werden Kinder schon frühzeitig nicht nur mit der Personmacht von Mutter und Vater, sondern auch mit institutionalisierter, teilweise entpersonalisierter Fremdkontrolle (z.B. über formelle Regeln und technische Verfahren) in Kindergarten, Schule und anderen Organisationen konfrontiert. Man könnte sagen, dass Menschen die unpersönliche Macht in einfachen Kulturen hauptsächlich durch „die Natur" und in der Industriekultur durch „die Gesellschaft" erfahren.

6. Macht ist in der Regel kein Nullsummenspiel. Wenn also einer Macht hinzugewinnt, muss nicht ein anderer verlieren. Es verändern sich die Bedürfnisse, die Ziele, die Ressourcen und die Machtmittel. Die Beziehungen werden vielfältiger und differenzierter. Die Konkurrenz um die Macht führt zur Erschließung weiterer Machtquellen. Macht bewirkt Gegenmacht usw.
   Eine Lehrerin lässt in ihrer Klasse Schüler andere Schüler unterrichten, sie gibt also Macht ab. Doch dafür gewinnt sie Zeit, um andere Handlungen, die sie für wichtig hält, durchzuführen. Wenn die neuen Positionen für die Schüler und Schülerinnen attraktiv sind, gewinnt die Lehrerin Macht, da sie über ihre Vergabe entscheidet.

7. Machthaber sind meist daran interessiert, ihre Macht auf Dauer zu stellen, zu institutionalisieren und zu legitimieren, um mit Max Weber zu sprechen: aus Macht Herrschaft werden zu lassen.
   Mafiabosse wollen ehrenwerte Geschäftsleute werden. Börsenspekulanten wollen, dass ihre Methoden, anderen Leuten das Geld aus der Tasche zu ziehen, legal sind. Professionelle, z.B. Ärzte, wollen, dass ihre Handlungen als wissenschaftlich begründet und rechtlich abgesichert gelten. Auf Zeit gewählte Personen wollen möglichst ohne Zeitbegrenzung herrschen.

Max Weber (1980) unterschied folgende *Herrschaftsformen* nach der Art der Rechtfertigung oder Legitimität.

1. *Traditionale Herrschaft*: Heiligkeit der Tradition, z.B. „von Gottes Gnaden“ Autorität haben. In modernen Gesellschaften gibt es traditionale Herrschaft nur mehr in peripheren Bereichen: englische Königin.
2. *Rationale Herrschaft*: Legalität, Recht (unpersönliche Ordnung). Diese Herrschaftsform hat sich in modernen Demokratien durchgesetzt. Doch sie ist gefährdet, wie sich in vielen Entwicklungsländern zeigt.
3. *Charismatische Herrschaft*: eine außeralltägliche, heilige, heldenhafte Person leitet das Kollektiv, Führerprinzip (Cäsar, Napoleon, Hitler, Stalin). Aspekte charismatischer Herrschaft sind auch in modernen Demokratien anzutreffen, da häufig bei den Wahlen Personen und nicht Parteien und Programme im Zentrum stehen.

Auch in den gut funktionierenden westlichen Demokratien ist die politische und soziale Macht sehr ungleich verteilt.
Michels (1925) meinte, dass unabhängig von Ideologien und politischen Systemen (Verfassungen etc.) die zentralen Herrschaftsmittel immer in Händen weniger sind (Gesetz der Oligarchie). Demokratie benötigt Bürokratie, Bürokratie führt zu Oligarchie, also kommt es zwangsläufig zu einer Entmachtung der Mehrheit der Bürger.
Und wie steht es mit der wichtigsten Demokratie der Welt, der Supermacht USA? Amerikanische Soziologen, wie C. Wright Mills oder Domhoff, versuchten nachzuweisen, dass die zentralen Entscheidungen in den Vereinigten Staaten von einer vernetzten relativ kleinen Machtelite aus den Bereichen Ökonomie, Politik und Militär getroffen, bzw. gesteuert werden. Allerdings wurden politische Entscheidungen in den Vereinigten Staaten auch von sozialen Bewegungen, z.B. der Bürgerrechts- oder Frauenbewegung, beeinflusst. Außerdem ist nicht nur bedeutsam, wer die Entscheidungen mit welchen Verfahrensweisen trifft, sondern in wessen Interesse die Entscheidungen sind. Entscheidungen können also formal demokratisch korrekt getroffen werden und trotzdem im Interesse von privilegierten Minderheiten sein.

Freiheit oder Gleichheit?

In einfachen, kollektivistischen Kulturen, z.B. bei Indianerstämmen im Amazonasgebiet sind die Menschen gleich, aber unfrei. Unfrei bedeutet nicht, dass sie keine Freiheitsgefühle haben, sondern soll ihre Bindung an rigide Normen kennzeichnen. In modernen Gesellschaften sind sie dagegen trotz formaler rechtlicher Gleichheit faktisch ungleich, sehr verschieden, individualisiert, aber frei.

Hobbes († 1679) erkannte das Problem der Gleichheit. Unter den Gleichen, die gemäß der Natur des Menschen nie genug bekommen können, findet ein Kampf aller gegen alle statt. Nur ein Staat mit Gewaltmonopol, den er Leviathan nach einem Ungeheuer des Alten Testaments nannte, kann die gleichen Bürger zähmen.

Die Werte Freiheit und Gleichheit wurden kulturell und sozial unterschiedlich bestimmt. In modernen westlichen Demokratien, die vom Individualismus geprägt sind, hat der Wert Freiheit über die Gleichheit den Sieg errungen.

Was ist letzten Endes wohl wichtiger, Freiheit oder möglichst große Gleichheit? in %	Alte Bundesländer	Neue Bundesländer
– Beides ist wichtig, aber *Freiheit* hat Priorität.	55	33
– Beides ist wichtig, aber *Gleichheit* hat Priorität.	27	53
– Unentschieden	18	14

Abb. 44: Freiheit oder Gleichheit, Deutschland 1992; Quelle: Noelle-Neumann/Köcher (1993, 573)

Aus diesen Befragungsergebnissen sind die Unterschiede zwischen zwei konkurrierenden politischen Modellen herauszulesen: Sozialismus versus westliche moderne Demokratie. Die Mehrheit der Bürger der neuen Bundesländer waren noch Anfang der 90er Jahre der Meinung, dass „der Sozialismus eine gute Idee ist, die nur schlecht ausgeführt wurde“.

Neben der Alternative Freiheit oder Gleichheit sollte noch der alte Gegensatz Freiheit oder Autorität und Kontrolle bedacht werden. Nach Blundell und Gosschalk (1997) gibt es vier große Gruppen in Großbritannien, die sich gemäß dieser Wertvorstellungen unterscheiden.

	Staatliche Kontrolle der	
	Wirtschaft	*„Moral“*
Radikal Liberale	nein	nein
Sozialisten	ja	nein
Konservative	nein	ja
Autoritäre	ja	ja

Abb. 45: Typologie politischer Wertvorstellungen; Quelle: Blundell/Gosschalk 1997 und Giddens 1999, 33 f

Mit „Moral“ ist Kontrolle von Kriminalität, Drogen, Abtreibung und konservative Familienpolitik gemeint, also eine law-and-order-Mentalität. Während beim Gegensatz Freiheit-Gleichheit sich in Deutschland der Osten vom Westen unterscheidet, handelt es sich beim Gegensatz Freiheit-Kontrolle primär um Generationsunterschiede. Die Trennung der Bereiche *Wirtschaft* und *Moral* ist freilich nicht eindeutig. Wirtschaft kolonisiert immer mehr „moralische Bereiche“, z.B. Erziehung und sexuelles Verhalten. Wirtschaft ist eine Institution, Moral ist keine.

Ideologische und kulturelle Macht

Ideologische oder kulturelle Macht – man denke an Zensur, Verbrennung von Ketzern, Lehrpläne – wurde traditionellerweise folgendermaßen abgesichert:

- Eindämmung abweichender Ideen (Verbot von Büchern)
- Selektiver Zugang zu Kulturprodukten und -organisationen nur für bestimmte Personen und Gruppen (Selektion durch Prüfungen oder durch Geld)
- „Naturalisierungsstrategie“: Selbstverständlichkeit eines kulturellen Systems, vor allem durch Indoktrination der Kinder (Schulfächer)
- Alternativen werden in allgemeinen Bildungsorganisationen nicht thematisiert
- Eine orthodox sozialisierte Elite verfügt über die Lehrmacht
- Abweichler werden ignoriert, ausgeschlossen, nicht befördert, vertrieben.[59]

Demokratie

Demokratie kann von den drei Theorieansätzen her bestimmt werden. *Funktionalistisch* dient Demokratie der Herstellung eines stabilen sozialen Großsystems (Staates) unter modernen Bedingungen. Ihre Aufgabe ist es vor allem, Gleichheit und Freiheit optimal zu verwirklichen und zu garantieren, ohne die dynamische Entwicklung der Gesellschaft zu behindern. In dieser Basisfunktion liegt jedoch ein Zielkonflikt: Eine

[59]Wenn man die europäischen Schulsysteme nach diesen Kriterien prüft, wird man feststellen, dass ideologische und kulturelle Macht von den jeweiligen staatlichen Organen ausgeübt wird.

Verstärkung der Freiheit Einzelner kann zu Vergrößerung der sozialen Ungleichheit führen.
Konfliktansatz: In einer Demokratie wird politischer Konflikt institutionalisiert und ritualisiert. Es werden nicht die traditionellen Konfliktgruppen (ethnische, religiöse, ständische etc.) als politisch legitime Streitparteien anerkannt, sondern eigene geschaffen, zu denen jeder Zutritt hat: Parteien.
Interaktionismus: Demokratie ermöglicht durch Garantie von Freiheit die positive Entwicklung von Interaktion und Kommunikation. Vor allem schützt sie die Privatsphäre, in der eine eigenwillige Interaktionskultur und eine Persönlichkeitsentwicklung ermöglicht wird.
Solche Theorieansätze sind auch in den ideologischen Konzeptionen der Politiker feststellbar. In der Weimarer Republik waren vor allem die Nationalsozialisten und Kommunisten allzu stark von Konfliktansätzen geprägt. Derzeit werden die Begründungs- und Legitimationsäußerungen von Politikern primär von funktionalistischen und systemtheoretischen Perspektiven gesteuert (vgl. Kuhlmann 1999). Um „Filz" und Korruption in der Politik zu erklären, benötigt man einen interaktionistischen Ansatz.
Die Idee der Demokratie ist alt, doch funktionierende moderne Demokratien sind ein junges Phänomen.[60] In Deutschland ist der erste Versuch, die Weimarer Republik, bekanntlich gescheitert und erst seit 1945, in Ostdeutschland seit 1990, gibt es eine stabile Demokratie.
Nach einer historisch begründeten Typologie der Demokratie lassen sich drei Haupttypen unterscheiden:

- Repräsentatives[61] Mehrparteiensystem
- Repräsentatives Einparteiensystem (Sowjetunion, DDR, China)
- Partizipatorische (direkte) Demokratie: z.B. Griechische Stadtstaaten (alle Vollbürger, d.h. keine Frauen, Sklaven etc., hatten Mitbestimmungsrechte).

Auch heute lebt nur eine Minderheit der Menschen in demokratischen Staaten mit repräsentativen Mehrparteiensystemen. Im Zeitalter der elektronischen Kommunikation könnten auch Kombisysteme realisiert

[60] Gleiches Wahlrecht für Frauen wurde zuerst in Neuseeland (1893) eingeführt; bis 1920 (Deutschland 1919) in den meisten westlichen Staaten (in Frankreich und Italien erst ab 1945).
[61] direkte Demokratie: alle Bürger entscheiden;
repräsentative Demokratie: gewählte Volksvertreter entscheiden.

werden: repräsentatives Mehrparteiensystem + partizipatorische Demokratie, doch die politischen Systeme wandeln sich viel langsamer als Technologien.
Folgende Aspekte werden heute in den westlichen Demokratien für unverzichtbar gehalten:

- liberale Grundrechte
- pluralistischer Parteienwettbewerb
- repräsentative Willensbildung
- Ausgleich der Individualinteressen
- Rechtsstaat
- Gewaltenteilung
- Schutz des Privateigentums
- freier Markt.

Eine „reale“ Demokratie mit solchen Merkmalen gedeiht nur unter bestimmten Bedingungen, die für die Mehrheit der Weltbevölkerung nicht gegeben sind:

- Wohlstand für die Mehrheit der Bevölkerung des Staates,
- funktionierendes Bildungs- und Gesundheitswesen,
- funktionierendes Gewaltmonopol des Staates,
- disziplinierte und nicht allzu korrupte Sicherheitskräfte (Polizei und Militär),
- aufgeklärte und zivilisierte Eliten,
- freiheitliche Traditionen.

Demokratietheorie:
Nach *Weber* gibt es folgende Kennzeichen von modernen Demokratien: Expertentum, Bürokratie, Parteimaschinen, Mehrparteiensystem, politische Führer.
Schumpeter meinte, dass Politik nach den Prinzipien des Wirtschaftssystems organisiert wird. Politiker handeln mit Stimmen wie an der Börse mit Aktien gehandelt wird, Wettbewerb der Politiker und Parteien ist für Konsumenten wichtig.
Nach Willke (1998) kommt es in modernen Gesellschaften zu einer Verselbstständigung der Teilsysteme, vor allem Wirtschaft und Massenmedien, wodurch der politische Steuerungsanspruch der Demokratie in die Defensive gerät.
Verschiedene Autoren haben auf die Diskrepanzen zwischen den idealtypischen Konzeptionen von Demokratie und den tatsächlichen Macht-

verhältnissen hingewiesen. Michels wurde schon erwähnt, der bei jeder Bürokratisierung die Entstehung einer Oligarchie prognostizierte. *C. Wright Mills* stellte für moderne Staaten, vor allem für die USA, zunehmende Zentralisierung und Verflechtung der Eliten fest. Auch die in manchen Ländern abnehmende Wahlbeteiligung weist auf Machtkonzentration hin.
Was häufig bei sozial- und politikwissenschaftlichen Diskussionen der Demokratie vernachlässigt wird, ist das Demokratiebewusstsein der Bevölkerung. Die Demokratieidee wird von der überwiegenden Mehrheit (über 80 %) der jungen Menschen in West- und Ostdeutschland akzeptiert. Doch die tatsächliche Durchführung der Demokratie in Deutschland wird nur von 50 bis 60 Prozent der westdeutschen und 30 bis 40 Prozent der ostdeutschen jungen Menschen für gut und richtig gehalten. Die Mehrzahl der jungen Menschen in den alten und neuen Bundesländern haben wenig Vertrauen zu wichtigen Institutionen der Demokratie, zu den Parteien, zum Bundestag und zur Bundesregierung (Silbereisen et al. 1996, 92 f).

Krieg und Militär

Innerartliche Aggression tritt bei Tieren und Menschen auf und kann verschiedene Funktionen erfüllen: Ressourcen gewinnen oder erhalten, Rivalen zu bekämpfen, Umwelterforschung, Handlungsspielraum ausloten, Normerhaltung, Statuskonkurrenz, Territorium verteidigen oder erobern, Verteidigung der Eigengruppe (Eibl-Eibesfeldt 1993).
Eine soziobiologische Erklärung für Gräueltaten: Die Männer der Feindgruppe zu töten (und evtl. die Frauen zu rauben oder zu vergewaltigen) bedeutete Erhöhung der eigenen Reproduktionschancen.
Freud beschrieb auf Grund seiner Annahme einer universalen anthropologischen Mikrostruktur den Ersten Weltkrieg als "kulturlösend", die Affektzähmung aufhebend:

„Er (der Krieg, K.F.) streift uns die späteren Kulturauflagerungen ab und lässt den Urmenschen in uns wieder zum Vorschein kommen. Er zwingt uns wieder, Helden zu sein, die an den eigenen Tod nicht glauben können; er bezeichnet uns die Fremden als Feinde, deren Tod man herbeiführen oder herbeiwünschen soll; er rät uns, uns über den Tod geliebter Personen hinwegzusetzen.“ (Freud (1915) 1986, 59)

Der Krieg wird von Freud also als Befreiung der Individuen von kultureller Repression auf Zeit beschrieben. Doch die kulturellen und sozialen Ursachen des Ersten Weltkrieges und die technisch-bürokratische

Durchführung lassen die hunderttausenden Toten eher als Opfer denn als „Befreite“ oder Helden erscheinen.
In der Psychologie wird *Aggression* lerntheoretisch oder durch Frustrations-Aggressions-Ansätze erklärt (vgl. Herkner 1997, 621 ff). Die deutschen Soldaten im Zweiten Weltkrieg hatten das Töten gelernt. Wie in den meisten Armeen waren sie durch Belohnung, Bestrafung, Lernen am Erfolg und Imitation schrittweise zum Töten angeleitet worden. Doch auch Frustration spielte eine bedeutsame Rolle: Ständig fielen Kameraden oder wurden verletzt. Außerdem wurden sie durch Propaganda vorbereitet: Feindbild, der Feind als Untermensch, die eigene Aggression eine Antwort auf die Aggression des Gegners. Schließlich trat eine Habitualisierung des Tötens ein.
Diese psychologischen Erklärungen können durch eine soziologische *funktionalistische* Perspektive ergänzt werden. Krieg erhöht die Solidarität innerhalb des Kollektivs und die Innovationschancen, vor allem im technologischen Bereich.
Dem Thema besonders angemessen ist eine *Konfliktbetrachtung*. Krieg ist ein blutiger Konflikt zwischen Kollektiven. Doch auch innerhalb der Kollektive sind die latenten oder manifesten Konflikte von Bedeutung. Ein Krieg kann bekanntlich von einem schwerwiegenden inneren Konflikt ablenken oder diesen durch den Außenfeind relativ bedeutungslos erscheinen lassen. Doch ein Krieg kann gerade die inneren Konflikte aktivieren. Die hohen Kosten, vor allem an Menschenleben, mussten in den Kriegen des 20. Jahrhunderts vor allem die Unterschichten oder unterlegenen Gruppen tragen, viel weniger die Eliten. Und diese Unterschichten erhielten Waffen und eine Kampfausbildung, die sie auch innen gegen ihre Klassengegner einsetzen konnten. Erst durch den verlorenen Krieg eskalierte der Klassenkonflikt in Russland 1917 zur Revolution. Die im Ersten und Zweiten Weltkrieg auf Seiten der Alliierten mitkämpfenden Truppen aus den Kolonien revidierten ihr Bild von den „weißen Herren“ und lernten, sie zu bekämpfen.
Viele Kriegsromane und -filme zeigen den Krieg aus der Sicht Einzelner und kleiner Gruppen, wählen also einen *interaktionistischen* Ansatz. Die traumatisierenden Erfahrungen der beiden Weltkriege haben die Biografie von Millionen Menschen geformt und auf diese Weise zur Neugestaltung Europas beigetragen. Millionenfache Erschütterungen im Bereich der Interaktionen und Deutungen von Wirklichkeit haben in Kombination mit Makrophänomenen (wirtschaftlicher Aufschwung, verbesserte Bildung, Demokratisierung) in der zweiten Hälfte des 20. Jahrhunderts in Europa einen Modernisierungsschub bewirkt.

Kampf und Krieg sind normal und das seit Jahrtausenden. Die Konkurrenz menschlicher Gruppen um natürliche Ressourcen, Böden, Wild und Vorräte führte immer wieder zu Kämpfen und Kriegen. Knappheit, Übernutzung von Böden, Bevölkerungswachstum, Hungersnöte und viele andere Gründe bewirkten Wanderungen und Versuche, die Systemgrenzen zu überwinden. Erfolgreiche andere Problemlösungen sind erst in neuerer Zeit entwickelt worden. Die Anzahl der Kriege und Kämpfe konnte nur dann verringert werden, wenn die Gruppen durch Drohungen und durch Ressourcen ruhig gehalten werden konnten. Permanente Kriegszustände führten innerhalb der betroffenen Gruppen zu kulturellen Veränderungen. In einigen Kulturen wurden männliche Nachkommen bevorzugt und die Rate der indirekten und direkten Tötung von Mädchen stieg. Durch die Reduktion der weiblichen Nachkommenschaft und durch die Kriege wurde das Bevölkerungswachstum gebremst, was stabilisierend auf die Naturausbeutung und dic Kultur wirkte (Harris 1991, 281 ff). Junge Männer, die sich als gute Krieger erwiesen, konnten in kurzer Zeit einen hohen Status erwerben, sie hatten gute Aufstiegs- und Reproduktionschancen. Also gab es in den meisten Kulturen keinen Mangel an Kriegern.
Krieg ist seit Jahrtausenden als *Institution* in verschiedenen Kulturen entwickelt worden: Standardisierung, Uniform, Disziplin, starre Regeln, Professionalisierung der Offiziere, ökonomische und ideologische Grundlagen, politische und religiöse Fundierung.

Zivilisierung, Industrialisierung und Modernisierung waren mit kriegerischen Geschehen verbunden. Die aufwändigsten und blutigsten Kriege wurden von Hochkulturen geführt.

Territorialismus, Zentralismus, Monopolisierung von Gewalt und Abgrenzung gegenüber anderen sozialen Gebilden, also notwendige Kennzeichen der Staatenbildung, waren in der Regel mit aufwändiger Kriegsvorbereitung und -führung verbunden (Vgl. Mann 1994; Joas 1996).
Dass die abendländische Kultur die Weltherrschaft übernommen hat, verdankt sie unter anderem ihren erfolgreichen Tötungsmaschinerien (Organisation + Technologie). Vor allem die Entwicklung der Feuerwaffen hat den Europäern dazu verholfen, ab dem 14. Jahrhundert schrittweise die übrigen von Menschen besiedelten Gebiete zu erobern.
Die interne europäische Entwicklung verlief stark kriegsabhängig. Historische Schlüsselsituationen wie der Dreißigjährige Krieg, die Franzö-

sische Revolution, die beiden Weltkriege und die Oktoberrevolution waren mit Blutbädern verbunden.
Durch die Französische Revolution wurden Ideen wie Freiheit, Gleichheit und Brüderlichkeit verbreitet, es wurden viele Menschen aktiviert, aus ihrem traditionellen Standesschlaf gerissen. Doch dies führte auch zu einer gewaltigen militärischen Mobilisierung. Nicht mehr Söldnerheere wurden aufgestellt, sondern ein Nationalheer, in das prinzipiell alle französischen Männer aufgenommen werden konnten. Die Erfolge der französischen Heere waren auch auf diese ideologische, die alten Strukturen zerstörende Neuerung zurückzuführen. Im 19. Jahrhundert wurde diese nationale Mobilisierung zur Strategie aller europäischen Staaten. Die verheerende Konsequenz dieser „Demokratisierung des Krieges" zeigte sich im Ersten Weltkrieg, wobei freilich die technische Entwicklung noch hinzugenommen werden muss, die in Kontrast zu den alten Idealen und ideologischen Konzepten der begeisterten jungen Männer und ihrer alten Führer stand.
Manche Evolutionstheoretiker des 19. Jahrhunderts nahmen an, dass der militärische Gesellschaftszustand bald durch einen friedlichen Zustand abgelöst werde (Comte, Spencer). Doch die führenden Staaten des 19. und 20. Jahrhunderts „bewiesen", dass kein „Widerspruch" zwischen großen zivilisatorischen Fortschritten und dem Ausbau einer gigantischen Kriegsmaschinerie besteht.
Die beiden Weltkriege haben die Modernisierungsprozesse beschleunigt:

- Zerschlagung veralteter politischer Strukturen: Monarchie, Vorherrschaft der Aristokratie im Militär usw.
- Zusammenbruch des Kolonialismus
- Emanzipation der Frauen: Berufstätigkeit.

Der Zweite Weltkrieg und die vierzig Jahre dauernde Atomkriegsdrohung bei gleichzeitigem Wohlstand (also Sieg im ökonomischen Kampf), guter Ausbildung, privater „Befreiung von Zwängen", und internationaler Integration durch eine früher nicht vorhandene Mediatisierung, haben wahrscheinlich in den meisten West- und Mitteleuropäern eine dauerhafte Anti-Kriegs-Haltung erzeugt und in den westlichen Staaten eine relativ starke Friedensbewegung ins Leben gerufen.
Die Wahrscheinlichkeit der Massenvernichtung wurde durch diese Gesellschaftsentwicklung verringert, doch die Gefahren durch die Technisierung und Automatisierung der Kriegsarbeit und die Verfügbarkeit von Massenvernichtungswaffen nahmen gleichzeitig zu.

Die Entwicklung der Waffentechnologie erscheint Friedensfreunden nur negativ, da sie immer effizientere Massentötung ermöglicht. Doch das Gleichgewicht der nuklearen Abschreckung, das in den letzten Jahrzehnten die Weltpolitik und das Bewusstsein der Menschen in den Industriestaaten bestimmte, war erst durch die Atomtechnologie ermöglicht worden. Das gigantische Vernichtungspotenzial mit seinem mehrfachen Overkill hatte in Zusammenhang mit einem modernen Rationalitätsbewusstsein den Atomkrieg als Gestalt produziert, die sich von der Abhängigkeit von den traditionellen politischen und ökonomischen Bestimmungen von Krieg und Frieden teilweise „befreite", sozusagen ein „neues Paradigma" des Krieges im Alltagsbewusstsein und auch in den Modellen der Strategen begründete. Atomwaffen haben wahrscheinlich geholfen, einen Krieg zwischen den westlichen Staaten und der Sowjetunion zu verhindern. Somit könnte die gefährlichste Vernichtungswaffe auch segensreich gewirkt haben.
Eine sozialwissenschaftliche Diskussion des Krieges sollte auf jeden Fall die Massenmedien einbeziehen. Sie dienen der Propaganda, also der Stärkung oder Schwächung der Kampfbereitschaft, der Wirklichkeitskonstruktion und der sozialen Kontrolle von Kriegen. Wie „sauber" und „unblutig" moderne Kriegführung dargestellt werden kann, zeigte die zensierte Berichterstattung des Golfkrieges. Die amerikanische militärische Führung hatte aus dem Vietnamkrieg gelernt, dass eine sorgfältig geplante „Informationssteuerung" und ein technisch-distanziertes Vorgehen für die Beurteilung des Krieges in der amerikanischen Öffentlichkeit von entscheidender Bedeutung ist. Ein zentraler Grundsatz war, möglichst keine sterbenden oder toten amerikanischen Soldaten zu zeigen und die Realität des gewaltsamen Todes zu verschleiern (Umberson/Henderson 1992).
Neben dem Golfkrieg war der Jugoslawienkrieg das für die westliche Welt interessanteste einschlägige Ereignis der 90er Jahre. Einerseits waren die Befürchtungen durch den Zusammenbruch der Sowjetunion und der Regime der kommunistischen Staaten in Osteuropa teilweise durchaus auf Krieg als Option eingestellt. Doch nachdem sich in den meisten Fällen, abgesehen von Rumänien, relativ friedliche Veränderungen der Herrschaftsverhältnisse ergeben hatten, wurde der Jugoslawienkrieg in der westlichen Welt mit Erstaunen und Entsetzen aufgenommen. Europa, die heilige Kuh, eine ideologische Konstruktion, war plötzlich wieder von einem Virus heimgesucht, den man als besiegt ansah. Es war zwar bald eine Bereitschaft bei einem Teil der politischen

europäischen Eliten vorhanden, einzugreifen, doch dies erwies sich als schwierige Angelegenheit:
Welche Volksgruppe sollte wie unterstützt oder bekämpft werden? Nationale Vorlieben der Franzosen, Deutschen und Briten, Misstrauen gegenüber den Vorschlägen der anderen, Ängste vor Russland, Abwehr gegenüber dem Virus des staatlichen Zerfalls und andere Motive und ideologische Konzepte erschwerten ein gemeinsames politisches Handeln. Erst ein über die Medien anwachsender Druck der Öffentlichkeit begünstigte die gemeinsame Aktion.
Der Kosovo-Krieg zeigte die Aspekte oder Ziele, die schon im Golfkrieg festzustellen waren:

- Die eigenen Menschenverluste minimieren, auch wenn das Ziel dadurch schwerer zu erreichen ist und die (ökonomischen) Kosten steigen.
- Strukturelle Zerstörung statt Massentötung von Menschen.
- Auf die öffentliche Meinung achten, also ein Public Relations-Management betreiben.
- Den Wertbezug stark betonen: Menschenrechte, Schutz von Minderheiten, Demokratie.

Der Kosovokrieg wie auch der Golfkrieg stärkten nicht nur die Integration des westlichen Staatenbundes, sondern verschärften vielleicht auch Kulturkonflikte:

- Golfkrieg: Westliches Staatenbündnis in Verbindung mit „verräterischen" Eliten der Araber gegen die „wahren" Araber.
- Kosovokrieg: West- und Mitteleuropäer gegen Slawen.

Die Industrialisierung und Technisierung hat zu einer prinzipiell neuen Art von Kriegführung und zu neuen Risiken geführt. Vor allem sind umfassendere, radikalere und schnellere Vernichtungen von Gruppen und ihrer Kulturen möglich geworden. Aggressionshemmungen, zivilisatorische Errungenschaften der Affektzähmung, können bei neuen technischen Tötungssystemen versagen, die ästhetisch ansprechend, mit perfektem Design und ohne Wahrnehmung der feindlichen Personen als konkrete Menschen funktionieren.
Die Vereinigten Staaten und die Europäische Union sind die beiden Zentren, in denen militärische, ökonomische und kulturelle Macht konzentriert sind. Russland besitzt nur überdurchschnittliche militärische, jedoch nicht eine entsprechende ökonomische und kulturelle Macht.

Die friedensverherrlichenden westlichen Staaten verfügen nach wie vor über ein riesiges Rüstungspotenzial und als Exporteure liefern sie ihre Waffen auch in die Gebiete, in denen immer wieder Kriege ausbrechen. Die Lebensgrundlagen der friedlich lebenden und sterbenden Industriemenschen sind also mit den Ressourcen der Kriegführung und mit dem Elend in vielen Entwicklungsländern gekoppelt.

10.3 Erziehung und Bildung

Sozialisation ist ein Prozess, durch den Individuen im Umgang mit anderen Individuen, Gruppen und Organisationen sozial handlungsfähig werden, indem sie Normen und Werte der Gesellschaft kennen lernen und teilweise verinnerlichen und zentrale Rollen (z.B. Geschlechts-, Alters- und Berufsrollen) spielen lernen.

Erziehung ist dagegen ein Prozess, in dem Personen, Gruppen oder Organisationen versuchen, das Verhalten Einzelner gezielt, nach Plan, zu ändern.

Lehrer erziehen, Medien sozialisieren und Vater und Mutter machen beides. Diese These ist freilich ungenau, denn auch in der Schule wird sozialisiert, und Medien können zu Erziehungszwecken eingesetzt werden.

Sozialisation

Freud wählte einen Mikroansatz, ein Konfliktmodell: Im Inneren des Menschen befinden sich drei konkurrierende Instanzen: Es, Ich und Über-Ich.

Innenwelt nach Freud	*Bilder/Vorstellungen*	*Moderne Terminologie*
ES	Ein Tiermensch mit Fell, Penis und Brüsten	Genotyp + Phänotyp Körper
ICH	Stellen Sie sich selbst vor im Freizeitlook	Ich, personale Identität
ÜBER-ICH	zuerst: Mutter und Vater später: Boris Becker, Kant, der Papst, Einstein, Mutter Theresa	soziale Identität, internalisierte Werte und Normen

Abb. 46: Modell von Freud

Freuds Ansatz wurde und wird heftig angegriffen, auch der Unwissenschaftlichkeit bezichtigt. Warum sollte man also darauf Bezug nehmen?

- Freuds Ansatz ist Teil der modernen Kultur.
- Modelle, wie die Dreiteilung des inneren Menschen, haben heuristischen Wert, d.h. sie ermöglichen Erkenntnisse, wenn man mit ihnen nicht dogmatisch sondern kreativ umgeht.

Die Grundlage dieses Mikromodells ist die moderne Kleinfamilie, Mutter – Kind – Vater. Das Kind beginnt als Naturwesen, vom Es, den Trieben, beherrscht. Langsam wird es gezähmt. Der kleine Sohn sieht seinen Vater als übermächtigen Konkurrenten, der ihm die Mutter streitig macht. Er hat Angst vor dem Vater. Er liebt die Mutter. Er versucht, sich nach den Regeln, die die Eltern vorgeben, zu verhalten. Er identifiziert sich mit dem Vater, internalisiert die Regeln, entwickelt ein Gewissen, ein Über-Ich. Das setzt er später als Erwachsener im Umgang mit ganz anderen Menschen ein. Vielleicht quält ihn sein Über-Ich. Wenn er gegen Normen verstößt, bekommt er Schuldgefühle. Sein Ich möchte sich befreien. Es wird vom Es, z.B. seinen sexuellen Wünschen, zu bestimmten Handlungen verführt, die das Über-Ich missbilligt. Neue Autoritäten, Nachfolger des Vaters, verkünden andere Werte und Normen. Der Mensch gerät in innere und äußere Konflikte. Und was ist mit der Tochter?
In der *funktionalistischen* Sichtweise von Parsons ist Sozialisation ein Lernprozess, in dem komplementäre Rollen (Mutter-Kind) übernommen und generalisierte Verhaltensdispositionen gelernt werden. Die Familie ist die primäre und wichtigste Sozialisationsinstanz. Sie konkurriert und kooperiert mit anderen Instanzen: Kindergarten, Schule, Massenmedien, Gleichaltrigengruppen, Religionsgemeinschaften usw. Doch nicht nur Kinder, sondern auch die Eltern werden, auch von den Kindern, sozialisiert. Sozialisation ist ein lebenslanger Prozess.

Um Sozialisation zu verstehen, sollte man biologische, psychologische und soziologische Theorien heranziehen. Dies soll am Spracherwerb gezeigt werden:
Die Disposition, eine Sprache zu erlernen, ist genetisch verankert. Untersuchungen von Sprachen und Sprachverhalten bestätigen die These, dass das „menschliche Gehirn ein biologisch programmiertes Schema für den Erwerb einer grammatisch zureichenden Sprache enthält" (Harris 1991, 72). Durch Wahrnehmung und Nachahmung lernt das Kleinkind die Laute der Muttersprache, die neuronal verankert werden. Über Interaktionen erweitert sich der Wortschatz und das Sprechen wird in sozialen Situationen eingeübt. Die Sprechweisen hängen von Geschlecht, sozialer Schicht, Lebensstil und regionalen Gegebenheiten ab.

Mit der Sprache werden Denkstile, Bewertungen und Normierungen vermittelt. Die vielfältige Nutzung des Sprechens, Schreibens und Lesens in modernen Gesellschaften bewirkte, dass genetische, somatische und soziale Sprachbehinderungen und auch -begabungen einen bedeutsameren Einfluss auf die Lebenschancen haben als in traditionalen Kulturen.

Der zivilisierte und gut erzogene Mensch hat die anerkannten Werte und Normen internalisiert (verinnerlicht), hat ein Gewissen, ein Über-Ich, einen Charakter, einen Habitus. Gewissen oder Moral sind innerkörperliche Polizeistationen – die durch Umweltereignisse (Prügel, Computerspiele, gute Noten etc.) mitgeformt werden. In traditionalen Gesellschaften waren die Normen und moralischen Vorstellungen rigider, einfacher und dem Wandel weniger unterworfen als in modernen Gesellschaften. Moderne Menschen haben ein differenzierteres Gewissen, tragen eine Art Minimodell der Gesellschaft mit sich herum: Familie, Polizei, Jugendamt, Schule, Freundschaftsgruppe, Betrieb, Ferienhotel und teilweise Kirche. Sie müssen, wollen sie sozialen Erfolg haben, eine flexible Moral verinnerlichen, die sie situativ anpassen. Universalistische elastische Prinzipien, wie die Menschenrechte, sind dafür geeigneter als konkrete partikularistische Verhaltensforderungen (wie z.B. Verbote, zu bestimmten Zeiten bestimmte Speisen zu genießen).

Je zivilisierter und erzogener die meisten wurden, umso mehr Interesse erweckten Menschen, die nicht sozialisiert worden waren, die „wild" aufwuchsen: Die wenigen bekannten Fälle werden immer wieder besprochen: der wilde Junge von Aveyron, Genie, Kaspar Hauser.
Genie wurde von dem psychisch kranken Vater im Alter von zwanzig Monaten in ein leeres Zimmer gesperrt, aus dem sie nicht herausschauen konnte. Am Tage wurde sie auf einem Töpfchen angeschnallt, nachts in ein oben abgeschlossenes Gitterbett gelegt. Erst mit 13 Jahren wurde sie befreit und in ein Krankenhaus gebracht. Sie konnte nur wenige Worte unartikuliert sprechen und war auf dem kognitiven Entwicklungsstand einer Zweijährigen. Es gelang, sie zu entwickeln, doch sie blieb ihr weiteres Leben sprach- und verhaltensgestört (vgl. Schönpflug 1997, 418).
Ist die alte Spruchweisheit „Was Hänschen nicht lernt, lernt Hans nimmer mehr" also wahr oder falsch? Vor allem ein korrektes Erlernen der Sprache kann offensichtlich nur in früher Kindheit erfolgen. Dass die frühe Kindheit eine entscheidende Bedeutung für das weitere Leben hat, ist eine Binsenweisheit. Kleinkinder, die zu wenig Zuwendung er-

hielten, zeigen als Erwachsene häufig psychische Störungen. Und dies gilt nicht nur für Menschen, sondern auch für Affen.
Wie sehr sich das allgemeine Bewusstsein der Aufzucht von Kindern gewandelt hat, kann man an einem dramatischen Experiment der 30er Jahre studieren.
In einem amerikanischen Waisenhaus, das nach damaligem Standard modern und wissenschaftlich geführt wurde, waren die Kinder in der Regel stark retardiert. Zwei Psychologen sonderten Säuglinge aus und gaben sie in ein Heim für geistig Behinderte. Jeder Säugling wurde jeweils einer geistig behinderten Frau zur Pflege übergeben. Die Kontrollgruppe verblieb im Waisenhaus und wurde dort von Pflegerinnen gefüttert, gewickelt etc. Doch eine liebevolle körperbezogene soziale Interaktion zwischen Pflegerinnen und Kindern fand nicht statt. Nach über zwei Jahren schnitten die Säuglinge, die den behinderten Frauen zugewiesen worden waren, viel besser ab als die anderen. Als Erwachsene waren die Kinder aus dem Waisenhaus zu einem Drittel dauernd in Heimen untergebracht, zwei Drittel waren berufstätig, doch im niedrigsten Qualifikationsbereich. Dagegen waren die von den behinderten Frauen betreuten Kinder in ihrer Berufslaufbahn und auch in ihrem sonstigen Lebensverhalten dem Durchschnitt der Bevölkerung vergleichbar. Dies bestätigt folgende These: Nur durch eine personale liebevolle Zuwendung im Kleinkindalter ist eine normale Entwicklung gewährleistet.
In Deutschland gibt es einen schon seit Jahrzehnten bekannten Streitfall zur Sozialisation, der sich aus der Teilung in zwei Staaten ergab. In der DDR wurden Kinder im Durchschnitt früher in Kinderkrippen erzogen, also schon im Kleinkindalter weniger von den Müttern, Vätern oder anderen nahen Verwandten betreut. Außerdem war die Erziehung in den Kinderkrippen und Schulen der DDR „autoritärer“ als in der Bundesrepublik Deutschland. Der Streit entzündete sich vor allem nach der Wiedervereinigung, als sich eine Minderheit von jungen Menschen in der DDR in „unerwünschter“ Weise verhielt. Vor allem die signifikanten Unterschiede bezüglich der Gewaltanwendung gegenüber Ausländern wurden von manchen Sozialwissenschaftlern auf die unterschiedliche Sozialisation und Erziehung zurückgeführt. Doch es sind allzu viele Faktoren wirksam, als dass ein gesichertes Urteil gefällt werden kann. Einige Faktoren seien genannt:
Institutionalisierte Betreuung von Kleinkindern, Berufstätigkeit der Mutter, politische Sozialisation, ökonomische Ressourcen, soziale und kulturelle Infrastruktur, Wohnbedingungen, Selbst- und Fremdbild von

Gruppen, Jugendarbeitslosigkeit, Ohnmachtsgefühle, Markt der Ideologien (vgl. Pfeiffer 1999b; Zimmer 1999).

Sozialisation wurde bisher als eine universale Angelegenheit behandelt, wobei auf kulturelle Faktoren und gesellschaftliche Bedingungen hingewiesen wurde, doch nun soll auf einen langfristigen Wandel in unserer Kultur eingegangen werden.

Manche sprechen von der Erfindung der Kindheit, genauer gesagt von der Entdeckung des Kindes als Erziehungsobjekt im Rahmen des Übergangs von der feudalen zur bürgerlichen Gesellschaft.

Das Bürgertum wandte sein Augenmerk auf seine Kinder. Warum? Im Adel, also in der Oberschicht der feudalen Gesellschaft, war die soziale Herkunft entscheidend, während Erziehung sekundär blieb. Freilich mussten auch die Kinder der Oberschicht Fertigkeiten lernen und hatten Erfolg oder versagten. Doch sozialer Aufstieg oder Abstieg war weniger von der durch Erziehung gesteigerten Leistungsfähigkeit als von anderen Faktoren, eben von der sozialen Herkunft und Beziehungsnetzen, bestimmt. Dagegen war für das Bürgertum der soziale Auf- oder Abstieg viel stärker von der sich über Generationen immer wieder bewährenden Leistung abhängig. Jedenfalls war und ist dies die gängige Ideologie des Bürgertums. Zweifellos hat sich über viele Generationen auch in dieser Klasse eine Oberschicht gebildet, und der soziale Auf- oder Abstieg ist bei entsprechendem Vermögen und familiärer Infrastruktur wie im Adel primär von der Herkunft abhängig.

Da Erziehung sich immer mehr verbreitet hat, könnte man schließen, dass die ungeplante Sozialisation an Bedeutung verloren hat. Doch die Lage ist komplizierter.

Erstens ist die Trennung zwischen Sozialisation und Erziehung analytisch, d.h. es ist in konkreten sozialen Situationen oft schwer entscheidbar, ob die geplanten oder die ungeplanten Elemente die größere Wirkung entfalten.

Zweitens ist Sozialisation nicht nur ein von außen gesteuertes Geschehen, sondern es findet auch innen statt. Die Verarbeitung der sozialen und anderen Einflüsse durch Kinder ist nämlich ein Teil der Sozialisation (Selbstsozialisation), diese Verarbeitung geschieht zum größeren Teil nicht geplant.

Drittens sind im 20. Jahrhundert mächtige neue Sozialisationsagenten, die Medien, entstanden, die in Konkurrenz zu den traditionellen Erziehungsinstitutionen, der Familie und der Schule, stehen.

Somit müssen wir zu Beginn des 21. Jahrhunderts einsehen, dass Erziehung nach wie vor ein nur mäßig erfolgreicher Versuch der Verhaltenssteuerung ist, der gegen und auch mit den schwer kontrollierbaren Einflüssen der Sozialisation und der genetischen, somatischen und psychischen Dispositionen verwoben ist.

Erziehung

Erziehung oder das Erziehungssystem ist eine Institution. Die großen Institutionen oder Subsysteme sind in der Regel mit Professionen verbunden und sie stehen in Konkurrenz zueinander. Erziehung hat einen niedrigeren Status als die Institutionen Medizin/Gesundheitssystem, Wirtschaft, Politik und Recht.[62]
Nach *funktionalistischer* Perspektive dienen Erziehungsinstitutionen, wie die Schule, der gesellschaftlichen Reproduktion, d.h. es soll ein brauchbares Gesellschaftsmitglied, das die geltenden Normen und Werte akzeptiert und die Kulturtechniken beherrscht, hergestellt werden.
Die modernen Industriegesellschaften sind stärker als alle ursprünglichen, früheren, traditionellen Gesellschaften auf Erziehung aufgebaut. Man könnte sie also Erziehungsgesellschaften nennen.
Erziehung (durch Schule etc.) ist in der Geschichte der Menschheit ein junges Phänomen. Sie funktioniert auf Massenbasis erst seit 100 oder höchstens 200 Jahren. Erst in der zweiten Hälfte des 19. Jahrhunderts wurde es in europäischen Staaten durchgesetzt, dass fast alle Kinder bis zum 10. oder 12. Lebensjahr tatsächlich in die Schule gingen. Im Mittelalter wurde nur eine Minderheit (meist Erwachsene) beschult. Erziehung außerhalb der Primärgruppe beschränkte sich in traditionalen Hochkulturen auf ausgewählte, kleine Gruppen und auf kurze Phasen im Lebenslauf.

Erziehung hat sich durch den gesellschaftlichen Wandel (steigende Komplexität und Differenzierung) dynamisiert und ausgebreitet, sie beschränkt sich nicht mehr auf die Schule: Erwachsenen- und Weiterbil-

---

[62]Dies wurde schon im Abschnitt „Professionen“ des Kapitels „Wirtschaft“ besprochen:
Nach Untersuchungen des Prestiges von Berufen haben Lehrer (Grundschullehrer und Studienräte) einen niedrigeren Rang als Ärzte, Rechtsanwälte oder Pastoren. Innerhalb von Universitäten haben die pädagogischen Fachbereiche ein geringes Ansehen. Finanzielle Mittel (gemessen pro Kopf von Professionellen) fließen in stärkerem Maße in die anderen genannten institutionellen Gebiete.

dung, betriebliches Lernen, Fernstudium, lebenslanges Lernen, Seniorenstudium etc.

Technische Erfindungen hatten für die Entwicklung des Erziehungsbereichs entscheidende Bedeutung: die Erfindung des Buchdrucks 1454 durch Gutenberg, und im 19. und 20. Jahrhundert die neuen Medien: Film, Radio, Fernsehen und vor allem der Computer. Doch eine soziale Erfindung hat den Bereich der Erziehung ebenfalls revolutioniert: die Schule.

Durch einen sozialhistorischen *Konfliktansatz* kann man die Entwicklung der europäischen Bildungssysteme erklären (vgl. Boli und Ramirez 1986).

1. Für den *Protestantismus* war es im Kampf gegen den Katholizismus notwendig, die Anhänger zu alphabetisieren, damit sie selbst die Bibel lesen konnten. Dies setzte die Gegner, die katholische Kirche und ihre weltlichen Verbündeten, unter Zugzwang, die eigenen Mitglieder ebenfalls besser auszubilden, damit sie gegen den Protestantismus Widerstand leisten konnten.
2. Für die Entwicklung des Erziehungswesens ist ferner der Kampf zwischen *Staat* und *Kirche* bedeutsam gewesen. Vertreter der Kirchen hatten in vielen Bereichen über Jahrhunderte entscheidenden Einfluss auf Erziehungsprozesse. Die absolutistischen Staaten, die sich im 16., 17. und 18. Jahrhundert entwickelten, wurden durch Monarchien getragen, die zwar mit den jeweiligen Landeskirchen zusammenarbeiteten, deren Herrschaftsansprüche jedoch allmählich zurückdrängten. Im 19. und 20. Jahrhundert wurden die Staaten modernisiert, teilweise die Monarchien entfernt oder in ihrer Macht eingeschränkt und auch die Kirchen entweder aus dem Erziehungssystem hinausgedrängt oder von staatlichen Rahmenentscheidungen abhängig. Dieser Prozess ist nach wie vor nicht abgeschlossen, obwohl sich in den meisten Staaten die Lage konsolidiert hat.
3. Das *Bürgertum* unterstützte eine moderne Massenerziehung, um seinen eigenen Aufstieg und den des Nationalstaates zu befördern. Allerdings hatten die führenden Vertreter des Bürgertums kaum Interesse daran, die unteren Schichten gleichermaßen auszubilden. So wandten sich nicht nur die Aristokratie, sondern auch großbürgerliche Gruppen gegen eine Demokratisierung des Erziehungssystems. Es entstanden klassenspezifische Abteilungen innerhalb der Erzie-

hungssysteme im 19. Jahrhundert, die in Deutschland, Österreich und anderen Staaten teilweise erhalten geblieben sind.

4. Außerdem stimulierte der Kampf zwischen den europäischen und dann auch den außereuropäischen *Staaten* um Märkte, Territorien und Machtanteile zusätzlich die Modernisierung. Die inhaltliche Gestaltung des Erziehungswesens war und ist ein Teil dieses Konkurrenzkampfes der Staaten. Erziehung wurde als notwendig angesehen, um aus einer heterogenen Gruppe von lokalen Gebilden einen modernen einheitlichen Nationalstaat zu formen.

Eher *funktionalistisch* ist folgende Darstellung des sozialhistorischen Wandels.
Durch das Entstehen moderner Staaten ab dem 18. Jahrhundert wurde es notwendig, die Bürger zur Staatstreue zu erziehen und ihnen elementare Kenntnisse zu vermitteln, damit sie den sich differenzierenden Regelungssystemen auch Folge leisten konnten und steigenden Anforderungen gerecht wurden. Die Schulen waren im 19. Jahrhundert primär Stätten der Disziplinierung und der Erziehung zu Fleiß, Untertanentreue und auch noch zum rechten Glauben. Militärdienst und Schulentwicklung waren eng miteinander verbunden.

Um die langfristige Entwicklung des Bildungswesens zu begreifen, sind folgende Aspekte zu berücksichtigen:

1. Entwicklung von oben: Universitäten (vom Mittelalter an), dann höhere Schulen, zuletzt Elementarschulen. Diese Elite- und Hochkulturorientierung bestimmt noch heute die Schulen.
2. Klassen- oder Schichteinteilung: mehrgliedriges Schulsystem; Gestaltung des Curriculums (des Lehrplans) gemäß den Interessen der oberen Schichten.
3. Politischer Kampf um die Gestaltung des Schulwesens (wissenschaftliche Argumente dienen zur Legitimation).
4. Prägung des Schulklimas durch die bürgerliche Familie (Kulturmonopol und Habitus; Lehrer und Lehrerinnen sind Mitglieder der Mittelschicht).
5. Abhängigkeit des Bildungssystems von der ökonomischen Entwicklung. Agrarische Kulturen bedürfen in geringerem Maße der Erziehung als Industriegesellschaften. Kulturelle und ökonomische Qualifikationen geraten in Konkurrenz. Die zentrale Bewertung der Schulabschlüsse wird im ökonomischem System vorgenommen.

Durch die wirtschaftliche und politische Entwicklung entstand im 19. und 20. Jahrhundert ein neues Berufssystem, wodurch sich die Anforderungen änderten. Der soziale Druck auf das Schulwesen nahm immer mehr zu, und auch die Konkurrenz zwischen Gruppen, Regionen und Staaten führte dazu, dass der Qualifikationsfunktion größere Bedeutung zugeordnet wurde. Außerdem wurden immer mehr Personen in der Gesellschaft Aufstiegsmöglichkeiten eröffnet – nicht zuletzt durch das Bevölkerungswachstum. Staatliche Instanzen und privilegierte Interessengruppen griffen immer häufiger in das Schulsystem ein, durch Auswahl der Lehrer, curriculare Vorschriften, Vergabe von Privilegien für die Angehörigen höherer Schulabschlüsse, Zugangsbeschränkungen für höhere Schulen, Hochschulen und Berufe usw.

Das Erziehungssystem und seine Funktionen

Wozu Schule? Die Kinder der oberen Schichten sollen nach oben kommen bzw. oben bleiben, die Kinder der unteren sollen unten bleiben, bzw. nicht zu einer harten Konkurrenz für die Kinder der oberen Schichten werden. Diese Herrschaftsgrundlagen wurden institutionalisiert und gerechtfertigt. Erfolgreich ist die Institutionalisierung, wenn möglichst viele an die Berechtigung des Systems und an die Eigenverantwortung bezüglich des eigenen Erfolgs bzw. Misserfolgs glauben. Doch auch Qualifikation muss sein – harter Konkurrenzkampf auf allen Ebenen. Freilich sollen Qualifikationen vermittelt werden, welche die Kinder der oberen Schichten begünstigen, also Latein, Griechisch, Hochkultur und abstrakte möglichst wenig auf die Alltagsrealität bezogene Wissenschaftsdarstellungen. Und alle sollen auf das herrschende System eingeschworen werden: Wir sind doch alle in einem Boot, und in was für einem tollen! Diese Argumentation geht von einem *Konfliktansatz* aus.
Ein *funktionalistischer* Ansatz dagegen sieht die Gesellschaft als einheitliches System, für das der Erziehungsbereich Dienstleistungen zu erbringen hat, d.h. die Schule muss drei zentrale Funktionen erfüllen:

- *Selektion*: Die Guten ins Töpfchen, die Schlechten ....
- *Qualifikation:* Lesen, Schreiben, Rechnen usw.
- *Integration:* Wir lieben unser Vaterland, unsere Form der Demokratie, die deutsche Sprache und die deutsche Kultur, und jetzt werden wir auch gute Europäer.

Nach dieser Beschreibung der Erziehung aus der Sicht der beiden Ansätze kann man die Frage stellen: Vermag das Erziehungswesen gesellschaftliche Ungleichheit zu verringern oder nicht? Dient es der Bestärkung und/oder Verschleierung des traditionellen Schicht- oder Klassensystems?

Eine konservative Rechtfertigung der bestehenden sozialen Ungleichheit besagt, dass sich die Individuen in ihrer genetisch bedingten Intelligenz unterscheiden. Diese These ist allerdings leicht zu falsifizieren, denn unterprivilegierte Gruppen, z.B. Frauen der Unterschicht oder Afroamerikaner in den Vereinigten Staaten, unterscheiden sich in der durchschnittlichen Intelligenz nur wenig von privilegierten Gruppen. Die Intelligenzunterschiede, genauer die Ergebnisse der Intelligenzmessungen, sind außerdem teilweise auf den Unterschied in den Lebensbedingungen und in der Sozialisation und Erziehung zurückzuführen.[63]

Dass der Aufstieg nur wenigen Kindern aus der unteren Unterschicht gelingt, liegt sowohl an der Familie als auch am Bildungssystem. Coleman, Jencks und andere präsentierten der amerikanischen Öffentlichkeit seit den 60er Jahren empirische Untersuchungen, welche die These von der Unterlegenheit der Schule gegenüber der Familie und der sozialen Herkunft bezüglich der Bildungs- und Berufschancen stützen (vgl. Ballantine 1997, 78 ff). Was die Situation in Deutschland betrifft, gibt es widersprüchliche Ergebnisse. Während in den internationalen Untersuchungen von Shavit und Blossfeld (1993) kein bedeutsamer Abbau herkunftsbedingter Bildungsungleichheiten festgestellt wurde, wird er von Müller und Haun (1994) dagegen nachgewiesen.

Heyns (1978) untersuchte die Lernfortschritte während des Schuljahrs und verglich sie mit dem Lernen in den Ferien. Die Schule erwies sich als notwendig und positiv für die unteren sozialen Schichten, die in den Ferien „Wissen verloren“, während die Kinder der oberen Schichten auch in den Ferien dazugewannen. Einer englischen Gruppe, Rutter und andere (1980), und auch amerikanischen Forschern gelang es in den 70er und 80er Jahren zu belegen, dass Schulen sehr wohl einen bedeutsamen positiven oder negativen Einfluss auf das Lebensschicksal von Schülern ausüben.

Zweifellos sind Schul- und Hochschulabschlüsse für sozialen Erfolg bedeutsam, doch das Lernwettrennen produziert auch eine große Gruppe von Verlierern. In den USA hat sich die Polarisierung der Bevölkerung in eine schlecht gebildete, unterbeschäftigte, mehrfach benachtei-

[63]Intelligenztests messen außerdem hauptsächlich schulische Fähigkeiten und eignen sich auch im Grunde nur dafür, schulischen Erfolg vorherzusagen, während die Beziehung zum beruflichen Erfolg nur schwach ausgeprägt ist.

ligte Gruppe (40 bis 50 Millionen Menschen) und in eine überdurchschnittlich privilegierte und gebildete obere Mittel- und Oberschicht in den letzten Jahrzehnten verstärkt.[64]

Normen im Bildungssystem

An erster offizieller Stelle steht die Norm *Leistung* (vgl. Meulemann 1999). Wenn Leistung das entscheidende Kriterium ist, dann sind soziale Herkunft, Geschlecht und ethnische Zugehörigkeit außer Kraft gesetzt. Was als Leistung anzusehen ist, wird in Schulen und Hochschulen durch legitimierte Autoritäten „sachbezogen" gesetzt.
Eine weitere Norm kann man als *Unabhängigkeit* oder als *Individualisierung* bezeichnen. Der Schüler lernt, dass er als Einzelner verantwortlich ist und auch beurteilt wird, und dass nicht die Kooperation innerhalb einer Gruppe oder die Konkurrenz zwischen Gruppen bedeutsam ist. Die Einzelleistung, die unabhängige Leistung, wird als zentral herausgestellt. Damit muss der Schüler sich vom Familienzusammenhang emanzipieren und darf sich in einer Lerngruppe nicht zu stark integrieren. Es wird ein utilitaristischer an Stelle eines kooperativen Individualismus gefördert (vgl. Bertram/Hennig 1995). Auch diese Norm begünstigt die Mitglieder der oberen Schichten, da sie schon innerhalb ihrer Herkunftsgruppe darauf besser vorbereitet werden (von akademisch gebildeten Müttern und Vätern, von kulturellen Ressourcen und einem individualistischen Klima).

Eine weitere zentrale bereits in diesem Text eingeführte Norm wird als *Universalismus* bezeichnet. Diese Norm bezieht sich auf allgemeine Kriterien, die für alle an bestimmten Interaktionen oder organisatorischen Maßnahmen Beteiligten gelten. Es werden also prinzipiell keine Ausnahmen gemacht (Pünktlichkeit z.B. gilt für alle). Trotzdem wäre das System zu starr, wenn Universalismus absolut gelten würde.

Deshalb gibt es die zusätzliche Norm der *Spezifizierung*. Eine Unterrichtsbefreiung etwa vom katholischen oder evangelischen Religionsunterricht kann nur jemand erhalten, der einer anderen oder keiner Religionsgemeinschaft angehört. Von dieser Spezifizierung ist der *Partikula-*

---

[64] Ob eine solche Aussage für die EU in einem geringeren Maße als für die Vereinigten Staaten zutrifft, ist eine bedeutsame Forschungsfrage. In Deutschland wird von der Öffentlichkeit nicht gefordert, dass die Güte von Schulen geprüft und offengelegt wird, und die Kultusministerien vernachlässigen solche wissenschaftlichen und klientenorientierten Prüfungen und Evaluationen.

rismus zu unterscheiden, der in der Schule und allgemein in modernen Demokratien eher negativ beurteilt wird. Wenn ein Lehrer einen Schüler bevorzugt, weil er das Kind einer Kollegin ist, dann handelt es sich um Partikularismus. Wenn Beamte korrupt sind, dann halten sie nur den Schein der Geltung universalistischer Normen aufrecht, während sie tatsächlich partikularistische Interessen verfolgen.

Parsons hat eine Typologie der kulturellen Wertmuster für alle gesellschaftlichen Bereiche erarbeitet, die hier auf das Erziehungssystem angewandt wird.

	Mutter zu Kind	*Lehrer zu Schüler*	*Kaufmann zu Kunden*
affektiv oder neutral	**A** (Mutter liebt ihr Kind)	**N** (Lehrer darf die Schülerin nicht lieben)	**N** (Kaufmann täuscht vor, sich in die Kundin einzufühlen)
ganzheitlich oder spezifisch	**G** (Mutter betrachtet alle Merkmale ihres Kindes)	**S** (Lehrer betrachtet die Leistungen in Mathematik)	**S** (Kaufmann beurteilt die ökonomische Potenz des Kunden)
selbst- oder gemeinschaftsorientiert	**G** (Mutter ist familienorientiert)	**G/S** (Lehrer wendet sich an einzelnen Schüler oder an die Klasse)	**S** (Kaufmann denkt an seinen Profit)
universalistisch oder partikularistisch	**P** (Mutter interessiert sich nur für ihr Kind)	**U** (Lehrer vertritt einen Kulturbereich)	**U/P** (Kaufmann agiert marktorientiert)
Zuschreibung oder Leistung	**Z** (Mutter gibt Zuwendung unabhängig von Leistung)	**L** (Lehrer beurteilt den Schüler nur nach Leistung)	**L** (Kaufmann konzentriert sich nur auf Verkaufserfolg)

Abb. 47: Kulturelle Wertmuster oder Handlungsorientierungen; (pattern variables nach Talcott Parsons)

Diese Wertmuster oder Handlungsorientierungen dienen u.a. zur Unterscheidung von Primär- und Sekundärgruppen: Das Denken und Fühlen der Mutter kreist um ihr Kind, die anderen Schüler der Klasse sind für sie in der Regel unwichtig, sie liebt ihre Tochter, auch wenn sie eine schlechte Schülerin ist.

In Organisationen herrschen andere Orientierungen als in der Familie: Die Beziehungen zwischen Lehrer und Schüler oder zwischen Hochschullehrer und Studenten sind durch affektive Neutralität, Kollektivorientierung, Universalismus, Leistung und Spezifität gekennzeichnet.

Folgende Abweichungen sind möglich:

- Eine Liebesbeziehung zwischen Lehrerin und Schüler, also starke Affektivität.
- Der Hochschullehrer verwendet den Studenten als Taschenträger, also Selbstorientierung.
- Der Biologielehrer spricht nur über Hunde, weil er Hundezüchter ist, also Partikularismus.
- Die Lehrerin gibt dem Sohn des Bürgermeisters besonders gute Noten, also Zuschreibung.
- Lehrer und Schüler sind verwandt, also ganzheitliche und nicht spezifische Beziehung.

Wandel der Qualifikationen

Durch den wirtschaftlichen, wissenschaftlichen und technischen Fortschritt hat sich die Struktur der Berufe und Qualifikationen im 20. Jahrhundert entscheidend verändert. Für immer mehr Stellen werden hohe Qualifikationen gefordert.
Doch es reicht nicht, qualifiziert zu sein. Der Erfolg ist davon abhängig, ob gerade eine große Nachfrage nach Personen mit bestimmten Qualifikationsprofilen besteht oder ob relativ viele Personen um relativ wenige Positionen konkurrieren. Strukturelle Bedingungen sind entscheidend, z.B. welcher Kohorte (starke oder schwache Geburtsjahrgänge und Verteilung der Schulabschlüsse) jemand angehört. Außerdem spielt auch die wirtschaftliche Situation (Rezession oder Boom) eine bedeutsame Rolle für die persönliche Karriere.
Und welche beruflichen Qualifikationen werden überhaupt in allgemein bildenden Schulen vermittelt? Die Zweifel am Nutzen des schulischen Wissens nehmen zu.

Die Halbwertzeit des Wissens nimmt ab.

Dies trifft nicht nur auf so genanntes „modisches Wissen“, sondern in zunehmendem Maße auch auf die im Abendland mühsam kondensierten Wissensbestände zu, die in europäischen Schulen konserviert und zwangsverteilt werden. Viele junge Menschen werden also mit „Qualifikationsmüll“ voll gestopft, vergeuden wertvolle Zeit, um unbrauchbares Wissen zu erwerben, an Schulen, Hochschulen und in anderen Bil-

dungseinrichtungen oder auch individuell, durch Bücher und andere Medien.
Auf Grund dieser sich beschleunigenden Entwertung von Wissen und des gleichzeitig wachsenden Wissensbestandes entstehen neue Formen der Wissensorganisation und der –verwendung (vor allem in privatwirtschaftlichen Organisationen), die jedoch in Schulen zu wenig berücksichtigt werden. Es ergibt sich die Notwendigkeit, lebenslang zu lernen. Also müsste man weniger Faktenwissen und mehr Systemwissen erwerben und vor allem Lernen lernen.

Chancengleichheit und Benachteiligung

Die Schule selektiert die Schüler gemäß ihrer individuellen Leistungsfähigkeit, d.h. sie ordnet sie in hierarchisch geordnete, homogenisierte Gruppen ein (Container-Prinzip). Diese Homogenisierung nach Leistung begünstigt die guten Schüler, die aus den mittleren und oberen Schichten kommen (Gamoran/Nystrand 1990; Ballantine 1997, 74).
In den 50er und 60er Jahren waren folgende Gruppen in Deutschland unterprivilegiert: Arbeiterkinder, Mädchen, Kinder in schulisch schlecht versorgten Regionen und teilweise Katholiken. Das „katholische Arbeitermädchen vom Land“ war die idealtypische Figur des unterprivilegierten Kindes. Die Situation hat sich stark verändert. Mädchen sind jedenfalls in Realschulen und Gymnasien nicht mehr unterrepräsentiert, konfessionelle Unterschiede sind kaum noch feststellbar. Arbeiterkinder sind zwar häufiger auf weiterführenden Schulen anzutreffen, doch beim höchsten Schulabschluss, dem Abitur, und vor allem an Hochschulen nach wie vor unterrepräsentiert. Ihr Anteil sinkt, je höher man in der Bildungshierarchie aufsteigt. Regionale Unterschiede spielen nach wie vor eine große Rolle. Vor allem die Ausländerkinder sind stark benachteiligt. Allzu viele müssen in die Sonderschule gehen, obwohl sie nicht „behindert“ sind.

Das „ausländische Unterschichtkind“ ist die idealtypische Figur des unterprivilegierten Kindes der 80er und 90er Jahre.

Doch die gesellschaftlichen Probleme schlagen auf die Schule durch. Da der Anteil an Schülern, die das Abitur und den Realschulabschluss schaffen, sich stark erhöhte, ist der Hauptschulabschluss entwertet worden und Schüler ohne Schulabschluss haben stark verminderte Lebenschancen. Die Dauerarbeitslosigkeit hat diesen Entwertungsprozess verstärkt. Wenn folglich in Zukunft der Anteil der Schüler und Schülerinnen, die das Abitur erreichen, auf 70 % steigen sollte, dann würden die

30 % „Versager“ (Haupt- und Realschulabschluss) fast keine Chancen mehr am Arbeitsmarkt haben. Sie würden durch die 70 % „Erfolgreichen“ völlig an die Wand gedrückt, ausgegrenzt (vgl. Cohen 1998, 108).

Die Unterprivilegierung der Frauen im Bildungs- und Berufssystem ist trotz der Verbesserungen nicht aufgehoben:

- Mädchen stehen weniger Ausbildungsberufe und damit Ausbildungsplätze offen als Jungen.
- Abiturientinnen verzichten häufiger auf das Studium als Abiturienten.
- Mädchen und Frauen werden häufiger arbeitslos als Jungen und Männer.
- Je höher der Berufsrang, umso geringer sind die Frauenanteile.

1995 betrug der Frauenanteil an den bestandenen Doktorprüfungen 31 % und an der Gruppe der Professoren und Professorinnen an deutschen Universitäten 8,2 %.

Das Erziehungssystem nach Bourdieu

Nach Bourdieu (1982, 1983) reproduziert die Schule die Kultur der herrschenden Klasse(n). Die Kultur der Schule entspricht den Werten, Bräuchen, Interessen und Ritualen der oberen Schichten (z.B. Latein, Altgriechisch, klassische deutsche Literatur sind hochwertig, Popmusik, Fernsehserien und Interesse am Fußballspiel sind minderwertig).

Bourdieus Kapitalbegriff wurde bereits mehrfach in diesem Text verwendet. Kapital umfasst nach Bourdieu nicht nur ökonomische Ressourcen, sondern auch kulturelle und soziale Mittel.

Was ist *kulturelles Kapital*?
In einer Kultur bzw. einer Gesellschaft werden auch kulturelle Güter akkumuliert. Das Bildungssystem dient der Bewahrung der Kultur und der weiteren klassen- und schichtspezifischen Akkumulation und Übergabe der Bildungsgüter an die jeweilige nächste Generation.
Bourdieu unterscheidet drei Formen des kulturellen Kapitals:

1. *inkorporiertes Kulturkapital*: körpergebundene, verinnerlichte Dispositionen, Einstellungen und Kompetenzen (körperliche Erscheinung, Kopfhaltung, rhetorische Fähigkeiten, intellektuelle Kompetenzen, Fremdsprachenkenntnisse etc.)

2. *objektiviertes Kulturkapital:* Bücher, Bilder, Instrumente, Gebäude etc.
3. *institutionalisiertes Kulturkapital:* Schulabschlüsse und andere hochwertige Qualifikationsnachweise.

In einem demokratischen Bildungssystem haben Kinder scheinbar gleiche Startchancen. Doch das ökonomische, soziale und kulturelle Kapital ihrer Eltern, ihrer Klasse, ihres Geschlechts, ihres Wohnviertels etc. verhilft den privilegierten Kindern zu besseren Startchancen und, was wichtiger ist, an jeder Schaltstelle zu besseren Chancen. Gebildete und privilegierte Mütter sind heute Schlüsselpersonen. Ihre Kinder werden „mit den unausgesprochenen Regeln des Bildungswettlaufs besser vertraut" (Brauns 1998, 238).
Selbstverständlich gelingt es einigen wenigen Unterprivilegierten in diesem System aufzusteigen, ebenso wie andere absteigen. Doch die wichtigsten Gruppen bleiben in ihren Relationen relativ konstant und die hierarchische Ordnung ist stabil. Auch kommt es ständig zu Vorgängen der Schließung, d.h. nur bei bestimmten Kapitalkombinationen (soziale Beziehungen, Qualifikationen, finanzielle Mittel etc.) erhält man Eintrittserlaubnis, z.B. in Privatschulen, Hochschulen, für Auslandsaufenthalte, bei anspruchsvollen Internetangeboten, bei Einladungen zu Vorstellungsgesprächen, bei gut bezahlten Beraterverträgen.
Bourdieu behauptet also, dass das Erziehungssystem das Klassensystem und damit die soziale Ungleichheit reproduziert, d.h. das ökonomische, soziale und kulturelle Kapital der Eltern bestimmt den Schul- und Hochschulerfolg und sichert den Kindern damit ein entsprechendes künftiges ökonomisches und soziales Kapital.
Die Eliteschulen und -hochschulen in Frankreich und Großbritannien dienen dazu, die Übernahme der hohen Positionen durch die Sprösslinge der herrschenden Klassen zu rechtfertigen. Das in Schulen und Hochschulen erworbene kulturelle Kapital ist also nur sekundär entscheidend für die Spitzenkarrieren. In Deutschland existiert ein solches Elite-Hochschulsystem nicht, doch die Übertragung der Spitzenpositionen auf den Nachwuchs der oberen Schichten findet ebenfalls statt (vgl. Hartmann 1998a).
Bourdieu spricht auch von symbolischer Gewalt, die im Bildungssystem ausgeübt wird. Kinder, die aus „kulturfernen"[65] Elternhäusern, z.B.

[65]Damit ist die Distanz zu der herrschenden Kultur gemeint, also in Deutschland: Unkenntnis der klassischen deutschen Literatur, der deutschen Geschichte, der europäischen Malerei usw.

türkischen Unterschichtfamilien, kommen oder in Regionen und Umwelten aufwachsen, die nicht die herrschenden kulturellen Verfahrensweisen vermitteln, werden im Erziehungssystem benachteiligt. Auf sie wird symbolische Gewalt (nach Galtung strukturelle Gewalt) ausgeübt, d.h. sie müssen sich entweder umprogrammieren lassen oder sie versagen in diesem System und werden abgestuft (z.B. Überweisung in die Sonderschule). Oft erleiden sie eine doppelte Schädigung: sie sind durch eine teilweise gelungene Umprogrammierung psychisch und sozial verunsichert, ohne jemals die Vorteile der kulturellen Privilegierung genießen zu können.[66]
Ein Teil der Unterschichtkinder und -jugendlichen wurde und wird folglich durch die schulischen Strukturen sozial verstört:

- Sie werden in eine für sie abstrakte Mittelschichtwelt eingeführt, in der sie sich nicht zurechtfinden.
- Sie werden gehindert, ihre Unterschichtwelt wirklich kennen zu lernen und weiterzuentwickeln.
- Sie erhalten das Vorurteil eingeprägt, dass körperliche Arbeit schlechter ist als „geistige".
- Ihnen wird vermittelt, dass viele ihrer für sie wichtigen kulturellen und sozialen Erfahrungen wertlos oder sogar schädlich sind (vgl. Bourdieu et al. 1997, 211 ff).

Diese Entfremdungsleistung der Schule ist seit langem bekannt, doch es wird kaum gegengesteuert. Bourdieu übt harte Kritik an den den (französischen) Staat beherrschenden Eliten, die für die Struktur des Bildungssystems und der chronischen Benachteiligung eines Teils der Kinder mitverantwortlich sind.

Kulturelles Kapital ohne soziales und ökonomisches Kapital ist wenig wert, d.h. die Investitionen in die Fähigkeiten, Gedichte zu interpretieren, Klavier zu spielen, zu promovieren oder sich Informationen über die Dritte Welt zu verschaffen, sind oft hoch und gleichzeitig wenig ertragreich, wenn sie nicht mit Beziehungen, Geld und anderen statusfördernden Ressourcen gekoppelt sind.
Auf Grund der Expansion des Schulsystems und des wachsenden Anteils an Personen, die höhere Schul- und Hochschulabschlüsse erwerben, ergab sich zwangsläufig eine Inflation in diesem Bereich, d.h. die Schul- und Hochschulabschlüsse wurden im Vergleich zu den Positi-

---

[66]Siehe zum Thema Macht in der Schule das Kapitel „Macht".

onsgütern (vor allem berufliche Positionen) entwertet (Hirsch 1980). Im Bildungssystem gibt es genauso riskante Investitionen und Spekulationen wie an der Börse. Es wird immer mehr Personen in Deutschland geben, die viel Zeit und Geld in den Erwerb und die Vermehrung kulturellen Kapitals investiert haben (Schul- und Hochschulabschlüsse, Zusatzqualifikationen), ohne dass es ihnen gelingt, es in ökonomisches Kapital umzuwandeln. Jemand, der Diplom-, Promotions- und Habilitationshürden erfolgreich genommen hat und hoch qualifiziert ist, keine Stelle an einer Hochschule erhalten hat, älter als 45 Jahre ist und zu wenig soziales und ökonomisches Kapital besitzt, beendet seine Karriere unter Umständen als Sozialhilfeempfänger. Trotzdem bleibt bisher die Tatsache, dass die Gruppe der Hochschulabsolventen eine geringere Arbeitslosenrate aufweist als die Gruppe derjenigen, die keinen Schulabschluss oder nur einen Hauptschulabschluss erhalten haben.

Das Curriculum

Die heutige Schule wurde vor allem im 19. Jahrhundert konzipiert. Verschiedene Ideologien, Konzeptionen und Interessen haben sich im Kampf um das Curriculum entwickelt (Abb. 47 nach McLean 1990).
Enzyklopädismus stammt aus der Zeit der Aufklärung. Es ging um die Aufgabe, den Kanon eines für alle gültigen und dem Fortschritt der Menschheit dienenden Wissens zu erzeugen und in der Schule zu vermitteln. Diese Konzeption ist nach wie vor in den europäischen Schulsystemen vorherrschend, wobei ihre Stabilität wohl weniger dem Fortschritts- und Aufklärungsgedanken entstammt, sondern dem Nationalismus, dem Bürokratismus und den Interessen der wissenschaftlichen Verwalter dieses Kanons.
Humanismus ist eine weitere ehrwürdige Konzeption. Hierbei geht es weniger um einen Wissenskanon, als um die Herausbildung eines idealisierten Habitus, der vor allem vom westeuropäischen Bürgertum des 19. Jahrhunderts begünstigt wurde, ein Versuch, dem traditionellen Bild des Adeligen eine Kunstfigur entgegenzustellen, halb alter Grieche halb Diener des nationalistischen Staates. Aus einer Konfliktperspektive betrachtet, erweist sich dieser „Humanismus“ als eine Strategie zur Abwertung der alternativen Habitusformen der anderen Gruppen und Schichten der Gesellschaft.
Eine neuere und inzwischen immer mehr forcierte Konzeption kann als *Berufsbezogenheit* bezeichnet werden. Das Curriculum soll den jeweiligen Berufsanforderungen angepasst werden. Ein Begriff in diesem Zusammenhang lautet Schlüsselqualifikationen. Auch diese Konzeption

kann aus einer Konfliktperspektive gesehen werden. Die Berufsbezogenheit wird für die unteren Klassen angesetzt (Haupt- und Realschule) und für die Oberklasse der Humanismus (Gymnasium).
Zuletzt sei noch eine „philosophy of education" genannt, die unter verschiedenen Namen zu finden ist: Person-, Kind- und Entwicklungsorientierung, Ganzheitlichkeit, Naturalismus. Auch hier wird ein Entwicklungsideal, also eine Art Habitus angesetzt, doch nicht im traditionellen Sinn, wie es Vertreter der Humanismus vorschlagen, sondern als Prozess. Als übergreifende Qualifikation wird „Lernen lernen" angesetzt.
Die Schulcurricula in Deutschland und Österreich sind stark von einem traditionsbestimmten und teilweise international verankerten Enzyklopädismus geprägt, sie setzen sich einerseits aus traditionellen Bestandteilen (Fächern) zusammen und andererseits aus relativ beliebig ausgewählten modernen Erkenntnissen oder Wissenspartikeln, wobei ein beachtlicher Teil allgemein relevanten Wissens ausgegrenzt wird (z.B. Ökonomie, Recht, Massenmedien, Technik, Gesundheit). Entscheidend für die konkrete Ausformung des Curriculums ist ja nicht, dass es möglichst vielen Menschen ihr späteres Leben erleichtert, sondern wie die Kämpfe zwischen verschiedenen mächtigen Interessengruppen ausgehen bzw. vor langer Zeit ausgegangen sind.

Curriculare Positionen	*Prinzipien*	*Funktionen*	*Machtträger*
Enzyklopädismus	Allgemeinwissen	nationalstaatliche Integration	Staatliche Bürokratie, Bezugswissenschaften
Humanismus	Abendländische Kultur	Selektion	Bildungsbürgertum
Berufsbezogenheit	Wirtschaftlicher Erfolg	Qualifikation für das Wirtschaftssystem	Vertreter der Privatwirtschaft
Personorientierung Ganzheitlichkeit	Optimale Entwicklung der Person	Individualisierung, Heilserwartung	Reformer, Progressive, soziale Bewegungen

Abb. 48: Curriculare Konzeptionen (modifiziert nach McLean 1990)

Die Installierung des Curriculums und die Beibehaltung curricularer Regelungen ist als Prozess der sozialen Kontrolle zu begreifen. In Deutschland und vielen anderen Staaten wird zentralistisch vorgeschrieben, welche wissenschaftlichen Disziplinen, Inhalte und Lehrbücher verwendet werden dürfen. Die Lehrer bzw. die Schulen haben in-

nerhalb dieses Rahmens gewisse Auswahlmöglichkeiten, die sie jedoch meist nur konformistisch nutzen, denn jede von anderen wahrgenommene Abweichung (auch von ungeschriebenen Normen) führt eher zu Bestrafungen (Rechtfertigungszwang, höherer Zeitaufwand, Materialaufwand, Fehlschläge werden dem Innovator zugeschrieben) als zu Belohnungen.
Bernstein (1977) hat zwei Typen von Curricula unterschieden, den Typ des Sammelns und den Integrationstyp. Beim *Typ des Sammelns* sind verschiedene voneinander klar abgegrenzte curriculare Teile (Fächer, Wissenschaftsbereiche) zusammengefügt, während beim *Integrationstyp* (z.B. Projektunterricht) auf die Grenzsetzungen und Klassifikationen weniger Wert gelegt wird. Vorherrschend ist in den Schulen der Typ des Sammelns. Es gibt starre Fächerabgrenzungen, innerhalb der Fächer gibt es festgesetzte curriculare Inhalte. Interdisziplinäre Arbeit ist ungewöhnlich. Inhaltliche Interessen von Kindern, Jugendlichen oder Eltern werden kaum berücksichtigt. Neue Themen (z.B. neue Medien, Europäische Union) müssen in die alten Schubladen gepresst oder weggelassen werden. Soziale Probleme (z.B. Arbeitslosigkeit, Jugendkriminalität) dürfen nur gemäß curricularen Vorschriften bearbeitet werden.

Viele Lehrer sind nicht primär daran interessiert, den Klienten (Schüler und Eltern) brauchbare Qualifikationen und Hilfen für ihr späteres Leben zu vermitteln, sondern sie üben Verhaltenskontrolle, um ihre eigenen Arbeitsbedingungen möglichst günstig zu gestalten.
Freilich ist die Frage zu stellen und schwer zu beantworten, ob eine Modernisierung und „Verbesserung" des Schulsystems bedeutsame positive Auswirkungen auf die Gesellschaft hätte. Folgende Thesen nähren die Zweifel an der Heilkraft von Schulreformen.

- Die Massenmedien und viele außerschulische Bildungsorganisationen und -versuche führen zu einem komplexen Unternehmen Bildung, das immer weniger von Schule abhängig ist.
- Lebenslanges Lernen bedeutet ebenfalls zunehmende Relativierung schulischer Sozialisation.
- Die meisten berufsrelevanten Kompetenzen werden im Beruf selbst erworben und nicht schon durch ein vorweglaufendes Training in der Schulzeit.
- Es ist auch keineswegs gesichert, dass die Personen, die die höchsten Abschlüsse im Rahmen des Schul- und Hochschulsystems erworben haben oder die besten Noten bekommen haben, auch die

wichtigen Innovationen im Wirtschafts- oder im technischen Bereich durchführen. Der Personalcomputer wurde z.B. von Hochschulabbrechern entwickelt.

Es gibt zwei gewichtige Argumente für eine Veränderung des deutschen Bildungssystems:

- Es behindert die freie Entfaltung der Schüler und Eltern. Die Schulsysteme von Dänemark und den Niederlanden sind in dieser Hinsicht eindeutig besser als das deutsche.
- Es ist zu teuer, d.h. sein Kosten-Nutzen-Verhältnis ist im Vergleich zu alternativen Bildungssystemen mit vergleichbaren Erfolgsraten ungünstig. Folglich ist eine Sparstrategie für die staatlichen Schulverwaltungen durchaus rational.

Im allgemeinen Interesse, vor allem jedoch im Interesse der Unterprivilegierten, wäre es jedoch rationaler, zielorientierte Experimente durchzuführen und wichtige Kompetenzen (Wirtschaft, Recht, Gesundheit, Psychologie, Soziologie, Pädagogik) in der Bevölkerung zu verbessern.

Das (un)heimliche Curriculum

Schüler und Schülerinnen werden nicht nur durch das offizielle Curriculum (Lehrpläne in Mathematik, Deutsch, Chemie usw.) beeinflusst und qualifiziert, sondern ein „heimliches Curriculum" führt zu einer indirekten, angeblich offiziell nicht geplanten Sozialisation (Feinberg/Soltis 1985, 59ff).
Bowles und Gintis (1976) vertreten im Rahmen eines *Konfliktansatzes* die These, dass Schule nach der „Logik der Produktion" aufgebaut ist und den Schülern unkritisch die Normen der Arbeitswelt vermittelt: Autorität, Disziplin, kritiklose Hinnahme von Leistungsbewertungen, Gefühle der Ohnmacht und Hilflosigkeit. Doch werden allen Schülern und Schülerinnen in gleichem Maße diese Normen aufgedrängt?
Um ein solche Frage zu beantworten, erwies sich die Kombination eines Konfliktansatzes mit einer interaktionistischen Perspektive als vorteilhaft.

In einer amerikanischen Untersuchung (Anyon 1980) wurden Schulen mit schichtspezifisch relativ homogenen Populationen (Arbeiterkinder, Mittelschicht, obere Mittelschicht und Elite) untersucht. In jeder dieser Schulen wurde ein eigener pädagogischer Stil festgestellt, der für diese Schule und damit auch für die soziale Klasse, die in dieser Schule vertreten war, charakteristisch ist. In der Schule für die Arbeiterkinder erwarteten die Lehrer mechanische und routinemäßige Tätigkeiten. Die Kinder durften kaum Entscheidungen fällen, die Lehrer erklärten nicht, warum bestimmte Arbeiten gefordert wurden und kreative Tätigkeiten waren unerwünscht. Wenn Kinder nach Begründungen fragten oder Veränderungsvorschläge machten, wurden sie von den Lehrern abgeblockt. In der Muttersprache wurden die Rechtschreibregeln ohne Begründung dargestellt. Abstrakte Fragen wurden vermieden, die Fragen waren meist sehr konkret und geschlossen und es wurde eine kurze Antwort erwartet. Die Lehrer steuerten das Verhalten der Kinder mit Hilfe von Befehlen.

In der Schule für die obere Mittelschicht wurde mehr Gewicht auf kreatives Schreiben gelegt. Rechtschreibregeln wurden zwar auch gelernt, aber die Erklärungen bezogen sich auf die Art der Kommunikation. Es gab mehr Gruppendiskussionen, und die Verhaltenskontrolle erfolgte eher auf dem Verhandlungswege als durch Befehle. Wenn ein Schüler das Klassenzimmer verließ, musste er nicht um Erlaubnis bitten, sondern schrieb einfach seinen Namen auf die Tafel.

In einer anderen Studie wurde untersucht, welche Schüler Lehrer bei ihren verbalen oder nonverbalen Aktionen unterbrechen. Es zeigte sich, dass die besseren Schüler häufiger unterbrechen als die schlechten Schüler. Die besseren Schüler gehören im Durchschnitt höheren sozialen Schichten an, in denen unabhängiges, selbstbestimmtes und dominantes verbales Verhalten vorherrscht. In anderen Untersuchungen wurde herausgefunden, dass die Lehrer sich schon in der Grundschule in ihrem Verhalten nach der Kleidung und den nonverbalen Verhaltensweisen der Kinder richten, d.h. sie begünstigen Kinder, die besser gekleidet sind und ein besseres Benehmen zeigen. Schüler der oberen Schichten signalisieren den Lehrern, dass sie gute Schüler sind, sie zeigen Akzeptanz, Konformität und Interesse. Lehrer nehmen diese Signale auf und belohnen sie mit besseren Noten (Farkas et al. 1990). Schüler der unteren Schichten werden dagegen von Lehrern häufiger abgelehnt, ignoriert, als unangenehm empfunden und mit negativen Eigenschaften belegt.

Doch nicht immer akzeptieren Kinder oder Jugendliche die dominante Kultur, manche leisten Widerstand gegen die kulturelle Kolonialisierung, der sie in der Schule ausgesetzt sind. Willis (1981) hat eine interessante Fallstudie englischer Arbeiterjugendlicher durchgeführt. Die informelle Subkultur dieser Jugendlichen und die formelle Struktur der

Schule stehen in einem Gegensatz zueinander. Es handelt sich um einen Machtkampf. Die Jugendlichen treten als Nonkonformisten und Rebellen auf. Die Schulen bzw. die Lehrer vermögen ihren Widerstand nicht zu brechen. Sie erhalten schlechte Noten, durchlaufen eine entsprechend ungünstige Schulkarriere und enden dann in der Regel als Hilfsarbeiter. Für sie ist die Schule eine 'weibliche' Institution, während sie ihre eigene jugendliche Subkultur als typisch männlich empfinden. Sie erkennen die Autorität der Lehrer und Lehrerinnen nicht an und schätzen ihre eigenen Chancen, nämlich über Schulwissen und Schulabschlüsse aufzusteigen, als äußerst gering ein. Sie entwickeln ein starkes Selbstwertgefühl und Verhaltensweisen, die ihrem späteren beruflichen Alltag angepasst sind. Tatsächlich hat das Wissen, das sie in der Schule erhalten, für diese Arbeitssituation kaum eine Bedeutung.

Diese oppositionellen Unterschichtjugendlichen werten die Kopfarbeit, die in der Schule gefordert wird, ab und bewahren sich somit ihre positive Bewertung der Handarbeit. Die Kinder und Jugendlichen übernehmen diese Einstellungen von ihren Vätern, die in der Regel als Hilfsarbeiter oder einfache Arbeiter tätig sind. Die Jugendlichen sehen ihre Chancen realistisch, erwarten keine besonderen Befriedigungen von dieser Arbeit, sondern nur ausreichenden Lohn und werden somit für diese Berufslaufbahn sozialisiert. Die Chance des individuellen Aufstiegs erscheint ihnen so unwahrscheinlich, dass sie keinen Sinn darin sehen, sich dafür anzustrengen und den Schutz der Gruppe zu verlassen.

Neben den schichtspezifischen Aspekten des heimlichen Curriculums sollte man die geschlechtsspezifischen nicht vernachlässigen. Da Mädchen bezüglich der Schulabschlüsse nicht mehr benachteiligt erscheinen, wird manchmal auf eine generelle Gleichbehandlung von Jungen und Mädchen in der Schule geschlossen. Doch es gibt nach wie vor eine strukturelle Benachteiligung von Mädchen sowie von bestimmten Jungengruppen in Schulen., bzw. eine Bevorzugung von Jungen, die auf Grund ihrer geschlechtsspezifisch gestützten Verhaltensweisen Ressourcen an sich ziehen können.

Eine Minderheit von Jungen erhält einen übergroßen Anteil der kommunikativen Zuwendung von Lehrern (French/French 1993). Jungen unterbrechen die Aktivitäten von Mädchen häufiger als Mädchen die von Jungen. Mädchen geraten in Zielkonflikte zwischen traditionellen Rollen, weiblichen Identitätsvorstellungen und schulischem bzw. beruflichem Erfolg (Burr 1998, 63 ff). Jungen erobern sich mehr physische, soziale und symbolische Räume.

Wirklichkeitskonstruktion, Rituale, Interpretationen, unbewusste Strukturen

Alle Menschen, vor allem jedoch Kinder und Jugendliche, sind im Guten und Schlechten formbarer, als von den meisten Lehrerinnen und Lehrern angenommen wird. In der berühmten Studie „Pygmalion im Klassenzimmer" von Rosenthal und Jacobson (1968) teilten Forscher Lehrern am Beginn des Schuljahrs mit, dass bestimmte Schüler besonders intelligent seien und große Fortschritte machen könnten. Tatsächlich waren die genannten Schüler nach Zufall ausgewählt worden, waren also nicht intelligenter als die Kontrollgruppe. Nach einem Jahr hatte sich jedoch die Prophezeiung erfüllt: Die den Lehrern angepriesenen Schüler schnitten in einem Intelligenztest viel besser ab als die anderen angeblich weniger intelligenten. Man nennt das Phänomen auch sich-selbst-erfüllende-Prophezeiung. Leider wirken die Erwartungen von Lehrern nicht nur in positiver Weise. Wenn sie annehmen, dass ein Schüler oder eine Schülerin dumm, faul, aggressiv oder unbegabt sei, dann wird das Kind oder der Jugendliche durch diese Erwartungen in negativer Weise verändert.

In einer amerikanischen Grundschule wurden interessante Beobachtungen durchgeführt. Es handelt sich um eine Untersuchung aus der Perspektive des *Symbolischen Interaktionismus*.

Kinder und Lehrer spielen ein Spiel, das sie routinemäßig durchführen. Das Spiel heißt Lesenlernen, wobei unklar bleibt, ob einzelne Schüler tatsächlich gut oder schlecht in diesem Spiel Lesen lernen. Die Lehrerin lässt in der Regel ein Kind einen Abschnitt laut vorlesen; wenn dies beendet ist, heben einige Kinder ihre Hände, und die Lehrerin ruft eines auf, das dann weiterliest. Während des Lesens ist es relativ ruhig, doch in der Übergangsphase herrscht viel Bewegung und teilweise Lärm, wobei die Kinder individuell unterschiedlich reagieren. Wenn man diese scheinbare Konfusion jedoch analysiert, erkennt man, dass die einzelnen Kinder ziemlich ritualisiert reagieren, und der Eindruck der Konfusion nur daraus entsteht, dass es unterschiedliche Reaktionen sind. Dies kann am Beispiel eines Mädchens, das besonders schlecht lesen kann, gezeigt werden. Wenn ein Kind den Abschnitt fertig gelesen hat und fast alle anderen Kinder aufzeigen, dann bleiben Rosas Augen nach wie vor aufs Buch geheftet, ihr Körper ist nach vorne übergebeugt, während die anderen ihre Körper aufgerichtet haben. Wenn die Lehrerin die Reihe der hochgehobenen Arme inspiziert, und dann die nächste Leserin aufruft, beginnt Rosa langsam hochzublicken, ihr Körper richtet sich auf; während die anderen schon wieder ins Buch schauen, hebt sie

ihre Hand. Es handelt sich um eine subtile Übereinkunft zwischen der Lehrerin, diesem Mädchen und auch den anderen Kindern in der Klasse. Rosa kann ihr Gesicht wahren, sie gilt als interessiert und angepasst, und trotzdem geht sie nicht das Risiko ein, aufgerufen zu werden, denn sowohl für sie als auch für die Lehrerin wäre das Erlebnis dieses schlechten Lesevorgangs unangenehm.
Diese Interpretation ist vom Symbolischen Interaktionismus bestimmt. Doch die Situation lässt sich auch von einem *Konfliktansatz* her interpretieren. Dazu müsste man freilich die Herkunftssituation von Rosa kennen. Nehmen wir an, sie kommt aus einer Arbeiterfamilie, die Mutter ist nicht berufstätig, der Vater verdient und verhält sich zu Hause patriarchalisch, die Mutter dagegen ist unterwürfig. Also lässt sich an Rosa ein Klassen- und Geschlechtsschicksal erkennen. Sie erhält die Prägung, dass sie einer untergeordneten Klasse und einem unterwürfigen Geschlecht angehört.
Auch eine *funktionalistische* Interpretation kann Erkenntnisse liefern. Die Schule muss Selektion und Zuweisung zu Positionen durchführen. Sie verstärkt bei Rosa die durch Begabung und soziale Schicht vorgegebene Zuweisung zu unteren Positionen. Rosa spielt mit, sie nimmt die Zuweisung an und wird später als Kassiererin im Supermarkt oder als Hausfrau in einem Unterschichthaushalt ihren gesellschaftlichen Dienst tun.
Es wird oft übersehen, dass es nicht einfach nur die Entscheidung eines Lehrers oder einer Lehrerin ist, leistungsschwache Schüler nicht aufzurufen und zu vernachlässigen, sondern dass dies mit Zustimmung der meisten an dem Gruppenspiel Beteiligten geschieht und somit Lehrer unter sozialem Druck stehen, der in der Regel nur aufgebrochen werden kann, wenn von außen ein noch größerer sozialer Druck entsteht, dieses Verhalten zu verändern, z.B. durch das Auftreten einer Sachautorität (Psychologen etc.) oder von Eltern, die einen höheren Status haben bzw. es verstehen sich durchzusetzen (McDermott/Hood, beschrieben in Feinberg/Soltis 1985, 87 ff). Interventionen erfolgen in der Regel, wenn sich Lehrer „sozial irren", also Mittel- oder Oberschichtschüler benachteiligen oder „ungerecht" behandeln, nicht wenn sie Unterschichtschüler diskriminieren.

Hochschulen

Nicht nur Konzerne, wie Microsoft, haben in den letzten Jahrzehnten einen meteorhaften Aufstieg erlebt, auch die Hochschulen, jedenfalls was den Umsatz betrifft.

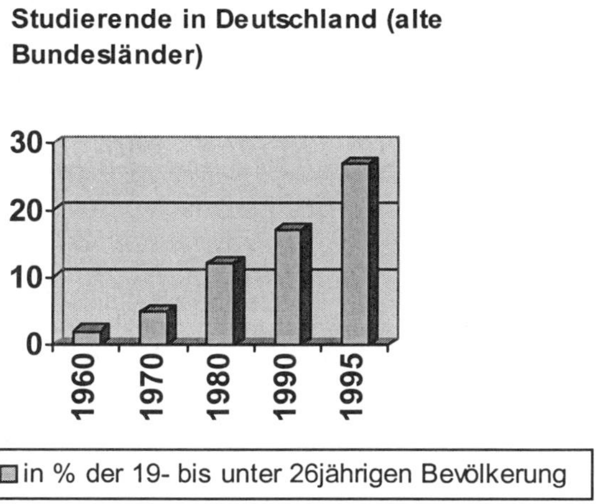

Abb. 49: Entwicklung der Studentenzahlen in Deutschland; Quelle: BMBF 1997, 143

Eine *funktionalistische* Perspektive wird die für die Gesellschaft zu erfüllenden Aufgaben der Hochschulen hervorheben, die hier gleichartig mit denen der Schule bestimmt werden:

1. Qualifikation
2. Selektion
3. Integration.

Doch zumindest eine zentrale vierte Funktion muss noch genannt werden: wissenschaftliche Innovation (über Forschung). Funktionalistisch ist die Hochschule ein System mit Positionen und Rollen, wobei Studierende und Hochschullehrer die wichtigsten Gruppen sind. Bei beiden Gruppen gibt es Interrollenkonflikte, bei Studierenden immer mehr zwischen Berufstätigkeit und Studium, und durch den in den letzten Jahrzehnten gestiegenen Frauenanteil zwischen der Rolle als Mutter und Hausfrau und der Studentinnenrolle. Die Hochschule zerfällt wie jedes Großsystem in Untersysteme, Fachbereiche, Institute, Verwaltungseinheiten usw. Die innovative Leitung einer solchen Großorganisation überfordert die in Routinen befangenen staatlichen Verwaltungen. Außerdem steht die Institution Wissenschaft in Konkurrenz und Kooperation mit Politik, Wirtschaft, Religion, Medien und anderen

zentralen Institutionen. Zur Analyse dieser institutionellen Beziehungen ist ein *Konfliktansatz* geeignet, der sich auf Klassen- oder Schichtunterschiede bezieht. Der Anteil der Unterschichtkinder an Hochschulen ist heute größer als in der ersten Hälfte des 20. Jahrhunderts, d.h. die Gruppe, die krass diskriminiert wird, ist kleiner geworden. Die Geschlechterproblematik ist vor allem an der Unterrepräsentation der Frauen in den Professorenpositionen festzumachen. Ethnische Konflikte zeigen sich in vielen Ländern auch im Hochschulbereich. Die Gruppenkonflikte setzen sich innerhalb der Wissenschaften und Hochschulen fort. Die Teilsysteme der Hochschule konkurrieren um die knappen finanziellen Mittel, aber auch um das gesellschaftliche Prestige, wobei Medizin, Natur- und Technikwissenschaften im Vergleich zu Sozial- und Erziehungswissenschaften bisher als Sieger aus dem Kampf hervorgegangen sind. Über Hochschulen finden auch Kämpfe zwischen Nationen und Staaten statt, wobei Eliteuniversitäten in den USA international Spitzenwissenschaftler abfischen.
Eine *interaktionistische* Betrachtung wird auf die vielen formellen und informellen Gruppen innerhalb von Hochschulen eingehen. Es gibt Vorder- und Hinterbühnen, auf denen unterschiedlich gesprochen wird, Gerüchte über Dozenten und Dozentinnen, charismatische Gestalten und verschiedenste inoffizielle Statussymbole (Kleidung, Beziehungen zu großen Konzernen oder Politikern usw.). Offiziell ist Wahrheit der zentrale Code, doch tatsächlich spielen impression management, Täuschung, verbale Schaumschlägerei, Seilschaftendiskurse und Geheimhaltung wertvoller Informationen eine bedeutsame Rolle (vgl. Fröhlich 1998). Unabhängig von diesen heimlichen Lehr- und Forschungsplänen ist Wissenschaft ja ein besonders prominentes Beispiel für die Konstruktion von Wissen, sie hat in Zusammenarbeit mit den Massenmedien zu einer in der Geschichte der Menschheit bisher einmaligen Vielfalt von kognitiven Strukturen und Systemen einen wesentlichen Beitrag geleistet.
Hochschulen sind *Organisationen* im Schnittpunkt der Institutionen Wissenschaft, Politik und Wirtschaft. Sie sind von politischen Entscheidungen und der Güte der Schulen abhängig. Da es sich – in Deutschland in der Regel – um bürokratische Organisationen handelt, die nicht harter privatwirtschaftlicher Konkurrenz ausgesetzt sind, haben sich drei konkurrierende „Zielbereiche" ausgebildet:

- die Interessen der Klienten befriedigen und für die verschiedenen Subsysteme qualifizierte Positionsinhaber herstellen,
- die Interessen der Hochschullehrer durchzusetzen und

- die Durchführung von Ritualen (Verwaltungs- und Lehrmaschine).

Die Studiengänge wurden nicht kontinuierlich evaluiert und nur mit Verzögerung dem sozialen Wandel angepasst. Es herrscht Überregulierung vor und Bausteinsysteme (freie Wahl von Curriculumbausteinen) wurden nur in wenigen Bereichen eingeführt.
Hochschulen sind Verstärkungssysteme für strukturelle Unterschiede: Geschlecht, soziale Schicht, Alter, Beruf, kulturelle Tätigkeiten usw. Ein Beispiel sind die unterschiedlichen Wahlen von Studiengängen durch Frauen und Männer.

Die am häufigsten gewählten Studienbereiche 1995 in Deutschland	
Frauen	***Männer***
Germanistik	Wirtschaftswissenschaften
Wirtschaftswissenschaften	Rechtswissenschaft
Rechtswissenschaft	Maschinenbau
Erziehungswissenschaften	Humanmedizin
Humanmedizin	Informatik
Anglistik, Amerikanistik	Elektrotechnik
Biologie	Physik/Astronomie
Psychologie	Mathematik
Romanistik	Bauingenieurwesen

Abb. 50: Geschlechtsspezifische Studienwahl

Die Rolle des Hochschullehrers umfasst mehrere Teilrollen. Die beiden wichtigsten sind: Rolle des Lehrers und Rolle des Forschers.[67] Die interne Anerkennung und die Karriere sind vor allem von der Forschung abhängig. Dadurch wird von vielen die Rolle des Lehrers vernachlässigt, für Lehraufgaben erhalten Hochschullehrer und -lehrerinnen keine qualifizierende Aus- oder Weiterbildung.
In der zweiten Hälfte der sechziger Jahre probten vor allem Studenten der Eliteuniversitäten in den USA den Aufstand. Warum fanden Aufstände in den guten und nicht in den schlechten Hochschulen statt? Boudon (1980, 61 ff) erklärt dies durch die Analyse der Hochschullehrerrolle. Da die Professoren an den Eliteuniversitäten besonders gute Forscher waren, vernachlässigten sie ihre Rolle als Lehrer vor allem gegenüber den für sie uninteressanten Anfängern und Normalstudierenden. Sie interessierten sich auch nicht für den universitären Alltag, sie

[67]Vgl. die Ausführungen zur Rolle des Hochschullehrers bzw. der Hochschullehrerin im Abschnitt „Soziale Interaktion und Rollen“.

waren nicht lokalistisch sondern universalistisch und kosmopolitisch orientiert. Boudon (1980) gibt freilich auch zu bedenken, dass eine solche Erklärung nicht ausreicht. Die Revolte der Studenten fand auch in einer Zeit der günstigen Arbeitsmarktlage statt. Studenten konnten sich den Luxus des Widerstandes und der Solidarität leisten, weil sie nicht hart konkurrieren mussten, weil sie relativ leicht einen Arbeitsplatz nach Abschluss des Studiums bekamen.
Heute sind die Universitätsabschlüsse im Vergleich zu den 60er Jahren weniger wert, d.h. Absolventen müssen oft unterbezahlte Stellen annehmen, müssen in Bereichen arbeiten, die nicht ihren erworbenen Qualifikationen entsprechen und müssen mit Arbeitslosigkeit rechnen. Gleichzeitig steigt der durchschnittliche Bildungsaufwand, da heute Studierende länger studieren, mehr Aufbaustudiengänge wählen, mehr Weiterbildung betreiben und mehr Zusatzqualifikationen erwerben. Es ergibt sich ein härterer Kampf um die Positionsgüter, ein Zehenspitzeneffekt, wobei die „sozialen Grenzen des sozialen Wachstums" (Hirsch 1980) immer mehr hervortreten.

10.4 Kommunikation und Massenmedien[68]

Kommunikation ist ein universales Geschehen, das mit der Evolution des Lebens verbunden ist. In Gruppen von Organismen entstehen immer Kommunikationssysteme.
Massenkommunikation wurde durch die Entwicklung der Schrift in verschiedenen Kulturen und in Europa vor allem durch die Erfindung des Buchdrucks im 15. Jahrhundert durch Johann Gutenberg zu einem alle Institutionen erfassenden kulturellen Wirbelsturm. Diese Erfindung führte zu einer Dynamisierung der abendländischen Kultur. Industrialisierung, Verwissenschaftlichung, Kapitalismus und Demokratisierung hätten ohne den Buchdruck und die weiteren Kommunikationstechnologien nicht diesen Aufschwung erlebt.
Warum ist Kommunikation so wichtig geworden? Eine *funktionalistische* Antwort lautet: In bäuerlichen Kulturen wurde wenig gesprochen und fortschreitende Bildung war unnötig. Lebensformen und Arbeitssituationen blieben gleich. Wozu also Kommunikationsentwicklung? Bei Gefahr ist man weggelaufen oder hat sich versteckt. Vor allem: Wozu über Kommunikation nachdenken? Kommunikation war ritualisiert, wiederkehrend wie die Jahreszeiten. Es gab wenig Neues mitzuteilen. Und Kommunikation war räumlich und personell eingegrenzt, bezog

[68]Einen Überblick über die Kommunikationswissenschaft gibt Maletzke (1998).

sich auf eine kleine Gemeinschaft. Um die Feldarbeit gut zu machen, musste man nicht schreiben, lesen und computern können.
Man denkt häufig nur an die sprachliche Kommunikation, doch immer schon haben Menschen nicht-sprachlich, nonverbal, körpersprachlich kommuniziert. Durch Gesten, Mimik und durch Gegenstände (abgeschlagener Kopf des Feindes, Krawatte, Auto, Wohnungseinrichtung) teilen Menschen anderen beabsichtigt und unbeabsichtigt vieles mit (Morris 1995). Auch in dieser Hinsicht ist die moderne Gesellschaft gegenüber einer bäuerlichen viel reichhaltiger. Durch den Zivilisationsprozess haben immer mehr Menschen gelernt, ihren Körper als ein differenziertes Instrument für Kommunikation und Arbeit einzusetzen (vgl. Elias 1976).

Historische Aspekte

Ab dem 18. und 19. Jahrhundert revolutionierte die Industrialisierung die agrarischen Gesellschaften Europas, der freie Handel weitete sich aus und technische Erfindungen erleichterten die raumüberwindende Kommunikation. Die Arbeitsteilung verstärkte sich, die Bevölkerung wuchs, die Verstädterung und der Verkehr nahmen zu. Wenn man die Menschheit sich als Gehirn vorstellt, dann nahmen die Vernetzungen ab dem Anfang des 19. Jahrhunderts gewaltig zu.
Das Wachstum der Städte animierte europäische Wissenschaftler in der zweiten Hälfte des 19. Jahrhunderts und Anfang des 20. Jahrhunderts dazu, Theorien über die Manipulation der Massen zu entwerfen: Marxismus, Massenpsychologie (Le Bon), Behaviorismus, Sozialdarwinismus. Im Lichte dieser mechanistischen und machtbezogenen Annahmen wurden auch die neuen Mittel der Massenkommunikation (Film, Radio, dann Fernsehen) interpretiert und als Propagandawerkzeuge erkannt (vgl. Mattelart/Mattelart 1998). Die Propaganda funktionierte auch zu Beginn des Medienzeitalters (in den 20er und 30er Jahren) einfacher und durchschaubarer als in späteren Phasen. Die meisten Manipulatoren z.B. im Nationalsozialismus und in der Sowjetunion, hatten die Komplexität und das Lernen unterschätzt. Die veränderte gesellschaftliche Situation führte nicht nur zu neuen Mediensystemen, sondern auch zu neuen Theorien. Zwar wurden die Grundlagen für neue Kommunikationstheorien in Europa gelegt, doch der Faschismus und der Zweite Weltkrieg führten in Europa zu einem sozialwissenschaftlichen Zusammenbruch. In den USA dagegen schufen Wissenschaftlergruppen interessante neue Konzeptionen. Die Palo-Alto-Gruppe in Kalifornien begann ausgehend von Ideen von Gregory Bateson einfache

kommunikative Situationen zu analysieren (Hall, Goffman, Watzlawick u.a.) und nonverbale Zeichensysteme zu studieren. Ein berühmter Satz von Watzlawick lautet: *Man kann nicht nicht kommunizieren.*

Was ist Kommunikation?

Das einfache Modell von Lasswell (1960) ist noch immer als Einstieg in die Kommunikations- und Medienproblematik gut brauchbar.

Frage	*wer?*	*sagt was?*	*in welchem Kanal?*	*zu wem?*	*mit welcher Wirkung?*
Element	Sender	Botschaft	Medium	Empfänger	Wirkung
Kommunikationsforschung	Kontrollstudien	Inhaltsanalyse	Medienanalyse	Rezeptionsstudien	Wirkungsforschung

Abb. 51: Bereiche der Kommunikations- und Medienforschung;
Quelle: McQuail/Windahl 1981, 10; O'Shaughnessy 1999, 11

Aus diesem Modell lassen sich folgende Basiserkenntnisse gewinnen:

1. Der Sender, besser die vom Sender gestaltete Botschaft, kann andere Wirkungen entfalten, als es der Sender wollte.
2. Der Empfänger ist vom Sender abhängig, da dieser die Botschaften auswählt oder herstellt.
3. Der Sender ist vom Empfänger abhängig, wenn es mehrere alternative Sender gibt, die der Empfänger wählen kann.
4. Der Sender muss seine Botschaften den Gesetzen des Kanals oder des Mediums anpassen.
5. Der Sender kann in den meisten Fällen nicht genau kontrollieren, welche Empfänger seine Botschaften empfangen.
6. Der Sender ist meist nur an bestimmten Wirkungen interessiert, während ihn „Nebenwirkungen" nicht interessieren.
7. Der Empfänger kann zwar in den meisten Fällen die Botschaften auswählen und ihre von ihm wahrgenommene Wirkung mitsteuern. Doch er hat wenig Einfluss auf die Neben- und Langzeitwirkungen.

Sender → Empfänger

Ein Sender und ein Empfänger sind für eine Kommunikation notwendig. Sender können einzelne Menschen, Gruppen, Organisationen, Produkte, Zufallssignale etc. sein.

Sender = Empfänger

Sender und Empfänger sind komplementäre Rollen. Soziale Basissituationen, wie Mutter-Kind, Liebespaar oder zwei kämpfende Männer, zeigen, dass die meisten Menschen im Laufe ihres Lebens beide Komplementärrollen spielen, also Sender und Empfänger sind. Erst durch die kulturelle und technische Entwicklung kommt es zu „reinen Sendern“ und „reinen Empfängern“. Durch Herrschaft kann sich der Sender vom Empfänger abkoppeln, der die Nachricht durch andere übermittelt erhält. Doch radikaler haben die Schrift und vor allem der Buchdruck zu einem Abbruch der Interaktion Sender-Empfänger beigetragen. Am Beispiel Buch kann man den Unterschied zwischen Interaktion und Kommunikation erkennen: Das Buch ist Kommunikation ohne Interaktion. Freilich verschwindet sie nicht, sondern geht nach innen.

Sender = nur Sender
Empfänger = nur Empfänger

Sender und Empfänger tauschen Botschaften aus. Der Sender kodiert, d.h. es handelt sich auch bei der „einfachen“ Botschaft bereits um eine übersetzte, verschlüsselte, komplexe, mehrdeutige Angelegenheit. Der Empfänger dekodiert, d.h. er übersetzt, selektiert, gibt Bedeutung.

Sender kodiert – BOTSCHAFT – Empfänger dekodiert

Es gibt verschiedene Möglichkeiten Botschaften einzuteilen, z.B. in verbale und nichtverbale.

Dieser Text ist eine *verbale* Botschaft. Säuglinge beginnen mit *nonverbalen* Botschaften und die Mütter versuchen sie zu verstehen. Die Körpersprache, sei es ein Runzeln der Stirn, rote Bäckchen, Schlagen mit einem Kochlöffel oder Spucken, wird von den Müttern einfühlsam gedeutet. Wenn wir uns in einer fremden Kultur bewegen, dann kann freilich eine bestimmte Bewegung der Hand oder der Finger etwas anderes bedeuten als in unserer Kultur oder Region. Soziologisch interessant sind die Unterschiede in der Körpersprache zwischen Männern und Frauen, Unterschicht- und Oberschichtpersonen, Kindern und alten Menschen, verschiedenen Kulturen und in verschiedenen sozialen Situationen und Organisationen (Burgoon et al. 1996). Dass die nonverbalen Zeichen gerade in einer Mediengesellschaft eine bisher zu wenig beachtete große soziale und politische Bedeutung haben, zeigen die Untersuchungen von Frey (1999): Politiker beeinflussen die Menschen durch ihre Körpersprache, unabhängig von den inhaltlichen politischen Botschaften.

Menschen senden und empfangen gleichzeitig auf verschiedenen Kanälen Botschaften.

Sender – KANAL – Empfänger

Die Sinne sind die primären Kanäle: Ohr, Auge, Geruch, Tastsinn, Geschmack. Geruch und Tastsinn wurden durch die bürgerliche Kultur und durch die Massenmedien stark in den Hintergrund gedrängt; sie gelten als primitive und für wichtige Zwecke ungeeignete Kommunikationskanäle und -mittel. Kulturen schaffen eigene Kanäle (jetzt meist Medien genannt) zur Übertragung der Botschaften: Sprache, Schrift, Buch, Telefon, Computer, Internet.

Der Hauptzweck der Kommunikation erscheint offensichtlich: Information. Die Gene, die Pyramiden, die Bibel und der Nachbar sind Informationsträger.
Dient Kommunikation primär der Informationsvermittlung?

Kommunikation ?=? Informationsvermittlung

Kommunikation hat viele soziale Funktionen, nicht nur die der Informationsvermittlung.

Schweigen ist Gold

Information wird vorenthalten und verfälscht, nicht nur in der Politik, auch in der Wissenschaft (vgl. Fröhlich 1998), denn wertvolle Information ist Gold, das durch Ausplaudern Silber oder Blech würde.

Aus *funktionalistischer* Sicht war Kommunikation immer wichtig, um das Kollektiv zusammenzuhalten, also nicht primär ein Mittel der Informationsproduktion. In der Schlacht wurden Fahnen oder andere Embleme vorangetragen, Symbole der zu verteidigenden Gemeinschaft. In einer sich differenzierenden modernen Gesellschaft sind vielfältige Kommunikationssysteme unverzichtbar, um die Institutionen und anderen sozialen Gebilde zu integrieren. Auch mussten eigene Kommunikationsmedien, wie z.B. Geld oder Schule, verbreitet werden, da ansonsten die weitere (wirtschaftliche und politische) Entwicklung gefährdet gewesen wäre.

Nach einer *Konfliktperspektive* ist Kommunikation eine zentrale Waffe im Kampf der Gruppen. In den meisten Gebieten Europas durften nur Beauftragte des Adels und der katholischen Kirche bis zur Erfindung des Buchdrucks Schriften verfassen und verbreiten. In den Nationalstaaten wurden häufig die Minderheitssprachen verboten. Menschen, die politisch oder sozial nicht genehme Aussagen machten, wurden verfolgt. In der Konkurrenz der imperialistischen Mächte des 18. und 19. Jahrhunderts ging es auch um die Durchsetzung einer Weltsprache: Englisch hat das Rennen gemacht. Deutsch wird als Medien- und Wissenschaftssprache immer unwichtiger und provinzieller, vom Finnischen oder einer Papua-Sprache ganz zu schweigen.

Rhetorik

Kommunikation ist ein Überlebensmittel. Wer gut (elaboriert) reden und schreiben kann, hat bessere soziale Chancen – geht allerdings auch höhere Risiken ein, wie sich nicht nur im nationalsozialistischen Deutschland und in der Sowjetunion zeigte.

Kommunikative Kompetenz ist ein Machtmittel und ein Statuskennzeichen. Damit soll nicht gesagt werden, dass alle Manager, Spitzenpolitiker, Stars und Kirchenfürsten gut reden können oder primär über Kommunikation herrschen. Wer wirklich an der Spitze ist, kann gelassen sein, er benötigt nur bestimmte Formen von kommunikativer Kompetenz. Er kann ruhig Golf spielen, Mickey-Maus-Hefte lesen und seine Manager kommunizieren für ihn. Wenn die Topfigur allerdings weltweite soziale Anerkennung wünscht, dann muss sie sich mit öffentlicher Kommunikation und den Medien abplagen (Beispiel: Bill Gates).

Kommunikation = Kommunikation

Man kann zwei kontrastierende Thesen aufstellen:

1. Kommunikation dient hauptsächlich der Vermittlung von Informationen.
2. Kommunikation dient hauptsächlich ihrer eigenen Reproduktion bzw. dem sozialen Erfolg des Senders.

Bestseller werden von vielen Käufern nicht gelesen und die Inhalte der Tagesschau sind für die meisten Empfänger irrelevant und werden schnell wieder vergessen. Doch die Süchtigen erwarten jeden Tag die Tagesschau. Die Tagesschau dient der Tagesschau.

Ist tatsächlich die selbstbezügliche Kommunikation erst in der modernen Gesellschaft dominant geworden?

Gebetsmühlen

Auch bei den meisten religiösen Ritualen sind die Inhalte peripher, entscheidend ist die Zugehörigkeit zu einer Gemeinschaft. Doch besteht überhaupt ein Widerspruch zwischen den beiden Thesen? Immer werden Informationen vermittelt und immer ist die Kommunikation selbstbezüglich. Nur die Qualität und Quantität der vermittelten Informationen und die Verwertung durch die Empfänger variieren.

Der Geist ist aus der Flasche.

Durch die Erfindungen der Schrift, des Buchdrucks, der Fotografie, der elektronischen Aufzeichnung, also durch Techniken, die Kommunikation dauerhaft und unabhängig vom konkreten Bewusstsein machen, hat sich Kommunikation ungeheuer verbreitet und gleichzeitig von Sendern und Empfängern „emanzipiert". Sie ist ein eigenes Reich geworden, an dem man in unterschiedlicher Weise teilnehmen kann.

Sender, Empfänger, Botschaften, Kanäle

Senden ist besser als empfangen.

Wer sendet, hat Macht, allerdings nur, wenn er Empfänger findet.
Je mehr Sender es gibt, umso mehr Macht und Wahlmöglichkeiten erhalten die Empfänger. Sie werden umworben. Doch dann wird der Empfänger abhängig, er liegt an der Serienkette. Manche verbannen den Fernsehapparat aus ihrer Wohnung. Mitglieder der Bildungselite stehen unter Entscheidungsdruck.[69] Sollen sie sich eine Tageszeitung

[69] Bourdieu meint, der Habitus nimmt ihnen die Entscheidung ab, bzw. die Gruppendistinktion engt die möglichen Optionen stark ein.

halten? Welche Zeitschrift sollen sie abonnieren? Welches Buch sollen sie lesen? Wohin am Abend: Kino, Oper, Theater, Fernsehen zu Hause, ein Buch lesen, in die Kneipe?

Option Selektion Inflation

Hypothesen:

- Vermehrung der Sender und Kanäle führt zur Verstärkung der Konkurrenz, des Selektionsdrucks und zur Inflation von Botschaften.
- Vermehrung der Sender und Kanäle verbessert die kommunikativen Kompetenzen der Empfänger.
- Vermehrung der Sender und Kanäle vergrößert die soziale Ungleichheit.
- Vermehrung der Sender und Kanäle führt zu vermehrter kognitiver Dissonanz bei den Empfängern.

Quantitativ nimmt die Kommunikationsflut in modernen Gesellschaften ständig zu. Die Folge ist Inflation der Botschaften und verschärfte Selektion. Viele Kommunikationen versanden, sterben, kaum dass sie geboren sind, viele veralten schneller als in früheren Zeiten. Heute können immer mehr Personen immer mehr senden, doch die individuelle Verarbeitungsfähigkeit hat sich nicht gleichermaßen rasant vergrößert. Aufmerksamkeit zu finden, wird schwieriger.

Buhlen um Aufmerksamkeit

Viele wissenschaftliche Publikationen werden von niemandem mehr gelesen. Die Kommunikationsflut führt also dazu, dass immer mehr Botschaften keine Empfänger finden. Sender müssen raffinierter werden, um ihre Botschaften an die Frau zu bringen. Findet immer mehr Pseudokommunikation und Mimikry statt?

- Sender ohne Empfänger,
- Empfänger ohne „echten“ Empfang,
- Medien ohne Botschaften,
- Botschaften ohne Sender.

Zweifellos gibt es das alles, doch es muss nicht als Zeichen eines gestörten Kommunikationszustandes interpretiert werden. Überfluss, Überschuss und Ausschuss sind unvermeidlich in (natürlichen und sozialen) Produktionsprozessen. Es kommt zur Bildung neuer Institutionen und Organisationen, die Kommunikationstraining, Bündelung, Ordnung und Aufbereitung von Botschaften, Selektion für spezifische Empfänger und andere Dienstleistungen im Kommunikationsbereich anbieten.

Oft wird vernachlässigt, dass Botschaften von den Empfängern interpretiert werden, ja dass eine eigene Realität geschaffen werden kann. Wenn ein Fernsehzuschauer dem Schauspieler, der einen Arzt in einer Fernsehserie spielt, schreibt und ihn um ärztlichen Rat bittet, nennt man dies parasoziale Interaktion.

Geisterstunde

In der Geschichte der Menschheit spielte die Konstruktion fiktiver und nicht-menschlicher Sender immer schon eine wichtige Rolle, d.h. Empfänger nahmen an, dass sie von Sendern, die aus moderner naturwissenschaftlicher Sicht nicht existieren, Botschaften erhalten, z.B. „aus dem Jenseits" oder von „Geistern". Unter traditionalen kulturellen Bedingungen wurden die Botschaften der Geister mehr und legitimer empfangen als heute. Doch auch heute empfangen noch über 20 % der Menschen in den westlichen Industriestaaten „Geisterbotschaften".

Botschaften werden auf einem Kanal oder mit einem Medium vermittelt, gesprochen, geschrieben, verbal oder nonverbal, mit Telefon, Fernsehen, Rundfunk etc.

Medium ?=? Botschaft

Das Medium ist zwar nicht die Botschaft (McLuhan), doch die gleiche Nachricht hat je nach Medium unterschiedliche Wirkungen auf Empfänger – mündliche Kommunikation, Brief, Telegramm, Fax, Telefon (normal oder Handy), E-Mail. Das sind Aktivmedien. Einen Brief kann man mit einem Brief beantworten, eine Fernsehsendung nicht mit einer Fernsehsendung, ja in der Regel überhaupt nicht. Fernsehen, Buch, Zeitung und Zeitschrift sind Passivmedien. Diese Ausdrücke „aktiv" und „passiv" sind hier in gewagter Weise eingesetzt. Manche denken „aktiver", wenn sie ein Buch oder eine Zeitschrift lesen, als wenn sie direkt mit einer Person kommunizieren. Auch ist die Frage, welcher Teil des

Menschen ist „aktiv", der Körper, die Psyche, der Sozialteil? Kommunikation vollzieht sich eben auf mehreren Ebenen.

Der Film

Eine historische Betrachtung der Medien zeigt, dass sie im Rahmen von Klassen-, Gruppen- und Staatenkämpfen eine bedeutsame Rolle spielten.

Der Film wurde anfangs vom Bildungsbürgertum und den herrschenden Gruppen als minderwertige, den Unterschichten zugeordnete Unterhaltungsveranstaltung angesehen.

Der Film als Jahrmarkt und Volksbelustigung

Im Laufe der Zeit wurden im Film wie auch im Fernsehen kulturell hochwertige Produkte erstellt, die allerdings im Vergleich zu traditionellen Kunstwerken von den meisten Vertretern der Bildungseliten nach wie vor als untergeordnet angesehen werden.

Die Festung der Künste

Dies ist auch daran zu erkennen, dass es Film und Fernsehen nicht gelungen ist, gleichwertig neben der Bildenden Kunst, der Literatur und der Musik in den Schulen einen Bildungsplatz zu erobern. Auch geben sowohl staatliche als auch private Sponsoren für hochwertige traditionelle Kunstprodukte nach wie vor viel mehr (Sponsoren)Geld aus als für die Erstellung, Erhaltung und Verbreitung hochwertiger Film- und Fernsehprodukte. Nach wie vor haben teure Kulturveranstaltungen der oberen Schichten, z.B. Festspiele in Bayreuth oder Salzburg, ein höheres Prestige als die Vorführung von Filmklassikern.

Das Internet[70]

Das Internet wird als neues Medium gesehen, in dem jeder, der Zugang hat, sich gezielt Informationen herausfiltern kann, die er benötigt.

Funktionalistisch gesehen dient das Internet der internationalen Integration, die in einer Zeit der wirtschaftlichen, politischen, wissenschaftlichen und kulturellen Fusionen immer bedeutsamer wird. Es dient der

[70]Vgl. die kurze Erörterung der Soziologie des Internets im Kapitel „Soziologische Theorien".

Stabilisierung des Kapitalismus und der internationalen Herrschaftsordnung.

Eine *Konfliktperspektive* wird das Internet als neues Kampfmittel der international privilegierten Klassen gegen die underdogs in aller Welt sehen. Wie der amerikanische Mythos „Vom Tellerwäscher zum Millionär“ wirkt das Internet wie auch die Kommunikationstechnologien allgemein als Opium für alle, d.h. es werden Teilhabechancen inflationär verteilt, ohne dass die Herrschaftsstrukturen verändert werden.

Doch vor allem für den *Interaktionismus* ist das Internet geschaffen worden. Im Internet können Nutzer ihre Identität verändern (vgl. Turkle 1999) und Interaktion wird inflationär erzeugt. Die Kommunikation kann „gereinigt“ oder „filetiert“ werden, d.h. der Einfluss von physischen Störungen und institutionellen Barrieren kann leichter ausgeschaltet werden als in der „primären Wirklichkeit“ (vgl. Geser 1999).

Historische Betrachtungen machen die Unterschiede der Medien deutlich und zeigen Eigenarten des Internets. Der Film wurde zuerst von der Unterschicht goutiert. Das Internet wird bisher von Eliten genutzt. Film, Radio und Fernsehen sind vom Machtstandpunkt aus traditionalistisch, d.h. die Macht kommt von oben. Somit wurden Film, Radio und Fernsehen auch als Propagandainstrumente eingesetzt. Das Internet dagegen ermöglicht zumindest eine neue diffuse Machtverteilung. Es ist zwar für Werbung, aber weniger zur Propaganda oder Indoktrinierung geeignet.

Noch spielt im Gesamtzusammenhang der gesellschaftlichen Kommunikation in Deutschland das Internet eine Nebenrolle. Doch eine bedeutsame Gruppe, junge überdurchschnittlich gebildete und (jetzt oder in Zukunft) wirtschaftlich eher erfolgreiche Männer (und inzwischen auch zunehmend Frauen) nutzen das neueste Medium.

Hochschule	19
Gymnasium	12
Realschule	7
Hauptschule	2

Abb. 52: Regelmäßige private Nutzung des Internets 1999 nach Bildungsabschluss in Deutschland, in %; Quelle: BAT-Umfrage, HAZ 11.9.1999

Mythos Internet

Obwohl das Internet ein junges Medium ist, haben sich schon Mythen gebildet, die weit über den Kreis der Nutzer hinausreichen. Wie an die Gentechnologie werden Ängste und Hoffnungen an das Internet geknüpft. Diese Ängste und Hoffnungen gehen von konträren Modellannahmen aus.

Big Brother Is Watching You!

Einerseits wird eine weltweite Überwachung und Manipulation möglich, andererseits ein Durchbrechen aller Kontrollen. Die elektronische Kontrolle – auch unabhängig vom Internet – wird zunehmend eingesetzt, ein unaufhaltsamer Prozess: elektronische Personen-Identifikation, Biometrik, wie das neue Fachwort heißt (Pearson 1998, 62 f). Um den Kontrollen zu entkommen, muss man über Ressourcen verfügen, ja vorausgesetzt ist, dass man die Kontrollen überhaupt bemerkt! Foucaults Machtanalysen sind auf das Internet anwendbar. Es fördert Diskurszusammenhänge und damit weitere Abhängigkeiten von Menschen. Die Nutzer vermögen die Kommunikationsstrukturen, in die sie sich hineinbegeben, nicht zu durchschauen oder deren Konsequenzen zu beurteilen.

Akkumulation des elektronischen (und anderen) Kapitals.

Einerseits nutzen hauptsächlich die Reichen und Gebildeten das Internet, es führt also weiter zur Polarisierung, andererseits eröffnet es für viele Chancen, die bisher auf Grund ungünstiger Umstände nur begrenzte Informations- und Kommunikationsmöglichkeiten hatten.

Die Nebenfolgen bzw. Synergieeffekte, die durch das Internet in Zukunft auftreten werden, sind schwer vorhersagbar. Sicher ist nur, dass die Internetnutzer im Durchschnitt Vorteile gegenüber den Nichtnutzern haben werden. Denn das Internet schafft zusätzliche Macht und Ressourcen, woran Nutzer partizipieren können.
Die Anfangsmetapher für das Internet „Daten-Highway“ schließt an eine bereits alte und bewährte Technologie an und vermittelt die Vorstellung, dass man nur mit einem Gerät (einem Computer), vor allem mit einem schnellen Gerät, mit Fahrerfahrung, Zeit und anderen Utensilien

ausgestattet, diese universale Kommunikationsbahn Gewinn bringend nutzen kann. Der Daten-Highway produziert wie jeder Verkehrsweg neue Räuber, Piraten, Parasiten, Opfer und Gewinner. Die elegante Ausbeutung ganzer Staaten, Regionen und großer Gruppen gelingt mit Hilfe der modernen Kommunikationstechnologien viel besser als früher. Damit sind nicht primär die Computerviren und die illegalen Zugriffe auf Daten gemeint, sondern vor allem die Nutzung durch Banken, Investmentgesellschaften, Spekulationsgruppen und andere Großkapitalspieler.

Die Produktivkraft Internet revolutioniert
die Produktionsverhältnisse.

Gerade das Internet regt an, das Urbild der Kommunikation Sender-Empfänger zu erweitern. Es gibt viele Schaltstellen. Personen, Gruppen und Organisationen treten in Konkurrenz. Die räumlichen und zeitlichen Barrieren werden überwunden, man kann in jede Bank eintreten. Zur Beschreibung dieses neuen Mediums sind Netzwerkmodelle geeignet. In Netzwerken findet sozialer Austausch statt, die Beziehungen sind interdependent, die Koppelung ist meist lose, d.h. man kommuniziert nicht nach festen sozialen, räumlichen und zeitlichen Regeln, die Botschaften konkurrieren auf diffusen Märkten, die institutionellen Regelsysteme werden - zumindest kurzzeitig - transzendiert, die Macht ist oszillierender als in face-to-face-Kommunikation. Doch welche neuen Regelsysteme entstehen?

Die wunderbare Vermehrung von Macht
durch das Internet.

Gelegentliche Kommunikation, unregelmäßige telefonische oder E-mail-Kontakte, sind sehr bedeutsam in modernen Gesellschaften; wichtige Informationen werden dadurch weiterverbreitet, Berufspositionen vermittelt. Netzwerke bestehen einerseits aus Menschen, doch tatsächlich sind sie Konglomerate aus Personen, Texten, technischen Systemen und anderen Ressourcen. Durch solche Netzwerke entstehen virtuelle soziale Felder – dies ist auch schon vor der Einführung von Computer und Internet geschehen. Durch die neuen Kommunikationstechnologien werden diese Netzwerkstrukturen allerdings differenzierter, globaler und entkontextualisiert.

Gesellschaftliche Funktionen der Massenmedien

Welche gesellschaftlichen Aufgaben erfüllen Fernsehen, Rundfunk und andere Massenmedien? *Integration.* Menschen in westlichen Staaten beschäftigen sich mit Massenmedien, Fernsehen, Radio, Zeitung usw., täglich sechs bis acht Stunden. Nach Schlaf und Arbeit ist dies also die dritte wichtige zeitraubende Tätigkeit im Leben eines modernen Menschen. Zweifellos geht es hierbei nicht nur um Integration, sondern um die Stützung einer Reihe von gesellschaftlichen Funktionen. Doch Millionen von Individuen und Gruppen hätten ohne Massenmedien weniger Verbindung miteinander, sie hätten nicht das Gefühl der Gemeinsamkeit innerhalb einer unübersichtlichen modernen Gesellschaft.

Die Rettung der Nation durch die Medien.

Nachrichten, beliebte Sportsendungen oder Berichte über emotional und sozial bedeutsame Ereignisse, z.B. den Krieg in Jugoslawien oder den Tod Lady Dianas, begünstigen Integration und Homogenisierung. Die Massenmedien sind notwendiger Teil der modernen Kultur. Sie schließen Privatsphäre und Öffentlichkeit zusammen. Rituale und Wiederholungen stärken die große Gemeinschaft. Man denke an die Wiederholung alter Filme, Serien und Geschichten im Fernsehen und in anderen Medien.[71]

Die Massenmedien in Kombination mit der Kommunikationstechnologie übernehmen immer mehr Aufgaben: Bildung, Funktionieren von Demokratie, wirtschaftliche Dynamik, Wissenschaftsförderung, religiöse Funktionen, Therapie, Sozialhilfe usw. Die kulturelle Software bedarf immer mehr der Massenmedien.

In den 90er Jahren kam es zu einer starken Erweiterung des Angebots an Talkshows. „Mit der Angebotsausweitung und Verlagerung der Talkshows in das Tagesprogramm verändert sich auch die Gewichtung der Themen. Themen, bei denen das öffentliche Leben in Politik, Wirtschaft, Gesellschaft und Kultur im Mittelpunkt steht ... treten in den Hintergrund“ (Krüger 1998, 623). Der Schwerpunkt verlagert sich zum Zwischenmenschlichen und Privaten. „Endlich hat nicht nur mehr die gesellschaftliche Elite, sondern auch der ‚kleine Mann auf der Straße‘ ein öffentliches Forum...“ Zuschauer verwenden diese inszenierten Talkshows zum sozialen Vergleich, „um den Erfahrungsschatz zu er-

[71]In den 70er Jahren diente jede zehnte und Ende der 90er Jahre bereits jede dritte Sendeminute im Fernsehen einer Wiederholung.

weitern und daraus Schlussfolgerungen für die eigene Problembewältigung zu ziehen“ (Gleich 1998, 625 ff).
Menschen, die an den Rand gedrängt werden, z. B. Arbeitslose und alte Menschen, vermögen durch die Massenmedien den Anschluss an die Öffentlichkeit behalten. Die Beliebtheit der Talkshows könnte in den 90er Jahren auch auf Grund einer steigenden Angst, aus dem Zentrum herauszufallen, gestiegen sein, diese Angst ergab sich infolge der rasanten wirtschaftlichen und technischen Entwicklung, der Globalisierung und des Neo-Liberalismus, was Arbeitsplatzunsicherheit, schnelleres Veralten von Qualifikationen und generelle Verunsicherung bewirkte. Kritisch an dieser Integrationsfunktion der Medien ist anzumerken, dass dadurch ja nicht der Rückzug ins Private, das Desinteresse an aktiver Bürgerbeteiligung verhindert wird, sondern nur die Illusion der Teilnahme am öffentlichen Geschehen als Trost oder Sedativum vermittelt wird.
Die Medien verändern die Wahrnehmungsstrukturen und die Raum- und Zeiterfahrung.

Entankerung von Raum und Zeit

Der Zusammenhang von physischem Ort, historischer Zeit und sozialer Erfahrung wird entkoppelt. Es entstehen Medienbeziehungen, die teilweise losgelöst von im Nahbereich verfügbaren Zeit-Raum-Ereignissen sind. Die lokalen Gruppenidentitäten werden gelockert, bzw. erhalten Konkurrenz durch mediengestützte nichtlokale Gruppen. Das Zeitempfinden wird durch vielfältige Zeitsprünge, realistische und phantastische Raffung und Dehnung von Zeitabläufen verändert.
Soziale Realität wird konstruiert, das war im Alten Ägypten genauso der Fall wie im ZDF, RTL oder in einem Computerspiel. Wie verläuft die Evolution der Konstruktionen sozialer Realität? In Richtung „Realismus“ im Kleinen und Lokalen und „Fiktion“ im Großen und Globalen?

Konstruktion von Wirklichkeit

Wenn ein Kind heranwächst, wird es mit Ereignissen jeweils das erste Mal bekannt gemacht: der erste Schnee, das erste Mal geflogen usw. Durch die Modernisierung werden immer mehr Ereignisse zuerst in der Sekundärrealität, vor allem in den Massenmedien, gesehen und erfahren.

Befragte Pädagogikstudentinnen gaben 1997 nur bei einem von 8 Bereichen, die sich auf Sterben und Tod bezogen, mehrheitlich an, dass sie in der Primärrealität damit zuerst konfrontiert wurden, nämlich beim Begräbnis. Töten und auch nicht-gewaltsames Sterben von Menschen im Krankenhaus oder zu Hause und Trauernde, die bei einer Leiche stehen, hatte die Mehrzahl ausschließlich in den Medien gesehen.
Wachsende Komplexität und Vernetzung, neue Kommunikations- und Informationstechnologien und die Globalisierung erschweren es den Medienkonsumenten zunehmend festzustellen, was „wirklich" geschehen ist. Doch ob es sich hierbei um eine politisch und sozial beunruhigende Entwicklung handelt, ist schwer zu entscheiden. Denn niemand vermag brauchbare Vorhersagen bezüglich der Folgen dieser Entwicklung zu machen. Wird eine zunehmende Manipulation der Konsumenten erfolgen? Nimmt die Kompetenz in der Konstruktion von Realitäten nicht nur auf Seiten der Professionellen sondern auch auf Seiten der Konsumenten ständig zu? Werden soziale Probleme und Auseinandersetzungen, ja ganze Institutionen in halb- oder dreiviertel-virtuelle Welten verlagert?

Theorien der Massenkommunikation

Massenkommunikation unterscheidet sich von interpersoneller Kommunikation durch folgende Merkmale:

- öffentlich (nicht privat)
- technisch
- einseitig (in der Regel nicht wechselseitig)

(vgl. Maletzke 1998, 46).

Allerdings gibt es zunehmend technische, private Kommunikation zwischen Personen. Die räumliche Distanz, die früher in die Bestimmung der Massenkommunikation eingefügt wurde, wird wie die technische Komponente als Unterscheidungsmerkmal immer unwichtiger. Durch das Internet wird der Unterschied zwischen öffentlich und privat, der durch die Printmedien, den Film und das Fernsehen verstärkt wurde, wieder fließender und unklarer. Das gewaltige Ungleichgewicht zwischen Sendern und Empfängern bleibt allerdings erhalten. Auf Grund dieses Machtgefälles ist sozialwissenschaftlich eine Medienwirkungsforschung wünschenswert. In einer Zeit der Kommunikationsflut, der Inflation und der harten Selektion wird es wichtig, herauszufinden, welche Kommunikationen welche Wirkungen haben.

Eines ist gewiss: Sender wählen Botschaften aus: *Agenda-Setting* (Themenvorgabe), sie entscheiden, welche Themen und Informationen angeboten werden. Das Kleinkind ist von der Auswahl der Mutter abhängig, die Fremdbestimmung setzt sich dann fort und hört bis zum Lebensende nicht auf. Da es viele Sender gibt, kann der kritische Empfänger allerdings auch an Botschaften herankommen, die von vielen anderen ausgeblendet werden. Doch dies ist abhängig von der Ausstattung mit Ressourcen: kognitive Kompetenz, technische Ausstattung, Beziehungskapital, Zeit, Hilfspersonal etc. Rezipienten, die über entsprechende Ressourcen verfügen, wählen die Kommunikationspakete, Sender und Botschaften nach ihren Interessen aus: *Gratifikations- und Nutzenansatz* (individuelle Wahl nach Nutzen). Nach dieser Sichtweise wählen sich die meisten die Sendungen nach ihren Wünschen aus, selektieren und interpretieren nutzenorientiert. Folglich sind die beiden Ansätze keine echten Konkurrenten: Die Sender wählen und bearbeiten die Botschaften und die Empfänger wählen von den Sendern bearbeitete Botschaften aus und verarbeiten diese weiter.

Zur Orientierung seien hier einige *Medientheorien* (vgl. Faulstich 1991) aufgelistet.

A. Manipulations- und Machttheorien

1. Agenda Setting: Sender sucht Themen aus und Empfänger akzeptiert die Themenauswahl.

2. Kultivierung und Mainstreaming (Gerbner et al. 1982)
Medieninhalte produzieren Weltbilder, Einstellungen etc. (z.B. Gewalt-Angst-Welt). Medien homogenisieren Meinungen und Einstellungen. Vor allem Vielseher sind betroffen.

3. Schweigespirale (Noelle-Neumann 1980)
Die Meinung einer Minderheit (der Medienmeinungsführer) wird als Mehrheitsmeinung akzeptiert. Die Ansichten der schweigenden Mehrheit werden aus der Öffentlichkeit verdrängt.

4. Narkotisierende Dysfunktion (Lazarsfeld)
Medien führen zu politischer und sozialer Handlungslähmung, da die Zuschauer keine sinnvollen Handlungsmöglichkeiten erhalten bzw. erkennen.

B. Anti-Manipulationstheorie

5. Gratifikations- und Nutzenansatz
Empfänger wählen nach ihren Interessen und Bedürfnissen aus dem Angebot des Mediums aus.

C. Strukturtheorien

6. Medien sind Teil des sozio-ökonomischen Systems

Medien stärken den Glauben an das System (Industriegesellschaft, Kapitalismus) und die Konsumorientierung; Konzept der Kulturindustrie (Horkheimer, Adorno, Marcuse).
7. Medien sind ein „kulturelles Forum“ (Newcomb/Hirsch 1986)
Medien zeigen die kulturelle Vielfalt, dienen sowohl der Übermittlung als auch der Produktion von Kultur.
8. Wissenskluft-Hypothese
Schichtspezifische Wissens- und Kompetenzunterschiede werden durch die Medien verstärkt. Die Klugen werden klüger und die Dummen dümmer.

Kritische Stellungnahme zu den Ansätzen

1. Agenda Setting: Die Sender konkurrieren um die Gunst der Empfänger und der Firmen, die für Werbung zahlen. Die Themenwahl differenziert sich also in einem komplexen Markt nach verschiedenen Konsumentengruppen.

2. Kultivierung und Mainstreaming (Gerbner)
Über den quantitativen und qualitativen Einfluss der Medien auf die Einstellungen und Weltbilder der Bevölkerung gibt es divergierende Forschungsergebnisse.

3. Schweigespirale (Noelle-Neumann)
Die Theorie der Schweigespirale stellt eine allzu grobe Vereinfachung der Meinungsvielfalt sowohl in den Medien als auch in der Bevölkerung dar.

4. Narkotisierende Dysfunktion (Lazarsfeld)
Der Mangel an politischen und sozialen Aktivitäten in großen Teilen der Bevölkerung ist nicht durch die Medien entstanden oder erklärbar, sondern ergibt sich auf Grund von politischen, sozialen und wirtschaftlichen Strukturen.

5. Gratifikations- und Nutzenansatz
Die Empfänger wählen zwar subjektiv nach ihren Interessen aus und verarbeiten die Medienbotschaften auch individuell, doch die grundlegenden Schemata und Skripte und die Wertvorstellungen werden in der Sozialisation festgelegt; was also subjektiv erscheint, ist in der Regel gruppen- und klassenorientiert (Habitus nach Bourdieu). Außerdem werden die Handlungsmöglichkeiten durch Strukturen vorgegeben.

6. Medien sind Teil des sozio-ökonomischen Systems
Die sozialen Systeme der Industriegesellschaften sind pluralistisch, geschichtet und gruppenspezifisch differenziert. Die Medien sind Teile der Gesellschaft, wobei kein Konsens darüber besteht, wie selbstständig oder abhängig sie von anderen Teilen oder Institutionen sind.

7. Medien sind ein „kulturelles Forum"
Medien sind Teil der Kultur und differenzieren sich entsprechend, z.B. in Populär- und Hochkulturbereiche, aber auch ethnisch, religiös und subkulturell. Andererseits wirken sie auch kulturell integrierend. Alle Subsysteme arrangieren sich mit den Medien: Religion, Kunst, Wissenschaft, Politik, Wirtschaft usw.
8. Wissenskluft-Hypothese
Die empirische Erforschung der schichtspezifischen Wissens- und Kompetenzunterschiede und die Feststellung der Medienwirkungen erweist sich als äußerst schwierig. Vor allem die Bewertung des Wissens ist umstritten. Wissen kann für den sozialen Erfolg unbrauchbar oder schädlich sein.[72]

Macht und Kommunikation[73]

Die Massenmedien sind ein zentraler Macht- und Herrschaftsfaktor (Thompson 1995). In der ersten Hälfte des 20. Jahrhunderts waren sie ein Hort der Propaganda, vor allem in den beiden Weltkriegen, im Nationalsozialismus und Kommunismus.
Propaganda ist ein alter Ausdruck. Doch die Techniken der 30er Jahre sind nicht veraltet:

1. Den Gegner anschwärzen
2. Sich selbst allgemeine und positive Eigenschaften zuschreiben (lassen): friedlich, gut, intelligent, genial, größter Feldherr aller Zeiten.
3. Assoziationen mit positiven und machtvollen Personen, Symbolen und Situationen herstellen: in Uniform eines Generals erscheinen, neben der Nationalflagge stehen, sich mit dem Papst oder zumindest mit dem Bundeskanzler zeigen.
4. Zeugnis ablegen: berühmte Personen befürworten oder unterstützen die Sache oder den Kandidaten.
5. In der Menge baden: kleine Kinder streicheln, die Hände „normaler Menschen" schütteln, sich als Bergmann verkleiden.
6. Nur positive Aspekte über die eigene Sache sagen (lassen).
7. Alle sind dafür: den Siegereindruck erwecken, die Schwäche des Gegners betonen (vgl. Lee 1939).

[72] Vgl. den Abschnitt über „Wandel der Qualifikationen" im Kapitel „Erziehung und Bildung".
[73] Vgl. den Abschnitt „Macht" im Kapitel „Politik".

Diese Art von Propaganda wurde zurückgedrängt und die Konsumenten wurden gewitzter, geblieben ist aber die Machtfrage. Denn Art und Qualität der Kommunikation vermittelt alle Formen der Teilhabe am sozialen Geschehen.

In einer Kommunikations- und Informationsgesellschaft wird Ausschluss und Diskriminierung[74] eleganter als in traditionalen Kulturen durch die selektive Zuteilung von Information und Partizipationschancen geregelt (Lese- und Schreibkompetenz, Computer, Internetzugang, wertvolle Insidertips usw.).

Kommunikation und Macht sind also immer verbunden.

Kommunikationen fließen durch verschiedene Kanäle, in denen Personen, Gruppen und Organisationen als Sender und Empfänger erscheinen. Allerdings ist zu beachten, dass ein großer Teil der Bevölkerung in Empfängerrollen hineingedrängt wurde, jedenfalls was die politisch, ökonomisch und sozial bedeutsamen Kommunikationen betrifft. Diese Asymmetrie der Macht wird im Zusammenhang mit der Globalisierung, Monopolisierung und Ökonomisierung von Kommunikation von vielen Kritikern als Gefahr gesehen.

In den 40er Jahren schmiedeten Horkheimer und Adorno (1947) die Vokabel „Kulturindustrie“, um die Verkleisterung des Bewusstseins durch das mediale Bombardement zu geißeln. Die Kulturkritik aus den Reihen des europäischen Bürgertums ist freilich schon viel älter – man denke an viele Stimmen, die sich im 19. Jahrhundert meldeten.

Die Frage ist allerdings: Wer übt über wen Macht aus? Wo findet die Machtkonzentration statt?

Schiller versuchte 1969 nachzuweisen, dass im Bereich der Massenkommunikation „kultureller Imperialismus“ vorherrsche. Die Kommunikationsindustrie der USA würde die übrige Welt beherrschen. Diese These wurde und wird bestritten. Doch tatsächlich kommen überproportional viele Filme, Serien und andere Medienprodukte in den europäischen und anderen Ländern aus den Vereinigten Staaten. „Rund 75 Prozent des Weltnachrichtenmarktes werden durch nur fünf Nachrichtenagenturen kontrolliert (Hamm 1996, 388)“, wobei davon wieder über 90 Prozent in Händen der beiden führenden amerikanischen Agenturen liegen. Medienkonzerne gestalten die Informationsstrukturen.

---

[74]Feindliches und abwertendes Verhalten von Mitgliedern einer Gruppe gegenüber Mitgliedern anderer Gruppen wird Diskriminierung genannt.

Doch andererseits ist ein multinationaler und -kultureller Markt für Massenkommunikation entstanden. Repräsentative empirische Rezeptionsstudien, die sich vor allem auf die Entwicklungsländer beziehen, fehlen, so dass eine fundierte Beurteilung der Wirkung der amerikanischen oder der westlichen Kommunikationsflut nicht möglich ist.

In Indien werden Film und Fernsehen nicht von den USA oder Europa dominiert, sondern von heimischen Produktionen

Zumindest für die Industriestaaten gilt: Die Kompetenz der Konsumenten hat sich erhöht. Sie würden nicht mehr, wie noch in den 30er Jahren, auf Grund einer Radiosendung glauben, dass Außerirdische gelandet sind, und Hals über Kopf fliehen. Man sollte das gestiegene Bildungs- und Kommunikationsniveau der Empfänger sowie die Vielfalt und harte Konkurrenz der Sender berücksichtigen. Dadurch ergeben sich in der Verarbeitung der Kommunikation Machtchancen für die Empfänger. Freilich kann den Empfängern auch eine Scheinkonkurrenz vorgespielt werden; außerdem haben die kommerziellen oder staatlichen Sender immer die besseren Experten und Wissenschaftler zur Verfügung, um die Machtunterschiede aufrechtzuerhalten.

Die Massenmedien sind jedoch nicht nur Verstärker oder Transporteure von Macht, sondern durch sie sind neue mächtige Organisationen, Meinungsmacher und Machtmittel entstanden. Man denke an die Film- und Werbeindustrie.

Die meisten großen gesellschaftlichen Gruppen und Organisationen versuchen, in den Medien präsent zu sein, da sie sonst gesellschaftlich nicht beachtet, ja abgewertet werden. Die symbolische Macht ist zwar faktisch mit der ökonomischen und politischen Macht verbunden, doch man kann sie trotzdem als eigenständige Form ansehen. Die traditionellen Verwalter der symbolischen Macht sind das Bildungssystem, die Religion und politische Institutionen, wie das Recht und die Parteien. Doch die Massenmedien konkurrieren immer mehr mit diesen traditionellen Institutionen. Wie schon gesagt, müssen inzwischen die meisten Institutionen durch das Nadelöhr der Medien, um Breitenwirkung zu entfalten.

So wurden die Medien zum Zentrum der symbolischen Macht.

10.5 Religion und Ideologie[75]

Zwei amerikanische Soziologen, Lofland und Stark (1965) untersuchten eine koreanische Sekte, die in den USA Fuß zu fassen versuchte. Sie nahmen regelmäßig an den Treffen der Sektenmitglieder und der neu Hinzukommenden (potenziellen Klienten) teil. Die neu Geworbenen hatten fast immer vorher keine Bindung an eine Religionsgemeinschaft und hatten keine ausdrücklichen spirituellen Interessen. Warum haben sie sich also der Sekte angeschlossen? Die Antwort ist ziemlich banal: Sie hatten persönliche positive Beziehungen zu Mitgliedern der Sekte. Die Sekte vergrößerte sich also durch das schrittweise Hinzukommen von Verwandten und guten Bekannten der Sektenmitglieder. Also nicht die Inhalte oder die kultischen Handlungen hatten entscheidenden Einfluss darauf, ob jemand Mitglied wurde, sondern Sympathie, Beziehung zu Menschen und Wertschätzung der Gruppenatmosphäre.[76] Wenn man die Missionierten nach einiger Zeit befragte, dann sprachen sie freilich alle von Erleuchtung und den anerkannten Motiven für ihren Eintritt in die Sekte, d.h. sie gaben nicht die wirksamen Gründe für ihre Bekehrung an, sondern die von der Gruppe gewünschten.
These: Religion als Institution ist ein bewährter Klebstoff, um Menschen zusammenzuhalten.

Religion als Institution

Warum gibt es Religionen und welche sozialen Aufgaben erfüllen sie?

A. Freud hat der Religion die Aufgabe der Triebkontrolle zugeschrieben: sie habe die Menschen vom Inzest und vom Kannibalismus abgehalten. Götter seien übergroße Elternfiguren. Erst durch eine kulturelle Entwicklung, in der diese kollektive Infantilität abgelegt werde, erübrige sich die Religion. Man könnte Freuds Perspektive als Konfliktansatz einordnen, wobei Religion fundamentale psychische und soziale Konflikte zu lösen versucht und dadurch neue Konflikte erzeugt.
B. Nach Harris (1991, 419 ff) sind die tötungsfeindlichen Religionen (Parsismus in Persien, Dschainismus und Buddhismus in Indien, Christentum) unter anderem auf Grund der Knappheit an Fleisch entstanden, wodurch die weit verbreitete Praxis ritueller Schlacht- und Umverteilungsfeste erschwert wurde. Außerdem erwies sich das Versprechen,

---

[75] Eine gute und preiswerte Einführung in die Religionssoziologie bietet Knoblauch (1999), einen Forschungsüberblick geben Sherkat und Ellison (1999).

[76] Ähnliche Ergebnisse erbrachte die Untersuchung von Scientology durch Wallis (1976).

statt materieller Belohnungen (Fleischverteilung) ein gutes Leben im Jenseits zu erlangen, als sehr kostengünstige Motivationsstrategie.
C. Nach Durkheim (1981) verehren Menschen in Religionen ihre eigene Gesellschaft, er sah ein religiöses Kollektivbewusstsein für den Erhalt einer Gesellschaft als notwendig an. Mitglieder einer Gruppe benötigen eine gemeinsame Ideologie, Wertsysteme und Riten (regelmäßige gemeinsame Handlungen), damit der Zusammenhalt und die erfolgreiche Wirklichkeitsbewältigung garantiert seien.
Durkheim definierte Religion durch drei Bestimmungen:

1. Alle Dinge sind entweder heilig oder weltlich (profan).
2. Die heiligen Dinge sind in Ritualen eingeordnet.
3. Es gibt eine religiöse Gemeinschaft, z.B. eine Kirche.

Es gibt keine allgemein verbindliche Definition von Religion. Giddens (1999, 472) meint, dass man von Religion sprechen kann, wenn Rituale, also gleichförmige regelmäßig wiederholte gemeinsame Handlungen, durchgeführt werden und ein Set von zusammenhängenden Symbolen, die mit Gefühlen der Ehrfurcht verbunden sind, vorliegt.

Funktionalistisch gesehen erfüllt Religion

- Aufgaben der Wertgebung und -erhaltung,
- der Integration der Menschen in eine Gemeinschaft und
- der sozialen Kontrolle.

Die soziale Kontrolle durch die Religion kann eine allgemein erwünschte Funktion sein, wenn sie z.B. Menschen von abweichendem Verhalten abhält, sie kann jedoch auch als unerwünscht gelten, wenn die Normen der Religionsgemeinschaft in Widerspruch zu rechtlichen oder allgemein anerkannten Verhaltensregeln stehen.
Krasse Fälle solcher abweichender Religionsgemeinschaften waren kleine amerikanische Gruppen, deren Mitglieder kollektiv Selbstmord begangen haben oder eine japanische Sekte, die terroristische Anschläge verübte.

Im Rahmen eines *Konfliktansatzes* kann man Religionen als Kampf- und Distinktionsmittel zwischen sozialen Gruppen, Völkern und Kulturen sehen. Religionen dienten zu Herrschaftszwecken, sie legitimierten soziale und politische Ordnungssysteme, die für die jeweiligen herrschenden Klassen eingerichtet worden waren. Ägyptische Pharaonen und römische Kaiser machten sich zu Göttern. In früheren Jahrhunderten wurden die europäischen Könige und Kaiser mit dem Segen der jeweiligen Kirche ausgestattet. Dem König den Gehorsam zu verweigern, hieß Gott den Gehorsam zu verweigern. Nach Marx ist Religion Opium für das Volk, d.h. sie dient der Verschleierung von Klassen- oder Gruppenkonflikten im Interesse der herrschenden Klasse.

Aus einer Perspektive des *Interaktionismus* fällt der Blick auf das religiöse Verhalten, vor allem auf den Symbolgebrauch: Kreuz, Lamm, Fisch, Halbmond, Kuh. Es werden Gegenstände und Lebewesen hervorgehoben, für heilig erklärt. Menschen versammeln sich an vorgesehenen Orten und führen dort gleichbleibende Handlungen aus: Ritualisierung. Die Symbole und die Handlungen sind in einen Glaubenszusammenhang eingeordnet, der durch Kommunikation entstanden ist und dann festgeschrieben wurde. Eine bedeutsame Rolle spielen religiöse Erweckungserlebnisse. Die Kinder werden in diese Rituale und Symbolwelten eingeführt und somit wird ihre Weltsicht strukturiert. Die religiösen Funktionäre versuchen, durch kanonisierte heilige Schriften den ständigen Umdeutungen entgegen zu treten. Es wird vorgeschrieben, dass in Ritualen jede Bewegung und jedes Wort an der gleichen Stelle bleiben muss. Kreative Veränderungen in Bewegungen, Worten und Sätzen werden streng bestraft. Doch durch solche rigiden Regelungen kann Reaktanz provoziert werden, es kommt zu Abweichungen und Abspaltungen.

In Religionsgemeinschaften finden Gläubige sozialen Halt, Geborgenheit, Antworten auf zentrale Sinnfragen. Die meisten werden in Religionsgemeinschaften hineingeboren, darin sozialisiert, sie werden für sie quasi-natürlich. Diese traditionelle Bindung hat jedoch an Stärke verloren. Denn über 40 % der US-Amerikaner verlassen die Religionsgemeinschaft, in der sie ursprünglich sozialisiert worden sind und die meisten schließen sich dann wieder einer anderen an.

Religionen müssen heute mit einem großen Angebot an Weltdeutungen, vor allem wissenschaftlichen und von den Medien hervorgebrachten, konkurrieren. Wieso können sich dann religiöse Deutungssysteme überhaupt noch halten?

Eine Reihe von Antworten können gegeben werden (vgl. Kaufmann 1986):

- Sie werden in Gemeinschaften über Generationen weitergegeben und vermitteln damit Geborgenheit und Sicherheit (Sozialisation).
- Sie bieten gemeinschaftsgestützte Deutungen und Rituale für die wichtigen Übergänge und Stationen des Lebens: Geburt, Übergang

ins Erwachsenenalter, Heirat, Kindererziehung, Krankheit, Partnerverlust, Tod (Institutionalisierung).

- Sie dienen der Affektbindung und Angstbewältigung (z.B. Angst vor dem Tod, Schuld- und Verlusterfahrungen), indem sie eine Hinterwelt, ein Jenseits, eine transzendente Sphäre konstruieren, in der menschliche Probleme gelöst werden (Rechtfertigung der Sozialstruktur, kompensatorische Funktionen).
- Sie sind mit einem verbindlichen Moralkodex und Handlungsanweisungen verbunden. So erfolgt eine Sinngebung für Unrecht, Leid, Tod und Schicksalsschläge (Stabilisierung des Wertsystems).
- Sie bleiben stabiler als politische, wissenschaftliche oder über die Massenmedien gestützte Deutungssysteme (Traditionen, Dogmen).
- Sie sind einfacher und umfassender als die wissenschaftlichen Systeme (kollektive Weltdeutung, Kosmisierung).
- In Religionsgemeinschaften erhalten Mitglieder soziale und ökonomische Gratifikationen (Nutzenaspekt).

Aussagen über die weltweite Entwicklung von Religionsgemeinschaften ergeben kein einheitliches Bild.

Die Katholische Kirche, als die größte multinationale Organisation der Welt mit ca. einer Milliarde Mitgliedern, hat im 20. Jahrhundert in absoluten Zahlen den größten Mitgliederzuwachs aller Jahrhunderte ihres Bestehens aufzuweisen. In den USA hat die Mitgliedschaft in Religionsgemeinschaften von 1850 bis 1970 stetig zugenommen, in den letzten drei Jahrzehnten etwas abgenommen. Diese Abnahme gilt nicht für Katholiken und für protestantische Gemeinschaften, deren Mitglieder hauptsächlich aus der Unterschicht stammen. Die Schrumpfung der prestigereichen (protestantischen) Religionsgemeinschaften (Episcopal Church, United Methodist Church, Presbyterian Church) ist wahrscheinlich darauf zurückzuführen, dass deren Potenzen, den sozialen Status zu beeinflussen, abgenommen haben, und dass sie zu weltlich geworden sind.

In der DDR, bzw. in den neuen Bundesländern Deutschlands, hat die Mitgliedschaft in Religionsgemeinschaften auf Grund eines Kulturkampfes zwischen Politik und Religion in Kombination mit Modernisierungsprozessen in den letzten 50 Jahren sehr stark abgenommen.

Befragungen in den westlichen Industriestaaten zeigen, dass Religion für die Lösungen von gesellschaftlichen und persönlichen Problemen seit den 50er Jahren auch subjektiv an Bedeutung verloren hat.

	Alter		
	16–29	*30–49*	*50+*
Polen	83	83	93
USA	68	73	84
alte Bundesländer	25	31	53
neue Bundesländer	15	24	35
Befragung 1990: „Wie wichtig ist Gott in Ihrem Leben?" % „sehr wichtig"			

Abb. 53: Subjektive Bedeutung Gottes; Quelle: Inglehart/Basanez/Moreno 1998

Doch langfristige Vorhersagen der Entwicklung von religiösen Organisationen und Bewegungen sollte man mit Skepsis aufnehmen.
Im Iran, in Afghanistan und auch in manchen anderen Ländern der so genannten Dritten Welt haben Religionsgemeinschaften eine überragende Bedeutung im Alltag der meisten Menschen.

In den USA gibt es einen differenzierten Markt von Religionsgemeinschaften, während in den europäischen Staaten die Situation trotz teilweise stärker fortgeschrittener Säkularisierung durch Monopole, Oligopole oder unterentwickelte Märkte gekennzeichnet ist.
Ein funktionierender Markt konkurrierender religiöser Organisationen hat folgende Vorteile für die Interessenten:

- Handlungsalternativen werden erleichtert, z.B. wenn zwei Personen aus verschiedenen Religionsgemeinschaften heiraten, kann eine ohne großen Widerstand die Konfession wechseln.
- Wenn eine Person sozial aufsteigt bzw. den Wohnort wechselt, dann kann sie zu einer dem neuen Status angemessenen Religionsgemeinschaft übertreten (Lösung bei Statusinkonsistenz).
- Eine Person kann in ihrem Leben eine „religionslose" oder individualistische Epoche zwischenschalten, ohne schwerwiegende Nachteile in Kauf zu nehmen.
- Mit Individualismus, Demokratisierung und Rationalisierung ist es besser vereinbar, die Religionsgemeinschaft als Erwachsener zu wählen.

Solche Vorstellungen und Verhaltensweisen sind in Europa ungewöhnlicher als in den Vereinigten Staaten.

These: Aufgrund der Marktorientierung und der Verbindung mit Wirtschaft und Politik konnte die Institution Religion in den USA ihre gesellschaftlichen Positionen besser halten als in Deutschland.

Im Modernisierungsprozess haben sich die Institutionen ausdifferenziert, sie sind autonomer geworden (funktionale Differenzierung). Somit verringerte sich der Einfluss der Religion auf Politik, Wirtschaft, Erziehung, Kunst, Wissenschaft und andere Bereiche. Auf der institutionellen Ebene hat also ein Säkularisierungsprozess stattgefunden. Wissenschaft, Kunst und Medizin haben sich von der Religion immer mehr getrennt und sie haben Teilfunktionen der Religion übernommen. Religionsgemeinschaften konkurrieren folglich mit den Institutionen Wissenschaft, Bildung, Medien, Medizin und Politik. Um zu überleben und sich anzupassen, initiieren Religions-Manager immer mehr übergreifende religiöse Aktivitäten: Religion in den Medien, Religion als Sozialhilfe und Therapie, Religion als Wissenschaft (Theologie), Religion als politische Ideologie und als Herrschaftsmittel, religiöse Organisationen als Träger von Krankenhäusern usw. Wichtige Konkurrenzbereiche sind der Sport und die Massenmedien. Viele Kinder und Jugendliche suchen Gemeinschaft und Sinn heute häufiger im Sport und in den Medien als in Religionsgemeinschaften.
Die Trennung der Religion von anderen Institutionen ist jedoch in westlichen Industriestaaten je nach Region unterschiedlich. In Gebieten, in denen die Mehrheit Religionsgemeinschaften angehört und regelmäßig an den Treffen der Gemeinden teilnimmt, hat die Religion größeren Einfluss auf andere gesellschaftliche Bereiche. Stark (1996; 1998, 97 ff) konnte entsprechende Kontexteffekte nachweisen. In stark religiösen Gebieten werden Kinder und Jugendliche, die sich regelmäßig an Veranstaltungen ihrer Religionsgemeinschaft beteiligen, vor Delinquenz geschützt, in Gebieten mit geringer Mitgliedschaft in religiösen Organisationen (z.B. in Kalifornien) hat Religion diese Schutzfunktion nicht.

Religion und Politik

Religion und Politik haben sich im Laufe der Geschichte gebildet und ausdifferenziert. Wenn in einer Kultur eine politische und eine religiöse Gruppe getrennt waren, dann kam es zu Konkurrenz, z.B. zwischen Adel und Klerus in Europa. Angestrebt wurde von Kirchenfunktionären die religiöse und politische Doppelfunktion. Doch diese Herrschaftsansprüche z.B. der katholischen Kirche wurden langfristig von den Politik-Militär-Professionellen gebrochen.

Die großen Religionen sind mächtige soziale Gebilde. Nicht nur die Entwicklung von Waffen hat Dynamik in die kulturelle Evolution gebracht, sondern auch die von religiösen Systemen. Religiöse Führer hatten immer auch politische Funktionen. Dies ist bei Mohammed deutlicher als bei Jesus Christus. Religionen geben einen Rahmen für kulturelle Entwicklung und Herrschaftssysteme. Im Kastenwesen der Hindus liegt ein sozialkonservativer Charakter, während jüdische und christliche Lehren Heils- und Erlösungsreligionen sind, also emotionale und soziale Dynamik fördern. Hinduismus in Indien und Konfuzianismus in China verstärkten die politische Passivität der Gläubigen, während das Christentum mit politischem Aktivismus gut vereinbar ist. Das Christentum erwies sich als brauchbare ideologische Grundlage für eine imperialistische Kultur:

1. Universalismus (bei den Eskimos und bei Indianern im Regenwald einsetzbar),
2. Individualisierung (persönliche Beziehung zu einem Gott), wodurch maximale Leistungen aus den Menschen herausgeholt werden,
3. missionarische Motivation (Eroberungsmentalität) und
4. Intoleranz gegenüber allen anderen Religionen (Überlegenheitspostulat).

Die christlichen Völker in Europa bekämpften sich gegenseitig, doch sie verbündeten sich mehrfach gegen den religiösen Hauptfeind, den Islam. Diese beiden Hauptkampfreligionen des letzten Jahrtausends stärkten so gegenseitig ihre innere Solidarität. Christentum und Islam begünstigten die Bildung mächtiger politischer Blöcke. Die Völker, Sprachen und regionalen Traditionen in Europa sind vielfältig. Sie wurden durch das christliche Band immer wieder zusammengehalten und durch den Kontakt mit fremden Kulturen und Religionen trotz permanenter innerer Rivalität immer wieder zu einer gemeinsamen Kampffront gebracht.

Der Islam ist eine Religion, in der Kampf und Krieg in besonderem Maße verankert sind. Wer im Heiligen Krieg gegen die Ungläubigen fällt, erhält einen Vorzugsplatz im Jenseits.[77] Der Islam ist wie das Christentum eine stark expansive Religion. Nach einem Jahrhunderte langen kriegerischen Konkurrenzkampf mit dem Christentum wurden

---

[77]Dies ist die Interpretation hauptsächlich fundamentalistischer und militaristischer Gruppen. Im Islam gab und gibt es alternative Auslegungen des Koran.

die islamischen Mächte von christlich orientierten Staaten immer mehr zurückgedrängt und unterworfen. Als Reaktion kam es immer wieder zu Aufständen und sozialen Bewegungen. Nachdem im Iran unter der Herrschaft des Schahs Modernisierung und Verwestlichung betrieben wurden (Landreform, Wahlrecht für Frauen und weltliches Bildungswesen), wuchs der Widerstand religiöser und anderer Gruppen, der schließlich 1979 zum Sturz des Regimes und zur Errichtung einer islamischen Herrschaft, einer Theokratie, führte.

Durch die Verbindung symbolischer, territorialer und militärischer Machtsphären traten oft Spannungen zwischen den Bereichen Politik und Religion auf. Die Kämpfe zwischen den Päpsten und den Kaisern im Mittelalter sind ein Beispiel hierfür. In Israel besteht ein Konflikt zwischen den orthodoxen und den weltlich-liberalen Gruppen. Die orthodoxen Gruppen entsprechen dem Feindbild der Araber bzw. Palästinenser besser und tragen zur Erhaltung der politischen Konfliktsituation ebenso wie fundamentalistische Moslemgruppen bei. Ob es sich hierbei eher um eine politische Instrumentalisierung von Religion oder um eine religiöse Instrumentalisierung von Politik handelt, ist schwer entscheidbar.

Auf den ersten Blick ist es erstaunlich, dass weltweit die Modernisierung voranschreitet und gleichzeitig in vielen Ländern, vor allem in islamischen, der Fundamentalismus zugenommen hat.

Fundamentalismus kann man folgendermaßen definieren:

1. Heilige Texte werden wörtlich genommen, alternative Interpretationen werden nicht akzeptiert.
2. Religiöser Pluralismus wird abgelehnt.
3. Säkularer und wissenschaftlicher Humanismus wird als gefährlich angesehen und bekämpft.
4. Konservative politische Ziele und Parteien werden unterstützt.

Fundamentalismus kann als Reaktion auf Modernisierungsstress und Gefahr des Statusverlusts gedeutet werden. Männer, die sich durch die wirtschaftliche Unsicherheit, die Emanzipation der Frauen und die Abwertung traditionellen männlichen Verhaltens gefährdet fühlen, können in solchen autoritären Bewegungen Sicherheit und Kraft gewinnen.

In modernen Staaten sind die Herrschaftsmöglichkeiten von Religionsgemeinschaften stark zurückgedrängt worden. Die Trennung von Staat und Kirche ist in der Regel vollzogen. Doch auch in säkularisierten Staaten treten immer wieder Abgrenzungs- und Machtprobleme auf.

Eine Streitfrage lautet: Sollen Religionsgemeinschaften in Schulen die Gelegenheit erhalten, ihre Botschaften zu vermitteln?
Die Verankerung der katholischen und evangelischen Religion in deutschen Schulen wird zwar von manchen kritisiert, wird jedoch wahrscheinlich von der Mehrheit der Bevölkerung akzeptiert. Offensichtlich trauen die meisten dem Religionsunterricht eher eine moralisch integrative Leistung zu als einem säkularen, geistes- und sozialwissenschaftlichen Unterricht der Werte und Normen, dessen Verfahren und Wirkung ihnen unbekannt ist.
Wieweit soll der Staat die finanziellen Angelegenheiten von Religionsgemeinschaften beeinflussen? Wie unabhängig ist die Gesetzgebung oder Rechtsprechung von kirchlichen Einflüssen? Welche religiösen Symbole und Rituale sollen in staatlichen Organisationen, z.B. Schule und Heer, geduldet werden?

Religion und Wirtschaft

Die Verbindung von Religion und Wirtschaft wurde durch die berühmte Schrift von Max Weber (1920) „Die protestantische Ethik und der Geist des Kapitalismus" zu einem kontrovers diskutierten Thema.
John Calvin (+ 1564) lehrte, dass Gott einen Teil der Menschen für den Himmel, einen anderen für die Hölle vorherbestimmt hatte, und dass die Menschen im Diesseits ihr Schicksal nicht herausfinden könnten. Dies führte zu großer Angst bei den Gläubigen. In den kalvinistischen Gemeinden setzte sich folgende Problemlösung durch: Jeder sollte durch strikte und permanente Pflichterfüllung „beweisen", dass er ein Auserwählter sei. Dies führte bei vielen Kalvinisten zu einem rigiden moralischen Leben und zu Arbeitswahn. So war kein Wohlleben gestattet und das Kapital wurde immer wieder angelegt, möglichst wenig wurde konsumiert.
Max Weber sah in der protestantischen Ethik (vor allem des Kalvinismus) eine Entwicklung zu einer „innerweltlichen Askese"[78], d.h. rastlose Berufsarbeit verbunden mit Sparsamkeit und mit der Vermeidung von hedonistischem, genussorientierten Handeln. Das Individuum war allein für sein Heil zuständig. Dies beförderte eine methodisch-rationale Lebensführung. Die religiöse Haltung schwächte sich mit der Zeit ab, doch erhalten blieb die ökonomische Rationalität, die sich als äußerst

[78]Innerweltliche Askese: Außerweltliche Askese übten die Nonnen und Mönche in Klöstern. Durch den Protestantismus wurden auch die Laien angehalten, in verstärktem Maße in ihren weltlichen Situationen sich des Genusses und der Lust zu enthalten.

erfolgreich erwies und immer mehr Lebensbereiche erfasste. Max Weber versucht somit zu zeigen, dass die gesellschaftliche Entwicklung nicht gemäß den Intentionen der Menschen verläuft, sondern sich in unbeabsichtigter Weise entfaltet. Die Absichten richteten sich auf das individuelle Seelenheil, tatsächlich wurde ein ökonomisches System, der Kapitalismus, gefördert.

Religiosität

Religiosität ist in traditionalen Kulturen in der Regel nur innerhalb von Religionsgemeinschaften zu finden, in modernen Gesellschaften in zunehmendem Maße auch abgetrennt von religiösen Organisationen oder nur in loser Koppelung mit ihnen. Dies ist ein Ergebnis der Modernisierung, in der Privatisierung, Individualisierung und Mediatisierung sich durchgesetzt haben (in einfachen Kulturen waren die religiösen Rituale gemeinschaftliche Veranstaltungen und einsames Beten oder religiöses Meditieren waren kaum bekannte oder nur von wenigen geübte Verhaltensweisen). Die Formen und Inhalte des persönlichen Glaubens werden immer weniger von der jeweiligen Religionsgemeinschaft geprägt. Viele Katholiken lehnen Aussagen des Papstes ab oder halten Gebote ihrer Kirche für falsch.
Allerdings gibt es auch neue Bewegungen, die nicht in das Gegensatzpaar traditionale Religionsgemeinschaft – individuelle private Religiosität passen. In den USA gewannen in den letzten beiden Jahrzehnten evangelische christliche Bewegungen vor allem auch mit Hilfe des Fernsehens und neuer Medien viele Anhänger. Es handelt sich um „elektronische Kirchen", die fundamentalistische, politisch und moralisch konservative Werte vertreten. Eine mögliche These: Modernisierungsstress führt zu kollektiven Regressionen. Diese religiösen Gruppen befriedigen Vergemeinschaftungswünsche von entfremdeten, im Konkurrenzkampf unterliegenden und überforderten Menschen. In den Vereinigten Staaten gibt es mehr Menschen, die ihre sozialen Wunden lecken müssen, als in Deutschland, da erstens der Wohlfahrtsstaat schlechter ausgebaut ist und zweitens die Konkurrenz- und Jeder-ist-seines-Glückes-Schmied-Ideologie weiter verbreitet ist.

Was ist nun Religiosität, wenn man sie nicht auf Grund der Zugehörigkeit zu einer religiösen Organisation bestimmt? Man kann sie über Umfragen empirisch bestimmen: Glaube an Gott, an eine Seele, die nach dem physischen Tod weiterlebt, an übernatürliche Kräfte, an Geister usw. (Zulehner/Denz 1993).

Ein zentrales weltanschauliches Grundkonzept ist in den meisten Menschen in den westlichen Ländern verankert – relativ unabhängig von der Teilnahme am Leben von Religionsgemeinschaften: der Dualismus Körper-Seele. Der Seelenglaube ist nach wie vor stark verbreitet, doch der traditionelle christliche Glaube wird allmählich durch moderne pluralistische und individualisierte Versionen ersetzt (vgl. Feldmann 1998a).

Eine Form von allgemeiner Religiosität, die nicht an die Zugehörigkeit zu einer Religionsgemeinschaft gebunden ist, hat Bellah (1970) beschrieben: civil religion. Er meint damit den US-amerikanischen christlichen Nationalismus oder Patriotismus, die Glorifizierung des „American way of life". Dazu gehört nicht nur ein minimalistischer christlicher Glaube, sondern auch die Hochschätzung von Demokratie, amerikanischem Sendungsbewusstsein und Kapitalismus. In Großbritannien ist die Zivilreligion von der Monarchie als nationalem Heiligtum bestimmt. Die Deutschen wurden durch die Ereignisse im 20. Jahrhundert kollektiv traumatisiert, sie haben bzw. hatten ein beschädigtes Nationalbewusstsein. Nach dem Niedergang von Religion und Nation blieb der Glaube an die dritte wertgebende mächtige Institution, die Ökonomie.

Die Fußballweltmeisterschaft ist ein religiöses Spektakel. Es vereint nationale Begeisterung, Identifikation mit Idealgestalten, volkstümliche Rituale, globale Kommunikation, kollektive Kämpfe um den Sieg. Die großen Religionsgemeinschaften, der moderne Staat und andere Großorganisationen können solche Begeisterung, tiefe Gefühle und Massenmobilisierung nur mehr selten erreichen. Nationale oder internationale quasi-religiöse Veranstaltungen werden seit Jahrzehnten so geplant, dass sie den neuen Formen der Massenmedien, vor allem dem Fernsehen, entsprechen. Dies war z.B. schon bei der Krönung der englischen Königin 1953 der Fall. Für die Analyse solcher Ereignisse ist eine Kombination von Funktionalismus und Symbolischem Interaktionismus gut geeignet. Das Fernsehen ermöglicht, durch Großaufnahmen symbolische Gegenstände ins Blickfeld zu rücken. Durch den Kommentar, die Rede von der Bildschirmkanzel, entsteht der Effekt einer von oben sprechenden Autorität, einer objektiven und gültigen Interpretation der einmaligen Situation. Ein imaginäres Kollektiv wird beschworen, in das sich der Fernsehzuschauer einfühlen kann. Die Dramaturgie des einmaligen Ereignisses erzeugt und lenkt in idealtypischer Weise Weihegefühle.

Weltanschauungen und Ideologien

Welt, wirklich, wahr – was bedeuten diese Begriffe?

Hier bietet es sich an, den *Konstruktivismus* einzuführen. Es handelt sich um ehrwürdige philosophische Fragestellungen. Bilden wir uns nur ein, dass wir und die Welt existieren? Gibt es hinter unserer Erkenntnis die „wahre Welt“? Ist meine Existenz dadurch „bewiesen“, dass ich denke? Was ist überhaupt „Ich“? Ist die Welt nur „meine Vorstellung“? usw. Wie dies auch immer sei, tatsächlich konstruieren alle Menschen (soziale) Wirklichkeit, in jeder Kultur und Epoche anders. Das Thomas-Theorem wurde bereits genannt: es besagt, dass das wirklich ist (oder wird), was (in den jeweiligen Kollektiven wichtige) Menschen für wirklich halten. Die Sich-selbst-erfüllende-Prophezeiung sei nochmals an einem Beispiel demonstriert: Wenn die meisten Kontoinhaber einer Bank das Gerücht glauben, dass die Bank bald zahlungsunfähig sein wird, dann wird sie sehr schnell zahlungsunfähig sein, weil alle ihr Geld schleunigst abheben. Wenn ein dicker Junge in der Klasse von den Lehrern, den Mitschülern, den Eltern und allen anderen für dumm gehalten wird, dann wird er in der Regel in seinen Leistungen immer mehr den Erwartungen entsprechen und auch selbst glauben, dass er dumm ist. Vielleicht rettet ihn ein Psychologe durch eine wissenschaftliche Realitätskonstruktion: Im Intelligenztest zeigt er überdurchschnittliche Werte. Der Pygmalion-Effekt, nämlich jemanden – z.B. über wissenschaftlich legitimierte Verfahren – „erschaffen“, „entdecken“ oder „programmieren“, ist hier ebenfalls einzuordnen. Auch Baudrillard soll noch bemüht werden, der 1991 einen Zeitungsartikel mit dem Titel „Der Golfkrieg hat nicht stattgefunden“ schrieb. Er meinte, dass es nicht mehr gelingen werde, eine medienunabhängige Realität zu erfassen.

Das Problem der Welt- und Wirklichkeitserkenntnis hat der griechische Philosoph Plato in seinem Höhlengleichnis beschrieben. In einer Höhle sind Menschen gefesselt und können nur auf eine Wand schauen. Vor der Höhle brennen Feuer und es gehen Gestalten vorbei, die Gegenstände tragen, deren Schatten auf die Wand geworfen werden. Die Menschen in der Höhle sehen immer nur die Schatten und nie die realen Gegenstände. Dieses Gleichnis kann allgemein auf Menschen übertragen werden, deren Wahrnehmungs- und Denkapparate immer nur Modelle und Konstruktionen von Wirklichkeit liefern.

In dauerhaften Gruppen verfestigen sich Vorstellungen und verdichten sich zu Weltanschauungen. Diese Weltannahmen prägen das Realitätsbewusstsein der Gruppenmitglieder, im Extremfall entscheiden sie über

Leben und Tod. Aus einfachen Kulturen gibt es viele Berichte über Menschen, die nach solchen Annahmen Fehler begangen haben (z.B. auf ein heiliges Tier getreten sind) und dies wie alle ihre Stammesmitglieder für ein todeswürdiges Verbrechen hielten, und die innerhalb von Stunden oder Tagen gestorben sind, ohne dass Gewaltanwendung oder eine Krankheit festgestellt werden konnte (Voodoo-Tod). Diese starken Wirkungen von Glaubenssystemen und Weltanschauungen sind in modernen Gesellschaften nur mehr selten anzutreffen.
Ein Beispiel: Im Jahr 1997 näherte sich der Komet Hale-Bopp der Erde. Die Mitglieder der amerikanischen Sekte mit dem Namen „Heavens Gate“ glaubten, dass mit dem Kometen auch ein extraterrestrisches Raumschiff gekommen sei, das sie mitnehmen würde. Das „Umsteigen“ erforderte allerdings die Selbsttötung. So begingen die über 30 Personen, die in einem Haus zusammenlebten, gemeinsam Selbstmord. Sie lagen angezogen auf ihren Betten, neben denen die gepackten Koffer standen.
Ideologien und Weltdeutungen sind also mächtige und gefährliche Gebilde zur Lebensregelung, die das Gefühl kollektiver Identität verleihen. Sie schweißen die Mitglieder einer Gruppe oder Kultur zusammen (funktionalistische Perspektive). Meist sind sie mit rituellen Praktiken, rigiden Verhaltensvorschriften, manchmal auch mit Terror verbunden, also nicht nur Kopfgeburten sondern Einverleibungen, Körperbeschädigungen, Körperprogramme.
Sind moderne Gesellschaften ideologiefreier oder –resistenter als traditionale Gesellschaften? Pluralismus der Weltanschauungen ist das Kennzeichen moderner Gesellschaften, wobei es mehrheitlich akzeptierte grundsätzliche Annahmen, Wertungen und Motivationsvorschriften gibt, von denen ich eine kleine Auswahl gebe:

- die Ablehnung des Mordes,
- das Motiv, möglichst viel Geld zu verdienen,
- der Glaube an eine Seele, die nach dem physischen Tod weiterlebt,
- die Annahme, dass die Nachrichten im Fernsehen ein guter Spiegel der Realität seien,
- die Annahme, dass vor dem 65. Lebensjahr zu sterben, verfrüht sei.

Neben diesen Mehrheitseinstellungen gibt es viele gruppenspezifische Deutungsmuster. Doch nicht jede Wertung oder fixierte Annahme über Wirklichkeit ist Bestandteil einer Ideologie. In der Regel werden nur von großen Gruppen getragene politische, religiöse oder (pseudo)wissenschaftliche Vorstellungssysteme als *Ideologien* bezeichnet:

Faschismus, Marxismus, Kommunismus, Liberalismus, Antisemitismus, Rassismus, Sozialdarwinismus und religiöse Vorstellungssysteme mit fundamentalistischem Charakter.

Ideologie ist ein System von Ideen und Vorstellungen, das von Mitgliedern und/oder von den Mächtigen einer Gruppe für wahr gehalten wird.

Der Ausdruck wird häufig abwertend benutzt, um dem Gegner unwahres Denken zuzuschreiben. Marx, Engels und ihre Nachfolger, stolze Besitzer einer Theorie der historischen Wahrheit, bezeichneten ihre Gegner als Ideologen. Nach Marx gehören Ideologien dem Überbau an, d.h. sie entstehen als falsches Bewusstsein, eine Art Gedankennebel, auf Grund historisch gegebener ökonomischer und sozialer Bedingungen. Im Rahmen des Marx'schen Konfliktansatzes sind es Mittel im Klassenkampf. Eine solche Ideologiedefinition setzt eine Theorie oder Ideologie voraus, die die Unwahrheit des kritisierten Denksystems zu beweisen sucht. Ideologien treten also nicht allein auf, sondern zumindest zu zweit.
Nach Boudon (1988) lautet die Grundfrage der Ideologieanalyse: Warum glauben rationale Akteure an wissenschaftlich nicht haltbare Aussagen? Er meint, die Antworten werde man nur finden, wenn man die Lebensumstände der Akteure untersuche. Eine „wahrheitsunabhängige" Bestimmung von Ideologie stammt von dem Kulturforscher Geertz (1964): Ideologie ist eine Landkarte für eine Gruppe, um die Welt zu verstehen. Dieses Modell ist mit Durkheims Konzept des Kollektivbewusstseins von Gruppen oder Gesellschaften vereinbar, das zum Zusammenhalt, zur Solidarität, zur gemeinsamen Wert- und Sinnstiftung dient. In modernen westlichen politischen und ökonomischen Systemen ist ebenfalls die Wahrheitsfrage peripher. Widerstand gegen Ideologien hängt also nicht mehr von der Annahme ihrer Wahrheit durch mächtige Gruppen ab, sondern meldet sich bei bestimmten Merkmalen, vor allem wenn sie die Eigenschaften Intoleranz und Gewalt gegen Andersdenkende aufweisen. Für einen funktionalistischen Systemansatz (Ziel: Erhaltung der Demokratie und der Wohlstandsgesellschaft) ist also ein gemäßigter Konstruktivismus, der Liberalität gegenüber verschiedenen Ideologien empfiehlt, als Metaperspektive wünschenswert.

10.6 Gesundheit und Medizin[79]

Die Begriffe gesund und krank sind von kulturellen und sozialen Verhältnissen und sich ändernden wissenschaftlichen Bestimmungen abhängig. In modernen Staaten, Rechtssystemen und bürokratischen Organisationen wird sozialer Druck ausgeübt, Gesundheit und Krankheit verbindlich zu definieren.

Wenn man wie bei der Darstellung der Institution Wirtschaft bei den grundlegenden Bedürfnissen und Wünschen beginnt – um einen kultur- und zeitunabhängigen Konsens zu finden – dann kann man davon ausgehen, dass fast alle Menschen glücklich sein wollen. Wohlbefinden und Glück sind also die Grundlagen, mit deren Hilfe vielleicht auch Gesundheit bestimmt werden kann.

Die Weltgesundheitsorganisation definiert Gesundheit als *"Zustand vollkommenen körperlichen, seelischen und sozialen Wohlbefindens"*.

Was ist Wohlbefinden oder Glück? (Abele/Becker 1991)

- Abwesenheit von Schmerz und Unlust oder
- Lust.

Drogensüchtige und Alkoholiker streben Lust an und ruinieren hierbei ihre Gesundheit. Mediziner wollen Menschen gesund machen und fügen ihnen zu diesem Zwecke Schmerzen zu und erzeugen Unlust.

Diese Glück-Lust-Diskussion weist auf einen „institutionellen Widerspruch" hin: Einerseits ist in modernen Gesellschaften die Meinung weit verbreitet, dass das Glück und die Bedürfnisbefriedigung von Menschen höchste Bedeutung haben, andererseits beschäftigt sich das medizinische System offensichtlich nicht primär damit, sondern mit der Reparatur von Körperteilen. Der Körper erscheint auf den ersten Blick als Gegenstand der Naturwissenschaft, Biologie, Chemie und Physik, festgelegt und die Medizin als angewandte Naturwissenschaft bearbeitet ihn. Doch der Körper ist auch ein Gegenstand der Psychologie und Soziologie.

Der Körper[80]

Warum sollte man den Körper als Gegenstand der Soziologie konstituieren? Soziologen haben in der Regel nur soziale Teile des Individuums

[79] Eine kurze Einführung in medizinsoziologische Überlegungen gibt Gerhardt (1999).

[80] Vgl. Giddens 1999, 125 ff; Turner 1996.

differenziert betrachtet: Individuum als Positionsinhaber, Rollenträger, Sozialisand, Interagierender, Kommunizierender etc. Das Individuum erschien als eher statischer Teil einer Struktur (Positionsinhaber) oder als dynamischer Teil eines Netzwerkes (Rollenspieler) oder als black box, die soziale Aktionen produziert. Geburt und Tod von Menschen wurden als statistische Merkmale von Populationen oder als Anlässe oder biologische Unterlagen für Rituale und Bedeutungssysteme betrachtet. Doch Körper sind soziale Produkte (vgl. Turner 1996; Fröhlich/Feldmann 1997). Nach Foucault ist der jeweilige Körper und sein Bild in einem historischen Prozess entstanden, d.h. es ist unzureichend, ihn nur nach biologischen, physikalischen oder chemischen Gesetzmäßigkeiten zu erfassen.
Westdeutsche wurden in der DDR trotz „unauffälliger Kleidung“ und auch wenn sie kein Wort sprachen, sofort als Westdeutsche erkannt. Sogar am Nacktbadestrand an der Ostsee wurden sie von vielen Ostdeutschen an ihrem Gang, der Art des Blickens und wahrscheinlich auch an anderen Körpermerkmalen identifiziert.

Ungleichheit und Status sind zentrale Themen der Soziologie. Der Körper ist eine wichtige Ursache sozialer Ungleichheit. Von der Geburt an wird ein Mensch nach seiner körperlichen Ausstattung beurteilt. Im Kindergarten und in der Schule wird ein Kind oder ein Jugendlicher von den anderen nach Schönheit, Gesundheit, Stärke und sportlicher Leistung bevorzugt oder benachteiligt (vgl. Goodlad 1984). Berufe kann man danach einteilen, welche Aspekte des Körpers große Bedeutung haben. Für Models oder Schauspieler sind das Gesicht, die schlanke, große Gestalt und die Bewegungsstruktur Auswahlkriterien. Für Wissenschaftler dagegen sind wohl überdurchschnittliche Leistungen bestimmter Gehirnpartien für die Karriere erforderlich.

Wie hat die bisherige soziologische Abhandlung in diesem Buch „den Körper“ behandelt, ausgespart oder transformiert?

- In der Mikrosoziologie und Sozialpsychologie stand der Körper als Organismus oder als Träger von Rollen hinter den Kulissen. Lerntheorie bezieht sich allgemein auf Organismen (Ratten und Menschen).
- Menschen dienen im Funktionalismus als Positionsinhaber und Rollenträger. Wenn ihr Körper nicht funktionsfähig, also krank ist, dann sind sie zur Reparatur durch Kooperation mit der Institution Medizin verpflichtet.

- Im Symbolischen Interaktionismus sind die Menschen Kommunikatoren und Bedeutungskonstrukteure: ein Mund, ein Kehlkopf und ein Gehirn sind die dafür notwendige Minimalausstattung. Im Zusammenhang mit Rollenkonflikten wurde eine personale Identität konstruiert, die als Rückzugsbastion und als Steuerungsinstanz diente. Sie ist in einem Körper lokalisiert und sie wird je nach Ideologie oder persönlicher Deutung als Bewusstsein, Seele oder anders bestimmt. Die personale Identität trennte sich im Laufe der kulturellen Evolution von der sozialen Identität: In einfachen Kulturen (Kollektivismus) waren personale und soziale Identität nur im Extremfall getrennt, in modernen Gesellschaften (Individualismus) sind sie nur im Extremfall vereint und untrennbar.[81]

Der Körper wurde in allen Kulturen gezähmt. In Europa gilt auch heute Masturbation vor anderen Menschen, Nacktheit auf der Straße und jemanden totbeißen und verspeisen als ungehörig. Der normale Mensch, das dreigeteilte Wesen, Körper, personale Identität und soziale Identität, wird von den Eltern, Erzieherinnen, Lehrern, Gleichaltrigen, Polizisten, Ärzten und vor allem von den Körperbesitzern selbst hergestellt. Auf den ersten Blick wird der Körper vorerst von „der Natur" bestimmt, die soziale Identität von den anderen und die personale Identität von der Person selbst. Doch auf den zweiten und dritten Blick bleibt zwar bei der Körpergestaltung bisher noch immer „die Natur" die Nummer Eins, doch zunehmend wird der Körper kulturell und sozial geformt. Die personale Identität ist ein körperliches, soziales und umweltbedingtes Produkt, wobei „die Illusion des Ichs" in den letzten beiden Jahrhunderten intensiv gefördert wurde und damit auch weit verbreitet und institutionell verankert ist – die neue Verzauberung. Die Beziehung zwischen den drei Teilen wird gepflegt und überwacht. Eine gravierende Störung tritt ein, wenn ein Teil dominant wird.

- Übernimmt der *„Körper"* die Herrschaft, droht „Enthemmung", „Regression", also Abweichung mit den Folgen der Medikalisierung oder Kriminalisierung.
- Nur *personale Identität* sein zu wollen, kann mit Durkheim *Egoismus* genannt werden. Im krassen Fall kann die personale Identität den Körper und die soziale Identität töten (egoistischer Selbstmord).

---

[81] Die Lockerung von personaler und sozialer Identität und eine Umdefinition der Körperlichkeit wird durch die neuen Kommunikationstechnologien weiter vorangetrieben (vgl. Turkle 1999).

- Die Dominanz der *sozialen Identität* zeigt sich in *überstarker Integration* oder einer Zurichtung der Körper im Dienste des Kollektivs, z.B. im Krieg. Das moderne westliche Individuum zeigt zunehmend Abwehr gegenüber dieser „Totalintegration".

Das Körperkapital ist die Basis für alle gesellschaftlichen Unternehmungen und Arten der Kapitalakkumulation des Individuums. Das physische Kapital ist von Natur und Gesellschaft aus ungleich verteilt. Körper sind bedeutsame soziale Ressourcen, sie haben Gebrauchs- und Tauschwert.

Die moderne Gesellschaft verbessert und erneuert alles, auch den Körper. Schon immer wurden junge, schöne, geschmeidige und starke Körper alten, hässlichen, kranken und schwachen Körpern vorgezogen. Doch die Schönheitsnormen sind – wie bekannt – trotzdem kultur- und epochenspezifisch unterschiedlich. Zwar sind die physischen Arbeitsanforderungen in modernen Gesellschaften im Vergleich zu agrarischen Kulturen viel geringer, doch dafür wurde die Außendarstellung des Körpers immer wichtiger. Über die Medien werden täglich unerbittlich die normierten weiblichen Idealkörper vorgestellt und eingehämmert. Die meisten Frauen (und Männer) „haben" Körper, die den Idealbildern nicht entsprechen. Leiden sie darunter? Nach einer neuen Untersuchung leiden die Westdeutschen mehr darunter als die Ostdeutschen (Spiegel 6/1999, 188 ff), leiden die Europäer und Nordamerikaner mehr darunter als Asiaten oder Afrikaner. Folglich steigt der soziale Druck, den eigenen Körper ständig zu manipulieren und zu renovieren – ein boomender Wirtschaftsbereich. Bei diesen kosmetischen Operationen und sonstigen Körperformungen geht es nicht um den traditionellen Begriff von Gesundheit, sondern um ein Gemenge von Individualismus, Mediatisierung, Medikalisierung, Statuskampf, Kompensation und Quasi-Psychotherapie. In den Industriestaaten verfeinern sich Wahrnehmungen, mediale Gestaltungen und Messungen, so dass ein immer kleinerer Anteil der Menschen den Idealen der perfekten Körper entspricht. Somit tritt ein Seltenheitseffekt auf: der makellose der jeweiligen Mode entsprechende Superkörper hat einen sehr hohen Wert. Die Normalkörper verlieren an Wert. Mit der Leistungssteigerung, der Inflationierung von Kompetenzen, der Erhöhung des Lebensstandards und der verbesserten Ausbildung eng verbunden sind die steigenden Erwartungen. Sie richten sich hauptsächlich auf Kulturprodukte, vor allem technische Geräte, doch im Sog dieser Erwartungen werden auch die „technischen Fähigkeiten" der Körper immer bedeutsamer. Die Schwellen der Normalität erhöhen sich. Leichte motorische oder mentale Störungen werden zu Krankheiten und Behinderungen.

In der Konsumgesellschaft hat sich zusätzlich zu der Leistungsorientierung, also keineswegs prinzipiell antagonistisch, eine hedonistische Haltung verbreitet. Die alten nichtleistungsbezogenen, d.h. vor allem nicht auf moderne Dienstleistungen bezogenen Körperfesseln wurden von einem Teil der jungen Menschen zerbrochen, doch andererseits entstand neuer Stress, da die Körperkonkurrenz sich in vieler Hinsicht in einer Marktgesellschaft verstärkt.

Körper gewinnen ihre Bedeutung in Räumen und Kontexten.
Der Körper existiert in einer „natürlichen" und sozialen Umwelt, in einem Territorium, in dem er sich bewegen kann. Gefangene verfügen über ein sehr kleines Territorium, Spitzenmanager über ein riesiges. Der Körper wächst gleichsam mit der Anzahl der Flugreisen, der Häuser, die er bewohnt, und der Räume, die er durchstreift. Die räumliche Beschränkung von Körpern ist ein wesentliches Herrschaftsmittel. Die Reisenden setzen in vielen Ländern ihre Duftmarken ab. Inzwischen kann man bekanntlich auch virtuell reisen, doch es besteht nach wie vor ein gravierender Unterschied, ob man eine Insel wirklich besitzt, oder nur in einem Computerspiel über eine verfügt.
Es wird immer mehr Arbeit am Körper geleistet in modernen Gesellschaften. Die Produktion von Gütern erfordert weniger Arbeit, doch die Herstellung und Erhaltung des eigenen Körpers wird immer aufwändiger. Untersuchungen zeigen, dass einerseits die Eigenkörperarbeit zunimmt, jedoch scheinbar paradoxerweise die Menschen immer unzufriedener mit ihren gestylten Körpern werden (Rodin 1992; Hall 1992). Wie auch in anderen Bereichen sind die Ansprüche schneller emporgeschnellt, als die tatsächlichen Körperverbesserungen. Es entsteht ein sozialer Druck in diesem Bereich, der in Zukunft eine starke technische Entwicklung erwarten lässt. Vor allem die Pharmaindustrie, die Gentechnik, aber auch andere Technologien werden diesen wachsenden Markt bestimmen. Wir stehen erst am Beginn der aufwändigen Körperprojekte.

Sozial- oder naturwissenschaftliche Betrachtung?

Auf den ersten Blick ist eine Blinddarmentzündung im Mittelalter und im Alten Ägypten genauso eine Blinddarmentzündung wie heute in Deutschland. Es handelt sich um eine biologische und medizinisch-naturwissenschaftliche Angelegenheit, unergiebig für soziologische

Überlegungen. Doch wer als krank gilt, die Diagnose, die Therapie und der Umgang mit den Kranken sind von der Kultur, den gesellschaftlichen Bedingungen und der sozialen Stellung des Kranken abhängig.

Erstens sind die Häufigkeit und die Art der auftretenden Krankheiten von sozialen Bedingungen abhängig. Aids ist in New York und Nairobi ein soziales Problem, nicht in einem Dorf in Oberbayern oder in einem Luxus-Alten-Ghetto in Florida. Zweitens wurden Krankheiten unterschiedlich sozial bewertet, als moralisch schlecht, als Zeichen bestimmter Gruppenzugehörigkeit, als Gottesstrafe usw. Drittens waren die Ursachenzuschreibungen je nach kulturellen und sozialen Gegebenheiten verschieden. In traditionalen Kulturen wurden häufig böse Geister oder ein Tabubruch verantwortlich gemacht, während heute persönliches Verhalten eine große Rolle spielt (Rauchen, Essen, Trinken, Sport, sexuelles Verhalten, Hygiene, Verkehrsverhalten). Die modernen Menschen leben folglich sehr risikobewusst, sie sind paradoxerweise trotz der immensen professionellen Hilfe belastet, da sie ständig ihr Verhalten bezüglich seines Krankheitspotenzials prüfen müssen. Nicht nur die Kranken, auch die Gesunden sind abhängiger geworden: von Ärzten und anderen Vertretern des Gesundheitssystems – und von den eingepflanzten Gesundheitsvorstellungen und Krankheitsängsten. Ein letzter Aspekt betrifft direkt die Sozialwelt. Man wird eher krank, wenn man nicht gut integriert ist (Single, geschieden, verwitwet, keine Verwandtschaft, wenig Freunde) und man bleibt eher krank, wenn man keine soziale Unterstützung im privaten Feld erhält. Man hat weniger sozialen Erfolg, wenn man krank ist. Viele versuchen, Krankheiten im Berufsleben zu verbergen.

Krankheit in soziologischer Sicht

Eine *funktionalistische* Perspektive betrachtet die Gesellschaftsmitglieder als Träger von Positionen und Rollen und als Institutionsdiener. Wenn sie ihre vorgesehenen Aufgaben infolge von Krankheit nicht ausreichend erfüllen können, dann müssen Hilfsdienste und Organisationen (Krankenhäuser, Krankenkassen) entwickelt werden. Die Rolle des Patienten wurde inzwischen als von Kind an gelernte Standardrolle eingerichtet[82]. Menschen lernen, dass sie durch Krankheit abweichend werden und mit Hilfe von Ärzten, Medikamenten und anderen gesundheitsfördernden Maßnahmen wieder normal werden können. Das Ge-

---

[82]Siehe die Bestimmung der Krankenrolle nach Parsons im Abschnitt „Arzt-Patient-Verhältnis".

sundheitswesen kann jedoch auch dysfunktional werden, z.B. wenn die Kosten zu sehr ansteigen oder wenn die Krankheitsdefinitionen übermäßig ausgeweitet werden.

Ein *Konfliktansatz* richtet sein Augenmerk auf die Klassengegensätze (Personen der Unterschicht erkranken häufiger und sterben früher als Personen aus oberen Schichten) und auf die divergierenden Interessen von Patientengruppen, Ärzten und anderen Gesundheitsarbeitern. Medizin übt soziale Kontrolle aus, wobei die Frage ist: In wessen Interesse? Die Medikalisierung, der Eroberungsfeldzug des medizinischen Modells, steht in Konkurrenz zu anderen Modellen, z.B. einer sozialwissenschaftlichen Betrachtung von abweichendem Verhalten oder alternativen Heilverfahren. Die Ärzteschaft war in den Industriestaaten bisher sehr erfolgreich im Kampf mit den konkurrierenden Gruppen. Eine Kooperation zwischen verschiedenen professionellen Gruppen im Bereich der gezielten Veränderung von Menschen (Sozialisation, Erziehung, Heilung, Prävention usw.) scheitert häufig an der Konkurrenz um Ressourcen und Klienten und an der Hierarchisierung (Ärzte haben einen höheren Status als Krankenschwestern oder Psychologen). Die Kämpfe im Gesundheitswesen stehen im Zusammenhang mit einer Reihe von Institutionen: Wirtschaft (Konzerne), Politik (Lobby), Recht (Privilegierung und Diskriminierung), Religion (Eroberung von religiösen Bereichen durch die Medizin), Wissenschaft (Kampf um Forschungsgelder), Medien (Darstellung von Ärzten und Krankenschwestern).

Von der Warte des *Interaktionismus* aus gesehen sind Kranke nicht nur durch Rollen, Normen und Gruppenzugehörigkeit bestimmt, sondern sie interpretieren ihre Krankheit, deuten die Diagnosen und Therapievorschläge des Arztes und treffen eigenwillige Entscheidungen. Medikamente werden gekauft und nicht verwendet, Selbstbehandlung findet häufig statt, andere Ärzte werden aufgesucht, alternative Heilverfahren ausgewählt. Diagnosen und Therapien werden zwar offiziell von Ärzten und Therapeuten festgelegt, doch das tatsächliche Verhalten der Patienten ist das Resultat von Verhandlungen, Vorstellungen, Reaktionen von Familienmitgliedern und Versuchen, die personale und soziale Identität zu schützen (vgl. Gerhardt 1999, 402 ff). Das medizinische Wissen wurde bisher aus der schulischen Bildung ausgeklammert, und die Bevölkerung wurde mehr über die Massenmedien als durch direkte Kontakte mit Ärzten aufgeklärt. Medizin dient inzwischen nicht nur der Heilung von Krankheit, also der Normalisierung, sondern immer mehr

der Statuserhöhung, dem sozialen Aufstieg und dem impression management.
Der folgende Abschnitt ist primär aus der Perspektive des Symbolischen Interaktionismus geschrieben.

Was Laien über Gesundheit und Krankheit denken

Im Englischen wird zwischen *disease* und *illness* unterschieden. Disease bezieht sich auf die Krankheitsdefinitionen des Arztes, während illness sich auf die Selbstdefinition der kranken Person oder anderer Laien bezieht. Wichtig hierbei ist die Erkenntnis, dass das Sprechen über Krankheit nicht eine „objektive naturwissenschaftliche Tatsache", sondern eine soziale Konstruktion ist.

Menschen bezeichnen sich selbst und andere als gesund oder krank, wobei eine Reihe von Merkmalen angesprochen sind: Hedonismus, Körperbezug, Gleichgewicht, Vitalität, Hygiene, Prävention, Psychische Ausgeglichenheit, Physische Funktionsfähigkeit, Abwesenheit von Krankheit.

Herzlich und Pierret (1991) haben drei zentrale Faktoren in den Äußerungen von Laien über Gesundheit gefunden:

- Abwesenheit von Krankheit
- Gesundheitsreserve, Widerstandskraft
- Gleichgewicht (Wohlbefinden und Handlungsfähigkeit).

Untersuchungen zeigen, dass *ältere* Personen Gesundheit als körperliche Stärke, generelles Fitnessgefühl und Alltagskompetenz definieren. *Unterschicht*personen definieren Gesundheit stärker als die Fähigkeit, Alltagstätigkeiten vor allem im Beruf und in der Familie durchzuführen, während *Mittelschicht*personen einen breiteren Gesundheitsbegriff haben, der sich auf psychische Energie, positive Einstellung und die Fähigkeit zur Lebensbewältigung bezieht. Ober- und Mittelschichtpersonen haben in stärkerem Maße eine *personalisierte auf Selbstverwirklichung gerichtete Sichtweise* von Gesundheit. Dagegen ist bei Unterschichtangehörigen eine stärker passive und *fatalistische Orientierung* feststellbar; es werden eher äußere Gründe oder Kräfte angegeben, die das Leben und auch die Gesundheit bestimmen. In der Unterschicht wird Gesundheit in der Regel aus utilitaristischer Perspektive gesehen, hauptsächlich als Arbeitsfähigkeit, als Mittel für die Zwecke der Leistungsgesellschaft und nicht als Selbstzweck.

Theorien zur Erklärung von Krankheiten

Im Folgenden werden Alltagstheorien dargestellt, die unter verschiedenen kulturellen Bedingungen verbreitet waren und großen Einfluss auf Einstellungen und Verhaltensweisen von Menschen hatten (vgl. Tesh 1989). Alltagstheorien über Krankheiten spielen auch in Industriegesellschaften eine bedeutsame Rolle. Eine Trennung wissenschaftlicher von Alltagstheorien kann analytisch vorgenommen werden, doch sowohl im Bewusstsein der Laien als auch der im Medizinbereich tätigen Professionellen vermischen sich diese Theorieebenen und das Handeln ist nur in Ausnahmefällen (fast) ausschließlich von einer wissenschaftlichen Theorie „geleitet".

1. Die Theorie des Übernatürlichen

Böse Geister oder Dämonen wurden in verschiedenen Kulturen als Verursacher von Krankheiten angesehen. Auch im Christentum wurde Krankheit häufig als Bestrafung durch Gott verstanden. Anhänger der Theorie des Übernatürlichen reagierten in der Regel konservativ und wandten sich gegen Wissenschaft und Demokratisierung. Krankheit, Armut und überhaupt die sozialen Bedingungen von Ungleichheit wurden als gottgegeben angesehen.

2. Die Ansteckungstheorie

Sie war schon im Mittelalter und wahrscheinlich auch schon in der Antike bekannt, als man noch keine Kenntnisse von Bakterien und Viren hatte. Der „schlechte" bzw. fremde Geruch oder Berührungen von Menschen, die an sichtbaren Körperstörungen oder -deformationen litten, waren verdächtig. Man versuchte durch Quarantäne, also durch Isolation der Kranken von den Gesunden, eine weitere Verbreitung von Seuchen und Krankheiten zu verhindern. Diese Sichtweise war häufig gekoppelt mit Fremdenfeindlichkeit und Vorurteilen gegenüber Minderheiten oder negativ besetzten Gruppen. Im 19. Jahrhundert wurde die Ansteckungstheorie von Unternehmern und liberalen Politikern angegriffen, da eine Isolation, vor allem in den aufstrebenden, vom Außenhandel abhängigen Industriestaaten ökonomische Nachteile mit sich brachte. Die Theorie ist jedoch nach wie vor im Alltagsbewusstsein tief verankert.

3. Die Theorie der Keime, Bakterien und Viren

Diese über die wissenschaftliche Forschung ins Alltagsbewusstsein gelangte Sichtweise überschneidet sich mit der Ansteckungstheorie, ist jedoch nicht mit ihr identisch. Menschen sehen sich und ihr Inneres als Schlachtfeld, Myriaden von bösen Lebewesen sind eingedrungen und werden von den guten eigenen Kräften – oder von medizinischen Hilfstruppen – bekämpft. Zweifellos handelt es sich um eine gut geprüfte und erfolgreiche wissenschaftliche Position. Gerade erfolgreiche Medikamente haben häufig unerwünschte Nebenwirkungen. Diese Perspektive macht Krankheit unpersönlich. Der Kranke vermag wenig gegen seine Krankheit zu tun, er benötigt Expertenhilfe. Es entsteht häufig ein diffuses Gefühl der Ohnmacht, des Ausgeliefertseins. Diese Theorie begünstigt soziale Distanz, da die Umwelt, vor allem fremdartige Menschen und Gruppen, als erfüllt von gefährlichen Viren und Bakterien angesehen werden.

4. Die Theorie des persönlichen Verhaltens und des Lebensstils
Schon in der Antike wurden Ernährung, körperliche Übungen, Sauberkeit und richtige emotionale Befindlichkeit als entscheidend für Gesundheit angesehen. Im 19. und 20. Jahrhundert überschwemmte eine Flut von Verhaltenskatalogen zur Verhinderung von Krankheiten den Markt. In der Regel wurde ein bürgerliches Leben als gesundheitsfördernd angesehen. Der Glaube an individuelle Freiheit und Selbstkontrolle war für Vertreter dieser Richtung entscheidend. Im Zeitalter der Individualisierung werden Rauchen, Stress, zu fette Ernährung etc. zu zentralen Krankheitsursachen erklärt und der Einzelne wird bei entsprechenden Erkrankungen verantwortlich gemacht. Nach Elias wurde im Laufe der Zivilisation Selbstkontrolle im Vergleich zu Fremdkontrolle bedeutsamer. Die individuelle Ursachenzuschreibung kann als Ablehnung oder Verdrängung der Suche nach Ursachen in den strukturellen Bedingungen der Gesellschaft und als Rechtfertigung der sozialen Ungleichheit interpretiert werden. Die stärkere Krankheitsanfälligkeit und der frühzeitige Tod von Unterschichtangehörigen wird als Folge persönlichen Fehlverhaltens gesehen.

5. Die Umwelttheorie
Umwelttheorien sind so alt wie die Menschheit. Jeder einzelne Mensch und auch jede Gruppe sind Systeme, die sich von der Umwelt abgrenzen. Hier soll das Augenmerk auf die in den letzten Jahrzehnten eingetretene ökologische Sensibilisierung gelenkt werden. Alltagstheorien über gesundheitsschädliche Umweltbedingungen verstärken Abgrenzung, Schließung und Gruppenkämpfe. Man denke an die Errichtung von Deponien oder Kernkraftwerken, an kontaminierte Bereiche, an Industriegebiete und Wohnungen an stark befahrenen Straßen. In all diesen Fällen sind herrschende Gruppen meist erfolgreich, d.h. tatsäch-

lich oder angeblich gesundheitsschädliche Einrichtungen werden meist in Unterschichtgebieten oder in statusniedrigen Regionen errichtet.

6. Die Vererbungstheorie oder Theorie der Gene

Vererbungstheorien für die Erklärung von Krankheiten wurden schon in früheren Jahrhunderten verwendet. Sie dienten der Diskriminierung von Gruppen, Familien oder Ethnien. Doch die wissenschaftliche Genetik eröffnet neue Diagnose- und Therapiemöglichkeiten. Manche meinen, dadurch würde eine Wende in der Medizin eingeleitet. Im Gegensatz zu der Theorie der Keime, Bakterien und Viren führen genetische Theorien wahrscheinlich zu einem stärkeren sozialen Druck, der vor allem auf Eltern ausgeübt werden wird, sich für die Gesundheit ihrer Kinder verantwortlich zu fühlen. Genetische Theorien können auch als Entlastung empfunden werden: Wenn Homosexualität als genetisch bedingt angesehen wird, dann kann man einem Homosexuellen keinen Vorwurf machen, nimmt man dagegen an, dass sie durch Lernprozesse entsteht und auch verändert werden kann, dann kann der Homosexuelle verantwortlich gemacht und im Extremfall zur „Umprogrammierung" gezwungen werden.

Krankheit und sozialer Wandel

Als wesentlicher und eindeutiger Indikator für die Gesundheit einer Bevölkerung wird in neuer Zeit die durchschnittliche *Lebenserwartung* angesehen. Sie ist im 19. und im 20. Jahrhundert bedeutsam gestiegen.
Der Rückgang der Mortalität durch Infektionskrankheiten in der zweiten Hälfte des 19. Jahrhunderts ist in viel stärkerem Maße durch Veränderungen der Ernährungsgewohnheiten, der Wohnbedingungen, der Hygiene, der Geburtenregelung und der persönlichen Lebensgewohnheiten zu erklären als durch Innovationen innerhalb des medizinischen Systems.
Auf Grund der Lebensweisen und Umweltbedingungen in den Industriestaaten hat sich eine Verschiebung der Todesursachen von den Infektionskrankheiten zu den chronischen Krankheiten (vor allem Krebs) ergeben. Diese Zunahme der chronischen Krankheiten ist nicht nur für ältere Menschen, sondern auch für mittlere Altersgruppen festzustellen. Unterschiedliche Lebensweisen, z.B. späteres Lebensalter bei der Familiengründung, Kinderlosigkeit oder Scheidung, beeinflussen die Krankheitsmuster, z.B. die Wahrscheinlichkeit an bestimmten Krebsarten zu erkranken (Remennick 1998).

Der welthistorisch bedeutsame Zusammenbruch der kommunistischen Regime in Osteuropa hat sich auf die Gesundheit und Lebenserwartung der Bevölkerung negativ ausgewirkt. Vor allem in den Nachfolgestaaten der Sowjetunion ist die Lebenserwartung signifikant gesunken.

Krankheiten und frühzeitiges Sterben sind weltweit vor allem durch soziale, politische und ökonomische Bedingungen bewirkt. Will man also die Menschen gesünder machen, dann muss man primär die sozialen, politischen und ökonomischen Bedingungen ändern.
Daraus ist eine wichtige These zu gewinnen: *Gesundheit ist nicht primär eine Angelegenheit der Medizin!*

Im 18. und 19. Jahrhundert fanden ständige Auseinandersetzungen zwischen staatlichen Großgebilden statt und immer mächtigere Heeresformationen mussten organisiert und gelenkt werden. Dazu gehörte auch eine körperliche und psychische Disziplinierung der Soldaten. Außerdem vergrößerten sich im 19. Jahrhundert die europäischen Städte und es kam zu einer Krise der urbanen Kontrolle. Die herrschenden Gruppen hatten Angst vor Aufständen der verelendeten Massen. Die traditionellen Herrschaftsformen erwiesen sich angesichts der Akkumulation der Menschen, des Kapitals und des Wissens als ungeeignet, so dass neue Kontrolltechnologien entwickelt werden mussten.

Foucault (1973, 1977) hat auf die große Bedeutung der Architektur (Gefängnisse, Krankenhäuser, Schulen, Kasernen), der wissenschaftlichen Erkenntnisse, der medizinischen Verfahren und anderer kultureller Gebilde für die Verhaltenssteuerung hingewiesen. Neue Formen der Macht und der Überwachung wurden für den modernen Menschen entwickelt. Immer mehr Informationen über Menschen werden gesammelt und in Organisationen verarbeitet. Das medizinische System und vor allem das Krankenhaus dienen der „Durchleuchtung“ und ständigen Renovierung des Menschen. Das Gesundheitssystem überwacht, kontrolliert und sozialisiert ebenso wie das Bildungssystem oder das Strafsystem (Gefängnisse). In traditionalen Kulturen wurden die Körper der abweichenden Personen häufig physisch zerbrochen. In modernen Gesellschaften wird eine soziale und moralische Reintegration des abweichenden Individuums, d.h. eine indirekte Körpermodellierung, mit Hilfe von staatstreuen Professionen, vor allem Juristen und Ärzten, durchgeführt (White 1991).
Die Körper werden im Rahmen von Populationen eingeordnet. Krankheiten sind Angriffe auf diese Populationen, die abgewehrt werden müssen. Somit werden moderne Kriege gegen Krankheiten geführt.

AIDS ist eine moderne Krankheit, die in der neuen Perspektive erfasst wird. Es wird also nicht nur nach Viren oder Krankheitserregern gesucht, sondern auch nach sozialen Mustern, Interaktionen, Risikogruppen und Orten der Krankheit. Armstrong (1983) meint, dass dadurch ein Übergang von einer biologischen zu einer sozialpolitischen und sozialwissenschaftlichen Betrachtung erfolgt.

Verbrecher wurden in traditionalen Gesellschaften getötet oder aus der Gemeinschaft ausgeschlossen. Sie standen also für soziale Aufgaben nicht mehr zur Verfügung. Menschen sind heute wertvoller. In sie wurde durch Erziehung und sonstige Behandlung viel investiert, was ihre Erhaltung und Reparatur ökonomisch rechtfertigt. Vor allem jedoch erhöhte der Staat seine Macht über die Staatsbürger, wenn er ihnen den Lebensschutz zusicherte – eine scheinbar paradoxe Erkenntnis, da doch traditionellerweise Macht über Todesdrohung gesichert wurde.
Medizinische Theorien werden also zu sozialen und politischen Zwecken verwendet. Dies lässt sich auch an der wissenschaftlichen Bestimmung des Unterschiedes zwischen Mann und Frau im 19. Jahrhundert belegen. Das wesentliche Organ des Mannes sei das Gehirn, das der Frau das reproduktive System (Uterus etc.), außerdem sei die Frau von nervösen Erscheinungen determiniert. Dies wurde als Rechtfertigung für die Definition von Krankheit bei Frauen, die sich nicht den Rollenvorschriften unterwarfen, verwendet. Sie galten als Hysterikerinnen. Doch die Diagnose *Hysterie* war damit nicht nur eine Methode der männlichen Kontrolle der Frauen, sondern auch eine Möglichkeit der Flucht oder auch des Widerstandes gegen die Dominanz der Männer (vgl. Turner 1996, 116 f). Somit erweisen sich Unterdrückungstheorien und -maßnahmen als Instrumente, die auch gegen die Unterdrücker gewendet werden können – eine alte Erkenntnis, die sich ursprünglich hauptsächlich auf Waffen bezog.

Ein weiteres Beispiel einer direkten Mitwirkung des medizinischen Bereiches im Rahmen sozialer Kontrolle der herrschenden Klasse ist aus der Zeit der *Sklavenhaltung* in Amerika bekannt. Sklaven, die flohen, wurden von Ärzten für krank erklärt; die Diagnose lautete „Manie" (Drapetomania) und somit war ein chirurgischer Eingriff gerechtfertigt, nämlich die Entfernung der großen Zehen, um Flucht unmöglich zu machen.

Auch im 20. Jahrhundert haben Ärzte in totalitären Staaten, etwa im Nationalsozialismus oder in der Sowjetunion, Dissidenten und andere politisch abweichende Personen gemäß den Interessen der Herrschenden als krank definiert und „behandelt“, z.B. in psychiatrische Kliniken eingewiesen oder „Experimenten im Dienste der Wissenschaft“ unterworfen.

Der Kampf gegen die *Masturbation,* die im 18. und 19. Jahrhundert von vielen „Experten“ als Krankheit angesehen wurde, kann so interpretiert werden, dass parallel zur ökonomischen Entwicklung die Akkumulation von Kapital auch auf anderen Ebenen angestrebt wurde. Man sollte nicht nur sein Geld bewahren und sinnvoll anlegen, sondern auch seinen Samen und seine sexuellen Fähigkeiten. Verschwendung war also ein Zeichen von Krankheit.
Freilich ist das (christliche) Gebot, den Samen an der richtigen Stelle abzulegen, viel älter als der neuzeitliche Kapitalismus. Doch die Legitimation und technische Ausarbeitung des Kampfes gegen die Masturbation ist mit dem Kapitalismus, mit der Bildung von modernen Staaten und der Ausbildung einer wissenschaftlichen Priesterschaft, vor allem Ärzten, gekoppelt.

Die Einstellungen gegenüber Masturbation haben sich gewandelt. Wie viele sexuelle Handlungen wird sie bei „richtiger“ Anwendung (Jugend und sexuelle „Notsituationen“) von den meisten Menschen in den Industriestaaten akzeptiert oder geduldet, d.h. sie unterliegt weiterhin einer kritischen Kontrolle im Sinne einer sexuellen Normierung.

Gesundheit und Krankheit sind Produkte gesellschaftlicher Definitionen. Im 19. Jahrhundert galten in England in Teilen der Oberschicht blasse, zarte und eher schwächliche Frauen als ideal und damit als normal und gesund.

Krankheiten werden auch unterschiedlich bewertet. Manche Krankheiten wurden etwa von Künstlern verherrlicht, da sie annahmen, dass ihre Schaffenspotenz dadurch gefördert würde. Andere Krankheiten wurden als Zeichen für Schuld oder Verbrechen angesehen.
Leprakranke wurden in verschiedensten Kulturen (z.B. in Indien auch heute noch) als Außenseiter angesehen und in isolierten Gruppen gehalten.
In den letzten beiden Jahrhunderten fand eine Medikalisierung vieler Formen des abweichenden Verhaltens statt: z.B. Homosexualität, andere sexuelle Abweichungen, Drogengebrauch, Selbstmord, Kindesmisshandlung und verschiedene Arten von politisch abweichendem Verhalten wurden durch Ärzte sozial kontrolliert.

Außerdem werden auch immer wieder neue Krankheiten „entdeckt". Ein Beispiel ist die Hyperaktivität. Kinder, vor allem Jungen, zeigen teilweise sehr starke motorische Aktivitäten. Dies ist in einem Zustand der hohen Zivilisation (Affektkontrolle), vor allem in Organisationen wie der Schule (Grundschule als weibliche Institution; Normen: stillsitzen, nicht schreien), unerwünscht. Dann wurde die Theorie entwickelt und verbreitet, dass die Hyperaktivität durch minimale Dysfunktionen des Gehirns verursacht wird. Außerdem wurden dafür spezielle Medikamente entwickelt. Damit entstand auch ein starkes Interesse pharmazeutischer Firmen an der Definition und Behandlung dieser Krankheit. Nach wie vor ist umstritten, ob es sich in der Mehrzahl der diagnostizierten Fälle tatsächlich um eine „Gehirnstörung" oder überhaupt um eine Krankheit handelt und ob die medikamentöse Behandlung für die Patienten nützlich ist. Doch die Institutionalisierung schafft auch das benötigte Patientenvolumen.

Ökonomische und politische Bedingungen von Krankheit

Moderne Gesellschaften verfügen über gigantische Gesundheitssysteme, die jährlich viele Milliarden kosten.[83] Die Kosten steigen, so dass ständige Eingriffe erforderlich sind.

Nach *funktionalistischer* Sichtweise können die Ziele geprüft werden. Als anerkannte Indikatoren kann man durchschnittliche Lebensdauer und die Wahrscheinlichkeit schwerwiegende Krankheiten zu bekommen verwenden. Wenn man verschiedene unterschiedlich teure Gesundheitssysteme (z.B. USA, Deutschland, Großbritannien, Kanada, Japan) vergleicht, so sind die Kosten, z.B. in den USA und Deutschland, – gemessen an der Zielerreichung – überhöht.

Um weitere Erklärungen zu liefern, ist ein *Konfliktansatz* heranzuziehen. In den USA ist das Gesundheitssystem ein Konfliktfeld, in dem die Gruppe der Ärzte, der medizinischen Großorganisationen und der wohlhabende Teil der Bevölkerung sich gegen die Mehrheit der Bevölkerung erfolgreich durchgesetzt haben. Die Situation in Deutschland ist ebenfalls konflikttheoretisch zu beschreiben: Standesvertreter der Ärzteschaft und mit ihnen verbundene politische und ökonomische Gruppen verhindern, dass medizinische Dienstleistungen billiger ohne Qualitätsverlust angeboten werden, indem moderne Formen der Professio-

[83]Einen kurzen Überblick über das deutsche Gesundheitssystem findet man bei Kühn (1998).

nalisierung nicht zugelassen oder nicht gefördert werden. Außerdem steht das Gesundheitssystem immer mehr im Konflikt mit anderen Teilsystemen, z.B. Erziehung und Bildung, da es einen steigenden Anteil des Bruttosozialprodukts verschlingt.
Auf der Ebene der Werte und Normen wird in der modernen Gesellschaft eine Doppelbotschaft verbreitet:

- Sei erfolgreich, kontrolliere dich selbst, sei konkurrenzorientiert, zeige Disziplin.
- Freue dich des Lebens, sei ein guter Konsument, gib dich den Vergnügungen hin, sei hedonistisch, genieße.

Diese widersprüchliche Botschaft manifestiert sich in angebotenen Produkten, die über Werbung versprechen, dass ein Genuss ohne Reue stattfindet, z.B. Bier ohne Alkohol, Nahrungsmittel mit sehr wenig Kalorien, Kondome, Autofahren mit Sicherheitsgurten. Menschen müssen also mehr Anforderungen als früher erfüllen: es reicht nicht, dass sie gut und fleißig arbeiten. Sie müssen auch gut und fleißig konsumieren und sie müssen gut und schön aussehen. Um das alles zu erfüllen, muss man einerseits auf seine Gesundheit achten, sie andererseits auch gefährden. Ein idealer Nährboden für eine profitable nie endende Körpergestaltung.

Gesundheit und Wohlbefinden sind von den Arbeitsbedingungen abhängig. Viele Menschen, auch in den reichen Industriestaaten, müssen unter Bedingungen arbeiten, die einseitige Belastungen bestimmter Teile ihres Körpers mit sich bringen. Außerdem arbeiten die meisten unter Bedingungen, in denen sie ihre Arbeitsumwelt und ihre Körperlichkeit nur teilweise selbst kontrollieren dürfen, zu einem großen Teil jedoch der *Fremdkontrolle* unterworfen sind, immer häufiger technologisch (z.B. Computerarbeitsplätze) gesteuert. Dies betrifft viele Gestaltungen der Räume, der Sitzgelegenheiten, der Bewegungen, der Kontakte mit anderen Personen, der Belastungen von Sinnesorganen, der Kleidung, der Arten verbaler und nichtverbaler Äußerungen usw.

Die Kontrolle über die *Zeit* ist eine wesentliche Art der Machtausübung. Mächtige Personen haben die Möglichkeit, die Zeitverwendung anderer Personen zu regulieren und zu kontrollieren. Viele müssen ihre Lebensrhythmen Maschinen und bürokratischen Ordnungen anpassen. Aufgaben und Handlungen werden in kleine manipulierbare Einheiten geteilt (Taylorisierung), um eine höhere Produktivität zu gewährleisten. Der Körper vieler arbeitender Menschen wird in Bewegungs- und Stillhalteformen hineingezwungen. Zeitliche und andere Anforderungen, die selbstgewählt und selbst gesteuert sind, führen zu weniger Stress als fremdbestimmte Zwänge (Freund/McGuire 1991, 95 ff).

Die Arbeitsbedingungen können also bewirken, dass jemand in seinem Verhältnis zu seinem eigenen Körper gestört wird. Unterschichtpersonen weisen eine verringerte Sensibilität gegenüber verschiedenen Krankheitssymptomen, wie Kopfschmerzen, Rückenschmerzen oder chronischer Müdigkeit auf, und verhalten sich „rücksichtsloser" gegenüber dem eigenen Körper und den Körpern anderer.
Eine besondere Form von krankheitsbewirkenden Arbeitsbedingungen betrifft die Schichtarbeit. Dadurch werden Ess- und Schlafgewohnheiten, Körperrhythmen und auch Kommunikationsmöglichkeiten negativ beeinflusst.

Viele Menschen internalisieren das Arbeitsethos und die steigenden Erwartungen allzu sehr. Sie überfordern sich selbst permanent und geraten dadurch in Stress. In modernen Gesellschaften sehen trotz oder gerade wegen des gestiegenen durchschnittlichen Qualifikationsniveaus viele sich als Versager, z.B. Arbeitslose. Diese selbstzugeschriebene Unfähigkeit hat krankheitsfördernde Effekte (z.B. Herz-Kreislauf-, Atem- und Magenbeschwerden etc.). Krankheit führt zur Verringerung des sozialen Erfolges – also ein Teufelskreis.

Ärzte

Ärzte sind im Bewusstsein der meisten Menschen die Spitzengruppe der Professionellen – sie haben einen weit höheren Rang als z.B. Lehrer. In einer neuen repräsentativen Umfrage in Deutschland zur Wertschätzung von Berufsgruppen rangieren Ärzte mit weitem Abstand vor allen anderen Berufen an erster Stelle.[84] US-amerikanische und deutsche Ärzte verdienen im Vergleich zu den meisten anderen akademischen Berufen überdurchschnittlich viel.

Das medizinische System ist hierarchisch organisiert. Innerhalb des Systems nehmen die Ärzte die höchste Stellung ein und treffen alle wesentlichen Entscheidungen. Der normale Patient nimmt die unterste Stellung ein (außer er ist Mitglied der Oberschicht oder zumindest der oberen Mittelschicht).

[84] 75 von 100 Personen haben am meisten Achtung vor Ärzten. An zweiter Stelle folgen Pfarrer (40) (Umfrage des Instituts für Demoskopie Allensbach 1999).

Der frei praktizierende Arzt ist ein Unternehmer, der weder durch Kollegen noch durch seine Patienten wirksam kontrolliert wird. Eine bessere Kollegenkontrolle findet innerhalb von Krankenhäusern oder anderen Organisationen statt, in denen Ärzte zusammenarbeiten. Allerdings besteht in der Regel eine Übereinkunft zwischen den Ärzten, dass die Fehler der anderen jeweils mehr oder minder toleriert werden oder jedenfalls nicht gegenüber anderen Personen genannt werden. Die Standesorganisationen vertreten primär das partikulare Interesse ihrer Gruppe und wenden sich gegen die Berücksichtigung der Interessen der tatsächlich Betroffenen, nämlich der Kranken, wenn die Privilegien ihrer Mitglieder dadurch beschnitten würden.

Der Anteil der Ärzte, die als unabhängige Unternehmer arbeiten, hat abgenommen. Die Zahl der Ärzte hat zugenommen, die im Rahmen von größeren Organisationen tätig sind oder die von Organisationen ökonomisch abhängig sind. Die medizinischen Großorganisationen (Krankenhäuser, Krankenkassen etc.) werden in der Regel nicht von Ärzten geleitet, sondern von Managern, die meist eine ökonomische Ausbildung erhalten haben. Insgesamt kann man also sagen, dass die Autonomie der Ärzte, die sich Ende des 19. und am Anfang des 20. Jahrhunderts stark entwickelt hatte, in den letzten Jahrzehnten etwas eingeschränkt wurde.

Die staatliche Kontrolle des medizinischen Systems hat zugenommen, und die Konsumentenorientierung der Klienten hat sich verstärkt.

Cockerham (1988) spricht von einer Kultur der Medizin, die eine Konsumentenhaltung zu verhindern sucht. Der Laie oder Patient wird als nicht fähig angesehen, für seine eigene Gesundheit zu sorgen oder auch erfolgreich seine Krankheit zu bekämpfen. Diese Werte im Rahmen des medizinischen Systems werden durch zunehmende Technisierung verstärkt. Fragen der Lebensqualität, die im Diskurs mit den Patienten geklärt werden sollten, treten in ihrer Bedeutung zurück gegenüber professionellen Ansichten über die richtige Diagnose und Behandlung einzelner Krankheiten oder Körperdefekte.

Der Zugang zum Medizinstudium wird knapp gehalten und dadurch aufgewertet. Die berufliche Sozialisation führt zu Distanz und Affektkontrolle. Der Anatomiekurs dient als Initiationsritus. Der Student lernt, dass der Arzt sich mit Körperteilen und Krankheiten, nicht mit den Bedürfnissen lebender Menschen beschäftigen soll. Er wird in das Spiel mit der Macht über Leben und Tod eingeführt.

Die medizinische Profession hat viele soziale Situationen und Klienten, die früher von anderen Gruppen, z.B. von Priestern, Eltern, Nachbarn etc. betreut wurden, erobert oder übernommen und damit diese Gruppen teilweise entmachtet und entlastet.

Die medizinische Profession ist berechtigt, Lebens- und Todesangelegenheiten zu definieren und Verfahrensweisen vorzuschlagen, ob Personen bestimmte Behandlungsformen erhalten oder nicht. Teilweise stehen Ärzte in Konkurrenz zu Juristen bzw. zum Rechtssystem. Familiäre und religiöse Institutionen und einzelne Patienten haben Schwierigkeiten gegenüber diesen mächtigen Professionen, eigene Definitionen und Verfahrensweisen durchzusetzen.

Medizinische Autorität gewann im sozialen und moralischen Bereich immer stärkeres Gewicht. Zum Beispiel treten Entscheidungen von Eltern bezüglich der Behandlung ihres Kindes in Konkurrenz zu den Entscheidungen von Ärzten. Auch wird bei Bewusstlosigkeit des Patienten oder bei Nichtzurechnungsfähigkeit die Entscheidung des Arztes oder der Ärzte für anerkennenwerter gehalten als die Entscheidung von Bezugspersonen, was als Schwächung der Solidarität und Wirksamkeit der Primärgruppen gedeutet werden kann.

Ärzte nehmen wichtige soziale Kontrollfunktionen ein. Als *Homosexualität* ein legitimer Grund für die Ablehnung des Erwerbs der Staatsbürgerschaft der USA war, waren Psychiater dazu legitimiert, Homosexualität zu definieren und festzuschreiben. Viele sozial bedingte Störungen werden als individuelle Krankheiten behandelt. Vor allem Frauen wird ein Übermaß an Beruhigungsmitteln verschrieben, wenn sie mit ihren sozialen Rollen teilweise unzufrieden sind.
Damit erfüllen Ärzte die Funktionen der Integration, der Erhaltung des Status quo innerhalb einer Gesellschaft und der Konfliktreduktion.

Arzt-Patient-Verhältnis

Parsons (1951, 426 ff) hat die Krankenrolle folgendermaßen bestimmt:

„1. Befreiung von den normalen Rollenverpflichtungen.
2. Die Vorstellung, dass die kranke Person (professionelle) Hilfe benötigt, um wieder in den Stand versetzt zu werden, ihre normalen Rollen und Aufgaben zu erfüllen.
3. Krankheit wird als unerwünscht definiert, und es wird als Pflicht des Kranken angesehen, den kranken Zustand möglichst schnell in einen gesunden umzuwandeln." (Feldmann 1995, 146)

Der Patient hat zwar ein Eigeninteresse an der Genesung, aber er hat auch eine gesellschaftliche Verpflichtung, mit dem Arzt zusammenzuarbeiten, um das sozial erwünschte Ziel Gesundheit zu erreichen. Nach Parsons sollte der Arzt nicht profitorientiert agieren, denn im Gegensatz zur Rolle des Geschäftsmannes ist die Rolle des Arztes kollektiv und nicht selbstorientiert. Der Arzt ist verpflichtet, das Wohl des Patienten über seine eigenen materiellen und sonstigen Interessen zu stellen. Auch der Patient soll sich nach Parsons nicht als Konsument verhalten, der die Ärzte beliebig wechselt oder das preisgünstigste Angebot auswählt. Die normativen Setzungen von Parsons entsprechen immer weniger der sozialen Realität, da marktförmige Strukturen immer mehr institutionelle Bereiche erfassen.

Der Arzt lebt in einer professionellen Sphäre und der Patient, vor allem, wenn er aus der Unterschicht oder aus einem anderen Kulturkreis kommt, hat Schwierigkeiten, mit dem Arzt zu kommunizieren. Der Patient bildet Alltagstheorien über seine Krankheit, die in seinem sozialen und kulturellen Feld eingeordnet sind. Meist fehlen Kompetenz, Zeit, Bereitschaft des Arztes und andere Faktoren, um diese Alltagstheorien dem Arzt überhaupt bekannt zu machen (Freund/McGuire 1991, 248). Der Patient wird oft in einen verdinglichten Fall verwandelt, dekontextualisiert. Wenn der Patient die Anweisungen auf Grund von Missverständnissen oder anderen Gründen nicht befolgt, wird dies vom Arzt häufig als moralischer oder intellektueller Fehler des Patienten und nicht als Interaktionsproblem interpretiert.
„Mindestens ein Drittel der Patienten befolgt die Anordnungen der Ärzte nicht oder nur mangelhaft" (Lang/Faller 1998, 329). Schätzungsweise 20 Prozent der in Deutschland verordneten und gekauften Medikamente landen im Müll (Der Spiegel 44/1999, 37). Negativ wirken sich auf Compliance (Befolgen der Anordnungen) u.a. folgende Bedingungen aus: psychische Erkrankung, hohe Komplexität des Therapieplans, umfassende Verhaltensänderung durch die Therapie und lange Behandlungsdauer, Informationsmängel, für die Ärzte, Krankenkassen und das Erziehungssystem verantwortlich sind, begründetes Misstrauen von Patienten, Wirkungslosigkeit von Medikamenten usw.

Medizin zwischen System und Lebenswelt

Die Medizin dringt in die Lebenswelt ein (Habermas 1981), d.h. es kommt zu einem Konflikt zwischen Individualisierung und Familienorientierung einerseits und Bürokratisierung und Ökonomisierung andererseits. Medizinische Eingriffe erweisen sich vor allem bei alten

Menschen als gravierend und teilweise psychisch und sozial zerstörerisch. Kranke alte Personen werden häufig aus ihrer gewohnten Umgebung herausgerissen, in Spezialorganisationen (Krankenhäuser, Pflegeheime) eingelagert, manchmal nach dem Prinzip „Operation gelungen, Patient psychisch und sozial tot". Generell wird dem medizinischen System vorgeworfen: übermäßiger Gebrauch moderner Technologie, Überspezialisierung, Entmündigung der Patienten, Abtrennung von den Bezugspersonen und Verstärkung ökonomischer Abhängigkeit.

Es werden auch Bereiche medikalisiert, die früher kaum von Ärzten betreut wurden, z.B. die Geburt. Die Hebammen, die den Frauen traditionell bei der Geburt halfen, sind heute von den Ärzten abhängig. Die Ärztegruppe hatte in manchen Staaten einen harten politischen Kampf auszufechten, um gegen die Hebammen zu siegen. Statt eine kleine Risikogruppe zu betreuen, wird auf alle Frauen sozialer Druck ausgeübt, ihre Kinder im Krankenhaus zur Welt zu bringen, und häufig fragwürdige, schwerwiegende Eingriffe zu akzeptieren, z.B. Kaiserschnitt. In einer Minderheit der Fälle erfolgen Versuche, der professionellen Kontrolle zumindest teilweise zu entkommen, die Geburt oder das Sterben wieder in eigener Regie oder in alternativer Vergemeinschaftung (z.B. Hospize) durchzuführen, und die professionellen und organisatorischen Betreuungsmaßnahmen nur in bestimmten Fällen in Anspruch zu nehmen.

Es handelt sich um Widerstände gegen die Kolonialisierung der Lebenswelt (Habermas). Es muss sich nicht unbedingt um emanzipatorische Bewegungen handeln, es können auch fundamentalistische oder traditionalistische Versuche sein, sich gegen Modernisierung zu wenden. Allerdings zeigt es sich, dass ein Teil der Professionellen und der Organisationen einlenkt, bzw. kompromißhaft auf diese Forderungen eingeht. Etwa die Forderung, dass Krankenhäuser oder Pflegeheime in stärkerem Maße den Lebenswelten der Personen ähneln sollen, d.h. sie wohnungsähnlich zu gestalten, Bezugspersonen dort schlafen zu lassen etc., wird inzwischen häufiger berücksichtigt und anerkannt. Freilich dienen diese Kompromisse auch gleichzeitig der Erhaltung des Status quo, nämlich der Hospitalisierung und Medikalisierung.

Familie, geschlechts- und schichtspezifische Aspekte

Der Unterschied in der Lebenserwartung zwischen Männern und Frauen hat sich im Zeitalter der Industrialisierung verstärkt; er betrug in der EU 1990 fast 7 Jahre, in Deutschland 1994 zwischen Männern-Ost (70

Jahre) und Frauen-West (79) 9 Jahre. Die schichtspezifischen Unterschiede der Lebenserwartung (Vergleich der untersten mit der obersten sozialen Gruppe) bewegen sich ebenfalls in dieser Größenordnung.
Personen in ehelichen und nichtehelichen Lebensgemeinschaften sind gesünder und leben länger (begehen z.B. seltener Selbstmord) als alleinlebende Ledige, Verwitwete und Geschiedene. Vor allem ledige, geschiedene und verwitwete Männer haben einen schlechteren Gesundheitszustand als verheiratete Männer und sterben früher (Remennick 1998, 52 ff).

Die *Erwerbstätigkeit* von Frauen wirkt sich auf die Gesundheit positiv aus (Stroebe 1991, 162 f). Doch nichtverheiratete berufstätige Frauen mit Kindern haben im Vergleich zu anderen Gruppen einen relativ schlechten Gesundheitszustand.

Kinder wirken sich nach amerikanischen Untersuchungen auf das Wohlbefinden der Eltern eher negativ aus. Doch Verheiratete mit Kindern sind gesünder als Verheiratete ohne Kinder. Wohlbefinden ist eben nicht identisch mit Gesundheit. Eltern zeigen im Vergleich zu Ehepartnern ohne Kinder eher gesundheitsbewusstes Verhalten (Alkohol, Drogen, Rauchen etc.).

Frauen zeigen gegenüber ihren Männern eher *soziale Unterstützung* als Männer gegenüber ihren Frauen. Soziale Unterstützung ist eine wichtige Voraussetzung für Wohlbefinden und Gesundheit.
Frauen gehen häufiger zum Arzt und sind eher bereit, die Krankenrolle zu akzeptieren, und sie achten stärker auf ihren Körper, sowohl auf dessen Aussehen als auch auf dessen vielfältige Funktionen.

Männer sterben zwar früher als Frauen, doch Frauen werden häufiger krank, dies trifft auch auf chronische Krankheiten zu. Teilweise wird diese größere Häufigkeit dadurch erklärt, dass Frauen bei gleichen Krankheitszuständen eher zum Arzt gehen als Männer. Männer zeigen eher riskantes Verhalten (z.B. Autofahren, Sport, Krieg, Rauchen) und sind eher in gesundheitsgefährdenden Berufen tätig.
Lungenkrebs ist in der EU bei Männern die am häufigsten diagnostizierte Krebserkrankung. Nach einer Schätzung starb in den 80er Jahren jeder sechste Bürger der Vereinigten Staaten am Rauchen. In den USA sank der Anteil der Männer, die rauchen, von 52 % (1965) auf 28 % (1991), während der Anteil der Frauen in diesem Zeitraum in geringerem Maße abnahm (von 34 % auf 24 %). Die amerikanische Tabakindustrie gibt pro Jahr 2 Milliarden Dollar für Werbung aus!

Signifikante Unterschiede zwischen sozialen Schichten zeigen sich in verschiedenen Industriestaaten in allen wichtigen Gesundheitsbereichen: Kindersterblichkeit, Müttersterblichkeit, Herzkrankheiten, Krebs usw. (vgl. Hradil 1999, 302 ff).
Diese Schichtunterschiede kann man nur teilweise durch das Verhalten (Rauchen, Alkoholkonsum, Essverhalten, Arztbesuche) erklären. Allgemein kann man sagen, dass Unterschichtangehörige ihr Verhalten und ihre Lebens- und Arbeitsbedingungen in geringerem Maße selbst bestimmen (können). Je geringer aber die Kontrollmöglichkeiten sind, umso größer ist auch die Wahrscheinlichkeit zu erkranken. Außerdem leben Unterschichtangehörige unter ungünstigeren Umweltbedingungen (Wohnverhältnisse, Luftverschmutzung, Lärm, hygienische Verhältnisse, Unfallmöglichkeiten).

In den oberen sozialen Schichten wird mehr Wert auf Prävention gelegt, während Unterschichtangehörige den Arzt in der Regel erst besuchen, wenn sie eindeutige Krankheitssymptome feststellen. Zwar sind die Krankenversicherungs- und Krankenversorgungssysteme in den westlichen Industriestaaten demokratisiert worden, doch da in den meisten Bereichen die soziale Ungleichheit erhalten blieb, hat sich auch der Unterschied im Gesundheitszustand der sozialen Schichten nicht wesentlich verändert.
Bei Verschlechterung des Gesundheitszustandes, z.B. bei chronischer Krankheit, steigt die Wahrscheinlichkeit des sozialen Abstiegs. Kinder, die überdurchschnittlich häufig krank sind, haben geringere Aufstiegs- und höhere Abstiegschancen als gesunde Kinder.
Zwischen sozialer Diskriminierung, sozialem Abstieg, Arbeitslosigkeit und anderen Formen der sozialen Benachteiligung und Krankheit bestehen eindeutig positive interdependente Beziehungen, die man als Teufelskreis bezeichnen kann (vgl. Kaiser u.a. 1996). Man kann von „struktureller Gewalt" sprechen. Kinder, die unter ungünstigen Bedingungen aufwachsen, Menschen, die unverschuldet in Dauerarbeitslosigkeit geraten oder die unter starker sozialer Benachteiligung leiden, werden sozial, psychisch und physisch beschädigt.

Unter den mittleren und oberen Schichten verbreitete sich immer mehr eine Konsumentenorientierung gegenüber den Angeboten im Gesundheitswesen. Im Rahmen eines marktorientierten Systems haben die (finanziell gut gestellten) Konsumenten mehr Macht und Möglichkeiten zur Auswahl als im Rahmen eines staatlich kontrollierten medizinischen Einheitssystems. Allerdings führt ein solches Marktsystem auch zur Verstärkung der sozialen Ungleichheit – wie das Beispiel USA zeigt.

Die soziale Ungleichheit hat einen nachweisbaren Einfluss auf die Lebenserwartung. Es geht nicht nur um eine absolute sondern um eine relative Benachteiligung. Die durchschnittliche Lebenserwartung in Japan ist zwischen 1970 und der zweiten Hälfte der 90er Jahre gestiegen und in Japan hat sich die Einkommensungleichheit zwischen den oberen und unteren Schichten in dieser Zeit verringert. In Großbritannien hat in diesem Zeitraum die soziale Ungleichheit zugenommen und die durchschnittliche Lebenserwartung stagnierte (Wilkinson 1996).

Sterben und Tod

Sterben und Tod waren in traditionalen Kulturen durch verbindliche religiöse Ideologien und durch feststehende Institutionen, z.B. Begräbnisrituale, kulturell und sozial geformt und bewältigt.
Das Sterben dauerte meist nicht lange, während es heute immer mehr verlängert wird. Der Tod war nicht ein Ereignis einer Kleinfamilie, sondern eine Angelegenheit der Gemeinschaft, des ganzen Dorfes, Stammes oder Clans. Es war vorgeschrieben, was man tun musste und auch die Trauerphase war geregelt. Geburt und Tod waren verbunden, teilweise gab es Vorstellungen von einem Seelenkreislauf zwischen Diesseits und Jenseits.
In modernen Gesellschaften ist die „Sache Tod“ diffus geworden: einen Löwenanteil hat das medizinische System geschluckt, die Religion hat Reste behalten, Spezialistentum herrscht vor.
Um die neue Situation halbwegs angemessen zu beschreiben, sollten drei Dimensionen von Leben und Sterben unterschieden werden (vgl. Feldmann 1990, 19 ff; 1998b)[85]:

1. Körperliches oder physisches Leben und Sterben,
2. Leben und Sterben der Seele, des Bewusstseins oder der personalen Identität,
3. Soziales Leben und Sterben (vgl. Abb. 54).

Die Entwicklung des Menschen von der Befruchtung der Eizelle, über die Geburt zum sprechenden Wesen und schließlich zur Leiche verläuft mehrdimensional. Der Sozialteil ist in der Schwangerschaft nur in den Eltern und anderen Bezugspersonen repräsentiert, er findet erst allmäh-

[85]Ein berühmtes ähnliches dreidimensionales Modell stammt von Freud: Es, Ich und Über-Ich.

lich im Kind selbst eine „Heimstatt", er wird internalisiert. Im Kind entwickelt sich ein psychisches System und ein Ich. Die soziale Identität wird lebenslang gestaltet. Sie ist durch die soziale Anerkennung bestimmt.

physisches	*psychisches* *L e b e n*	*soziales*
Gesundheit Jugend Attraktivität	Ich-Stärke Selbstverwirklichung Zufriedenheit	sozialer Aufstieg Leistung Eigentum
Krankheit Alter Schmerz	Identitätserosion Bewusstseinsverlust Verzweiflung	sozialer Abstieg Rollenverlust Marginalisierung
physisches	*S t e r b e n* *psychisches*	*soziales*

Abb. 54: Formen des Lebens und Sterbens in modernen Gesellschaften

Sterben und Tod können nach den drei Theorieansätzen perspektivisch betrachtet werden.

Funktionalistisch ist eine begrenzte Lebensdauer und damit der „rechtzeitige Tod" (nicht zu früh und nicht zu spät) ein Erfordernis einer Gesellschaft, die sich wechselnden inneren und äußeren Bedingungen anpassen muss und deshalb „frisches Menschenmaterial" für die Positionen und neue Anpassungsleistungen benötigt.

Für den *symbolischen Interaktionismus* ist Sterben und Tod nicht ein biologisches Faktum, bzw. ist seine „gesellschaftliche Aufgabe" nicht objektiv gegeben, sondern die Bedeutungen werden ausgehandelt, werden definiert und sind somit höchst variabel. Die eine Frau trauert jahrelang um ihren Mann, die andere ist froh, dass er endlich tot ist. Auch die Diskussionen über den Hirntod und Organtransplantationen weisen auf eine große Vielfalt der Interpretationen, denen die rechtlichen Regelungen sperrig gegenüberstehen, da sie offiziell funktionalistisch begründet werden, jedoch tatsächlich über Herrschaft, d.h. aus Gruppenkonflikten, entstehen.

Ein *Konfliktansatz* thematisiert den Kampf zwischen Gruppen, der sich z.B. in unterschiedlichen Sterberaten aufweisen lässt (Mitglieder der untersten sozialen Gruppe leben auch in der EU sieben bis zehn Jahre kürzer als Mitglieder der Oberschicht). Sterben und Tod wird also in diesen Kämpfen produziert und Drohungen, die sich auf relative Le-

bensminderung beziehen, sind ein zentrales Herrschaftsmittel. Rechtliche Regelungen zur aktiven Sterbehilfe, Abtreibung oder zu Organtransplantationen sind Kompromisse, die nach Gruppenkämpfen festgeschrieben werden.
Die Hauptziele der Medizin sind die Diagnose und Therapie von Krankheiten und der Kampf gegen den Tod. Der Funktionalist Parsons hat die Gefahr der medizinischen Entwicklung gesehen, nämlich den Tod hinauszuschieben und damit dem Funktionieren der Gesellschaft zu schaden. Von einem interaktionistischen Standpunkt ist es problematisch, den Kampf gegen den Tod von der Interaktion mit den Betroffenen abzukoppeln, ihn als abstraktes Ziel der Medizin zu setzen. Ein Vertreter eines Konfliktansatzes wird darauf hinweisen, dass je nach Gruppenzugehörigkeit in unterschiedlich wirksamer Weise gegen oder auch für einen frühzeitigen Tod „gekämpft" wird.

Da Ärzte den Kampf gegen Krankheit und Tod als zentrale Ziele festsetzen, sind für sie Sterbende oft Zeichen des Versagens. „Die Rolle des Sterbenden wird in der Regel als Spezialfall der Krankenrolle definiert, was zwangsläufig zu Rollenkonflikten und Inkonsistenzen führt. Sterbende „verstecken sich" oft hinter der Krankenrolle und Ärzte behandeln Sterbende als Kranke. Das vorgeschriebene Rollenspiel erweist sich als kontraproduktiv, wenn Sterbende wie Kranke „verpflichtet werden", als zentrales Ziel die Heilung ihrer Krankheit anzustreben, und Ärzte einen heroischen und aussichtslosen Kampf gegen das Sterben führen." (Feldmann 1995, 147)
Das physische Leben wird im medizinischen System als oberster Wert gesetzt und der Arzt ist verpflichtet, es unter allen Bedingungen zu erhalten. „Durch diese Rigidität gerät das medizinische System in eine zunehmende Diskrepanz zu anderen flexibleren Wertsystemen innerhalb der Gesellschaft." (ebd., 147).
Durch die Notwendigkeit, immer gegen den Tod zu kämpfen, werden häufig andere für Sterbende und ihre Angehörige wichtigere Maßnahmen vernachlässigt: z.B. Schmerzlinderung, Eingehen auf soziale und psychische Probleme oder Verbesserung der Lebensqualität.
Die Medikalisierung des Sterbens und teilweise auch der übrigen Todesangelegenheiten, z.B. der Trauer, haben einerseits entlastende und entängstigende Funktionen, bringen andererseits für die Betroffenen soziale Kosten. Die Hospizbewegung ist ein Versuch einer institutionellen Gegenentwicklung. Aber auch die von einer großen Anzahl von Menschen geforderte institutionelle Regelung der aktiven Sterbehilfe weist auf gravierende soziale Probleme hin.

Zukunft von Gesundheit und Medizin

Die Zukunft des Gesundheitszustandes der Bevölkerung in verschiedenen Teilen der Welt wird wie bisher vom Wohlstand, also von einer funktionierenden, hoch entwickelten Wirtschaft, von der Einkommensverteilung und von einem guten Bildungssystem abhängen. Wahrscheinlich werden auch in Zukunft die Erfolge der Gentechnik oder der Krebsforschung an dieser Tatsache wenig ändern! (Vgl. Siegrist 1996)

Eine *Konfliktperspektive* dürfte für die Betrachtung der Entwicklung angemessen sein. Die Ausgaben für Gesundheit und Medizin, auch für Medizin, die nicht der Gesundheit, sondern der Verbesserung des Körperkapitals (z.B. größerer Busen, straffere Haut) dient, werden weiter steigen. Die Versuche der Einschränkung der Ausgaben werden zu härteren und diskriminierenden Eingriffen führen, die vor allem die Armen und Unterprivilegierten treffen werden. Es wird in zunehmendem Maße eine Mehr-Klassen-Medizin in globalem Maßstab geben. Rationierungen und Hürden im Zugang zu teuren kurativen Maßnahmen werden eingebaut werden. „Gesundheit wird damit mehr noch als heute zu einem *Privileg.*" (Arnold/Jelastopulu 1996, 348). Weisbrod (1996) richtet das Augenmerk auf die Ausrichtung des medizinisch-technischen Fortschritts. Dieser ist keineswegs primär naturwissenschaftlich, sondern ökonomisch, sozial und politisch gesteuert. Für die Forscher, die Unternehmen und die Chefärzte ist vor allem die Entwicklung kostenintensiver Technologien prestige- und Gewinn bringend.

In welchen Teilen des Weltsystems wird es in Zukunft gelingen, Kosten senkende Neuerungen im Gesundheitssystem zu fördern?
Gesundheitsbildung wird an Bedeutung gewinnen. Relativ preiswerte und in der Macht der Einzelnen liegende Gesundheitsmaßnahmen werden sich weiterhin bei den Gebildeten durchsetzen: Verringerung des Fettkonsums, Ablehnung des Rauchens, kontrolliertes Verhalten im Umgang mit Alkohol und anderen gesundheitsgefährdenden Genussmitteln, regelmäßiges Körper- und Bewegungstraining, Antistresstraining. Somit wird sich der Anteil der selbst kontrollierten und gesundheitsgebildeten Personen in den reichen Staaten vergrößern. Ein Nebeneffekt dieser insgesamt erwünschten Selbstkontrolle: Diejenigen, die diese Selbstkontrolle nicht durchführen können bzw. wollen, werden stigmatisiert und sozial abgewertet. Diese Aussagen über Gesundheitsbildung und Selbststeuerung gelten primär für die hoch entwickelten Industriestaaten, nur eingeschränkt für Schwellenländer, kaum für Entwicklungsländer.

11 Sozialer Wandel und soziale Bewegungen

11.1 Theorien sozialen Wandels

Kulturen sind komplexe sich verändernde Gebilde. Spengler und andere meinten, man könne sie wie Organismen begreifen, sie entstehen, wachsen, werden alt und sterben. Solche einfachen Lebensmodelle sind nur auf den ersten Blick einleuchtend, wenn man sie zu ernst nimmt, engen sie das Verstehen ein. Ein anderes Modell geht davon aus, dass Kulturen einen Bestand von Traditionen ausbilden, der dann durch Modernisierung verändert und teilweise abgebaut wird.

Der Begriff Tradition wurde schon mehrfach in diesem Text verwendet. Thompson (1995) unterscheidet vier Aspekte des Begriffs Tradition:

- kognitiv: über Generationen vermittelte Ideen und Vorstellungen, die das Verhalten steuern, z.B. Weiße sind Schwarzen überlegen,
- normativ: ein feststehender Satz von Werten und Normen, z.B. protestantisches Arbeitsethos oder Heiratsregeln,
- machtbezogen: es wird ein bestehendes Herrschaftssystem oder ein Nationalstaat legitimiert,
- identitätsformend: bestimmte Formen von persönlicher und sozialer Identität gelten als normal und sind festgelegt. Man ist z.B. Mann mit fixierten Geschlechtsrollenerwartungen, Katholik, Mitglied einer Nation, für die man – wenn es gefordert wird – sein Leben zu opfern hat, und hat gelernt, seine Homosexualität zu unterdrücken und zu verbergen.

In modernen Gesellschaften werden verschiedene Traditionen aktiviert, modifiziert und gruppenspezifisch akzeptiert oder abgelehnt. Moderne Gesellschaften sind also nicht traditionslos. Wenn man sie von traditionalen Gesellschaften unterscheidet, dann geht es um die Art und die Modalitäten von Traditionen. In traditionalen Gesellschaften waren die Traditionen stabiler und meist weniger der Konkurrenz unterworfen als in modernen. Die Normen, Macht- und Herrschaftsverhältnisse und die Rollenerwartungen sind diffuser, widersprüchlicher und situationsabhängiger geworden. Moderne Industriegesellschaften sind gekennzeichnet durch Unabgeschlossenheit, unendlichen Fortschritt, Zukunftsorientierung und sozialen Druck, permanent an seiner Identität zu arbeiten, um sozial erfolgreich zu sein.

In einfachen oder traditionellen Kulturen bildeten sich in der Regel spezielle Positionen und Rollen aus, z.B. Magier oder Schamanen und militärische und politische Führer. Die Gesellschaft spaltete sich in Untergruppen oder Klassen. Die herrschende Klasse teilte sich meist in eine Priestergruppe und in eine weltliche Aristokratie, häufig auch in eine eigene Kriegerklasse. Schließlich bildete sich noch eine bürokratische Administration.

Im Laufe der geschichtlichen Entwicklung in Europa steigerte sich die Komplexität von Gesellschaften und Kulturen. Es kam zu einer Differenzierung und Funktionstrennung (z.B. teilweise Auslagerung der Erziehung aus der Familie). Lebensbereiche wurden getrennt (Wohnung und Produktionsstätte), Subsysteme entstanden (z.B. Kunst, Sport). Ähnlich natürlicher oder biologischer Evolution schafft die Steigerung von Komplexität und die Differenzierung Überlebensvorteile für Kollektive (z.B. Wissenschaft und Technik helfen bei unvorhergesehenen Naturereignissen, wie Seuchen).

Im 19. Jahrhundert wurden viele verschiedene Theorien der kulturellen Evolution entwickelt, z.B. von Comte und Spencer, zwei wichtigen Vorläufern der modernen Soziologie. Ebenso wie die Gesetze der Evolution im Naturbereich sollten auch die im Gesellschaftsbereich entdeckt werden.

1. Spencer sah die Gesellschaft als Organismus und versuchte parallel zu den Erkenntnissen von Darwin und anderen über das organische Leben auch die Grundprinzipien der gesellschaftlichen Entwicklung zu erfassen. Es entstand der bereits erwähnte Sozialdarwinismus, d.h. eine Lehre von der quasi-natürlichen Selektion im Gesellschaftsbereich auf verschiedenen Ebenen: Individuum, Klassen, Völker, Staaten und Rassen. Im Rahmen solcher Theorien spielten Auslese und Anpassung als Grundprinzipien eine entscheidende Rolle.
2. Im 19. Jahrhundert beschleunigte sich die industrielle Revolution, so dass die Annahme von Marx, dass die Gesellschaftsentwicklung durch den wirtschaftlichen Wandel bestimmt sei, durchaus plausibel wirkte.
3. Viele Sozialwissenschaftler des 19. Jahrhunderts thematisierten die sozialen Konflikte sowohl innerhalb der Völker, Staaten und Gesellschaften als auch zwischen ihnen. Durkheim beschäftigte sich vor allem mit dem Problem der *Solidarität* innerhalb der Gesellschaft, d.h. der Integration der Gesellschaftsmitglieder. In einer modernen Gesellschaft wurden die Arbeitsteilung und die Differenzierung immer weiter vorangetrieben, was auf den ersten Blick gegen Solidarität und Konsens gerichtet war und auch tatsächlich immer mehr Probleme mit sich

brachte. Allerdings sah Durkheim, dass gerade durch die Arbeitsteilung die wechselseitige Abhängigkeit der Menschen zunahm und somit auch die Bindung der Individuen an den gesellschaftlichen und institutionellen Zusammenhang verstärkt wurde. Er sprach in dem Zusammenhang von organischer Solidarität. Freilich verstärkten sich durch den sozialen Wandel gleichzeitig die Gefahren der *Anomie*, d.h. eines Zustandes der Norm- und Orientierungslosigkeit und der Erosion der Werte – vor allem in den wie nie zuvor wachsenden Städten.

4. Max Weber (1920) als weiterer Vater der Soziologie beschäftigte sich ebenso wie Marx mit Sozialgeschichte und war wie Durkheim an dem Problem der Bewusstseinsentwicklung äußerst interessiert. Bedeutsam waren seine Hinweise, dass Ideologien und Religionen wichtige Treibmittel der gesellschaftlichen Entwicklung waren. Er meinte, dass Glaubensvorstellungen einzelner protestantischer Religionsgemeinschaften (z.B. des Kalvinismus) für die Entwicklung des Kapitalismus entscheidende Voraussetzungen geliefert haben. Max Weber diagnostizierte einen Prozess der Rationalisierung und Entzauberung aller Lebensbereiche, Magie und Aberglaube wurden zurückgedrängt. Weber befürchtete, dass dieser fortschreitende Prozess der Rationalisierung, Bürokratisierung und Versachlichung zur Entmenschlichung und Mechanisierung der gesellschaftlichen Verhältnisse führen würde.[86]

Während Durkheim eine moralische Krise beklagte, einen exzessiven „Kult des Individuums", eine Schwächung des Kollektivbewusstseins, sah Weber mehr die Gefahr der Übermacht von Organisationen und Bürokratien. Die Ereignisse des 20. Jahrhunderts haben eher Weber bestätigt; die Individualisierung nahm zu, erwies sich aber nicht als zentrale Gefahr, denn die Katastrophen der letzten hundert Jahre wurden vor allem durch staatliche technisch rationalisierte Großorganisationen bewirkt.

5. Eine wissens- und wissenschaftssoziologische Randbemerkung: Die Soziologie entstand im 19. Jahrhundert in Europa, in Ländern, die sich in einem rasanten Industrialisierungs- und Modernisierungsprozess befanden. Das hat die grundlegende Verfassung dieser Disziplin geformt: der Glaube an Fortschritt, Naturbeherrschung und Demokratisierung,

---

[86]Die derzeitige Situation in Europa und Nordamerika spricht gegen diese Annahmen von Max Weber. Obwohl die meisten gesellschaftlichen Bereiche heute rationaler gestaltet werden und Organisationen unser Leben bestimmen, sind die meisten Deutschen heute kultivierter, einfühlsamer, vernünftiger und selbständiger als die Deutschen der Generation von Max Weber.

also eine implizite Evolutionsideologie, die Befreiung der Menschen von „natürlichen“ Zwängen durch die kulturelle Evolution.
6. Während Marx die kulturelle Evolution von einem Konfliktansatz her konzipierte, versuchte es *Parsons* (1972) auf Grund einer funktionalistischen Perspektive und konstruierte folgende Stufen der Gesellschaftsentwicklung:

1. primitive Gesellschaften
2. archaische Gesellschaften, z.B. Ägypten
3. Hochkulturen wie etwa China und Indien,
4. „Saatbettgesellschaften“, welche die Saat für die westliche Zivilisation gelegt haben, Israel und die griechischen Stadtstaaten,
5. moderne Gesellschaften.

Nach Parsons erfolgte der Durchbruch zur modernen Gesellschaft durch drei „Revolutionen“ in den Bereichen Ökonomie (Markt, Geld, Kapitalismus), Politik (Demokratisierung) und Bildung.

7. Technologie als Motor des Wandels

Sind in der Geschichte der Menschheit die sozialen Innovationen oder die technischen für die Entwicklung bedeutsamer gewesen?

Grundlegende technische Neuerungen waren Gebrauch des Feuers, Erfindung des Rades, des Pfluges, der Herstellung von Metallgegenständen, der Schrift, des Buchdrucks, der Dampfmaschine usw. Es erscheint durchaus plausibel, wenn Lenski (1978) Technologie als wesentliches Kriterium der kulturellen Evolution bezeichnet. Doch die Erfindung von Techniken und Herstellungsverfahren bestimmt keineswegs die Art des Gebrauchs: Das Schießpulver wurde bekanntlich in China erfunden, die wirksamsten Schusswaffen jedoch wurden in Europa entwickelt. Chinesen bauten zu Beginn des 15. Jahrhunderts bessere und größere Schiffe als die Europäer, doch die Europäer übernahmen im 16. Jahrhundert die Herrschaft auf den Weltmeeren (vgl. Landes 1999, 110 ff).

Wenn Gesellschaften bzw. Kulturen ständigen evolutionären Veränderungen unterworfen sind, dann ergeben sich Übergangsprobleme. Dieser *Übergangsstress* kann, etwa nach Parsons oder auch anderen Theoretikern, dazu führen, dass Konflikte oder auch katastrophale, politische und ökonomische Zusammenbrüche die Folge sind. Die Naziherrschaft in Deutschland wird von Parsons durch solch einen Übergangsstress, und zwar den Wandel zu einer entwickelten modernen Industriegesellschaft, erklärt.[87] Der Übergangsstress kann sich auch nur auf einzelne Teile der Gesellschaft beziehen. Parsons und Platt (1973) erklärten die Studentenbewegung der 60er Jahre folgendermaßen: Auf Grund der zunehmenden Spezialisierung und neuen Qualifikationsanforderungen mussten Schüler und Studenten in Industriestaaten immer länger in Bildungsorganisationen verbleiben. Die Erwartungen, dass das Bildungssystem auf direktem und schnellem Wege zu einer festen Position, zu dem gewünschten Beruf und klaren Rolleneinteilungen führt, standen zunehmend im Widerspruch zur gesellschaftlichen Realität. Erst als neue Rollendefinitionen, nämlich dass Studierende und Graduierte auch Teilzeitbeschäftigte, (zeitweise) Arbeitslose, Berufswechsler, Langzeitlernende oder Mütter sein können, und neue Erwartungsstrukturen allgemein anerkannt wurden, verschwand die Grundlage der Gruppenproteste.

Ein besonderer Mangel vieler Kulturentwicklungstheorien besteht darin, dass angenommen wird, dass sich alle wesentlichen Dimensionen im Evolutionsprozess gleichzeitig grundlegend ändern. In modernen Gesellschaften bestehen jedoch alte und neue Strukturen nebeneinander, z.B. traditionelle religiös bestimmte Familien neben flexiblen Internetgruppen. Die Annahme, dass einfache Gesellschaften durch Verwandtschaft, Mythologien und Rituale und moderne Gesellschaften durch Organisation bestimmt sind, hat keine absolute Geltung. Auch in modernen Gesellschaften existieren Rituale und Mythologien und in bestimmten Bereichen ist Verwandtschaft äußerst wichtig (z.B. in Oberschichtfamilien mit großem Kapitalbesitz oder in manchen ländlichen Gebieten Europas), obwohl insgesamt Organisationen beherrschend sind.

Evolutionstheorien sind mit unterschiedlichen Bewertungs- und Handlungsvorstellungen verbunden. Einerseits kann ein unterstützendes „revolutionäres“ Handeln gefordert werden (z.B. von Marx und seinen Anhängern), andererseits kann vor Eingriffen gewarnt werden, weil sie entweder unwirksam sind oder behindernd wirken. Hayek (1971) vertritt eine liberalistische Theorie der Evolution, in der die Institutionen und sozialen Gebilde Ergebnisse langer Ketten ungeplanter und unbeabsichtigter Verhaltensweisen darstellen. Eine Gesellschaftsplanung

---

[87]Selbstverständlich liefert eine solche Erklärung nur eine perspektivische Sicht. Elias (1989) wies darauf hin, dass man den deutschen Sonderweg schon ab dem Dreißigjährigen Krieg verfolgen kann. Um die deutsche Katastrophe der ersten Hälfte des 20. Jahrhunderts zu verstehen, sollte man also 400 Jahre europäische Geschichte berücksichtigen.

lehnt er folglich ab, doch Freiheit des Einzelnen sollte gewährleistet werden, um viele konkurrierende Handlungen zu ermöglichen. Das unterstützende Handeln besteht also in einer Gewährleistung der Demokratie und eines liberalen Wirtschaftssystems.

11.2 Entwicklung der europäischen Kultur

Im Folgenden wird der soziale Wandel im europäischen bzw. westlichen Kulturbereich in Thesen und Gegenthesen dargestellt:
1. Die agrarische Gesellschaft hat sich über die frühindustrielle Gesellschaft schließlich zu einer hochindustriellen Gesellschaft gewandelt (Ausweitung des Dienstleistungsbereichs). Die Produktion wurde aus dem Haushalt ausgelagert.
Kritik: Der Haushalt ist ein Ort der unbezahlten und deshalb unterschätzten Arbeit geblieben, an dem eine Verbindung von bäuerlichen, industriellen und Dienstleistungselementen zu finden ist.
2. Die Arbeitsteilung ist bisher immer weiter vorangeschritten.
Kritik: In vielen professionellen Bereichen ist die Arbeitsteilung unterentwickelt: frei praktizierende Ärzte, Rechtsanwälte, Therapeuten, Lehrer, Hochschullehrer.
3. Die Monetarisierung, d.h. die Ausbreitung des Geldes als universales Tauschmittel hat sich global durchgesetzt.
Kritik: Innerhäusliche Tätigkeiten, viele persönliche Dienstleistungen und die medial bestimmte alltägliche Kommunikation sind jedenfalls im Bewusstsein der meisten Betroffenen kaum monetarisiert.
4. In Europa und in den europäisch geprägten Industriestaaten hat eine Entwicklung von despotischen über feudalistische zu demokratischen Gesellschaften stattgefunden.
Kritik: Tatsächlich herrscht in vielen Bereichen eine Oligarchie. Viele Menschen haben das Gefühl, dass sie ohnmächtig sind und nicht mitbestimmen können. Die Globalisierung und die neuen Kommunikationstechnologien schwächen die Demokratien.
5. Die Legitimierung der Herrschaft hat sich von charismatischen und traditionellen Prinzipien zu legalen Prinzipien hin verschoben.
Kritik: Sinkende Wahlbeteiligung deutet auf dauerhafte Legitimationskrisen hin. Wahlen sind inzwischen Traditionsveranstaltungen und vollziehen sich in Ritualen, d.h. die demokratischen Ziele und Prinzipien sind in den Hintergrund getreten. Parteien erringen einen Stimmenzuwachs, wenn sie von charismatischen Populisten, deren Wirkung über die „Macht der Bilder“ (Frey 1999) erfolgt, geführt werden.

6. Die Bürokratisierung mit ihren festen Regel- und Positionssystemen hat sich ausgebreitet und wird weiter zunehmen.
Kritik: Viele Menschen versuchen durch einen Rückzug in den Privatbereich dem Griff der bürokratischen Organisationen zu entkommen. In vielen Organisationen ist eine Informalisierung festzustellen.
7. Stärkung des *Staates*: Die Kontrolle der Individuen findet nicht mehr regional und informell durch Dorfgemeinschaft, Standesordnung etc. statt, sondern zentral und formell durch Recht, Polizei, Militär etc. Zusätzlich zu den Staaten gewinnen immer mehr internationale, überstaatliche Verbände Einfluss.
Kritik: Nach wie vor wird das Verhalten der Menschen in Primärgruppen, in Familien, und in Sekundärgruppen, z.B. in Betrieben, gesteuert.
8. Parallel zu dieser allgemeinen Vergesellschaftung (Differenzierung, Arbeitsteilung, Bürokratisierung) hat sich die *Individualisierung* durchgesetzt. Individuen haben an Entscheidungsmöglichkeiten gewonnen und befinden sich ähnlich wie die Gesellschaft in einem Prozess der inneren Differenzierung, vermittelt über eine reichhaltige und pluralistische Kultur.
Kritik: Dies trifft nur für eine privilegierte und gebildete Minderheit zu. Die Mehrheit wird einer zunehmenden Standardisierung der Kultur (McDonaldisierung) unterworfen.
9. Die Gesellschaft hat sich von Ständen über Klassen zu Schichten hin entwickelt.
Kritik: Die Menschen in modernen Gesellschaften unterscheiden sich nach Zugehörigkeit zu Milieus und Lebensstilen. Sie sind mobiler geworden und wechseln häufiger die Gruppen.
10. Die weltweite hierarchische Ordnung der Gruppen ist vor allem auf Grund der zunehmenden Akkumulation von ökonomischem, kulturellem und sozialem Kapital *(Bourdieu)* verfestigt, und es ist kein Abbau dieser sozialen Ungleichheit zu erwarten.
Kritik: Durch die Globalisierung und durch die neuen Kommunikations- und Informationstechnologien kommt es zu schnelleren Umordnungen und variabler Koalitionsbildung.
11. Konfliktpotenziale ergeben sich auf Grund des Widerspruchs zwischen Demokratisierung und Individualisierung einerseits und sozialer Ungleichheit andererseits. Weitere Konfliktpotenziale entstehen im Bereich der Herrschaftslegitimierung und außerdem zwischen Staaten mit unterschiedlichem Stand der gesellschaftlichen Entwicklung (Nord-Süd-Gefälle).

Kritik: Bedeutsamer als die neuen Konfliktpotenziale sind die alten ethnischen, religiösen und ökonomischen Konflikte (z.B. Jugoslawien, afrikanische Staaten).

12. In den Kulturbereichen Religion, Kunst, Wissenschaft und Bildung ist ein zentraler Wandel von einem eher magischen Bewusstsein zu einem rationalen Bewusstsein (Verwissenschaftlichung) und zu Säkularisierung (Ablösung von traditionellen Religionsgemeinschaften) festzustellen.

Kritik: Religiosität hat im Zentrum der Modernisierung, in den USA, nicht abgenommen. Im Alltagsbewusstsein werden außerdem wissenschaftliche und technische Erkenntnisse magisch besetzt. Rationalität ist also ein Oberflächenphänomen.

13. Die Verwissenschaftlichung ist mit Technisierung verbunden, beide Prozesse werden vor allem durch die dynamische Entwicklung des ökonomischen Systems vorangetrieben. Über Technik (z.B. Autos, technisierter Haushalt, Computer) vollzieht sich ein bedeutsamer Teil der Verhaltenssteuerung (Sachzwang).

Kritik: Die Körper sind widerständig gegenüber Technisierung und reagieren auf „Sachzwänge" mit Vermeidungsverhalten oder Krankheit.

14. Kultureller Imperialismus begünstigt die Auflösung von Traditionen und regionalen Kulturen. Vor allem durch die Ausbreitung neuer technischer Medien werden Ideologien und Informationen universal (Dominanz der USA im internationalen Mediensystem) vermittelt und verschiedene früher getrennte kulturelle Zonen vermischen sich. Es bilden sich subkulturelle Systeme heraus, die einem starken sozialen Wandel unterliegen, ökonomisch gesteuert sind und im Gegensatz zu traditionellen Kulturen keine festen Grenzen haben.

Kritik: Viele regionale Gemeinschaften erweisen sich als reaktiv oder anpassungsfähig gegenüber westlichen kulturellen Einflüssen und zeigen Schließungstendenzen. Globalisierung und Mediatisierung führen also nicht notwendig zur Schwächung lokaler Systeme.

15. Der Prozess der Zivilisation hat in den europäischen und anderen westlichen Gesellschaften zu einer zunehmenden Verhaltens- und Affektkontrolle zuerst in den Oberschichten und dann im Laufe des Demokratisierungsprozesses und der Restrukturierung der Gesellschaft in allen Schichten geführt *(Elias)*, wobei Fremdsteuerung teilweise durch Selbststeuerung ersetzt wurde.

Kritik: In zunehmendem Maße suchen und konstruieren Menschen Situationen, in denen sie geringer Affekt- und Verhaltenskontrolle unter-

worfen sind (Privatisierung, Freizeit- und Erlebnisorientierung, Informalisierung, Psychoboom).
Man kann den Wandel unterschiedlich messen. Empirische Analysen von Zeitungen, hier die Los Angeles Times und die New York Times im Zeitraum 1880 bis 1980, können zur Messung des Wandels herangezogen werden. Es wurde festgestellt, wie viele Worte sich auf einen be stimmten Bereich beziehen (vgl. Danielson/Lasorsa 1997).

Bereich, 1880–1980	*Anzahl der Worte hat*
Landwirtschaft	abgenommen
Verwandtschaftsbegriffe	abgenommen
Bürokratie, Bundesregierung	zugenommen
Quantifizierung, Zahlworte	zugenommen
Professionen (Ärzte, Juristen etc.)	zugenommen
Worte des Wandels, der Zukunft	zugenommen
Religion	abgenommen

Abb. 55: Sozialer Wandel in amerikanischen Tageszeitungen

11.3 Postmoderne, zweite oder reflexive Moderne

Die Ausdrücke „modern“, „Moderne“ und „moderne Gesellschaft“ sind vieldeutig, aber gut verankert. Zweifellos wurden sie zu Beginn des 20. Jahrhunderts mit anderen Bedeutungsschwerpunkten versehen als am Ende des 20. Jahrhunderts, nach zwei Weltkriegen, dem Siegeszug des Kapitalismus, technologischen Fortschritten, einer wie noch nie zuvor gebildeten Bevölkerung in den hoch industrialisierten Staaten und einer vollen Entfaltung des Medienzeitalters. Alle hehren Ideale und Konzepte wurden in diesen hundert Jahren grundlegend angezweifelt: Abendland, Christentum, Aufklärung, Wissenschaft, Fortschritt, Rationalität, Vaterland, Volk usw. Wie soll nun die veränderte gesellschaftliche und kulturelle Lage um die Jahrtausendwende bezeichnet werden?

Da sich moderne Gesellschaften in einem vieldimensionalen und teilweise beschleunigten Wandel befinden, liegt es nahe, neue evolutionäre Einteilungen vorzunehmen. Der Ausdruck Postmoderne wurde zuerst in den 60er Jahren in der Architektur zur Bezeichnung eines neuen Stils verwendet, der verschiedene Elemente anderer Stile vermischte, also eine Art Eklektizismus wie in der zweiten Hälfte des 19. Jahrhunderts. Der neue Begriff wurde auch in anderen Kulturbereichen, z.B. in der Soziologie, aufgegriffen. Da er Entgrenzung signalisierte, konnte er mit vielen heterogenen Aspekten aufgeladen werden (vgl. Wiswede 1998, 328 f):

- Pluralisierung der Weltanschauungen und Lebensstile, Entstrukturierung (Scheidungen, Kirchenaustritte, Berufswechsel usw.),
- Verbindung von Rationalität (z.B. im ökonomischen Bereich) und Irrationalität (Astrologie, Science Fiction etc.)
- Steigerung von Systemkomplexität, Unübersichtlichkeit,
- Nicht-Linearität, Zweifel an Kausalbeziehungen,
- Globalisierung, Brüchigkeit politischer und nationaler Strukturen,
- Risikobewusstsein, neue Globalrisiken (Kernenergie).

Vor allem französische Intellektuelle wie Lyotard, Baudrillard und Derrida haben sich im postmodernen Diskurs profiliert. Die Diskussion hatte ihren Höhepunkt in den 80er Jahren. Wenn Lyotard behauptet, „das Projekt Moderne sei gescheitert“, so illustriert er dies am Nationalsozialismus und dem totalitären Kommunismus oder Marxismus, schlägt also eine fragwürdige Reduktion des Begriffs Moderne vor. Die Rede vom „Ende der großen Erzählungen“ (Aufklärung, Marxismus, Kapitalismus etc.) ist in vielen Resolutionen und Schriften der Moderne seit der zweiten Hälfte des 19. Jahrhunderts und auch in nüchterner und verständlicher Form im Kritischen Rationalismus (Popper 1969) oder in der anarchistischen Erkenntnistheorie von Feyerabend (1976) enthalten: Theorien und Hypothesen können nicht verifiziert werden, haben immer nur vorläufigen Charakter.

Das Unbehagen an der Moderne und der rasante soziale Wandel, der auch die Wissenschaften ergriffen hat, haben verschiedene Sozialwissenschaftler angeregt, neue Wortkombinationen in den Diskurs zu werfen (vgl. Browning et al. 2000). Giddens spricht von „reflexiver Moderne“ und Beck von „zweiter Moderne“ (Beck u.a. 1996). Beck meint, eine Systemkrise, eine Umwälzung der institutionellen Ordnung, diagnostizieren zu können. In der „Risikogesellschaft“ nehmen die Wahlmöglichkeiten zu, verlieren alte Lösungsmodelle an Bedeutung und entstehen Orientierungsprobleme. Nach Zapf (1998, 201) ist die Position von Ulrich Beck „eine modernisierte Variante der Spätkapitalismusdoktrin, wobei die ökologische Krise jetzt die Rolle einnimmt, die seinerzeit die Legitimationskrise des Spätkapitalismus eingenommen hat.“

In dem von Giddens und Beck verwendeten Ausdruck „Reflexivwerdung“ werden bekannte sozialwissenschaftliche Tatsachen gebündelt: verbesserte Bildung, Individualisierung, Mediatisierung, Konsumgesellschaft, Wohlstand, Erosion von Traditionen, multikulturelle Gesellschaft, Globalisierung usw. Heute gibt es viel mehr Menschen, die abstrakt denken können, die gut über Weltwirtschaft, historische Entwicklungen, Naturwissenschaft usw. informiert sind. Es gibt ein wachsendes Feld von kulturellen Vernetzungen wie nie zuvor in der Geschichte der Menschheit. Solche nüchternen Aussagen wirken freilich weniger faszinierend als die magischen Worte Postmoderne, Reflexivwerdung, Dekonstruktion usw.

11.4 Soziale Bewegungen und Revolutionen

Wenn die Unzufriedenheit in Gruppen und Kollektiven zunimmt, geraten sie in Bewegung. Soziale Bewegungen wenden sich gegen Benachteiligung oder Bedrohung von Gruppen: Arbeiter-, Frauen-, Bürgerrechts-, Studenten-, Umwelt- und Friedensbewegungen sind prominente Beispiele.

Wie entstehen soziale Bewegungen?

Theorie der relativen Benachteiligung: Nicht die Tatsache, dass es vielen Menschen in einem Kollektiv wirtschaftlich oder politisch schlecht geht, ist entscheidend, sondern das Bewusstsein der zunehmenden Unzufriedenheit mit dem eigenen Zustand. Die Menschen beginnen also aufzubegehren, wenn es ihnen nach einer Phase schlechter Lebensbedingungen besser geht, jedoch diese Besserung zum Stillstand kommt.
In der DDR nahm in den 70er und 80er Jahren das Gefühl der relativen Benachteiligung zu. Die Erfolge der BRD wurden über Medien und persönliche Kontakte registriert. Doch nach der Wiedervereinigung verschwand entgegen den Erwartungen von vielen diese Situationsbeurteilung nicht. Die Erwartungen wurden hochgepuscht (z.B. durch politische Versprechungen), doch nicht bzw. nur teilweise erfüllt (Arbeitslosigkeit, Fehler im Umgang mit dem neuen Wirtschaftssystem usw.). Man könnte von einer „rückwärts gewandten sozialen Bewegung" sprechen, für die die PDS das Sammelbecken ist.
Theorie der strukturellen Spannung (Smelser 1962): Smelser kombiniert eine Reihe von Faktoren:

1. Unzufriedenheit in der Bevölkerung,
2. Sozialer Vergleich mit besser gestellten Gruppen und gestiegene Erwartungen,
3. Vertreter der sozialen Bewegung verbreiten Erklärungs- und Lösungsvorschläge, die der herrschenden Ideologie widersprechen,
4. Begünstigende Faktoren, z.B. Unterstützung durch einen Teil der Elite,

5. Mobilisierung, aktivistische Unternehmungen,
6. Mangel an repressiver sozialer Kontrolle.

Theorie der Mobilisierung von Ressourcen: Ohne entsprechende Ressourcen, vor allem Geld, Organisationsstrukturen und Kommunikationstechnologie, werden soziale Bewegungen nicht erfolgreich sein.

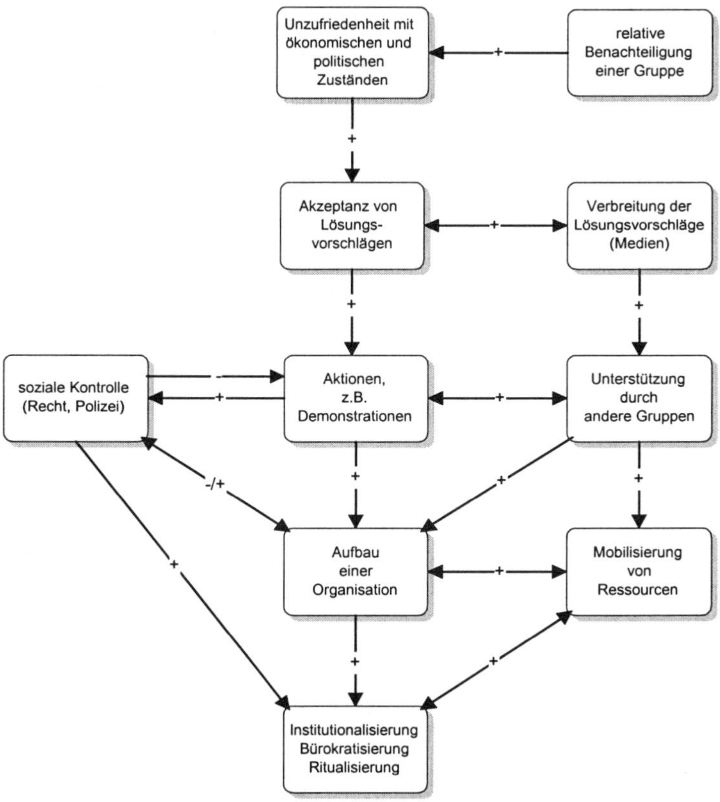

Abb. 56: Entstehung einer sozialen Bewegung

Wenn man diese theoretischen Positionen verbindet, kommt man zu folgenden Thesen:
Nicht der objektive gesellschaftliche oder materielle Zustand (also der Grad der Unterdrückung von Frauen, Farbigen etc. oder das umwelt- oder menschenbedrohende Gefährdungspotenzial) ist die zentrale Ursache der Entstehung von Bewegungen, sondern die Wahrnehmung von Benachteiligung, starke Erwartungsenttäuschungen und die Bereitschaft einer größeren Anzahl von Personen, aktiv und auch gegen Widerstand die sozialen Probleme zu lösen. Moderne soziale Bewegungen werden nicht von Armen, Ungebildeten und sozial Verachteten geführt, sondern in der Regel von Angehörigen der Bildungseliten. Oft sind es frustrierte Personen, die sich profilieren möchten, charismatische Ambitionen haben und Gemeinschafts- und Wertbindungen hoch schätzen. Proteste und spektakuläre Aktionen reichen nicht zur Bildung und Erhaltung einer sozialen Bewegung, sie muss Strategien und bürokratische Organisationen entwickeln. Die Bewegung wird nur erfolgreich sein, wenn sie Ressourcen (Geld, Einfluss, Präsenz in den Medien usw.) mobilisieren kann. Sehr bedeutsam sind die Darstellungen in den Medien. Wie im Bereich der Werbung wird versucht, Markennamen in die Gehirne einzubrennen, vor allem Bedrohungsmetaphern: Verelendung der Arbeiterklasse, Ausbeutung, Kapital, Patriarchat, Atomkrieg, Supergau, Klimakatastrophe.
Soziale Bewegungen können

1. in Revolutionen übergehen,
2. in Terrorgruppen,
3. in institutionalisierte Parteien, Religionsgemeinschaften oder ökonomische Organisationen –
4. und sie können verschwinden und evtl. wiederkommen.

Revolutionen sind eine spezifische und historisch besonders bedeutsame Form von sozialen Bewegungen.

Warum kommt es zu Revolutionen?

Die Theorie des gesunden Menschenverstandes besagt: Wenn es vielen Menschen (in einem Raum-Zeit-Gebiet) allzu schlecht geht, dann veranstalten sie eine Revolution. Kulturvergleiche und historische Untersuchungen bestätigen im Einklang mit der Theorie der relativen Benachteiligung eher folgende These: Wenn die Mehrheit in einem Gebiet langfristig in Armut lebt, ja viele verhungern, dann revoltieren sie nicht. Wie gesagt, nicht die objektive Lebenslage, sondern die relative Benachteiligung ist entscheidend.

Zur Französischen Revolution kam es erst in einer Zeit, in der es einem großen Teil der französischen Bevölkerung besser ging als in den vorhergehenden Jahrzehnten. Die Bauern hatten allerdings Grund zur Klage, doch es ging ihnen besser als den deutschen Bauern, die nicht revoltierten. Die Revolution ging auch nicht von den Bauern aus, sondern von Gruppen, die bereits einen wirtschaftlichen Aufschwung erlebt hatten. Der König und seine Anhänger wurden von anderen Adeligen und von Mitgliedern des dritten Standes angegriffen. Als schwankende Teile der Bevölkerung die Schwäche des Königs und seiner Gruppe wahrnahmen, schlossen sie sich der Revolution an.

Verschiedene Theorien wurden herangezogen, um die Französische Revolution (und andere Revolutionen) zu erklären.

Theorie der steigenden Erwartungen: Die Erwartungen steigen im wirtschaftlichen Aufschwung schneller, als sich die objektiven Bedingungen verbessern. Stagniert der Aufschwung, kommt es zu Frustrationen. Frustrationen können Aggressionen hervorrufen oder begünstigen.
Die *Theorie der relativen Benachteiligung* wurde schon oben vorgestellt. Wenn alles gleich bleibt, dann nehmen die Menschen den Zustand als naturgegeben hin. Erfolgt ein sozialer und wirtschaftlicher Aufschwung, dann geht es manchen besser und anderen nicht besser als früher; es ergeben sich relative Unterschiede, die den Menschen auffallen. Neid und Gefühle, ungerecht behandelt zu werden, entstehen.
Theorie der Statusinkonsistenz: Durch sozialen und wirtschaftlichen Wandel werden manche Personen wohlhabend, die nicht der traditionellen Oberschicht (z.B. dem Adel) angehören. Ihre soziale und politische Position ist also niedriger als ihre ökonomische. Dieses Statusungleichgewicht erzeugt Unzufriedenheit und den Wunsch nach Änderung.
Skopcols (1979) Theorie sozialer Revolutionen: Skopcol versuchte, die Ursachen der drei weltgeschichtlich bedeutsamen Revolutionen in Frankreich, Russland und China herauszuarbeiten:

1. Zusammenbruch eines autokratischen Regimes, das auch im Kampf mit anderen Staaten und Großgebilden Schwächen zeigt (z.B. Niederlage Russlands im Ersten Weltkrieg),
2. Massenaufstände von Bauern und
3. Konflikte zwischen den Eliten des Staates.

Die Revolution im Iran Ende der 70er Jahre war ebenfalls durch den Widerstand gegen ein autokratisches Regime und durch Konflikte zwischen den Eliten (im Widerstand: die religiöse Elite und ein Teil der

Wirtschaftselite) bestimmt. Doch sie war auch Ausdruck von Modernisierungsstress und einer Bewegung der kulturellen Bewahrung des Islam gegen Verwestlichung. In Ägypten und Algerien konnten die Regime bisher islamische Revolutionsbewegungen erfolgreich unterdrücken. In Algerien hat sich in den 90er Jahren jedoch als Reaktion auf diese Unterdrückung blutiger Terror etabliert.

Wie sind die Zusammenbrüche der osteuropäischen kommunistischen Regime zu erklären?

Sie haben einerseits typische Kennzeichen von Revolutionen: Konflikte zwischen Eliten, Schwächen in internationalen Auseinandersetzungen, und sie sind von politischen, ökonomischen und sozialen strukturellen Änderungen begleitet, doch es gab nur vereinzelte gewaltsame Auseinandersetzungen wie in den klassischen Revolutionen. Nach dem Zweiten Weltkrieg ging es den Menschen in Ost- und Westeuropa gleichermaßen schlecht. Doch die Schere des Wohlstands öffnete sich immer mehr und vor allem durch die Massenmedien wurden die Vergleiche für fast alle ermöglicht, was den Eindruck relativer Benachteiligung verstärkte. Aufstände in den Ostblockstaaten (z.B. in Ungarn) wurden niedergeschlagen, doch sie blieben als Zeichen struktureller Schwächen der kommunistischen Systeme im Gedächtnis (Legitimationskrise). Für einen wachsenden Teil der Eliten, z.B. Wissenschaftler, ergab sich hohe Statusinkonsistenz, da ihre Entlohnung nicht dem Berufsprestige entsprach. Durch verschiedene Liberalisierungen und durch verbesserte Ausbildung wurden vor allem in den 80er Jahren die Erwartungen in Teilen der Bevölkerung gehoben, doch die ökonomischen Verbesserungen traten nicht ein. Ein entscheidender Faktor für den friedlichen Zusammenbruch der kommunistischen Regime war die Schwächung der repressiven sozialen Kontrolle. Eine gewaltsame Unterdrückung der sozialen Bewegungen hätte vielleicht zu blutigen Bürgerkriegen wie in Jugoslawien geführt.

11.5 Wertewandel in modernen Gesellschaften

Der hauptsächliche Unterschied zwischen früher (traditionale Gesellschaft) und heute (moderne Gesellschaft) ist einfach zu benennen:
Früher lebten und arbeiteten die meisten Menschen in kleinen ländlichen Gemeinschaften, heute leben sie in städtischen Zusammenhängen (agrarische vs. *Dienstleistungsgesellschaft).* Früher sahen die meisten nicht über den Tellerrand – räumlich und kommunikativ, heute sind sie räumlich und kognitiv mobil und erhalten globale Informationen. Die

Werte, die Leitvorstellungen, die Grundsätze des Handelns haben sich mit den Lebensumständen verändert.

Welche Werte sind in den westlichen Industriegesellschaften dominant?

- Familie, Liebe, Geborgenheit: Werte, die bemerkenswert stabil geblieben sind – doch nur im Großen und Ganzen, denn Liebe für alle ist ein moderner Wert.
- Leistung, sozialer und ökonomischer Erfolg: Früher mussten die meisten mehr und schwerer arbeiten, heute müssen sie mehr leisten.
- Wohlstand, Konsumorientierung, Freizeitorientierung: Dies sind neue Massenwerte der zweiten Hälfte des 20. Jahrhunderts.
- Instrumenteller Aktivismus: Dieser Ausdruck wurde von Parsons verwendet. Die meisten Menschen haben gelernt, klare Handlungsziele zu setzen und diese mit rational gewählten Mitteln zu verfolgen. Passivität und Fatalismus werden abgelehnt.
- Individualismus, Selbstverwirklichung: Ein mit der Konsum- und Freizeitorientierung verbundener neuer „Wert für alle".
- Gleichheit: Dieser Wert wurde seit dem 18. Jahrhundert immer wieder proklamiert, ein Konsens besteht wohl nur, was die formale rechtliche Gleichstellung betrifft.
- Demokratie: Dieser Wert wurde in Deutschland erst in den letzten Jahrzehnten von der Mehrheit anerkannt. Damit verbunden sind ein Mehrparteiensystem, Meinungsfreiheit, Religionsfreiheit, Einhaltung der Menschenrechte und andere politische Errungenschaften.
- Sicherheit und Ordnung, Schutz vor Verbrechen und Gewalt: Dies sind alte Werte, die zu autoritärem oder minderheitenfeindlichem Verhalten führen können, wenn sie nicht mit Demokratie, Individualismus und anderen modernen Werten gekoppelt auftreten.
- Förderung der wissenschaftlichen, technischen und ökonomischen Entwicklung: Es handelt sich um den Fortschrittsgedanken der modernen Gesellschaft, wobei der Erfolg immer mit einem Wertwandel verbunden ist, d.h. es handelt sich um einen werteändernden Wert.
- Schutz der Umwelt: Einerseits war es immer ein impliziter oder latenter Wert, da die Zerstörung der eigenen Lebensgrundlagen unerwünscht war. Doch mit dem gewachsenen Zerstörungspotenzial und der Sensibilisierung für Umweltschäden ist er zu einem bedeutsamen manifesten Wert geworden.

Aus der Liste ist unmittelbar abzulesen, dass im 19. und 20. Jahrhundert ein umfassender Wertewandel stattgefunden hat. Doch auch wenn man nur die vergangenen drei oder vier Jahrzehnte betrachtet, gibt es objektive Aspekte, die einen Wertewandel in Deutschland (und modifiziert in anderen Industriestaaten) nahelegen:

- die Verbesserung der ökonomischen Situation und die politische Stabilisierung in den 50er und 60er Jahren,
- der starke Geburtenrückgang zwischen 1965 und 1975,
- die Studentenbewegung ab Ende der 60er Jahre,
- die Zunahme der Berufstätigkeit von Frauen,
- die Zunahme der Scheidungen,
- die Zunahme der Personen mit höheren Bildungsabschlüssen.

Doch welche Art von Wertewandel hat in den vergangenen Jahrzehnten stattgefunden?

Die Zeit nach dem Zweiten Weltkrieg wird durch eine zunehmende Anspruchsinflation, den Aufbau einer privaten Wertsphäre, die Erosion klassischer Tugenden, ab den 60er Jahren durch den Wandel von eher materialistischen zu postmaterialistischen Wertmustern gekennzeichnet. Wouters (1979) stellte seit dem Ende des 2. Weltkrieges einen Trend zur Informalisierung fest, d.h. Lockerung von Zwängen im zwischenmenschlichen Umgang. Diese Informalisierung der Verhaltenstandards kann charakterisiert werden durch Permissivität (z.B. Abbau formaler Höflichkeitszwänge), dem Zugeständnis größerer individueller Selbstständigkeit, der häufigeren Thematisierung von Freiheitsspielräumen und der größeren Toleranz. Brand (1982, 70) diagnostiziert einen „Bedeutungsverlust der traditionellen Berufs-, Leistungs- und Aufstiegsorientierung sowie des traditionellen Rollenverständnisses der Geschlechter zu Gunsten einer zunehmenden instrumentellen Haltung gegenüber Arbeits- und Berufstätigkeit, einer stärker privatistisch-hedonistischen Orientierung und einer stärkeren Betonung egalitärer und partnerschaftlicher Werte – ohne dass sich dabei eine neue Wertordnung bereits klar abzeichnet.“ Büchner (1985, 113f) spricht von einem „Freisetzungsprozess“ des Kindes bzw. des Jugendlichen, wobei dazu die Rolle des Konsumenten, die relative Eigenständigkeit der Kinder- und Jugendkultur und die Emanzipation des Kindes innerhalb der Familie gehört. Der Erziehungsstil in den meisten Familien hat sich nach dem Ende des Zweiten Weltkrieges gewandelt. Strafen traditioneller Art werden seltener angewendet. Den Kindern und Jugendlichen werden mehr Mitspra-

cherechte eingeräumt. Insgesamt sind autoritäre Erziehungspraktiken auf dem Rückzug begriffen.
Interessant ist die Tatsache, dass der Anteil der Jugendlichen, die ihre Kinder genauso wie ihre Eltern erziehen wollen, von 1953 bis 1975 von 32 % auf 14 % gesunken ist, während umgekehrt der Anteil derjenigen, die ihre eigenen Kinder anders erziehen wollen, von 24 % auf 34 % gestiegen ist (Jugendwerk 1981, Band 3, 36). Dies ist erstaunlich, da die Abgrenzung der Kinder von der weniger autoritären Elterngeneration stärker erfolgt als von der autoritäreren. Die Abgrenzung von den Eltern ist jedoch selbst ein Aspekt des Emanzipations- und Freisetzungsprozesses.

Am bekanntesten ist die Theorie des Wertewandels von Inglehart (1989) geworden:

Knappheitshypothese: Menschen halten die Dinge für wertvoll, die knapp sind. Wer im Wohlstand aufwächst, hält diesen für nicht so wertvoll, sondern interessiert sich mehr für „höhere" Werte.
Gegenthese: Durkheim meinte, dass Menschen im Allgemeinen unersättlich seien, d.h. auch der Wohlstand würde ihre Sucht nach Konsumgütern nicht befriedigen können, sondern nur mehr antreiben. Außerdem weckt der Aufstieg Ängste, dass man zurückfallen könne. Und Stagnation ist für den Wachstumstyp schon Rückfall!
Eine empirische Stützung dieser Gegenthese: Von 1967 bis 1991 wurden jährlich Studentenbefragungen in den USA durchgeführt. Wenn man zwei zentrale Lebensziele der Studenten vergleicht, ergibt sich ein eindeutiger Trend:

Einstellungen von Studierenden, USA	*1967*	*1991*
eine eigene Lebensphilosophie entwickeln	80 %	45 %
finanziellen Erfolg haben	45 %	75 %

Abb. 57: Lebensziele amerikanischer Studierender; Quelle: Calhoun et al. 1994, 342

Sozialisationshypothese: Die Werte werden in den ersten Lebensjahren gebildet; auf Grund des materiellen Überflusses sind im Bewusstsein der Eltern andere Werte als in früheren Zeiten wichtiger, z.B. Beziehungspflege, Emotionalität.

Gegenthese: Sowohl materielle Aspekte (Konsumgüter, Einkommen) als auch Beziehungen und emotionale Zuwendung werden von den meisten Eltern für wichtig gehalten. Außerdem ist auf Grund gestiegener Erwartungen für viele Kinder in Industriestaaten nicht materieller Überfluss vorhanden, sondern aus ihrer Sicht relative Knappheit an begehrten Konsumgütern!

Befragungen in europäischen Ländern zeigen große Unterschiede im Wertewandel. Die Niederlande waren schon 1970 so „progressiv", wie es Westdeutschland erst 1992 wurde, und 1992 haben in den Niederlanden die „postmaterialistischen" Werte der Selbstverwirklichung und Partizipation die „materialistischen" Besitz- und Pflichtwerte bereits überrundet. Portugal und Ostdeutschland zeigten dagegen auch 1992 noch traditionelle Muster (Hradil 1997, 505 ff).

Wertewandel in %		*1970*	*1992*
Niederlande	Materialisten	28	15
	Mischtypen	52	59
	Postmaterialisten	19	26
Westdeutschland	Materialisten	42	30
	Mischtypen	41	55
	Postmaterialisten	10	15
Ostdeutschland	Materialisten		34
	Mischtypen		60
	Postmaterialisten		7
Portugal	Materialisten		47
	Mischtypen		46
	Postmaterialisten		8

Abb. 58: Wertewandel in verschiedenen Staaten[88]; Quelle: Hradil 1997

Klages (1998), der ebenfalls Forschungen in diesem Bereich durchgeführt hat, stellt einen Übergang von traditionellen Pflicht- und Akzeptanzwerten zu Selbstverwirklichungsvorstellungen fest, wobei eine Koexistenz der alten und neuen Muster besteht.

[88] In diesen von Inglehart ausgehenden Untersuchungen wird unterstellt, dass Materialismus und Postmaterialismus Gegensätze sind. In der Shell-Jugendstudie (1997) ergaben sich jedoch hohe Korrelationen verschiedener Wertskalen, die nach Ingleharts Theorie unabhängig sein sollten: Materialismus, Postmaterialismus, Soziale Werte, Hedonismus (vgl. Münchmeier 1998, 116).

Gegenthese: Je nach Schicht- und Berufszugehörigkeit der Eltern, Bezugsgruppen und familiären Traditionen dominieren Pflichtwerte oder Selbstverwirklichungswerte oder ergeben sich entsprechende Mischungen. Mittelschichteltern legen mehr Wert auf Selbstständigkeit, Unterschichteltern eher auf Gehorsam und Konformität. Diese Wertvorstellungen hängen mit den Arbeitsbedingungen zusammen; Routinetätigkeiten und geringe Entscheidungsspielräume sind mit Gehorsamsvorstellungen verbunden (Kohn et al. 1990).
Klages (1998) teilt die deutsche Bevölkerung in fünf Wertetypen, wobei drei Dimensionen zu Grunde liegen:

1. Pflicht- und Akzeptanzwerte (Pflicht)
2. Hedonistisch-materialistische Selbstentfaltung (Lust)
3. Idealistische Selbstentfaltung (Ideal)

Wertetypen (1993) Deutschland	*Anteil*	*Pflicht*	*Lust*	*Ideal*
Konventionalisten	17 %	+	–	–
Perspektivlos Resignierte	15 %	–	–	–
Aktive Realisten	34 %	+	+	+
Hedonistische Materialisten	17 %	–	+	–
Nonkonforme Idealisten	17%	–	–	+

+ stark ausgeprägt, – schwach ausgeprägt
Abb. 59: Wertetypen nach Klages

Es dominieren die aktiven Realisten, die es verstehen, alle drei Wertedimensionen zu verbinden.
Yankelovich (1994) hat versucht, anhand von Meinungsumfragedaten den Einstellungswandel in den Vereinigten Staaten zu beschreiben und zu erklären. Seit den 50er Jahren hat sich eine Abschwächung der pflichtorientierten Leistungsbereitschaft (protestantische Arbeitsethik) und eine Stärkung der Selbstverwirklichungswünsche ergeben, doch in den 90er Jahren zeigt sich wieder eine gewisse Hinwendung zu kollektivistischen Werten. Yankelovich meint, dass der lange anhaltende Wohlstand (von den 50er Jahren bis Anfang der 80er Jahre) eine Abwendung von kollektivistischen Werten und eine Hinwendung zur Selbstverwirklichung gebracht hat. Doch die ökonomische Verunsicherung, die in den 80er und in der ersten Hälfte der 90er Jahre einen großen Teil der amerikanischen Bevölkerung erfasste, hat wieder die Su-

che nach schützenden Bindungen verstärkt. Man sollte freilich auch Generations- oder Kohorteneffekte in Betracht ziehen. Die die Werterneuerung tragende Gruppe (baby boom generation) ist in die Jahre gekommen, die meisten haben Familie und arbeiten an ihrer Karriere. Somit haben sich ihre Jugendwerte den Anforderungen dieses Lebensabschnitts angepasst.

All diese Untersuchungen weisen auf die (auf bestimmte Gruppen und Lebensbereiche) begrenzte Geltung der von Daniel Bell, Christopher Lasch und im Anschluss daran von Ulrich Beck in das Zentrum der Diskussion gestellten „neuen Werte“ (Selbstverwirklichung als Leitwert).

Gegenthese zu der Dominanz der „neuen Werte“: Nach Bourdieu sind die Menschen in Habituskammern eingesperrt, aus denen heraus sie „alten“ oder „neuen“ Werten folgen müssen, und zwar gemäß den Anforderungen der Bezugsgruppen (Auswahl der Güter, der Kleidung, der Musik, der Nahrungsmittel, des Autozubehörs usw.). Eine gruppenunabhängige Selbstbestimmung gäbe es folglich nicht, ein entsprechendes Bewusstsein wäre illusionär.

Was dominiert: Stabilität oder Wandel der Werte?

Familie als Wert wird von der überwiegenden Mehrheit in allen westlichen Staaten seit Jahrzehnten gleichermaßen anerkannt. In den Vereinigten Staaten sind die religiösen Wertvorstellungen ziemlich konstant, doch dies trifft für einen Teil der europäischen Staaten und Regionen nicht zu, in denen eine starke Abnahme der Akzeptanz christlicher Konzeptionen festzustellen ist, z.B. in Ostdeutschland. Die Akzeptanz der Demokratie, des Rechtsstaates und des Gewaltmonopols des Staates hat sich in den Jahrzehnten nach dem Zweiten Weltkrieg in Europa stabilisiert. Es ist also kein Grund vorhanden, in den Staaten der EU Anomie oder eine Erosion der politisch bedeutsamen kollektivistischen Werte zu befürchten – solange keine katastrophale Wirtschaftskrise auftritt. Die zunehmende Akzeptanz von Individualismus, Selbstverwirklichung, Freizeitorientierung und Errichtung einer Privatsphäre stellt bisher keine Gefährdung der gesellschaftlichen Stabilität und der Institutionen Familie, Wirtschaft und Politik dar. Doch die zunehmende Beschleunigung der wirtschaftlichen und technologischen Änderungen und die Globalisierung könnten diese Stabilität gefährden.

Eine 1999 in der Schweiz durchgeführte Umfrage ergab, dass fast die Hälfte der Bevölkerung befürchtet, dass Solidarität, die Bewahrung der Umwelt, nationale Werte, Ehrlichkeit und Gerechtigkeit durch die Globalisierung gefährdet seien (Neue Zürcher Zeitung 28.9.1999, 11).

Zuletzt soll noch die bisherige Voraussetzung angezweifelt werden: Werte sind für eine Gesellschaft unbedingt notwendig und ein allgemeiner Werteverfall stellt somit eine zentrale Gefährdung dar – eine funktionalistische Annahme. Esser (1999, 140) meint hingegen: „Das Geld, die Märkte und die Kreuzung der Interessen haben die Werte als Mechanismus der Integration in den modernen Gesellschaften nahezu überflüssig gemacht."

11.6 Globalisierung

Was hat sich in den letzten hundert Jahren schon groß geändert, wenn man ein Gedicht liest, mit der Nachbarin schwätzt, zu Gott betet, sein Frühstücksei isst oder sich aufhängt? Es gibt nur lokale und keine globalen Körper, Mütter und Familien.

Was ist Globalisierung?

Funktionalismus: Globalisierung ist die Ausweitung der Gesellschaft. In einfachen Kulturen auf kleinen Inseln bezog sich Gesellschaft auf ein paar Stämme. Jetzt gibt es eine Weltgesellschaft.

Konfliktansatz: Die Konflikte zwischen menschlichen Gruppen haben sich ausgedehnt. Im 20. Jahrhundert gab es zwei Weltkriege. Die im 19. Jahrhundert vorherrschende eurozentrische Sichtweise erwies sich als unzureichend. Seit den beiden Weltkriegen und vor allem seit der Entwicklung von leistungsstarken Flugzeugen, Raketen und Atomwaffen ist ein globaler Konfliktansatz erforderlich. Doch trotz Supermächten, Weltmarkt, UNO, NATO und multinationalen Konzernen finden die blutigen Konflikte nach wie vor primär zwischen ethnischen Gruppen statt.

Interaktionismus: Wie schon die einleitende Bemerkung zu diesem Abschnitt zeigen sollte, finden Globalisierungsmodelle am traditionsbestimmten Lokalismus von Menschen ihre Grenze. Doch das Internet wie auch andere Kommunikationstechnologien fordern die Kleingruppensphäre überschreitende interaktionistische und sozialpsychologische Netzwerkmodelle.

Nach Giddens (1995) führen drei soziale Prozesse in modernen Gesellschaften zur Globalisierung:

- Manipulation von Raum und Zeit (Technologien des Verkehrs, der Kommunikation usw.),

- Lösung von Institutionen und sozialen Systemen aus ihren (traditionellen und interaktiven) Zusammenhängen (Ökonomie, Wissenschaft, Technik) und
- Reflexivität (kognitive Vernetzung, Überspringen von Denkverboten, Kombination von heterogenen Informationen).

Globalisierung ist ein langfristiger multidimensionaler Prozess: Alexander der Große, die Völkerwanderung, die Entdeckung Amerikas, die Kolonialisierung, das Maschinengewehr, das Flugzeug, die Telegraphie. Im Manifest der Kommunistischen Partei von 1848 heißt es: „Ein Gespenst geht um in Europa..“, Europa, damals noch das Zentrum der Welt, bereits infiziert, um die „Krankheit Kommunismus“ weltweit zu verbreiten, nachdem die „Krankheit Christentum“ schon seit Jahrhunderten global verbreitet wurde. Die europäische Kultur und in ihrem Verbund das Christentum haben ab dem 15. Jahrhundert Globalisierung betrieben, und zwar in der aggressiven Form. Dagegen ist die heutige Globalisierung weniger blutig und weniger ethno- und eurozentrisch, doch sie schreitet schneller voran und ist umfassender.

Wallerstein (1988) hat eine Welt-System-Theorie entwickelt. Die Vereinigten Staaten, die wirtschaftsstarken europäischen Staaten und Japan bilden das Zentrum. Die anderen Länder befinden sich an der Peripherie, und zwar in unterschiedlichem Grad: Zweite, Dritte und Vierte Welt. Ein Aufstieg ist nur möglich, wenn ein Land sich an die vom Zentrum vorgegebenen Spielregeln hält: niedrige Löhne, hohe Investitionen, Öffnung für die Mächte und Märkte des Zentrums. Länder, wie Burundi, Nordkorea und Somalia gehören in diesem hierarchischen System der Vierten Welt an, d.h. ihre Entwicklungschancen werden als extrem niedrig eingeschätzt. Die Globalisierung wird diese hierarchische Ordnung wahrscheinlich bestärken und verschärfen.

Alte Herrschaftssysteme, wie die Nationalstaaten, geraten in Schwierigkeiten. Ihre Problemlösungskapazitäten schwinden. Rosenau (1990) beschreibt den Machtkampf zwischen den nationalstaatlichen Regierungen, den Vereinten Nationen, der Weltbank, multinationalen Konzernen und anderen Groß-Akteuren als polyzentrische Weltpolitik, wobei die Entwicklung der Informations- und Kommunikationstechnologie einen bedeutsamen Einfluss auf das Prozessgeschehen ausübt.
International vernetzte Herrschaftseliten, die trotz Konkurrenz gemeinsame strukturelle Interessen entwickeln (globale Spieler, die vom globalen Spieltisch und seinen Regeln abhängig sind), stabilisieren Struk-

turen und stehen der Mehrheit der Menschen gegenüber, die in viele Gruppierungen zersplittert sind und immer ohnmächtiger werden. Die Spekulations-Milliarden jagen um den Erdball, zerstören in Windeseile und ermöglichen auch gigantische zivilisatorische Leistungen.

Es sind soziale Weltgebilde entstanden: die Weltwirtschaft, die Wissenschaft, universale Prinzipien, die Menschenrechte, die Vereinten Nationen, Coca Cola, Michael Jackson. Handelt es sich um den endgültigen Niedergang der „anderen" Kulturen, um den Sieg der „einen"? Besteht der Triumph der Globalisierung in der Bildung einer internationalen Klasse von Kapitalisten, Managern, Technokraten, Medien- und Sportstars?

Nach wie vor existieren trotz kulturellem Imperialismus; Kapitalismus, Neokolonialismus und neuen Medien viele verschiedene Kulturen, Sprachen und Lebensformen. Die Vernetzung dieser kulturellen Systeme schreitet freilich voran.

Trotzdem ist es unwahrscheinlich, dass eine kulturelle Vereinheitlichung erfolgt. Robertson (1992) spricht von „glocalization" (Glokalisierung), d.h. globale Elemente, z.B. Werbung für Globalprodukte wie Coca-Cola, und lokale Aspekte (regionale Essgewohnheiten, traditionelle Spruchweisheiten, religiöse Rituale etc.) verbinden sich in kaum vorhersagbarer Weise, sowohl im Bewusstsein einzelner Menschen als auch in institutionellen Strukturen und Mythen.

„Modernisierung bedeutet nicht Verwestlichung" (Hutchinson 1996, 113). Menschen in Entwicklungsländern und anderen Kulturen übernehmen oft nur die westlichen Verhaltensweisen oder Produkte, die ihnen nützlich erscheinen. Funktionalistisch gesehen werden die Angebote selektiv übernommen, im Blick auf die Aufgaben für das (traditionelle) System. Doch Konflikte zwischen Gruppen erzwingen auch Modernisierung in Bereichen, die Unverträglichkeiten mit den jeweiligen kulturellen Systemen erzeugen (z.B. Frauen als Soldatinnen mit modernen Waffen einzusetzen). Telekommunikation, neue Transportmittel und vor allem modernste Waffen sind offensichtlich mit (fast) jeder beliebigen Kultur „vereinbar". Viele Kulturen erweisen sich somit als offener, als es auf Abgrenzung bedachte wissenschaftliche oder nichtwissenschaftliche Kulturideologien wahrhaben wollen. Freilich wird durch die partielle Modernisierung auch eine Differenzierung in die traditionelle Gesellschaft hineingetragen, die neue Konflikte produziert.

11.7 Natur und Umwelt[89]

Natur und Umwelt unter „Sozialem Wandel“ einzuordnen, ist kurios. Doch inzwischen ist allgemein bekannt, dass sozialer und technischer Fortschritt zu gravierenden Naturveränderungen führt, und dass der soziale Wandel von materiellen Ressourcen (Bodenschätzen, Wassermangel, Klima etc.) abhängig ist. Fischer-Kowalski und Weisz (1998, 145) bestimmen „Gesellschaft als Verzahnung materieller und symbolischer Welten“. Es ergeben sich große theoretische Schwierigkeiten, weil der Begriff „Natur“ kulturell und sozial bestimmt und verändert wird, d.h. nicht als Konstante angesehen werden kann.
Die Herstellung von „Natur“ durch Menschen sei an einem kleinen lehrreichen Beispiel demonstriert.

Das im Emsland gelegene Leegmoor, ein Hochmoor, wurde in der ersten Hälfte dieses Jahrhunderts zur Torfgewinnung ausgebeutet und zerstört. „Die vertrocknete Ödnis wieder zum Leben zu erwecken,“ hatte sich ein Naturschützer vorgenommen. Das Gebiet musste mit der Planierraupe eingeebnet, gegen den sandigen Untergrund abgedichtet und mit kleinen Staudämmen versehen werden. „Das war kompliziert und teuer – und doch nur die erste Phase der Wiedergeburt einer Landschaft, wie sie die Worpsweder Künstler einst auf ihren Bildern verewigt haben.“ Der Naturschützer meint: „ich bin überzeugt, daß hier in 1000 oder 2000 Jahren wieder ein Hochmoor sein wird.“ (Der Spiegel 51/1997, 197)

Seit den 70er Jahren dieses Jahrhunderts werden Umweltprobleme in zunehmendem Maße in der Öffentlichkeit diskutiert. Vor allem wird von vielen Personen und Gruppen in den Industriestaaten auf dauerhafte Gefahren für die Lebensbedingungen im lokalen und auch im globalen Rahmen hingewiesen. Die neueste Diskussion kreist um Begriffe wie Tragfähigkeit, Nachhaltigkeit und Zukunftsfähigkeit. Immer mehr werden die gegenwärtigen Verhaltensweisen in einen Kontext gestellt, der viele Generationen und die gesamte Welt einbezieht. Dies ist in besonderem Maße im Bereich der möglichen Veränderung des Weltklimas, der Vergrößerung des Ozonlochs, der Verringerung der Artenvielfalt und der Zerstörung riesiger Ökosysteme der Fall. Relativ wenige leben unter Umständen „auf Kosten“ von sehr vielen. Eine derzeit lebende Minderheit übt Macht über ein große Anzahl künftig lebender Men-

[89] Eine Einführung in die Umweltsoziologie bieten Diekmann und Preisendörfer (2000).

schen aus, wobei es sich um strukturelle Macht handelt, da sie erstens auf der Empfängerseite noch nicht personalisierbar und auf der Senderseite ohne konkrete auf die möglichen Empfänger gerichtete Absichten ist. Ein theoretisch interessantes Problem, gleichzeitig eine unheimlich reale und irreale Tatsache. In vielen Kulturen ist Ahnenverehrung verankert, d.h. es ist eine kulturelle Kontinuität garantiert, doch eine Verehrung der künftigen Menschen ist in bisherigen Kulturen nicht vorgesehen. Gibt die Beliebtheit von Science Fiction solchen Motiven und Emotionen, die sich auf künftige Generationen beziehen, Auftrieb? Sollten diesseitige Formen des individuellen Weiterlebens technisch entwickelt werden, um eine langfristige Vorsorge zu institutionalisieren?

Ein altes Umweltproblem bezieht sich auf die Begrenztheit von Ressourcen. Schon im Altertum und in traditionalen Kulturen wurden Böden übernutzt, Wälder abgeholzt und Tierarten in lokalen Gebieten ausgerottet. Doch die globalen Umweltschädigungen und der Raubbau an Ressourcen haben sich in den letzten Jahrzehnten dramatisch erhöht.
Es werden jedoch nicht nur Ressourcen in gigantischem Ausmaß vernichtet, z.B. Erdöl, Erdgas und Grundwasser, sondern auch ständig neue Ressourcen „geschaffen“ oder entdeckt. Man denke an die Genetik und Gentechnik: die Gene von Pflanzen, Menschen und Tieren stehen erst durch die neuen Erkenntnisse und Technologien zur Verfügung. Diese Ressourcenentdeckung setzt sich fort und sie ist mit der Ressourcenvernichtung systematisch und strukturell verkoppelt – ebenfalls ein langfristig nicht vorhersagbares Geschehen. Je erfolgreicher Wissenschaft und Technik sind, umso unvorhersagbarer wird nicht nur die Zukunft der Menschheit, sondern auch die Entwicklung des Lebens und der Gang der Evolution.

Komplementär oder parallel zur Umweltgefährdung ist auch die wissenschaftliche Erforschung dieser Tatbestände und das Umweltbewusstsein in der neueren Zeit vorangeschritten. Wie jede Bewusstseinsentwicklung findet auch diese im Rahmen permanenter Kämpfe zwischen Gruppen statt, die Umweltprobleme innerhalb ihrer Lebens- und Ideologiewelten unterschiedlich interpretieren (Umweltbewegungen, politische Parteien, ethnische Gruppen). Welche Umweltprobleme von welchen Gruppen als relevant angesehen werden, hängt von vielen Faktoren ab: lokale Betroffenheit, soziale Schicht, Medienselektion, subjektive Einschätzung von Schädigungswahrscheinlichkeiten, Bedürfnisstrukturen usw.

Luhmann (1986) weist zu recht darauf hin, dass einzelne Subsysteme, wie z.B. Wirtschaft, Umweltprobleme in ihren Codes verarbeiten. In betriebswirtschaftlichen Überlegungen gehen Umweltbelange als Kosten oder auch als Werbemöglichkeiten ein. In Religion und Ethik werden sie moralisiert. In der Medizin werden sie in Gesundheitsfragen transformiert.
Beck (1988) meinte, dass es in der Geschichte der Menschheit bisher nicht bekannte neue Großrisiken gäbe, die alle Menschen gleichermaßen gefährdeten – wobei das Hauptbeispiel die Atomenergie darstellt. Im bisherigen Verlauf der Geschichte hat sich jedoch an der traditionell vorgegebenen Situation nichts geändert, dass Menschen je nach Region, sozialer Schicht und anderen sozialen Faktoren sehr unterschiedlich von alten und neuen Gefahren bedroht oder betroffen werden. Dies gilt auch für die Katastrophe in Tschernobyl. Auch dass die neuen Gefahren unkalkulierbarer seien als die alten, wird von Beck nicht empirisch belegt, sondern nur behauptet. Tatsächlich zeigt sich in der überwiegenden Mehrzahl der bisher bekannten Fälle, dass die modernen Kalkulationen und Vorhersagen zutreffender sind als die in früheren Zeiten.

Dass das Umweltbewusstsein in Deutschland und anderen westlichen Staaten sich in den letzten Jahrzehnten bedeutsam und positiv gewandelt hat, ist durch Umfragen nachgewiesen; doch hat es das Alltagsverhalten beeinflusst? Der stärkste Einfluss ist dort festzustellen, wo eine unmittelbare Schädigung von Konsumenten befürchtet wird, d.h. Kosten-Nutzen-Überlegungen dominieren. Wenn der Konsument seine Gesundheit gefährdet sieht und über die nötigen finanziellen Ressourcen verfügt, dann ist er bereit, teure „Bioprodukte“ zu kaufen. Dagegen lässt sich am Beispiel Auto darstellen, dass die Energiekrise von 1973/74, die von vielen als Wendepunkt angesehen wurde, kaum einen Einfluss auf den Konsum hatte. Die Autos werten den Kraftstoff besser aus als vor 20 oder 30 Jahren, doch die Konsumgewohnheiten haben sich kaum geändert. Nicht die Sparsamkeit im Verbrauch ist das zentrale Kaufkriterium, sondern die „Leistung“, d.h. das Verhältnis Höchstgeschwindigkeit, Beschleunigung, Ausstattung, Prestigewert einerseits und Preis andererseits.
Energiesparen ist nicht zu einer Attitüde oder gar einer neuen Werthaltung geworden, sondern es wird über staatliche Maßnahmen, Preise, steuerliche Vergünstigungen und andere nutzenorientierte Mechanismen geregelt. Insgesamt ist die Überflussgesellschaft erhalten geblieben, ja ihre Werte, wie Leistung, Konkurrenz, instrumentelle Rationalität und Luxuskonsum sind gestärkt worden. Die Teilung in verschiede-

ne gesellschaftliche Gruppen mit eigenem Natur- und Umweltbezug wurde weiter ausgebaut. Verschwendung und Ressourcenverbrauch sind nach wie vor Status- und Distinktionsmerkmale und haben weitere Naturteile einbezogen.

Die Zerstörung der kollektiven Güter (Hardin 1968)

Menschliche Gruppen waren immer von natürlichen Ressourcen abhängig und kämpften darum: Wasser, gute Böden, Bodenschätze, strategische Lage.
Wem gehört das Meer? Wasser, das alle benötigten, über das jedoch eine kleine Gruppe die Verfügungsgewalt hatte, war ein bedeutsamer Machtfaktor. Wasser konnte teilweise privatisiert werden, auch Teile des Meeres konnten Gruppen oder Staaten zugeordnet werden, doch die Luft, der Regen und der überwiegende Teil der Weltmeere sind kollektive Güter. Kollektive Güter waren und sind gefährdet, da sie übernutzt werden können. Es kann durchaus im individuellen Interesse sein, an der Übernutzung teilzunehmen.

Viehzüchter besitzen ein gemeinsames Stück Land, auf das sie ihre Rinder treiben können. Da abzusehen ist, dass dieses Stück Land übernutzt wird, ist es für den einzelnen Herdenbesitzer individuell rational, möglichst häufig und möglichst viele Tiere auf dieses Stück Land zum Weiden zu treiben. Dadurch wird jedoch die Übernutzung und schließlich auch die Zerstörung des allgemeinen Gutes beschleunigt. Es gibt viele Beispiele dieser Art: Überfischung, Pilze suchen, wilde Müllablagerung. Entscheidend ist es, eine geordnete Nutzung zu institutionalisieren. In manchen Großstädten sind Straßen oder Stadtviertel herabgekommen: eingeschlagene Fensterscheiben, Müll auf den Straßen, zugenagelte Türen, ausgebrannte Häuser, zerstörte Telefone. Wenn solche Zeichen der Zerstörung öffentlicher (und auch privater) Güter gesetzt sind, dann wird die Zerstörung progressiv weiter betrieben. Zerstörung ist ansteckend. Insofern ist eine relativ rigide Normierung jedenfalls in bestimmten Bereichen sinnvoll.

Die Bewahrung kollektiver Güter, z.B. der Wasserqualität, ist in kleinen Gruppen leichter als in großen. Denn Trittbrettfahrer werden in kleinen Gruppen eher entdeckt. Außerdem ist in kleinen Gruppen und Räumen jeder von der (lokalen) Zerstörung von Kollektivgütern betroffen.
Globalisierung, Technisierung, Internationalisierung und Modernisierung begünstigen es, dass Zerstörer von Kollektivgütern, z.B. der Ozonschicht oder von Teilen der Ozeane, schwerer identifizierbar sind, die

nationalen Sanktionssysteme nicht greifen und die Zerstörer auch nicht unbedingt selbst betroffen sind. Personen oder Gruppen, die über mehr Kapital verfügen, können größere Zerstörungen bewirken und können sich gleichzeitig vor möglichen Sanktionen und Folgen der Zerstörung besser schützen. Wenn sie ein Gebiet übernutzt haben, ziehen sie ihr Kapital dort ab und investieren es in einem anderen noch intakten.

Freilich führt die Globalisierung auch zu einer globalen Betrachtung von Umweltzerstörung und damit zu einer entsprechenden Kommunikation und Sensibilisierung. Die Möglichkeiten, internationale Akteure zu beeinflussen, sind damit ebenfalls gegeben, da deren Verkaufserfolge auch vom Image und von Vertrauen abhängig sind.

11.8 Die Zukunft des sozialen Wandels[90]

Menschen haben eine große Menge von Kulturen, Institutionen und sozialen Gebilden erfunden, weiterentwickelt, zerstört, vergessen, ausgegraben oder in neue Gebilde eingebaut. Wohin geht die Kulturreise? Vielleicht befindet sich die Menschheit, besser gesagt eine privilegierte Minderheit, auf dem Weg ins selbst produzierte Paradies:

- Sieg über den Tod, über Krankheit, Hunger und Krieg.
- Direkte Herstellung von Glück und Zufriedenheit durch Medikamente oder andere technische Verfahren.
- Ausweitung des menschlichen Bewusstseins durch Informations- und Neurotechnologien.

Doch es gibt auch andere Visionen. Befinden sich die Menschen oder ein großer Teil von ihnen auf einer riesigen Titanic? Zwar verläuft die Entwicklung der Menschheit immer mehr von Menschen gesteuert (Naturbeherrschung), trotzdem, nein gerade deswegen, ist sie nicht vorhersagbar. Scheinbar paradox. Die unbeabsichtigten Wirkungen des Handelns der Menschen werden immer bedeutsamer. Durch Maschinen, Organisationen, Theorien und Netzwerke haben Menschen so komplexe Strukturen geschaffen, dass sich die Möglichkeiten angenehmer und unangenehmer „Überraschungen" vervielfältigt haben.
Beschleunigter gesellschaftlicher Wandel, Modernisierung, Technisierung und Globalisierung beunruhigen viele. Und viele kommen tatsächlich nicht mit. Man denke an neue Technologien. Schon der Videorecorder, in vielen Haushalten vorfindbar, kann nur von einer Minderheit

[90]Vgl. Giddens 1999, 566 ff; Browning et al. 2000.

der Besitzer korrekt bedient werden, vom Computer ganz zu schweigen, dessen Benutzerfreundlichkeit ein besonders phantastischer Mythos ist. Wer kennt sich noch mit wirtschaftlichen und steuerlichen Fragen aus? Nur etwas für Spezialisten. Welcher Laie kann die Arbeit eines Arztes, Juristen oder Technikers beurteilen? Er ist ihm ausgeliefert. Doch nicht nur die Professionellen machen Erwachsene zu Kindern, auch die Kinder. Kinder wissen bereits in vielen Bereichen mehr als ihre Eltern und Großeltern. Wissen, in vielen Jahren oder Jahrzehnten mühselig angeeignet, veraltet schnell und wird wertlos. Viele – auch Wissenschaftler und Lehrer – merken gar nicht, dass wir in einer Zeit der Wissensinflation leben. Doch nicht nur das Wissen wird schneller wertlos, auch die Wirklichkeit, bzw. was viele für die Wirklichkeit halten, politische, wirtschaftliche und kulturelle Ereignisse. Ungewissheit breitet sich aus: ob die Partnerschaft hält, ob man den Beruf, den man erlernt hat, ausüben kann und wie lange, ob man eine Arbeitsstelle bekommt und wie lange man sie behalten wird, und ob die eigene Seele unsterblich ist.

Doch die Menschheit ist wie ein Giraffe, deren Hals immer länger wird, so dass sie immer höhere Wipfel abgrasen kann. Oben passiert ständig etwas Neues, doch unten bleibt das meiste gleich: Die genetischen Grundstrukturen sind schon seit hunderttausenden Jahren ziemlich stabil. Es gibt Milliarden, die keinen Fernseher, kein Telefon und selbstverständlich keinen Computer haben. Auch in den Industrieländern gibt es wichtige Bereiche, die nur schwach modernisiert sind: Was Mütter mit ihren kleinen Kindern machen. Oder der Wein, das Bier, nicht die Herstellung, sondern der Konsum haben sich wenig verändert. Nägel schneiden. Nur wenige bewegen sich im Cyberspace – und auch dort verhalten sich viele wie auf der Dorfstraße. Es existiert alles nebeneinander: die Steinzeit und das postelektronische Zeitalter.

Wohin geht die Reise? Wir sitzen alle in einem Boot, dem Raumschiff Erde – viele werden freilich frühzeitig aus dem Boot gestoßen.

Und was geschieht, wenn die Menschheit durch einen Atomkrieg oder eine Naturkatastrophe vernichtet wird? Höchstwahrscheinlich werden Lebewesen überleben. Die Evolution könnte auf einem früheren Stand wieder beginnen und weitere interessante Experimente „veranstalten“. Für Soziologen sind solche in der Öffentlichkeit geäußerte Ideen Material für gesellschaftliche Diagnosen: Welche Gruppen sind dafür empfänglich? Unter welchen politischen und ökonomischen Bedingungen verbreiten sie sich?

12 Schlussbemerkungen

Was wird geschehen und was sollen wir tun?

Verstärkung der Ungleichheit

Im 21. Jahrhundert werden sich die Unterschiede zwischen den Menschen weiter verstärken: reich – arm, klug – dumm, schön – hässlich, kurzlebig – langlebig, bekannt – unbekannt, überall gewesen – nirgends gewesen usw. Es wird also nicht ein Jahrhundert der Gleichheit, sondern der Ungleichheit, noch stärker als das 20. Jahrhundert.

Verstärkung der Gleichheit

Viele Menschen werden sich erfolgreich mit professioneller Hilfe nach Standardtypen stylen. Da dies technisch immer besser gelingen wird, wird es ebenso wie das 20. Jahrhundert auch ein Jahrhundert der Gleichheit. Vor allem technologisch strukturierte Standardrollen wie der Autofahrer, der Patient oder der Fernsehzuschauer werden global verankert und neue Rollen angelagert. Die technologisch und ökonomisch gestützten Gleichheitsanforderungen werden freilich einem beschleunigten Wandel unterworfen, erfordern Ressourcen und erzeugen dadurch ständig Zurückbleibende, Versager, die sich verbergen, um nicht das Bild zu stören, d.h. die Gleichheit produziert Ungleichheit.

Und die Freiheit?

Die subjektive Freiheit ist ein Wachstumswert. Der dem Wirtschaftssystem angepasste Konstruktivismus (Ich muss meines Ichs Schmied sein) wird sich weiter ausbreiten. Doch auch die Kontrolle wird zunehmen, sowohl die sanfte, kaum merkbare als auch die harte (Videoüberwachung), wobei der Unterschied zwischen Selbst- und Fremdkontrolle immer unklarer wird. Trotzdem wird die privilegierte Minderheit immer stärker Wert auf Selbstkontrolle – für sich – legen, für die man entsprechende Ressourcen benötigt (Zeit für Bildung, selbstbestimmtes Körper- und Psychotraining etc.). Dadurch wird ein altes Gesetz bestätigt: Die Herstellung von Freiheit ist mit der Produktion von Ungleichheit verbunden.

Es wird ein weiteres Jahrhundert der Beschleunigung, nicht nur im räumlichen Transport, sondern vor allem im Informationsaustausch und in der Kommunikation.

Folglich wird man ständig neue Ebenen und Methoden der Komprimierung, Zusammenfassung, Fokussierung, Abdunklung, Hervorhebung und Selektion entwickeln. „Soziologie kompakt“ liegt damit schon im Trend.

Informations- und Biotechnologie

Die beiden Technologien, denen schon in den letzten beiden Jahrzehnten eine große Zukunft vorausgesagt wurde, werden weiter an Bedeutung gewinnen:

- Informations- und Kommunikationstechnologien
- Biotechnologie.

Es handelt sich um Befreiungs- und Kontrolltechnologien: Befreiung von Kommunikationsschranken, von Körpergrenzen, von Versklavung durch die Umwelt. Doch auch Kontrolle: Netzwerke, Bio-Politik.

Organisationsentwicklung

Die meisten alten Organisationen, Kirchen, Schulen, Ämter, Banken etc. werden zwar weiterbestehen, doch von neuen Organisationen unterlaufen, die sich vor allem über die Informations- und Kommunikationstechnologien und die Internationalisierung der menschlichen Beziehungen bilden. Die multinationalen Konzerne werden in der Konkurrenz mit den kleinen und mittleren Staaten weiter an Macht gewinnen.

Prophezeiungen

Die hier genannten Vorhersagen sind sehr allgemein gehalten. Für die Details sind Wahrsager und Trendforscher zuständig (vgl. Rust 1995). Soziologen waren und sind in der Regel genauso überrascht über die tatsächlichen unerwarteten Ereignisse wie normale Menschen.
Amerika steigt zur Supermacht auf (über eine solche Behauptung hätten europäische Politiker und Wissenschaftler in der Mitte des 19. Jahrhunderts nur milde gelächelt), Hitler und Stalin verbünden sich, es fallen keine weiteren Atombomben nach Hiroshima und Nagasaki, Deutschland und Japan werden zu führenden ökonomischen Mächten nach 1945, der osteuropäische Kommunismus fällt ohne großen Krieg in sich zusammen, es gibt eine deutsche Wiedervereinigung im 20. Jahrhundert, kleine Technologiefirmen, die Verluste erwirtschaften, werden durch die Aktienspekulation zu Milliardenhorten.

Prävention statt Prophetie

Die Stärke der Soziologie lag also bisher nicht in der Vorhersage derartiger sozialer Ereignisse, sondern in der Prävention. Soziologie und Psychologie sind allmählich in das Denken der westlichen Eliten eingedrungen und haben sich als ideologiezersetzende und vorurteilsverhindernde Medizin bewährt.
Bisher herrschte in diesem Buch eine Distanzhaltung vor. Wenn man Erkenntnisse instrumentalisieren wollte, dann konnte man dies im Interesse von Gruppen kaum von einzelnen machen. Gibt es von soziologischer Seite keine Ratschläge für Individuen?

Wertfreiheit!?

Manche meinen, ein Wissenschaftler solle nicht Ideologe, Guru oder Manipulator sein, doch schon die natürliche Sprache, die hier benutzt wird, begünstigt eine Abkehr von der „Wertfreiheit". Der Vorschlag, bestimmte Ansätze zu verwenden, impliziert immer schon eine Wertung. Widerstände bestehen in der Zunft, wenn ein Soziologe direkte Ratschläge erteilt oder Verhaltensregeln aufstellt. Doch wenn man den Ratgeber auslagert, und dieser Abschnitt liegt außerhalb des Haupttextes, kann man mündigen Lesern ein derartiges Angebot machen. Also schließe ich gleich einige wertbeladene Vorschläge an:

1. Fallen Sie nicht einer so genannten Mastertheorie zum Opfer. Basteln Sie lieber aus Bausteinen selbst Theorien, bzw. wenden Sie auf Ereignisse mindestens zwei Theorien zur Erklärung an.
2. Seien Sie mutig, brechen Sie aus Theorien, Texten und anderen Angeboten das heraus, was Sie brauchen. Denken Sie kreativ und gegen den Strich.
3. Denken Sie nicht nur, sondern beobachten und befragen Sie. Stellen Sie den Menschen, mit denen Sie verkehren, Fragen. Nicht die Wahrheit ist das Ziel, sondern das Kennenlernen von Wirklichkeitskonstruktionen, die Sie auf ihre Brauchbarkeit prüfen.
4. Beschaffen Sie sich Informationen möglichst aus erstklassigen Quellen, also nicht aus mittelmäßigen Zeitungen, Fernsehsendungen, obskuren Internetmitteilungen oder von Verwandten oder guten Bekannten. Besser ein guter Informant als zehn schlechte. Doch besser zehn schlechte, wenn sie sich dieser Qualitätsbeurteilung bewusst sind, als keiner. Bei Medien verwenden Sie immer mehrere, also nicht eine Tageszeitung oder eine Radiostation. Ansonsten lesen, hören und sehen Sie sich an, was Ihnen Spaß macht.

5. Betrachten Sie sich selbst als Teilchen oder als Welle in verschiedenen Systemen. Doch seien Sie selbstbewusst vor allem gegenüber Personen, die sich selbst nicht als Teilchen sehen (wollen). Scheuen Sie sich nicht, ab und zu ungewöhnlich und provokant zu reagieren. Wenn Sie sich zu sehr anpassen, dann verkümmern Sie und meist ist der soziale Erfolg trotz aalglatter Kriecherei auch nicht überwältigend.

Diese Handlungsanweisungen sind noch ziemlich abgehoben vom Alltag. Zusätzlich gibt es noch aktive Nutzungsmöglichkeiten soziologischen (und sozialpsychologischen) Denkens und Forschens im Alltag:

Genau hinsehen! Neugierig sein! Hinter die Kulissen blicken!

Jemand bekommt ein Angebot, in einem anderen Staat, einer anderen Stadt eine Arbeitsstelle anzutreten. Eine Analyse ist empfehlenswert: Sozialstruktur des Staates, der Stadt usw. Wenn man umziehen will, sollte man stundenlang in der Umgebung des neuen Hauses oder der neuen Wohnung herumgehen, die Straßen, die Geschäfte, die Menschen beobachten, mit ihnen über dies und das sprechen, sich den Kindergarten und die Schule, in die das eigene Kind einmal gehen wird, von innen ansehen, die nächstliegende Bahnstation inspizieren, mit öffentlichen Verkehrsmitteln auf verschiedenen Strecken zu dem künftigen Wohnort fahren (auch zu später Stunde), auf das Bauamt gehen, die Nachbarn in Gespräche verwickeln, sich die Fensterdekorationen der Umgebung ansehen, den Anteil der Leute mit herabgezogenen Mundwinkeln berechnen und auf diese Weise die Städte, Stadtteile, Wohnungen und Nachbarschaften vergleichen. Die Zeit, die man auf diese Weise verbraucht, ist gut investiert! Und wenn man geschickt ist, kann man es sowohl unter Urlaub als auch unter Sport oder Kulturveranstaltung verbuchen. Wenn man einen wirklich guten Makler oder andere kompetente Menschen kennt, kann man sich einen Teil der Arbeit vielleicht ersparen. Vor allem soll man wichtige Entscheidungen dieser Art interaktiv treffen. Wer mit vielen anderen interagiert, möglichst über verschiedene Kanäle, face to face, Telefon, Besuch, E-mail usw., der wird sich nicht nur besser fühlen, seine Erfolgschancen steigen auch.

Der Alltagsforscher

Welche beruflichen Rollen spielen wir (ich, meine Familie, meine Freunde)? Wie lange werden wird noch an den jeweiligen Arbeitsstellen sein? Wohin bewegen sich die Organisationen, von denen man abhängig ist? Wie haben sich die Rituale im privaten und beruflichen Bereich in den letzten 10 oder 20 Jahren gewandelt? Welche Personen vermeidet man, welche sucht man auf? Hat sich der Kreis der Kollegen/Kolleginnen und der Freunde, mit denen man kommuniziert, vergrößert oder verringert?

Hinweise für den ernsthaften Soziologen

Ja, ja, das ist alles gut und schön, doch was hat es mit Gesellschaft oder Theorie über Gesellschaft zu tun? Die Daten, die bei den vorgeschlagenen Erforschungen der eigenen sozialen Umwelt gewonnen werden, können in Mikro- und Makroperspektive betrachtet und gedeutet werden. Die Theorien werden mit Emotionen verbunden und besser verankert. Der Alltagsforscher ist weniger Opfer des Alltags als Macher. Doch die Handlungsmöglichkeiten sind häufig beschränkt. Je mehr man durchschaut, umso frustrierter ist man!?

Beobachtung + Theorie + Kreativität + Netzwerkbildung erweitern den Horizont und vergrößern die Handlungs- und Erfolgschancen.

Nur wer handelt, wird Erfolg haben. Wenn man anderen hilft, ihnen Ratschläge gibt, auf sie eingeht, sie nicht gängelt, dann wird man Positives zurück erhalten. Wer lose Netzwerke knüpft oder sich einlinkt, wird langfristig gewinnen: lächeln, grüßen, sich erkundigen, Tipps geben, anrufen, Postkarte oder E-mail schreiben, jemanden empfehlen, positive Erwartungen äußern, zuhören, das Kind nicht einfach im Kindergarten abgeben, sondern mit den Erzieherinnen sprechen, die Kindergruppe beobachten, mit Eltern sprechen, ein anderes Kind einladen.

Konfliktansatz

Man sollte freilich auch die Schattenseiten des wachen, vorhersehenden und netzwerkakrobatischen Verhaltens bedenken. Je mehr wache und vorhersehende, gebildete und aufgeklärte Menschen miteinander konkurrieren, umso raffinierter, kultivierter und komplexer wird der Kampf – doch das ist ja wünschenswert, da die meisten die primitive Gewalt verabscheuen. Gibt es realistische Alternativen zum zivilisierten Konkurrenzkampf? Kaum. Folglich müssen wohl die gesellschaftlichen Kosten getragen werden:

Je höher der Anteil der gebildeten, kritischen, aufgeklärten Menschen in einer Gruppe oder Gesellschaft wird, umso mehr muss man sich abstrampeln, um nicht abzusteigen, zurückzufallen, an den Rand gedrängt zu werden.

Die Leser sind im Laufe der Lektüre dieser Schrift gereift, so dass der Autor auch die dunklen Seiten der Soziologie kurz beleuchten darf.

- Soziologie kann Ideologien und Weltanschauungen und damit uns alle stören, denn alle Menschen benötigen auch Gedanken- und Gefühlsnebel.
- Auch wenn man nicht militant oder berufsbedingt für die Armen, Unterprivilegierten und Unterdrückten eintritt, ergibt sich durch soziologisches Erkennen eine implizite Kritik an Herrschaftsverhältnissen. Die Äußerung solcher Kritik ist nur an wenigen Stellen karrierefördernd.
- Soziologie kann auch Apathie, Gleichgültigkeit und Fatalismus begünstigen, wenn schnelle und den Einzelnen befriedigende Handlungsstrategien gewünscht werden und man sich ins systemtheoretische Labyrinth begibt oder alles perspektivisch betrachtet – und zum Zauderer wird bzw. unter Handlungshemmung leidet. Gegen Handlungshemmung helfen Gruppen, in den es spontan und experimentell zugeht.

Wer sich auf den Weg sozialwissenschaftlicher Erkenntnis begibt, dem ist im eigenen Interesse der instrumentelle Aktivismus als Leitideologie zu empfehlen.

Soziologisches Wissen kann man verwenden, um Universitätsprofessor, Mutter Theresa, Lenin, Freiheitsheld, Präsident der Weltbank zu spielen, oder einfach um sich im alltäglichen Konkurrenzkampf besser durchzusetzen. Dies sind auch keineswegs unvereinbare Optionen: in der ersten Lebenshälfte A, dann B. Oder vormittags C, nachmittags D, abends E. Oder.....

Zuletzt als Belohnung oder Verführung für diejenigen, die so lange durchgehalten haben, oder für die Pfiffigen, die nur die Schlussbemerkungen lesen, noch einige Geheimtipps. Was liegt im Schatzkästlein der Soziologie?

Die „Protestantische Ethik“ von Max Weber, Ausschnitte aus dem „Selbstmord“ von Durkheim, der „Philosophie des Geldes“ von Simmel, dem „Prozess der Zivilisation“ von Norbert Elias oder aus den „Feinen Unterschieden“ von Pierre Bourdieu, intellektuelle Abenteuer, billiger als Eintrittskarten für ein brandneues Kulturereignis und zur Adelung oder Wachstumsanregung des persönlichen Bewusstseins besser geeignet.

Literatur

*Die mit einem * versehenen Titel werden zur Einführung empfohlen.*

Abele, A./ Becker, P. (Hg.) 1991. Wohlbefinden. München, Juventa.

*Abels, H. 1998. Interaktion, Identität, Präsentation. Opladen, Westdeutscher Verlag.

Albrecht, G. et al. (Hg.) 1999. Handbuch soziale Probleme. Opladen, Westdeutscher Verlag.

*Alfermann, D. 1996. Geschlechtsrollen und geschlechtstypisches Verhalten. Stuttgart, Kohlhammer.

Allmendinger, J./ Hinz, T. 1999. Geschlechtersegregation im Erwerbsbereich. In: Glatzer, W./ Ostner, I. (Hg.), Deutschland im Wandel, Opladen, Leske + Budrich, 191-206.

Anyon, J. 1980. Social class and the hidden curriculum of work. J. of Education 162, 67-92.

Archer, D./ Gartner, R. 1976. Violent acts and violent times: a comparative approach to postwar homicide rates. American Soc. Rev. 41, 937-963.

ARD/ZDF-Arbeitsgruppe Multimedia. 1999. Internet - (k)eine Männerdomäne. Media Perspektiven 8/99, 423-429.

Ariès, P. 1975. Geschichte der Kindheit. München.

Armstrong, D. 1983. The political anatomy of the body. Cambridge.

Arnold, M. /Jelastopulu, E. 1996. Die medizinische Versorgung zwischen Anspruch und Wirklichkeit. In: Kaiser, G. u.a. (Hg.), Die Zukunft der Medizin. Frankfurt/M., Campus.

Asch, S. 1951. Effects of group pressure upon the modification and distortion of judgments. In: Guetzkow, H. (ed.), Groups, leadership, and men. Pittsburgh.

Ballantine, J.H. 1997. The sociology of education. 4. ed., Englewood Cliffs, NJ, Prentice-Hall.

Basow, S.A. 1992. Gender stereotypes and roles. 3. ed., Pacific Grove, CA, Brooks/Cole.

Beck, U. 1983. Jenseits von Stand und Klasse? In: Kreckel, R. (Hg.), Soziale Ungleichheiten, Sonderbd. 2 d. Soz. Welt, Göttingen.

Beck, U. 1986. Risikogesellschaft. Auf dem Weg in eine andere Moderne. Frankfurt/M., Suhrkamp.

Beck, U. 1988. Gegengifte. Die organisierte Unverantwortlichkeit. Frankfurt/M., Suhrkamp.

Beck, U./ Beck-Gernsheim, E. 1990. Das ganz normale Chaos der Liebe. Frankfurt/M.

Beck, U./ Giddens, A./ Lash, S. 1996. Reflexive Modernisierung. Frankfurt/M., Suhrkampf.

Bellah, R.N. 1970. Beyond belief. Essays on religion in a post-traditional world. New York, Harper & Row.

Bernstein, B. 1977. Beiträge zu einer Theorie des pädagogischen Prozesses. Frankfurt/M., Suhrkamp.
Bertram, H./ Hennig, M. 1995. Eltern und Kinder. Zeit, Werte und Beziehungen zu Kindern. In: Nauck, B./Bertram, H. (Hg.), Kinder in Deutschland. Opladen, Leske + Budrich, 91-120.
Bertram, H. 1995. Individuen in einer individualisierten Gesellschaft. In: Bertram, H. (Hg.), Das Individuum und seine Familie, Opladen, Leske + Budrich, 9-34.
Bertram, H. 1999. Soziologie der Familie. Sammelbesprechung. Soziolog. Rundschau 22.
Best, R. 1983. Weve all got scars: what boys and girls learn in elementary school. Bloomington, Indiana Univ. Press.
Bien, W. (Hg.) 1996. Familie an der Schwelle zum neuen Jahrtausend. Opladen, Leske + Budrich.
Blockmans, W. 1998. Geschichte der Macht in Europa. Frankfurt/M., Campus.
Blundell, J./ Gosschalk, B. 1997. Beyond left and right. London, Institute of Economic Affairs.
Bohn, C./ Hahn, A. 1999. Pierre Bourdieu. In: Kaesler, D. (Hg.), Klassiker der Soziologie 2, München, Beck, 252-271.
Bois-Reymond, M. du. 1994. Die moderne Familie als Verhandlungshaushalt. In: dies. u.a. (Hg.), Kinderleben, Opladen, Leske+Budrich, 137-219.
Boli, J./Ramirez, F.O. 1986. World culture and the institutional development of mass education. In: Richardson, Handbook of Theory and Research for the Sociology of Education, Westport, 65-92.
Bonner, J. 1984. Research presented in "The two brains". Public Broadcasting System telecast.
Bornschier, V. 1998. Westliche Gesellschaft - Aufbau und Wandel. Zürich, Seismo.
Boudon, R. 1980. Die Logik des gesellschaftlichen Handelns. Neuwied, Luchterhand.
Boudon, R. 1988. Ideologie. Reinbek, Rowohlt.
Boudon, R./Bourricaud, F. 1992. Soziologische Stichwörter. Opladen, Westdeutscher Verlag.
Bourdieu, P., 1982. Die feinen Unterschiede - Kritik der gesellschaftlichen Urteilskraft. Frankfurt/M., Suhrkamp
Bourdieu, P. 1983. Ökonomisches Kapital, kulturelles Kapital, soziales Kapital. In: Kreckel, R. (Hg.), Soziale Ungleichheiten, Göttingen, 183 ff.
Bourdieu, P. 1989. Satz und Gegensatz. Über die Verantwortung des Intellektuellen. Berlin.
Bourdieu, P. et al. 1997. Das Elend der Welt. Konstanz, UVK.
Bourdieu, P. 1998. Praktische Vernunft. Frankfurt/M., Suhrkamp.
Bourdieu, P./ Coleman, J.S. (eds.) 1991. Social theory for a changing society. Boulder, Westview Pr.
Bowles, S. / Gintis, H. 1976. Schooling in capitalist America: educational reform and the contradictions of economic life. New York, Basic Books.

Brand; K.-W. 1982. Neue soziale Bewegungen. Opladen, Westdeutscher Verlag.
Braun, M. 1998. Soziale Ungleichheit und Wohlfahrtsstaat.: Einstellungswandel in Ost- und Westdeutschland. In: Braun, M./ Mohler, P. (Hg.) 1998. Blickpunkt Gesellschaft 4. Opladen, Westdeut. Verlag.
Brauns, H. 1998. Bildung in Frankreich. Opladen, Leske + Budrich.
Browning, G. et al. (eds.) 2000. Understanding contemporary society. London, Sage.
Buckingham, A. 1999. Is there an underclass in Britain? Brit. J. Sociology 50,1,49-75.
Bude, H. 1998. Die Überflüssigen als transversale Kategorie. In: Berger, P.A./ Vester, M. (Hg.), Alte Ungleichheiten Neue Spaltungen, Opladen, Leske + Budrich, 363-382.
Büchner, P. 1985. Einführung in die Soziologie der Erziehung und des Bildungswesens. Darmstadt, Wiss. Buchges.
Bundesministerium für Bildung, Wissenschaft, Forschung und Technologie. 1998. Grund- und Strukturdaten 1998/99. Bonn.
Burgoon, J.K. et al. 1996. Nonverbal communication. 2. ed., New York, McGraw-Hill.
Burr, V. 1998. Gender and social psychology. London, Routledge.
Calhoun, C./ Light, D./ Keller, S. 1994. Sociology. 6. ed., New York, McGraw-Hill.
Chirot, D. 1985. The rise of the West. American Sociological Review 50, 181-195.
Chodorow, N. 1988. Psychoanalytic theory and feminism. Cambridge, Polity Press.
Cockerham, W. C. 1988. Medical Sociology. In: Smelser, N. (ed.), Handbook of Sociology, London, 575-600.
Cohen, D. 1998. Fehldiagnose Globalisierung. Frankfurt/M., Campus.
Coleman, J. S. 1986. Die asymmetrische Gesellschaft. Weinheim, Beltz.
*Dahrendorf, R. 1999. Karl Marx. In: Kaesler, D. (Hg.) 1999. Klassiker der Soziologie. Bd. 1, München, Beck, 58-73.
Danielson, W.A./ Lasorsa, D.L. 1997. Perceptions of social change. In: Roberts, C.W. (ed.), Text analysis for the social sciences. Mahwah, NJ, Erlbaum, 103-116.
Davis, K./ Moore, W.E. 1945. Some principles of stratification. Amer. Soc. Rev. 10, 242 ff.
Deimling, G. 1998. Mensch - Gesellschaft - Staat. Wuppertal, Deimling.
*Diekmann, A. 1995. Empirische Sozialforschung. Reinbek, Rowohlt.
Diekmann, A./Preisendörfer, P. 2000. Umweltsoziologie. Reinbek, Rowohlt.
Dörner, D. 1992. Die Logik des Mißlingens. Reinbek, Rowohlt.
Domhoff, G.W. 1990. The power elite and the state: how policy is made in America. New York, Aldine.
Doob, C.B. 1997. Sociology: an introduction. Fort Worth, Harcourt.

Dreher, W. 1982. Gesprächsanalyse: Macht als Kategorie männlichen Interaktionverhaltens. Sprecherwechsel und Lachen. Unveröff. MA-Arbeit. FU Berlin.

Dubet, F./ Lapeyronnie, D. 1994. Im Aus der Vorstädte. Stuttgart, Klett-Cotta.

Durkheim, E. 1981. Die elementaren Formen des religiösen Lebens. Frankfurt/M., Suhrkamp.

Durkheim, E. 1983. Der Selbstmord. Frankfurt/M., Suhrkamp.

Durkheim, E. 1984. Erziehung, Moral und Gesellschaft. Frankfurt/M., Suhrkamp.

Edelmann, W. 2000. Lernpsychologie. 6. Aufl., Weinheim, Psychologische Verlags Union.

Eibl-Eibesfeldt, I. 1993. Krieg und Frieden. Zur Naturgeschichte der Aggression. Funkkolleg Der Mensch, Studienbr. 10, Tübingen.

Eisenstadt, S.N. 1966. Von Generation zu Generation. Altersgruppen und Sozialstruktur. München, Juventa.

Elias, N. 1976. Über den Prozeß der Zivilisation. 2 Bde. Frankfurt/M., Suhrkamp.

Elias, N. 1989. Studien über die Deutschen. Frankfurt/M., Suhrkamp.

Enzensberger, H.M. 1970. Baukasten zu einer Theorie der Medien. Kursbuch, H. 20, 159-186.

Erikson, R./ Goldthorpe, J.H. 1992. The constant flux. A study of class mobility in industrial societies. Oxford, Clarendon Press.

Ervin-Tripp, S. 1964. Interaction of language, topic and listener. American Anthropologist 66, 86-102.

Esser, H. 1993. Soziologie. Frankfurt/M., Campus.

Esser, H. 1999. Soziologie. Spezielle Grundlagen. Bd. 1: Situationslogik und Handeln. Frankfurt/M., Campus.

Etzioni, A. 1975. A comparative analysis of complex organizations. Rev. ed. New York, Free Press.

Etzioni, A. 1997. Die faire Gesellschaft. Frankfurt/M., Fischer.

Farkas, G. et al. 1990. Cultural resources and school success. American Sociological Review, 55, 127-142.

Faulstich, W. 1991. Medientheorien. Göttingen, Vandenhoek u. Ruprecht.

Featherstone, M. 1991. Consumer culture & postmodernism. London, Sage.

Feinberg, W./Soltis, J.F. 1985. School and society. New York, Teachers College.

Feldmann, K. 1981. Ein sozialökologischer Ansatz zur Professionalisierung im Erziehungsbereich. In: Angewandte Sozialforschung, 2, 225-238/3/4, 355-362.

Feldmann, K. 1990. Tod und Gesellschaft. Frankfurt, Lang.

Feldmann, K. 1995. Leben und Tod im Werk von Talcott Parsons. In: Feldmann, K.; Fuchs-Heinritz, W. (Hg.), Der Tod ist ein Problem der Lebenden. Frankfurt/M., Suhrkamp, 140-172.

Feldmann, K. 1997. Sterben und Tod. Sozialwissenschaftliche Theorien und Forschungsergebnisse. Opladen, Leske + Budrich.

Feldmann, K. 1998b. Physisches und soziales Sterben. In: Becker, U. / Feldmann, K./ Johannsen, F. (Hg.), Sterben und Tod in Euro pa. Neukirchen, Neukirchener Verlag, 94-107.
Feldmann, K. 1998a. Leben-Tod-Diskurs: Die Instrumentalisierung des Körpers und die Zukunft der Seele. Störfaktor 41, 11. Jg. H. 1, Wien.
Feldmann, K./ Feldmann-Duda, S. 1971. Die Strafe. Schule und Psychologie 18, 10, 296-304.
Feyerabend, P. 1976. Wider den Methodenzwang. Skizze einer anarchistischen Erkenntnistheorie. Frankfurt/M., Suhrkamp.
Fischer, A./ Fuchs-Heinritz, W./ Münchmeier, R. 2000. Jugend 2000. 13. Shell Jugendstudie. Opladen, Leske + Budrich.
Fischer-Kowalski, M./ Weisz, H. 1998. Gesellschaft als Verzahnung materieller und symbolischer Welten. In: Brandd, K.-W. (Hg.), Soziologie und Natur, Opladen, 145-175.
Foucault, M. 1973. Die Geburt der Klinik: eine Archäologie des ärztlichen Blicks, München: Hanser.
Foucault, M. 1977. Überwachen und Strafen. Die Geburt des Gefängnisses, Frankfurt/M., Suhrkamp.
Foucault, M. 1982. The subject and power. In: Dreyfus, H./ Rabinow, P. (eds.), Michel Foucault, Chicago, Univ. Chicago Press, 208-226.
French, J./ French, P. 1993. Gender imbalances in the primary class room. In: Woods, P./ Hammersley, M. (eds.), Gender and ethnicity in schools. Buckingham, Open Univ. Pr.
Freud, S. 1972. Das Ich und das Es. Gesammelte Werke, Bd. 13, Frankfurt/M., Fischer, 235-289 (Erstausgabe 1923).
Freud, S. 1972. Drei Abhandlungen zur Sexualtheorie. Gesammelte Werke, Bd. 5, Frankfurt/M., Fischer, 27-145 (Erstausgabe 1905).
Freud, S. 1986. Warum Krieg? (1933) In: Freud, S., Kulturtheoretische Schriften, Frankfurt/M., 271-286.
Freund, P.E.S./ McGuire, M.B. 1991. Health, illness and the social body. Englewood Cliffs, Prentice Hall.
Frey, S. 1999. Die Macht des Bildes - Der Einfluss der nonverbalen Kommunikation auf Kultur und Politik. Bern, Huber.
Fröhlich, G. 1991. "Inseln zuverlässigen Wissens im Ozean menschlichen Nichtwissens". Zur Theorie der Wissenschaften bei Norbert Elias. In: Kuzmics, H./ Mörth, I. (Hg.), 95-112.
*Fröhlich, G. 1994. Kapital, Habitus, Feld, Symbol. In: Mörth, I,; Fröhlich, G. (Hg.), Das symbolische Kapital der Lebensstile. Frankfurt/M., Campus.
Fröhlich, G. 1997. Mythos Informationsgesellschaft? In: Meleghy, T. et al. (Hg.), Soziologie im Konzert der Wissenschaften . Opladen,Westdeut. Verlag, 328-336.
Fröhlich, G. 1998. Optimale Informationsvorenthaltung als Strategem wiss. Kommunikation. In: Zimmermann, H.H./ Schramm, V. (Hg.), Knowledge Management u. Kommunikationssysteme. Konstanz.

Fröhlich, G./ Feldmann, K. 1997. Körper-Projekte? Zur Futorologie der Menschenkörper. In: Meleghy, T. et. al. (Hg.), Soziologie im Konzert der Wissenschaften. Opladen, Westdeutscher Verlag, 300-311.

Fröhlich, G./ Mörth, I. (Hg.) 1998. Symbolische Anthropologie der Moderne. Kulturanalysen nach C. Geertz. Frankfurt/M., Campus.

Fuchs-Heinritz, W. 1998. Auguste Comte. Opladen, Westdeutscher Verlag.

Fuchs-Heinritz, W. u.a. (Hg.) 1995. Lexikon zur Soziologie. 3. Aufl., Opladen, Westdeutscher Verlag.

Gamoran, A./ Nystrand, M. 1990. Tracking, instruction and achievement. Paper, World Congress of Sociology, Madrid.

Gebhard, U./Feldmann, K./Bremekamp, E. 1994. Vorstellungen von Jugendlichen zur Gentechnik u. Fortpflanzungsmedizin. In: Bremekamp, E., Faszination Gentechnik und Fortpflanzungsmedizin. Bad Heilbrunn, Klinkhardt.

Geertz, C. 1964. Ideology as a cultural system. In: Apter, D. (ed.), Ideology and discontent. Glencoe, Ill., 47-76.

Gehlen, A. 1955. Der Mensch, seine Natur und seine Stellung in der Welt. 5. Aufl. Bonn.

*Geißler, R. 1996. Die Sozialstruktur Deutschlands. 2. Aufl. Opladen, Westdeutscher Verlag.

Gelles, R.J./ Levine, A. 1995. Sociology. An introduction. New York, McGraw-Hill.

Gerbner, G. et al. 1982. Charting the mainstream: television's contributions to political orientations. J. of Communication 1, 100-127.

Gerhardt, U. 1999. Gesundheit und Krankheit als soziales Problem. In: Albrecht, G. et al. (Hg.) Handbuch soziale Probleme. Opladen, Westdeutscher Verlag, 373-401.

Gern, C. 1992. Geschlechtsrollen: Stabilität oder Wandel? Eine empirische Analyse anhand von Heiratsinseraten. Opladen, Westdeutscher Verlag.

Geser, H. 1999. Metasoziologische Implikationen des "cyberspace". In: Honegger, C. et al. (Hg.), Grenzenlose Gesellschaft, Teil 2, Opladen, Leske + Budrich, 202-219.

Giddens, A. 1986. Die Konstitution der Gesellschaft. Frankfurt/M., Campus.

Giddens, A. 1995. Konsequenzen der Moderne. Frankfurt/M., Suhrkamp.

*Giddens, A. 1999. Soziologie. 2. Aufl. Graz/ Wien, Nausner & Nausner.

Gilligan, C. 1982. In a different voice: psychological theory and womens development. Cambridge, MA, Harvard Univ. Press.

Glatzer, W./ Ostner, I. (Hg.) 1999. Deutschland im Wandel. Opladen, Leske + Budrich.

Gleich, U. 1998. Talkshows im Fernsehen - Inhalte und Wirkungen Zuschauer- und Kandidatenmotive. Media Perspektiven 12, 625 ff.

Goffman, E. 1973a. Asyle. Über die soziale Situation psychiatrischer Patienten und anderer Insassen. Frankfurt/M., Suhrkamp.

Goffman, E. 1973b. Interaktion. Spaß am Spiel, Rollendistanz.. München, Piper.

Goffman, E. 1986. Interaktionsrituale. Über Verhalten in direkter Kommunikation. Frankfurt/M., Suhrkamp.
Goldberg, S./ Lewis, M. 1969. Play behavior in the year-old infant: early sex differences. Child Development 40, 21-31.
Goodlad, J.I. 1984. A place called school: prospects for the future. New York, McGraw-Hill.
Gottfredson, M.R. / Hirschi, T. 1995. National crime control policies. Society, 32,2,30-36.
Griese, H. 1987. Sozialwissenschaftliche Jugendtheorien. 3. Aufl. Weinheim, Beltz.
Griese, H. 1999. Jugend als soziales Problem. In: Albrecht, G. et al. (Hg.) Handbuch soziale Probleme. Opladen, Westdeutscher Verlag.
Gross, P. 1994. Die Multioptionsgesellschaft. Frankfurt/M., Suhrkamp.
Gustafsson, B./ Johansson, M. 1999. In search of smoking guns: what makes income inequality vary over time in different countries? American Sociol. Rev. 64, 585-605.
Habermas, J. 1981. Theorie des kommunikativen Handelns. 2 Bde. Frankfurt/M., Suhrkamp.
Hagenaars, A.J.M. et al. 1994. Poverty statistics in the late 1980s. Luxemburg.
Hahn, A. et al. 1992. AIDS, Risiko oder Gefahr? Soz. Welt ,400-421.
Halfmann, J. 1996. Makrosoziologie moderner Gesellschaften. München, Juventa.
Hall, S. et al. (eds.) 1992. Modernity and its futures. Polity Press.
Hall, W. 1986. Social class and survival on the S.S.Titanic. Social Science and Medicine 22, 687-690.
Haller, M. 1999. Soziologische Theorie im systematisch-kritischen Vergleich. Opladen, Leske + Budrich.
Hamm, B. u.a. 1996. Struktur moderner Gesellschaften. Ökolog. Soziologie 1. Stuttgart, UTB.
Hardin, G. 1968. The tragedy of the commons. Science, 162, 1243-1248.
Harris, M. 1988. Kulturanthropologie. Frankfurt/M., Campus.
*Harris, M. 1991. Menschen. Stuttgart, Klett.
Hartmann, M. 1998a. Homogenität und Stabilität. In: Berger, P.A./ Vester, M. (Hg.) 1998. Alte Ungleichheiten - Neue Spaltungen, Opladen, Leske + Budrich, 171-188.
Hartmann, P. 1998b. Arbeitsteilung im Haushalt. In: Braun, M./ Mohler, P.P. (Hg.) 1998. Blickpunkt Gesellschaft 4. Opladen, Westdeutscher Verlag, 139-172.
Hausen, K. 1976. Die Polarisierung der Geschlechtscharaktere in der Neuzeit. In: Conze, W. (Hg.), Sozialgeschichte der Familie in der Neuzeit Europas, Stuttgart.
Hauser, R. 1998. Einkommen und Vermögen. In: Schäfers, B./ Zapf, W. (Hg.), Handwörterbuch zur Gesellschaft Deutschlands, Opladen, Leske + Budrich, 154-166.
Hayek, F.A. v. 1971. Die Verfassung der Freiheit. Tübingen.

Hechter, M./ Kanazawa, S. 1993. Group solidarity and social order in Japan. Journal of Theoretical Politics 5, 455-493.
Hénard, J. 2001. Arme Deutsche, glückliche Französinnen. Die Zeit, 10.5.2001, 6.
Hennig, M./ Jardim, A. 1977. The managerial woman. Garden City, NY, Anchor Press.
Henslin, J.M. 1995. Sociology: a down-to-earth approach. 2. ed. Boston, Allyn a. Bacon.
Herkner, W. 1997. Kommunikation und Interaktion. In: Straub, J. u.a. (Hg.), Psychologie. Eine Einführung, München, dtv, 604-635.
Herlyn, I. u.a. 1998. Großmutterschaft im weiblichen Lebenszusammenhang. Pfaffenweiler, Centaurus.
Herzer, M. 1998. Ehescheidung als sozialer Prozeß. Opladen, Westdeutscher Verlag.
Herzlich, C./ Pierret, J. 1991. Kranke gestern, Kranke heute. München, Beck.
Heuermann, H. 1994. Medienkultur und Mythen. Reinbek, Rowohlt.
Heyns, B. 1978. Summer learning and the effects of schooling. New York, Academic Press.
Hirsch, F. 1980. Die sozialen Grenzen des Wachstums, Reinbek, Rowohlt.
Hochschild, A. 1989. The second shift: working parent and the revolution at home. New York,Viking.
Höpflinger, F. 1997. Haushalts- und Familienstrukturen im intereuropäischen Vergleich. In: Hradil, S./ Immerfall, S. (Hg.), Die westeuropäischen Gesellschaften
im Vergleich. Opladen, Leske + Budrich.
Hoffmann-Lange, U./ Bürklin, W. 1999. Generationswandel in der (west)deutschen Elite. In: Glatzer, W./ Ostner, I. (Hg.), Deutschland im Wandel, Opladen, Leske+Budrich, 163-178.
Hofstede, G. 1980. Culture's consequences: internationala differences in work-related values. Beverly Hills.
Honegger, C./ Hradil, S./ Traxler, F. (Hg.) 1999. Grenzenlose Gesellschaft? Opladen, Leske + Budrich.
Honneth, A. 1994. Desintegration. Frankfurt/M., Fischer.
Honneth, A. 1999. Jürgen Habermas. In: Kaesler, D. (Hg.), Klassiker der Soziologie 2, München, Beck, 230-251.
Horkheimer, M./ Adorno, T.W. 1947. Dialektik der Aufklärung. Amsterdam.
Horster, D. 1997. Niklas Luhmann. München, Beck.
Hradil, S. 1997. Soziale Ungleichheiten, Milieus und Lebensstile in der Europäischen Union. In: Hradil/Immerfall (Hg.), Die west europäischen Gesellschaften im Vergleich, Opladen, Leske, 475-520.
*Hradil, S. 1999. Soziale Ungleichheit in Deutschland. 7. Aufl. Opladen, Leske + Budrich.
Huntington, S.P. 1996. Kampf der Kulturen. München, Europa Verlag.

Huyssen, A., 1981. Das Versprechen der Natur. Alternative Naturkonzepte im 18. Jahrhundert. In: Grimm, R,/Hermand, J. (Hg.) Natur u. Natürlichkeit. Königstein, 1-18.
Hyde, M./ Ackers, L. 1997. Poverty and social security. In: Spybey, T. (ed.), Britain in Europe, London, Routledge, 343-358.
Inglehart, R. 1989. Kultureller Umbruch. Wertewandel in der westlichen Welt. Opladen, Leske.
Inglehart, R./ Basanez, M./ Moreno, A. 1998. Human values and beliefs: a cross-cultural sourcebook. Ann Arbor, Univ. of Michigan Press.
Joas, H. 1996. Die Modernität des Krieges. Leviathan , 13-27.
Joas, H. 1999. George Herbert Mead. In: Kaesler, D. (Hg.) 1999. Klassiker der Soziologie. Bd. 1, München, Beck, 171-189.
Jugendwerk d. Deut. Shell (Hg.) 1982. Jugend '81. Opladen, Leske + Budrich.
Kaelble, H. (Hg.) 1998. Gesellschaften im Umbruch. Frankfurt/M., Lang.
Käsler, D. 1995. Max Weber. Eine Einführung in Leben, Werk und Wirkung. Frankfurt/M.
*Kaesler, D. (Hg.) 1999. Klassiker der Soziologie. Bd. 1, Von Auguste Comte bis Norbert Elias. München, Beck.
*Kaesler, D. (Hg.) 1999. Klassiker der Soziologie. Bd. 2, Von Talcott Parsons bis Pierre Bourdieu. München, Beck.
Kaiser, G. u.a. 1996. Die Zukunft der Medizin - Neue Wege zur Gesundheit? Frankfurt/M., Campus.
Kammeyer, K.C.W. et al. 1997. Sociology: experiencing changing societies. 7. ed. Boston, Allyn & Bacon.
Kaufmann, F.-X. 1986. Religion und Modernität. In: Berger, J. (Hg.), Die Moderne. Göttingen.
Kaufmann, F.-X. 1990. Die Zukunft der Familie. München, Beck.
Kippele, F. 1998. Was heißt Individualisierung? Opladen, Westdeutscher Verlag.
Klages, H. 1998. Wertewandel und Moralität. In: Lüschen, G. (Hg.), Das Moralische in der Soziologie. Opladen, Westdeutscher Verlag.
Klein, T./ Lauterbach, W. 1994. Bildungseinflüsse auf Heirat, die Geburt des ersten Kindes und die Erwerbsunterbrechung von Frauen. KZfSS 46, 278-298.
Klingler, W./Feierabend, S. 1998. Jugend, Information und Multimedia. In: Rundfunkt und Fernsehen H. 4, 480-497.
Knoblauch, H. 1999. Religionssoziologie. Berlin, de Gruyter.
König, R. 1978. Emile Durkheim zur Diskussion. München, Hanser.
Kohn, M. et al. 1990. Position in the class structure and psychological functioning in the United States, Japan and Poland. Amer. J. Sociol. 95, 964-1008.
Kotthoff, H. 1996. Vom Lächeln der Mona Lisa zum Lachen der Hyänen. In: Kotthoff, H. (Hg.), Das Gelächter der Geschlechter, Konstanz, UVK, 121-164.

Kraemer, K. 1997. Der Markt der Gesellschaft. Opladen, Westdeutscher Verlag.
Kronauer, M./ Vogel, B. 1998. Spaltet Arbeitslosigkeit die Gesellschaft? In: Berger, P.A./ Vester, M. (Hg.) Alte Ungleichheiten - Neue Spaltungen. Opladen, Leske + Budrich, 333-350.
Krüger, U.M. 1998. Thementrends in Talkshows der 90er Jahre. Media Perspektiven 12, 608 ff.
Kühn, H. 1998. Gesundheit/Gesundheitssystem. In: Schäfers, B./ Zapf, W. (Hg.), Handwörterbuch zur Gesellschaft Deutschlands, Opladen, Leske + Budrich, 263-275.
Kuhlmann, C. 1999. Die öffentliche Begründung politischen Handelns. Opladen, Westdeutscher Verlag.
Kunczik, M. 1999. Herbert Spencer. In: Kaesler, D. (Hg.) 1999. Klassiker der Soziologie. Bd. 1, München, Beck, 74-93.
Kuzmics, H./ Mörth, I. (Hg.) 1991. Der unendliche Prozeß der Zivilisation. Frankfurt/M.
Lamnek, S. 1994. Neue Theorien abweichenden Verhaltens. Stuttgart, Fink/UTB.
Landes, D. 1999. Wohlstand und Armut der Nationen. Berlin, Siedler.
Lang, H./ Faller, H. 1998. Medizinische Psychologie und Soziologie. Berlin, Springer.
Lang, S. 1985. Lebensbedingungen und Lebensqualität von Kindern. Frankfurt/M., Campus.
LaPiere, R.T. 1934. Attitudes vs. actions. Social Forces 13, 230-237.
Lasswell, H. 1960. The structure and function of communication in society. In: Bryson, L. (ed.), The communication of ideas. New York.
Lattimore, P.K./ Nahabedian, C.A. 1997. The nature of homicide: trends and changes. Washington, DC, Government Printing Office.
Lee, A.M. a. E.B. 1939. The fine art of propaganda. New York, Harcourt Brace.
Leinberger, P./ Tucker, B. 1991. The new individualists: the generation after the organization man. New York, Harper Collins.
Lenski, G. 1966. Power and privilege: A theory of stratification . New York, McGraw-Hill.
Lenski, G.A.J. 1974: Human societies. New York, McGraw Hill.
Lenski, G.E. 1978. Die evolutionäre Analyse sozialer Struktur. In: Blau (Hg.), Theorien sozialer Strukturen, Wiesbaden, Westdeutscher Verlag, 129-145.
Lofland, J./ Stark, R. 1965. Becoming a world-saver: a theory of conversion to a deviant perspective. American Sociological Review 54, 49-66.
Lüdtke, H. 1989. Expressive Ungleichheit. Zur Soziologie der Lebensstile. Opladen, Leske + Budrich.
Lüdtke, H. 2000. Konsum und Lebensstile. In: Rosenkranz, D./ Schneider, N.F. (Hg.), Konsum, Opladen, Leske + Budrich, 117-132.
Luhmann, N. 1982. Liebe als Passion. Frankfurt/M., Suhrkamp.
Luhmann, N. 1984. Soziale Systeme. Frankfurt/M., Suhrkamp.

Luhmann, N. 1986. Ökologische Kommunikation. Opladen, Westdeutscher Verlag.
Luhmann, N. 1996. Die Realität der Massenmedien. 2. Aufl. Wiesbaden, Westdeutscher Verlag.
Macionis, J.J. 1999. Sociology. 6. ed., Englewood Cliffs, NJ, Prentice-Hall.
Maletzke, G. 1998. Kommunikationswissenschaft im Überblick. Opladen, Westdeutscher Verlag.
Mann, M. 1994. Geschichte der Macht. 2 Bde. Frankfurt/M., Campus.
Maslow, A. 1977. Motivation und Persönlichkeit. Olten, Walter.
Mattelart, A. and M. 1998. Theories of communication. London, Sage.
McDermott, R.P./ Hood, L. 1985. Institutional psychology and the ethnography of schooling. Ms. (zit. in Feinberg/ Soltis 1985, 89).
McLean, M. 1990. Britain and a single market Europe: prospects for a common school curriculum. London, Kogan Page.
McNeill, W. 1982. The pursuit of power. Chicago, Univ. of Chicago Press.
McQuail, D./ Windahl, S. 1981. Communication models for the study of mass communications. New York, Longman.
Mead, G.H. 1968. Geist, Identität und Gesellschaft. Gesammelte Aufsätze. 2 Bde. Frankfurt/M., Suhrkamp.
Merton, R.K. 1968. Social theory and social structure. New York, Free Press.
Metz-Göckel, S./ Müller, U. 1986. Der Mann. Datenband. Dortmund.
Meulemann, H. 1999. Der Wert Leistung in Deutschland 1956 bis 1996. In: Glatzer, W./ Ostner, I. (Hg.), Deutschland im Wandel. Opladen, Leske + Budrich, 115-130.
Meyrowitz, J. 1987. Die Fernsehgesellschaft. Wirklichkeit und Identität im Medienzeitalter. 2 Bde, Weinheim, Beltz.
Michels, R. 1925. Zur Soziologie des Parteiwesens. Leipzig.
Mills, C.W. 1956. The power elite. New York, Oxford Univ. Press.
Morris, D. 1995. Bodytalk. Körpersprache, Gesten und Gebärden. München, Heyne.
Moscovici, S. 1976. Social influence and social change. London.
Müller, W./ Haun, D. 1994. Bildungsungleichheit im sozialen Wandel. KZfSS 46, 1-42.
Müller, H.-P. 1999. Emile Durkheim. In: Kaesler, D. (Hg.), Klassiker der Soziologie, Bd.1, München, Beck, 150-160.
Münchmeier, R. 1998. Jugend als Konstrukt. Z. f. Erziehungswissenschaft 1, 1, 103-118.
Münz, R. u.a. 1997. Zuwanderung nach Deutschland. Frankfurt/M., Campus.
Murdock, G.P. 1949. Social structure. New York, Macmillan.
Nations of the Globe. 1996. MicroCase Corporation.
Nave-Herz, R. 1994. Familie heute. Darmstadt, WBV.
Nave-Herz, R. 1998. Die These über den "Zerfall der Familie". In: Friedrichs, J. et al. (Hg.), Die Diagnosefähigkeit der Soziologie. KZfSS, Sonderh. 38, 286-315.

Neuberger, O./Conradi, W./Maier, W. 1985. Individuelles Handeln und sozialer Einfluß. Opladen, Westdeutscher Verlag.
Newcomb, H.M./ Hirsch, P.M. 1986. Fernsehen als kulturelles Forum. Rundfunk und Fernsehen 34, 177-190.
Newman, D.M. 1997. Sociology. London, Sage.
Noelle-Neumann, E. 1980. Die Schweigespirale. München.
Noll, H.-H. 1999. Subjektive Schichteinstufung. In: Glatzer ,W./ Ostner, I. (Hg.), Deutschland im Wandel, Opladen, Leske+Budrich, 147-162.
Nollmann, G. 1997. Konflikte in Interaktion, Gruppe und Organisation. Zur Konfliktsoziologie der modernen Gesellschaft. Opladen, Westdeutscher Verlag.
O`Shaughnessy, M. 1999. Media and society. Oxford, Oxford Univ. Press.
Parsons, T. 1951. The social system. New York .
Parsons, T. 1972. Das System moderner Gesellschaften. München, Juventa.
Parsons, T./ Platt, G.M. 1973. The American university. Cambridge, Harvard Univ. Press.
Pearson, I. (Hg.) 1998. Der Fischer Atlas Zukunft. Frankfurt/M., Fischer.
Peuckert, R. 1999. Familienformen im sozialen Wandel. 3. Aufl. Opladen, Leske + Budrich.
Pfeiffer, C. 1997. Jugendkriminalität und Jugendgewalt in europäischen Ländern. Hannover, KFN.
Pfeiffer, C. et al. 1999a. Ausgrenzung, Gewalt und Kriminalität im Leben junger Menschen. 3. Aufl. Hannover, DVJJ.
Pfeiffer, C. 1999b. Anleitung zum Haß. Der Spiegel Nr. 12, 60-66. KF
Popper, K.R. 1969. Logik der Forschung. Tübingen, Mohr.
Postman, N. 1983. Das Verschwinden der Kindheit. Frankfurt/M., Fischer.
Prahl, H.-W./ Schroeter, K.R. 1996. Soziologie des Alterns. Paderborn, Schöningh.
President's Commission on Organized Crime. 1985. Records of Hearings. Washington, DC, US Government Printing Office.
Preston, S.H. 1984. Children and the elderly in the U.S. Scientific American, Dec. 44-49.
Rappensberger, G. et al. 1993. "..eine Tendenz zu Kälte". - Eine qualitative Studie aus den neuen Bundesländern. Z. für Sozialpsychologie 24, 156-166.
Remennick, L.I. 1998. The cancer problem in the context of modernity: sociology, demography, politics. Current Sociology 46, 1.
Riesman, D. u.a. 1958. Die einsame Masse. Hamburg, Rowohlt.
Ritzer, G. 1995. Die McDonaldisierung der Gesellschaft. 2. Aufl. Frankfurt/M., Fischer.
Robertson, R. 1992. Globalization. Social theory and global culture. London, Sage.
Rodin, J. 1992. Body mania. Psychology Today, Jan./Feb., 56-60.
Rolff, H.-G./ Zimmermann, P. 1985. Kindheit im Wandel. Weinheim, Beltz.
Rosenau, J. 1990. Turbulence in world politics. Brighton, Harvester.

Rosenthal, R./ Jacobson, L. 1968. Pygmalion in the classroom. New York, Holt, Rinehart and Winston.
Rust, H. 1995. Trends. Das Geschäft mit der Zukunft. Wien, Kremayr u. Scheriau.
Rutter, M. et al. 1980. Fünfzehntausend Stunden: Schulen und ihre Wirkung auf Kinder. Weinheim, Beltz.
Sampson, R.J./ Laub, J.H. 1993. Crime in the making. Cambridge, Mass., Harvard Univ. Press.
Schaefer, R.T./ Lamm, R.P. 1995. Sociology. 5. ed. New York, McGraw-Hill.
Schäfers, B. 1998. Soziologie des Jugendalters. 6. Aufl. Opladen, Leske + Budrich.
*Schäfers, B./ Zapf, W. (Hg.) 1998. Handwörterbuch zur Gesellschaft Deutschlands. Opladen, Leske + Budrich.
Scherer, K.R. 1996. Emotion. In: Stroebe, W. et al. (Hg.), Sozialpsychologie, Berlin, Springer, 293-330.
Schneider, L./ Silverman, A. 1997. Global sociology. New York, McGraw Hill.
Schönpflug, W. und U. 1997. Psychologie. 4. Aufl., Weinheim, Psychologie Verlags Union.
Schroer, M. 1997. Individualisierte Gesellschaft. In: Kneer, G. u.a. (Hg), Soziologische Gesellschaftsbegriffe. München, Fink, 157-183.
Schulze, G. 1992. Die Erlebnisgesellschaft. Kultursoziologie der Gegenwart. Frankfurt/M., Campus.
Shavit, Y./ Blossfeld, H.-P. 1993. Persistent inequalities: changing educational stratification in thirteen countries. Boulder, Col., Westview Press.
Sherkat, D.E./ Ellison, C.G. 1999. Recent developments and current controversies in the sociology of religion. Ann. Rev. Sociol. 25, 363-394.
Shepard, J.M. 1999. Sociology. 7. ed. Belmont, CA, Wadsworth.
Shiva, V. 1991. The violence of the Green Revolution: third world agriculture, ecology and politics. London, Zed Books.
Shorter, E. 1977. Die Geburt der modernen Familie. Reinbek, Rowohlt.
Sieferle, R.P. 1984. Fortschrittsfeinde? Opposition gegen Technik und Industrie von der Romantik bis zur Gegenwart. München, Beck.
Siegrist, J. 1996. Der medizinische und gesellschaftliche Fortschritt. In: Kaiser, G. u.a. (Hg.), Die Zukunft der Medizin. Frankfurt/M., Campus.
Silbereisen, R,K. et al. (Hg.) 1996. Jungsein in Deutschland. Jugendliche und junge Erwachsene 1991 und 1996. Opladen, Leske + Budrich.
Silbereisen, R.K. u.a. (Hg.) 1999. Aussiedler in Deutschland. Opladen, Leske + Budrich.
Simmel, G., 1983. Schriften zur Soziologie, Frankfurt/M., Suhrkamp.
Singly, F. de. 1994. Die Familie der Moderne. Konstanz, UVK.
Sinus-Institut. 1998. Die Sinus-Milieus und ihre Anwendung. Heidelberg.
Skopcol, T. 1979. States and social revolutions: a comparative analysis of France, Russia and China. Cambridge, Cambridge University Press.
Smelser, N. J. 1962. Theory of collective behavior. New York.

Solomon, S. et al. 1991. A terror management theory of social behavior. In: Zanna, M.P. (ed.), Advances in experimental social psychology, vol. 24, New York, 93-159.

Der Spiegel 1999. Nr. 6: Stark, braun, tätowiert.

Stack, C.B. 1974. All our kin: strategies for survival in a black community. New York, Harper.

Stallberg, F.W. 1999. Prostitution. In: Albrecht, G. et al. (Hg.) Handbuch soziale Probleme. Opladen, 590-608.

Stark, R. 1996. The rise of christianity: a sociologist reconsiders history. Princeton, NJ, Princeton University Press.

Stark, R. 1998. Sociology. 7. ed. Belmont, CA, Wadsworth.

Stephens, W.N. 1963. The family in cross-cultural perspective. New York.

Stichweh, R. 1999. Niklas Luhmann. In: Kaesler, D. (Hg.), Klassiker der Soziologie, Bd. II, München, Beck, 206-229.

Stouffer, S.A. et al. 1949. The American soldier. vol. I-II. Princeton, NJ, Princeton University Press.

Streckeisen, U. 2001. Die Medizin und der Tod. Über berufliche Strategien zwischen Klinik und Pathologie. Opladen, Leske + Budrich.

Stroebe, W. und M. 1991. Partnerschaft, Familie und Wohlbefinden. In: Abele, A./ Becker, P. (Hg.), Wohlbefinden. Weinheim, Juventa, 155-174.

Stroebe, W./ Jonas, K. 1996. Grundsätze des Einstellungserwerbs und Strategien der Einstellungsänderung. In: Stroebe, W. et al. (Hg.), Sozialpsychologie, Berlin, Springer, 253-292.

Strohmeier, P. 1997. Strukturierung familialer Entwicklung - ein europäischer Vergleich. In: Vaskovics, L.A. (Hg.), Familienleitbilder und Familienrealitäten. Opladen, Leske + Budrich.

Sullivan, T.J. 1998. Sociology. 4. ed., Boston, Allyn and Bacon.

Tajfel, H./ Turner, J. 1979. An integrative theory of intergroup conflict. In: Austin, W.G./ Worchel, S. (eds.), The social psychology of intergroup relations. Monterey.

Tesh, S.N. 1989. Hidden arguments. Political ideology and disease prevention policy. New Brunswick, Rutgers Univ. Press.

Tews, H.P. 1993. Neue und alte Aspekte des Strukturwandels des Alters. In: Naegele, G./Tews, H.P. (Hg.), Lebenslagen im Strukturwandel des Alters. Opladen, Westdeut. Verlag, 15-42.

Thibaut, J.W./ Kelley, H.H. 1959. The social psychology of groups. New York.

Thomas, J. et al. 1998. Familie und Delinquenz. KZfSS 50, 310-326.

Thompson, J.B. 1995. The media and modernity. Cambridge, Polity Press.

Tischler, H.L. 1999. Introduction to Sociology. 6. ed. Fort Worth, Harcourt Brace.

Tumin, M.M. 1967. Social stratification: the forms and functions of inequality. Englewood Cliffs, NJ, Prentice-Hall.

Turkle, S. 1999. Looking toward cyberspace: beyond grounded sociology. Cyberspace and identity. Contemporary Sociology 643-648.

Turner, B.S. 1996. The body and society. 2. ed. London, Sage.

U.S. Bureau of the Census. 1995. Statistical abstracts of the United States. Washington D.C.
Umberson, D./ Henderson, K.1992. The social construction of death in the Gulf War. Omega 25,1,1-15.
Vallet, L.-A. 1999. Quarante années de mobilité sociale en France. Revue Francaise de Sociologie 40,1,5-64.
Vasseur, V. 2000. Médecin-chef à la prison de la Santé. Paris, Le Cherche Midi Editeur.
Vester, M. u.a. 1993. Soziale Milieus im gesellschaftlichen Strukturwandel. Köln, Bund.
Vetter, K. (Hg.) 1999. Kinder - zu welchem Preis? Opladen, Westdeutscher Verlag.
Wallerstein, I. 1988. The modern world system. vol. III. New York, Cambridge, Cambridge Univ. Press.
Wallis, R. 1976. The road to total freedom: a sociological analysis of Scientology. London, Heinemann.
Waters, J./ Ellis, G. 1995. The selling of gender identity. In: Cross, M. (ed.), Advertising and culture, Westport, Praeger, 91-104.
Watzlawick, P./ Beaven, J.H. 1969. Menschliche Kommunikation. Bern, Huber.
Weber, M. 1920. Die protestantische Ethik und der Geist des Kapitalismus. In: Ders., Gesammelte Aufsätze zur Religionssoziologie. Tübingen.
Weber, M. 1980. Wirtschaft und Gesellschaft. Tübingen, Mohr.
Weber, M. 1988. Gesammelte Aufsätze zur Soziologie und Sozialpolitik. 2. Aufl. Tübingen, Mohr.
Weede, E. 1988. Der Sonderweg des Westens. Z. f. Soziologie 17, 172-186.
Weisbrod, B.A. 1996. Demokratische Gesellschaft - undemokratische Medizin. In: Kaiser, G. u.a. (Hg.), Die Zukunft der Medizin. Frankfurt/M., Campus.
Wendebourg, E./ Feldmann K. 2000. Geschlecht verstehen. Eine multimediale Einführung in die Analyse von Werbebotschaften. CD-ROM, Univ. Hannover.
Weymann, A. 1998. Sozialer Wandel. Theorien zur Dynamik der modernen Gesellschaft. München, Juventa.
White, K. 1991. The sociology of health and illness. Current Sociology, 39,1-115.
Wilkinson, R. 1996. Unhealthy societies. London, Routledge.
Will, J.A. et al. 1976. Maternal behavior and perceived sex of infant. American Journal of Orthopsychiatry, 46,135-139.
Williams, J.E./ Best, D.L. 1990. Measuring sex stereotypes. A multination study. Beverly Hills, Sage.
Willis, F.N./ Carlson, R.A. 1993. Singles ads: gender, social class, and time. Sex Roles 29, 387-404.
Willis, P. 1981. Learning to labor: how working class kids get working class jobs. New York, Columbia Univ. Pr.
Willke, H. 1993. Systemtheorie. 4. Aufl. Stuttgart.

Willke, H. 1998. Soziologische Aufklärung der Demokratietheorie. In: Brunkhorst, H. (Hg.), Demokratischer Experimentalismus. Frankfurt/M., Suhrkamp, 13-32.
Wirth, H./ Lüttinger, P. 1998. Klassenspezifische Heiratsbeziehungen im Wandel? KZfSS 50, 47-77.
Wiswede, G. 1995. Einführung in die Wirtschaftspsychologie. München, Reinhardt.
*Wiswede, G. 1998. Soziologie. 3. Aufl., Landsberg, moderne industrie.
Wolf, A. 1995. Sexual attraction and childhood association: a Chinese brief for Edward Westermarck. Stanford, Stanford University Press.
Wood, J.T. 1999. Gendered lives. 3. ed., Belmont, CA, Wadsworth.
World Values Survey, 1990-1993. 1994. Ann Arbor, Mich.
Wouters, C. 1979. Informalisierung und der Prozeß der Zivilisation. In: Gleichmann, P. u.a. (Hg.), Materialien zu N. Elias Zivilisationstheorie. Frankfurt/M., Suhrkamp, 279 ff.
Yankelovich, D. 1994. How changes in the economy are reshaping Ame rican values. In: Aaron, H.J. et al. (eds.), Values and public policy. Washington, DC, 16-53.
Zablocki, B. 1980. Alienation and charisma. New York, Free Press.
Zapf, W. 1998. Entwicklung und Zukunft moderner Gesellschaften. In: Korte, H./Schäfers, B. (Hg.), Einführung in die Hauptbegriffe der Soziologie, Opladen, Leske + Budrich.
Zimbardo, P. 1971. The pathology of imprisonment. Society 9, 4-8.
Zimmer, D.E. 1999. Ein Kind ist schwer zu verderben. Die Zeit Nr. 29, 15.7.1999.
Zimmermann, G.E. 1998. Armut. In: Schäfers, B./ Zapf, W. (Hg.), Handwörterbuch zur Gesellschaft Deutschlands. Opladen, Leske + Budrich, 34-48.
Zulehner, P./ Denz, H. 1993. Wie Europa lebt und glaubt. Düsseldorf, Patmos.
KZfSS = Kölner Zeitschrift für Soziologie und Sozialpsychologie

Sachregister